中国特色新型智库的他山之石
一本书快速了解全球财经智库发展概况

思想
的工厂

全球**500**家
财经智库的历史、组织与产品

廖理　石子尧 / 编著

图书在版编目（CIP）数据

思想的工厂：全球 500 家财经智库的历史、组织与产品/廖理，石子尧
编著.—成都：西南财经大学出版社，2023.5
ISBN 978-7-5504-5731-7

Ⅰ.①思…　Ⅱ.①廖…②石…　Ⅲ.①经济—咨询机构—研究—世界
Ⅳ.①F

中国国家版本馆 CIP 数据核字（2023）第 054162 号

思想的工厂：全球 500 家财经智库的历史、组织与产品

SIXIANG DE GONGCHANG:QUANQIU 500 JIA CAIJING ZHIKU DE LISHI,ZUZHI YU CHANPIN

廖　理　石子尧　编著

策划编辑：何春梅

责任编辑：李　才

责任校对：周晓琬

封面设计：高　原　杨红英

责任印制：朱曼丽

出版发行	西南财经大学出版社（四川省成都市光华村街 55 号）
网　　址	http://cbs.swufe.edu.cn
电子邮件	bookcj@swufe.edu.cn
邮政编码	610074
电　　话	028-87353785
照　　排	四川胜翔数码印务设计有限公司
印　　刷	四川新财印务有限公司
成品尺寸	210mm×285mm
印　　张	22
字　　数	574 千字
版　　次	2023 年 5 月第 1 版
印　　次	2023 年 5 月第 1 次印刷
书　　号	ISBN 978-7-5504-5731-7
定　　价	128.00 元

前言

自 1884 年英国公共政策研究机构费边社成立以来，全球智库历经百余年的发展，已从最初的数十家扩大到如今全球 8 000 余家。其发展历程主要划分为四个阶段：①在 19 世纪末到 20 世纪初的初创阶段。世界正在经历着"第一次世界大战""大萧条"的创伤，具有改革精神的企业家们和经济学家们捐资建立了第一批智库机构，旨在通过开展公共政策领域研究推动政府改革与经济发展。美国企业家罗伯特·布鲁金斯建立的"布鲁金斯学会"是这个阶段具有代表性的智库，其成立之初便通过开展预算体系的科学研究为美国 1921 年的预算体系改革提供了坚实的理论基础以及有效的国际经验依据。其协助制定的《预算会计法》不仅是一项具有里程碑意义的立法，还确立了美国现代联邦预算体系建设的框架。② 20 世纪中期的快速发展阶段。随着第二次世界大战的结束，各国经济复苏，美国智库建设带动全球智库进入了快速发展阶段，各国公共部门开始参与到智库建设中。其中，美国军方主导建立的"兰德公司"、日本经济产业省创建的"发展中经济研究所"以及英国政府支持的"政策研究中心"都是这个阶段的标志性智库。值得一提的是，由二战后德国首任经济部长路德维希·艾哈德领导建立的"伊弗经济研究所"倡导的货币体系改革不仅为二战后德国创造"经济奇迹"提供了方向指引，还为德国智库的建设奠定了坚实的基础。③ 20 世纪后期的多元化发展阶段。苏联解体，美苏"冷战"告一段落，美国智库发展减缓，然而以欧洲智库为首的全球智库却进入了多元化发展阶段。随着经济全球化的推进，各国智库开始了多元化发展，主要表现为智库研究领域呈现多学科化、智库分支机构全球化以及智库机构类型多元化等特点。例如，美国环境经济领域的重要智库"世界资源研究所"，作为最早关注气候变化相关风险信息披露的研究机构，前瞻性地推动了美国证券交易委员会进行气候变化信息披露的一系列监管改革。这同时也是智库学科多元交叉融合的体现。④进入 21 世纪以来的平稳发展阶段。以欧美为首的全球智库发展逐渐趋于平缓，由于全球经济危机引起捐款来源减少、机构同质化严重以及政府重视程度下降等，智库竞争压力剧增。各国智库开始转向对内大力提升研究质量，对外积极借助信息化手段，致力于加强其在国内外的政策研究影响力的道路。

我国智库发展的开端是以 1949 年 11 月中国科学院成立为标志。随着 1978 年党的十一届三中全会胜利召开，我国智库逐步走向多元化探索发展阶段。从 2013 年 4 月习近平总书记首次提出建设"中国特色新型智库"的目标，到党的十八届三中全会《中共中央关于全面深化改革若干重大问题的决定》文中首次明确中国特色新型智库的概念，开启了我国智库建设进入自主创新的征程。2015 年 1 月中共中央办公厅、国务院办公厅印发《关于加强中国特色新型智库建设的意见》，2015 年 11 月中央全面深化改革领导小组会议审议通过《国家高端智库建设试点工作方案》《国家高端智库管理办法（试行）》，2017年2月中共中央办公厅、国务院办公厅印发《关于社会智库健康发展的若干意见》。这一系列中央文件的陆续出台，表明中国特色新型智库建设逐步由多元化探索进入高质量发展的新阶段。2021年3月，《国民经济和社会发展第十四个五年规划和2035年远景目标纲要》在"我国已转向高质量发展阶段"部分再次强调"加强中国特色新型智库建设"的要求。因此，全面了解全球智库研究内容并进行分析，能够为我国智库发展提供参考。

清华大学五道口金融学院互联网金融实验室于2019年建立了"全球智库研究报告数据库"，旨在建立为国内学者和研究人员提供了解全球智库实时研究动态以及深度研究内容的信息平台。数据库依托大数据采集引擎，针对全球48个国家500家财经智库以及30个国际组织的研究报告、期刊文章、新闻专栏以及学术论文等各类研究产品进行全面、稳定、高频的采集。这里我们选取的所谓财经智库，是指那些主要的研究内容和研究方向跟经济、金融和财政相关的智库，当然这中间的很多智库也从事其他领域的研究。为保证国际热点追踪的时效性，数据库采用实时抓取策略，每日新增研究产品超过200篇，产品总量达到600万篇，研究领域覆盖了经济金融、国家治理、国际关系、财政税收、能源环保、教育、医疗卫生等16个主要领域。数据库依托底层业务系统架构实现多源异构数据源的融合与处理，同时结合自然语言处理技术将非结构文本结构化，实现对国际热点、前沿研究、关键资讯进行全面、精准、及时的跟踪与研究。

研究团队在建设全球智库研究报告数据库的同时，还发现各国智库存在着工作语言不统一、信息披露标准不一致等多重问题，导致一些在本国具有相当影响力的智库无法进入国际公众视野。因此，研究团队针对全球财经智库展开了大规模结构化、标准化和数据化的梳理工作并最终形成了简单明确的智库描述报告，研究成果汇集成册，旨在为读者快速了解全球财经智库发展概况提供参考。本书由三个部分组成。第一章追溯了全球财经智库的历史起源，分析了其发展历程以及不同阶段智库的特点，研究了智库运作过程中所需考虑的核心问题，并最终通过收集整理全球500家财经智库公开数据，从地域分布、成立年份、资金来源、团队规模、研究领域、产品类型以及产品总量和分布等七个数据维度对智库进行了数据对比和讨论。第二章主要通过十个典型的智库案例，研究了美国、英国、德国、加拿大、日本等国财经智库在政府立法、政策制定、提出思想等各方面所起的作用和产生的影响力。第三章筛选了来自全球六大洲45个国家的500家研究领域涉及经济金融和财政方向的代表性财经智库，分别从"历史沿革""组织机构"以及"研究产品"三个模块进行了简单描述，希望给读者在智库研究方面提供帮助。

在此衷心感谢为本书编写做出直接贡献的清华大学五道口金融学院互联网金融实验室"全球智库"项目组所有成员，感谢西南财经大学出版社为本书出版提供的重要支持。智库研究在我国方兴未艾，未来可期。我们期待本书对于帮助大家了解和认识全球智库起到有益的作用，让我们共同关注中国智库发展的未来。

廖　理

清华大学五道口金融学院教授、博士生导师

2022年6月

目录

PART 1

第一章
全球财经智库综述

第一节 历史起源

全球财经智库数据库中共收录了来自 45 个国家 785 个财经智库，项目组针对其中 500 个财经智库进行了深入分析。从财经智库成立年份来看，最早成立的智库集中于英国、澳大利亚、美国、德国、加拿大、奥地利、波兰、俄罗斯、意大利和中国等 10 个国家，这其中包括了 19 世纪末成立的英国工党发起者"费边社"和呼吁税制改革的"繁荣澳大利亚组织"，20 世纪初成立的现代财经智库"布鲁金斯学会"和"德国基尔世界经济研究所"，由著名经济学家建立的"奥地利经济研究所""波兰经济研究所"，由国家设立的"俄罗斯科学院经济研究所""中国科学院"以及由青年学者创建的"意大利国际政治研究所"，同时还包括了机构规模较大的"卡耐基国际和平基金会"和规模较小的"加拿大社会发展理事会"。

法国虽为发达国家，但其财经智库的发展却晚于美国、英国和德国。目前法国最具影响力的财经智库是 1979 年成立的"法国国际关系研究所"，其前身是 1936 年成立的"外交政策研究中心"。虽然法国智库近年发展迅速，但由于其起步较晚，因此本书暂未追溯法国财经智库起源。下文将重点陈述全球 10 个主要国家的财经智库起源。

（一）英国财经智库

19 世纪 80 年代，英国社会主义运动高涨，少数奉行渐进务实思想的青年知识分子聚集在一起成立了一个社会主义学社，其引用古罗马名将费边（Fabius）作为学社名称的来源，师法费边渐进求胜的策略。1884 年费边社（Fabian Society）于英国伦敦成立，旨在倡导通过研究社会现状，以选举投票等民主渐进的温和手段来促进社会改革，而反对通过暴力阶级斗争来解决问题的观点。

"费边社"不仅是英国最早的公共政策研究机构，也是现代财经智库的雏形。其早期成员有英国著名改革家比阿特丽丝和西德尼·韦伯夫妇（Beatrice & Sidney Webb）、英国剧作家乔治·伯纳德·萧（George Bernard Shaw）以及英国前首相克莱门特·理查德·艾德礼（Clement Richard Attlee）等人。"费边社"早期的重要成就是参与协助英国工党的成立以及资助并创办了伦敦政治经济学院。

第一次世界大战结束后，由于国家和政府对于外交和经济战略决策的需求大大增加，英国智库迎来了第一次发展浪潮。1920 年，英国第一家真正意义上的现代智库"皇家国际事务研究所"（Chatham House）成立，该智库致力于通过辩论、对话和独立分析来增进国家之间的互相了解。

（二）澳大利亚财经智库

19 世纪末，澳大利亚的经济萧条让本国人民生活陷入困境。1889 年美国著名经济思想家亨利·乔治（Henry George）在澳大利亚发表关于"土地单一税"的演讲激发了澳大利亚人民对于社会改革的渴望。1890 年，由进步人士组成的"繁荣澳大利亚"（Prosper Australia）作为倡导税制改革的组织成立，得到了社会各界的广泛支持。在该组织的有力呼吁下，1910 年澳大利亚政府引入了联邦土地税制度，将税收从劳动力转向了土地。1920 年，该组织为澳大利亚维多利亚州争取到较此前更公平的地方政府土地价值评级，并促成了直到 20 世纪 70 年代都很成功的租赁法案。虽然"繁荣澳大利亚"成立于萧条和战争混乱时期，但是其得到了澳大利亚商人和基金会有力的资金支持，并逐渐发展成为澳大利亚税收管理和资源分配的独立研究机构，同时也是澳大利亚财经智库的雏形。

（三）美国财经智库

美国最早的一次类似于现代智库的会议发生在 1865 年，当时包括各种政府官员在内的各行各业大约 100 人，聚集在波士顿的马萨诸塞州议会大厦，讨论美国内战后的国家复兴计划。在那次会议上，一些对失业和公共卫生等问题感兴趣的进步人士讨论和分析了这个饱受战争蹂躏的国家所面临的问题。而这一次波士顿会议也被认为是美国政策专家聚在一起讨论临时问题的最初记录。

美国财经智库发端于 20 世纪初期，根植于社会科学，并得到了个人和基金会的支持，是工业革命和进步主义运动（The Progressive Era）的产物。第二次工业革命后，美国的约翰·洛克菲勒（John Davison Rockefeller）、安德鲁·卡耐基（Andrew Carnegie）和罗伯特·布鲁金斯（Robert S. Brookings）等行业领袖热于于慈善事业。为了既能够解决工业化带来的社会问题，又能缓解工人日益增长的不满情绪，美国企业家们致力于提升政府在政策制定上的专业性以及适用性。在这样的情况下，由企业家捐赠并为政府提供决策参考依据的独立智库机构应运而生，此类机构的诞生为政府与市场建立了交流沟通的桥梁。美国的大企业主们作为捐赠者，和改革者有一个共同的目标，那就是将知识运用到公共政策中。他们的慷慨捐助创建了当今美国许多顶尖智库，致力于打击政府内部腐败和提高政府决策效率。

20 世纪初，美国社会科学专家公正客观的政策建议受到了人们的信赖。专家们科学严谨的研究成果展现出极大的舆论价值，促进了财经智库的崛起。1910 年成立的"卡内基国际和平基金会"（Carnegie Endowment for International Peace）和 1916 年成立的"布鲁金斯学会"（Brookings Institution）是美国最早成立的外交智库和财经智库。面向公众，智库机构同样能够将政府重要政策信息进行解读，让更多的利益相关者了解政府实施的政策措施。第一次世界大战等地缘冲突的爆发进一步加强了美国财经智库机构的智囊作用，使它们能够在有关美国在迅速变化的世界中应扮演何种角色的激烈辩论中发挥主导作用。例如，"卡内基国际和平基金会"的使命和宗旨是应对全球挑战，造福美国以及那些遭受第一次世界大战摧残和蹂躏的国家。此外，由众多美国思想先进的教育家、商人、律师和金融家，包括商人和慈善家创立的"布鲁金斯学会"则致力于通过外部专家提出的建议来修改和完善政府工作。

（四）德国财经智库

德国财经智库的诞生和发展高潮均与其国家命运息息相关。1908 年，出于更好地扩张和统治殖民地的需要，"德国殖民地研究所总部"在德国汉堡诞生，成为德国财经智库的发端。第一次世界大战后，该研究所更名为"汉堡世界经济档案馆"，当时的主要任务是建立剪报室和档案馆，以便收集整理报刊上关于经济问题的剪报资料，向德国经济、科技、新闻和政府部门提供有关海外国家经济、社会发展情况的情报。第二次世界大战之后，"汉堡世界经济档案馆"开始设立自己的研究机构，并于 1970 年正式更名为"汉堡经济研究所"（Institut fur Wirtschaftsforschung Hamburg，HW-WA），是德国最重要的六大经济研究所之一。

1914 年成立的"基尔世界经济研究所"（Kiel World Economic Institute，IfW）同样是德国最古老的财经智库之一。作为德国基尔大学的一部分，该智库最初的使命是研究世界经济。它是最早将研究重点放在国际经济上的机构之一，而其他大多数财经智库则把重点放在国家经济上。"基尔世界经济研究所"致力于为德国政府的经济决策提供咨询建议并创建一个国际专家网来了解全球经济流动和趋势。"基尔世界经济研究所"的创始人、经济学家伯恩哈德·哈姆斯（Bernhard Harms）于1919年在该研究所建立了一个研究型图书馆，发展至今该智库图书馆已经成为世界上最大的经济学图书馆，同时也是世界上最大的经济文献资料库。

（五）加拿大财经智库

在20世纪初期，不同于美国以研究为导向的主流智库，加拿大的初期财经智库主要是一些规模较小的组织，它们致力于研究加拿大国内政策。1920年成立的"加拿大社会发展理事会"（Canadian Council on Social Development，CCSD）是一个与社会部门进行合作的非营利组织，该组织自成立以来致力于召集政府、私营部门和慈善家们共同努力改善加拿大的社会福祉。例如，在1920年，CCSD帮助加拿大政府制订了该国第一个老年退休金计划。在1930年，CCSD促进推广就业保险的概念等。虽然有别于美国的财经智库模式，但是加拿大财经智库同样在初期建立起了公共部门与私营部门之间的联系，并受托为政府提供研究支持。

1928年成立的"加拿大国际事务研究所"（Canadian Institute of International Affairs，CIIA）是加拿大最早成立的关注国际政策的智库代表。第一次世界大战结束后，加拿大在外交事务上的自信心和独立性日益增长，CIIA作为"英国皇家国际事务学院"和"美国太平洋关系研究所"的分支机构，致力于为加拿大人提供一个分析辩论的平台，促进其对国际事务和加拿大在不断变化的世界中所扮演的角色有更广泛和更深入的了解，该机构由加拿大前总理罗伯特·博登爵士（Sir Robert Borden）担任首任智库主席。2006年CIIA更名为"加拿大国际理事会"（Canadian International Council，CIC）。

（六）奥地利财经智库

成立于1927年的"奥地利经济研究所"（Austrian Institute of Economic Research，WIFO）是奥地利最早的财经智库。该研究所是由著名的"奥地利经济学派"代表人物、诺贝尔奖获得者弗里德里希·冯·哈耶克（Friedrich August von Hayek）和经济学家路德维希·冯·米塞斯（Ludwig von Mises）以分析商业周期的初衷而创立。

1923年哈耶克在出访美国期间，研究学习了美国的经济周期监测方法及措施，并引起了时任奥地利商务部长米塞斯的重视。1927年，在奥地利政府的支持下成立了"奥地利商业周期研究所"。哈耶克成为该研究所的第一任所长，并撰写了其最重要的理论经济学著作，即《货币理论与商业周期》（1929年）和《物价与生产》（1931年）。尽管当时统计基础有限，但哈耶克依然在经济分析和危机预后方面带领研究所做出重要贡献，即在1928年7月提出世界将陷入经济萧条的警告。

1938年，当奥地利被德国吞并后，该研究所更名为"维也纳经济与商业周期研究所"，在不改变研究方法的前提下，研究对象由奥地利经济改为欧洲东南部的经济。1945年，第二次世界大战结束后该研究所更名为沿用至今的"奥地利经济研究所"，并成为奥地利顶尖的应用实证经济研究机构，致力于为商业和社会决策提供经济信息依据。

（七）波兰财经智库

1926 年，波兰经济学家爱德华·利宾斯基（Edward Libinski）提出建议在波兰华沙建立隶属于波兰中央统计局的经济周期研究所。1928 年，波兰第一个财经智库——"经济周期与物价研究所"（Institute for Research on Economic Cycles and Prices）成立了，利宾斯基担任该研究所所长直至第二次世界大战爆发。

在战争爆发前，该研究所设立了由专家、商人和政府官员组成的学术委员会，指导研究所为波兰工业和贸易部提供可靠的研究分析。1929 年，研究所著名经济学家米哈尔·卡莱斯基（Michał Kalecki）和路德维克·兰道（Ludwik Landau）合作撰写的《社会收入估算》，是 20 世纪波兰最重要的经济分析著作。研究所通过将对经济周期的研究与对经济结构的研究相结合，倡导超越方法论和理论上的现代经济思想，其中，关于国民收入规模和分配的开拓性工作是全球范围内唯一一次按社会阶层提供国民收入详细细分的尝试。

在第二次世界大战后，研究所经过多年重建，直至 1961 年以"经济周期和对外贸易价格研究中心"（Centre for Research on Economic Cycles and Foreign Trade Prices）的名称再次成立运营，回到战前研究水平。2018 年，有关"波兰经济研究所"的法律生效，该中心正式更名为"波兰经济研究所"（The Polish Economic Institute），致力于为波兰实施《负责任的发展战略》提供分析和专业知识，并在国内外推广波兰的经济和社会研究理论。

（八）俄罗斯财经智库

俄罗斯注重思想、智力的集结发展，在沙皇俄国时期，1724 年彼得一世批准成立最早的科学院——"俄罗斯科学院"。1930 年，俄罗斯科学院成立的经济研究所（Institute of Economics，Russian Academy of Sciences，RAS）是俄罗斯最早的财经智库。首任研究所所长由俄罗斯著名经济学家、国民经济委员会副主席弗拉基米尔·帕夫洛维奇·米柳京担任。2005 年 6 月，俄罗斯科学院经济研究所与俄罗斯科学院国际经济和政治研究所合并，正式成为俄罗斯研究社会主义国家经济、政治和外交政策问题的中心。

俄罗斯科学院经济研究所的工作涉及经济理论、战略计划等方面，对俄罗斯的财政、货币、工业和社会政策进行评估，解决俄罗斯经济存在的问题，并对后社会主义国家经济转型过程进行比较分析，探讨俄罗斯参与下的一体化过程，分析俄罗斯联邦制模式、俄罗斯经济史等经济问题。

（九）意大利财经智库

1934 年，来自意大利米兰大学和帕维亚大学的年轻学者们，受到英国伦敦"皇家国际事务研究所"和美国纽约"外交关系协会"的启发，创建了"意大利国际政治研究所"（Institute for International Political Studies，IIPS），该研究所是意大利最古老的财经智库。随着研究所的建立，其出版了《国际事务》期刊，旨在传播国际事务信息。研究所得益于倍耐力家族及其他商人的资金支持，逐步发展壮大。1949 年，意大利国际政治研究所恢复了研究工作，其开始为年轻人组织定期的课程，旨在培育意大利国际经济和政治领域的人才。

（十）中国财经智库

1949 年 11 月中国科学院（Chinese Academy of Social Sciences）的成立标志着新中国智库的开端。1956 年，社会主义改造基本完成，中国社会主义政治制度和经济制度都已确立。中国财经智库在政府部门的主导下陆续成立，其中包括"中国科学院上海经济研究所""财政部财政科学研究所"（后更名为"中国财政科学研究院"）等研究机构。

"中国财政科学研究院"（Chinese Academy of Fiscal Sciences）不仅是新中国最早成立的人文社会科学研究机构之一，而且是最早的经济类科研机构之一，还是最早的政府决策咨询机构之一。1956 年 6 月，根据政府关于财政部应设立专门研究机构、加强财政经济问题研究的指示，财政部财政科学研究所正式成立。2016 年 2 月，"财政部财政科学研究所"更名为"中国财政科学研究院"。同年成立的"中国科学院上海经济研究所"是上海社会科学院的前身，致力于资本主义工商业的社会主义改造、上海资本主义工商业历史资料收集整理与研究以及社会主义政治经济学研究。1958 年，该研究所和上海历史研究所、上海财经学院、华东政法学院、复旦大学法律系合并成为的"上海社会科学院"（Shanghai Academy of Social Sciences）是新中国最早建立的社会科学院，其致力于研究中国社会经济转型和国家不断改革发展的重大问题。

第二节　发展历程

全球财经智库始于 1884 年，至 2022 年其发展历经 138 年，不仅经历了"第一次世界大战""第二次世界大战"以及"冷战"的洗礼，还经历了"进步时代""大萧条"和"金融危机"的涤荡。在发展的历程中，各国财经智库在不同的阶段呈现出了不同的特点。项目组根据全球财经智库的成立年份，将财经智库发展历程划分为四个阶段（如图 1-1 所示），并充分总结了各个阶段财经智库的特征。

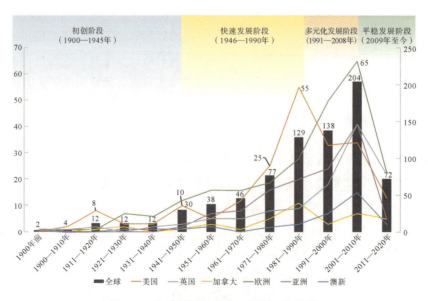

图 1-1　全球财经智库发展历程阶段划分

在战后经济重建之时，众多著名财经智库在各国经济学家、政治家和商人的呼吁或捐助下成立。这些智库在知名学者的带领下，秉承用知识力量化解国际矛盾、促进国内经济发展、保护人民权益的初衷为各国政府提供了大量具有参考意义的政策制定依据，而政府对于智库智力支持的依赖是智库持续蓬勃发展的动力。

在意识形态碰撞的时代，各国财经智库以更多元的形式成立和发展起来。依赖智库治理支持的政府开始出资支持智库的建立以及研究项目的开展；信仰学术自由的大学开始在内部建立独立的研究中心；而具有政党倾向的个人或团体则成立了明确支持某党派的政策倡导智库。

在社会发展相对稳定的时期，全球多数财经智库将研究视野聚焦于"可持续发展""科学技术""经济平等发展""商业创新"等促进社会全面发展的领域。在该时期，财经智库重视国际交流，充分通过媒体评论、举办论坛等公开形式表达其观点，并主动开展"教育公众了解公共政策"等各类教育培训活动。

（一）初创阶段（1900—1945 年）

全球财经智库数据库中处于初创阶段的财经智库共有 51 家，其中美国财经智库 21 家，包括英国在内的欧洲财经智库 20 家。1900 年至 1945 年间成立的财经智库多由著名企业家、经济学家或个人慈善组织等私人部门建立和管理，主要关注国际事务和国内公共政策两个研究方向，在智力资源匮乏的时代，受到了公共部门的信赖，并促进政府承担新的社会责任。

1. 财经智库多由私人发起并创建

美国 21 家早期财经智库中有 11 家是由著名企业家资助并发起的，这些智库大多致力于国内公共政策和经济周期的研究。这些智库包括罗伯特·布鲁金斯创建的"布鲁金斯学会"、钢铁大王卡耐基资助成立的"卡耐基国际和平基金会"、柯达公司创始人乔治·伊士曼捐资成立的"政府研究中心"（Center for Governmental Research，CGR）、通用公司董事长小阿尔弗雷德·斯隆创建的"税务基金会"、美国汽车公司 Studebaker 总裁与其他商业领导人共同创建的"经济发展委员会"（Committee for Economic Development，CED）等。

部分第一代全球财经智库是由著名经济学家发起建立的，此类财经智库受到经济学家思想的影响重点关注商业周期和经济发展。这类财经智库包括德国经济学家伯恩哈德·哈姆斯（Bernhard Harms）建立的致力于研究世界经济的"基尔世界研究所"、美国经济学家韦斯里·米切尔（Wesley Mitchell）创立的专注于美国经济研究的"国家经济研究局"（National Bureau of Economic Research，NBER）、德国经济学家恩斯特·瓦戈曼（Ernst Wagemann）创立的专注于商业周期研究的"德国经济研究所"（German Institute for Economic Research，DIW）、美国经济学家爱德华·哈伍德建立的"美国经济研究所"（American Institute for Economic Research，AIER）、荷兰诺贝尔经济学得主扬·廷伯根（Jan Tinbergen）建立的"荷兰经济政策分析局"（Bureau for Economic Policy Analysis）等。

2. 财经智库研究领域以国际关系、公共政策和国内经济为主

第一次世界大战结束后，巴黎和会的召开促成了"皇家国际事务研究所"以及美国的"外交关系委员会"（Council on Foreign Relations，CFR）的建立。这两个具有影响力的外交事务智库的成立，也给予其他国家灵感，澳大利亚和新西兰紧随其后也成立了智库机构，即"澳大利亚国际事务研究

所"（Australian Institute of International Affairs，AIIA）和"新西兰国际事务研究所"（New Zealand Institute of International Affairs，NZIIA），致力于研究本国外交政策以及国际事务。同时期成立的还有致力于刺激社会经济发展的巴西财经智库"盖塔利奥·瓦尔加斯基金会"（Fundacao Getulio Vargas，FGV）以及致力于完善本国社会政策的"加拿大社会发展委员会"（Canadian Council on Social Development，CCSD）。

（二）快速发展阶段（1946—1990 年）

第二次世界大战结束后，随着各国经济逐渐复苏，经济最为发达的美国迅速成立了大量财经智库，并带动全球财经智库进入快速发展阶段。在 1981 年到 1990 年的十年间，美国新增财经智库数量达到顶峰，即全球 311 家新增财经智库中有 104 家智库是美国智库。而该阶段的全球财经智库主要呈现了以下四个特征。

1. 公共部门开始参与财经智库创建

（1）各国政府、机构逐渐参与到财经智库建设过程中

1946—1990 年间成立的智库中有 102 家智库是由政府部门或机构组织参与发起创立并由政府直接或间接资助的。这类智库包括 1951 年由德国雇主协会联合会和德国工业联合会共同创建的"德国经济研究所"（German Economic Institute，IW），1974 年由加拿大总理皮埃尔·埃利奥特·特鲁多建议、政府支持成立的"弗雷泽研究所"（Fraser Institute）等。

随着战后日本经济的复苏，日本财经智库应运而生。其中较早成立的是 1958 年由日本政府机构经济产业省创建的"发展中经济研究所"（Institute of Developing Economies，IDE），该研究所是目前日本最大的社会科学研究所。而日本规模最大的经济研究所"野村综合研究所"也成立于该时期，是由日本金融公司野村集团于 1965 年出资建立的财经智库。

（2）多所大学开始建立经济政策研究中心

从 1955 年开始，美国耶鲁大学、哥伦比亚大学、华盛顿大学等高等院校开始建立独立的财经类研究中心。其中最为知名的是耶鲁大学的"经济发展中心"（Economic Growth Center）和哈佛大学肯尼迪政治学院于 1973 年创建的"贝尔弗科学与国际事务研究中心"（Belfer Center for Science and International Affairs），后者由福特基金会资助，其建立的初衷是提供军备控制和减少核威胁的分析。

2. 财经智库的研究领域扩展为战后经济重建、战略部署和能源环境经济

第二阶段智库诞生于第二次世界大战后的 20 年左右，当时美国政府试图为冷战时期的国家安全事业和国内反贫困战争集结尖端技术专家。1946—1970 年，美国涌现的大量财经智库致力于应对公共部门不断增长和美国作为全球超级大国的建立。其中，1961 年由美国前国务卿迪恩·艾奇森（Dean Acheson）、第二次世界大战后"马歇尔计划"和"冷战"重要决策参与者创立的"大西洋理事会"（Atlantic Council）致力于促进第二次世界大战后美国与欧洲继续共同合作，并提升大西洋共同体在应对全球挑战时的领导地位以及国际影响力。

以军事战略研究闻名的兰德公司也成立于该时期。1946 年兰德公司作为美国空军的研究项目落地于道格拉斯飞机公司，旨在于和平时期继续为美国军事部队提供研究和分析。该智库成立以来，

其研究成果涉及美国多方面政策决策，如"太空竞赛""美苏核武器对抗"等。

同样在该时期，1952 年成立的美国智库"未来资源组织"（Resource for Future，RFF），成为全球第一个专注于自然资源和环境问题的财经智库。该智库是在美国总统哈里·杜鲁门的提议下成立的，最初由福特基金会资助，专注于自然资源稀缺和进口依赖问题，进而拓展到能源环境经济学研究领域。

3. 具有政治偏向的财经智库涌现

英国最早的保守党派智库"弓箭集团"（Bow Group）成立于 1951 年，该智库致力于对抗社会主义和工党代表智库"费边社"，英国前首相、保守党派领导人约翰·梅杰曾是该智库的主席。另一个英国最有影响力的保守党派智库"经济事务研究所"（Institute of Economic Affairs，IEA）成立于 1955 年，该智库致力于通过分析和阐述市场在解决经济和社会问题中的作用来增进对自由社会基本制度的理解。

20 世纪 60 年代末至 70 年代初，随着美国尼克松总统的上任，推崇自由贸易、推行减税、削减社会福利的新保守主义开始在美国逐渐发展，并在 80 年代罗纳德·里根总统时期进一步成熟。这期间，大量的具有明确党派偏向的智库成立，包括著名的保守主义智库"传统基金会"（Heritage Foundation）、"哈特兰研究所"（The Heartland Institute）、"美国外交政策委员会"（American Foreign Policy Council，AFPC）、"克莱蒙特研究所"（Claremont Institute）、"加图研究所"（Cato Institute）、"美国和平研究所"（United States Peace Institute，USPI）等。其中"传统基金会"出版的《领导手册》（*Mandate for Leadership*）成为里根政府的重要政策参考依据。

4. 关注地方政策（州级）的区域财经智库逐渐增多

由于美国财经智库发展成熟，在 20 世纪 80 年代后期，美国各州开始建立关注地方政策的区域财经智库。例如，1985 年成立的"优先公共政策研究中心"（Center for Public Policy Priorities，CPPP）专注于研究美国得克萨斯州当地政策问题。再如，1987 年成立的"麦基诺公共政策研究中心"（Mackinac Center for Public Policy，MCPP），致力于改善美国密歇根州人民的生活和工作环境。

（三）多元化发展阶段（1991—2008 年）

20 世纪 90 年代后期，苏联的瓦解标志着美苏冷战的结束。在这之后的 20 年中，美国财经智库发展进入了缓慢下行的阶段。而以英国、欧洲财经智库为首的全球财经智库进入了多元化发展阶段。全球财经智库新增数量也在 2007—2008 年达到顶峰。1991—2010 年全球智库的迅猛发展，很大程度上可以归因于冷战结束后原本封闭的社会民主化、贸易自由化程度的提高，以及市场经济的发展和全球化的扩张[①]。如前所述，1991 年以前，大多数财经智库位于美国和加拿大。20 世纪 90 年代发生的民主化和自由化变革实际上为财经智库在世界其他地区的崛起创造了更有利的环境。全球财经智库数据库收录的 500 家智库中有近半数财经智库成立于该阶段，其中新增速度最快的国家是英国，总量增加最多的是欧洲，而美国新增财经智库在该阶段处于发展相对均衡的状态。

该阶段全球财经智库的特征与上一阶段部分美国财经智库相似，主要有以下三点：①各国大学

---

① MCGANN J G. The fifth estate［M］. Washington D.C.：Brookings Institution Press，2016：5-61.

开始建立独立的经济金融政策类研究中心。例如，新加坡李光耀公共政策研究院成立的"亚洲与全球化研究中心"（Center on Asia and Globalization）和伦敦政治经济学院 2008 年建立的欧洲知名外交政策智库"LSE IDEAS"。②财经智库涉及环境能源经济研究等跨学科领域。例如，瑞士建立的"欧施格气候变化研究中心"（Oeschger Centre for Climate Change Research）。③财经智库全球化发展，建立分支机构。例如，1992 年兰德公司在荷兰代尔夫特建立了"欧美政策分析中心"，该智库致力于对后冷战时代欧洲和北美面临的重要政策问题进行研究。1997 年，兰德公司将该中心升级为欧洲分公司（RAND Europe），并分别在柏林、伦敦和布鲁塞尔开设新的办公地点以便开展多领域研究工作。

（四）平稳发展阶段（2009 年至今）

从 2009 年至今，全球新增财经智库数量呈现剧烈下降的趋势，785 家智库中仅有不到十分之一的财经智库成立于该阶段。从各国新增财经智库数量来看，这个阶段新增智库仍主要集中于美国、英国和其他欧洲国家，而亚洲国家以及澳洲国家新增财经智库数量已经递减至个位数。从研究领域来看，这个阶段成立的财经智库开始更多关注可持续发展、创新、科技等领域。这个时期成立的具有代表性的财经智库是数据创新中心（Center for Data Innovation），该智库是由美国信息技术和创新基金会于 2013 年资助创建的，旨在提高美国公共部门和私营部门中由数据驱动创新的收益。

造成全球新增财经智库的速度大幅减缓这一趋势的原因可能是一系列复杂因素的综合结果，如全球经济发展放缓导致机构捐款减少从而引起智库资金竞争压力剧增、新成立的智库缺乏启动资金和资本以及试图限制智库数量和影响力的政府消极监管政策等种种因素。下一节将针对财经智库发展历程中所需考虑的核心问题进行逐一分析。

第三节　核心问题

随着全球财经智库数量的大幅增加和资金来源的逐渐减少，智库机构之间对于资金、决策者和媒体曝光度的竞争日益激烈。智库的整体定位、融资、研究团队建设、研究议题拟定以及产品推广等方面都是智库管理者在建设运营智库过程中必须考虑的核心问题①，以保证其机构能够在竞争环境中蓬勃发展。

（一）智库定位

一般来说，智库塑造了独立、无党派的研究组织形象，通过问题研究得出相应结论，而不是为研究人员或资助者已经做出的结论提供研究依据。然而，随着具有明确党派倾向的财经智库（如传统基金会）逐渐增多以及媒体的间接引导，多数智库被冠以党派倾向的标签。例如，"布鲁金斯学会"常常被视为自由主义、民主党智库的代表，而"美国企业研究所"则被认为是典型的保守主义、共和党智库。

在应对智库形象偏差的问题方面，各个智库的应对方式也各有不同。例如，布鲁金斯学会主席

---

① WEAVER R K. The changing world of think tanks［J］. Political science & politics, 1989, 22（3）: 563-578.

试图通过公开演讲等方式将布鲁金斯温和的自由主义形象转变为坚定的中立派形象。而"美国企业研究所"却将其经历的财务困境归因为形象过于中立,未能获得捐赠者的青睐,因此引入了高调的保守派领导者,如美国国务院前官员理查德·珀尔等人,来提升其在保守派中的形象。

(二) 融资问题

对于非营利组织而言,融资是一个非常关键的问题。智库融资与企业融资不同,企业融资的投资方与企业客户的立场基本一致,而智库捐赠者的立场往往与智库服务的政策制定者的立场并非一致,因此智库的捐赠者最为看重的是该智库的形象以及声誉。

随着财经智库数量的增多,智库间竞争加大,越来越多的财经智库致力于寻求稳定的资金来源,即不会随着政策潮流或是政党更替的变化而消失的资金来源。这其中,慈善基金会的资金由于无法投向营利性企业,因此对于财经智库来说是最为稳定的捐赠资金来源。但是,基金会筛选捐赠对象时,也会谨慎考量其财务管理能力以及对于筹资的重视程度。例如"美国企业研究所"由于对筹资工作不够重视,其年度收入从 1985 年的 1 270 万美元锐减至 1987 年的 770 万美元,机构经历了大规模裁员。

(三) 研究团队与管理

在建立和管理研究团队方面,智库组织通常需要考虑三方面的问题:第一,明确研究团队构成模式(全职/兼职);第二,大学学者等学术型人才是否是理想的智库研究人员;第三,研究团队是力求思想和方法一致性还是谋求多样性。

1. 研究团队构成模式

智库研究团队构成模式主要有全职研究人员团队模式、兼职研究人员团队模式和混合模式,多数智库选择以全职人员为主和以少数兼职研究人员为辅的模式构成其研究团队。考虑选用兼职研究员的主要优势在于降低人员成本和扩大研究领域两方面,而不足则体现在智库难以控制兼职研究人员的工作效率以及其对智库公共形象可能产生的潜在影响。因此,智库选择研究人员类型主要取决于其最初机构定位类型。例如,对于致力于长期研究和承接政府研究合同的智库,其研究人员构成以全职人员为主,其在特定领域长期积累的专业性及理论深度可以帮助智库获取基金会和政府等委托方的信任;而对于以撰写政策内参、评论文章为主的智库,其研究人员构成则可多考虑具备丰富政策决策实践经验的兼职人员。

2. 大学学者是否是理想的智库研究人员

通常,智库管理者寻求从大学中招聘具有一定学术背景的研究人员,但大学学者并不一定是理想的智库研究人员。因为,一个理想的智库研究人员应具备能够运用通俗易懂的语言写作的能力,并且对于具体政策领域的实质内容和政策执行过程非常感兴趣,还要有能够快速总结出事件发生的原因及应对措施的素质。而这些要素并非大学学术培养的重点要素。

3. 研究团队是力求思想和方法一致性还是谋求多样性

相对于成立悠久且影响力较大的智库,新兴智库在构建研究团队时更加重视考量研究团队的思

想意识形态。其认为，整个团队研究思想一致时，能够保证其生产的研究产品的一致性。但是，高度的研究一致性，也可能会使得智库的研究结论变得单一且可预测。

（四）研究规划

与智库团队建设和融资研究问题相关的是如何确定本组织的研究议程问题。在规划研究议程方面，有两个主要问题：第一，智库研究议程应关注某一个或几个相关政策领域还是应关注广泛的研究领域；第二，对于智库研究模式，是采取研究议程由研究人员提出经研究主管进行判断的模式，还是采取由研究主管制定研究议程再向员工分配研究任务的模式。

1. 研究议程应关注单一领域还是广泛领域

智库重点研究某一政策领域的优势在于，其能够更快速地在该领域建立专业声誉，成为该领域合同研究的主要承接者。例如，美国预算与政策中心算一个小型智库组织，却逐渐成为美国营养和福利政策制定的主要参与者。该中心的主要研究都围绕着营养与福利政策展开，同时其在美国各州建立了强有力的营养倡导者网络，通过网络来落实当前的政策举措、传递相关信息。但是研究议程单一化也有风险，如果社会对于某一特定政策领域的兴趣降低、资金减少，那么将直接影响专注于该领域的智库的生存。

2. 研究议程的制定应是"自下而上"还是"自上而下"

另一个研究议程规划需要考虑的问题是：遵循由研究人员提出经研究主管进行判断的研究议程，还是遵循由研究主管制定研究议程再向员工分配研究任务的研究议程。目前，多数智库混合使用上述两种模式，但是不同的智库类型可能对于研究模式的偏好不同。例如，对于没有其他资金来源、主要依赖政府资金支持的智库，其选择"自上而下"的研究模式是精准且高效的。

（五）产品线设计

智库可以提供各种各样的研究产品，例如研究报告、学术论文、政策简报、期刊书籍、数据分析以及论坛活动等。一般来说，学术类智库如"胡佛研究所"擅长发布长篇的研究报告或论文。而像"兰德公司"和"城市研究所"这类以合同研究为主的智库则多撰写特定政策领域的报告或是政策简报。但是无论哪一种产品形式，智库的管理者都希望其研究观点能够通过研究产品的传播而被付诸实践。

在智库发展过程中，智库产品线方面主要有两个问题：第一，智库长篇研究报告或是学术论文无法得到政策制定者的青睐；第二，持续发行能够提升整体知名度和学术声望的期刊产品给智库造成财务压力。

作为应对，多数智库在更新其产品线的过程中，增加了政策简讯、决策分析等短篇研究报告产品，旨在吸引忙碌的决策者的关注。同时，智库还鼓励其研究人员通过撰写博客、录制播客或为关注度高的媒体撰写短篇评论文章来提高知名度。另外，在应对发行期刊带来的财务压力方面，一些智库选择举办为政府和企业提供沟通平台的会议或是开办政策培训课程等收费活动来补充其资金流动性。

（六）产品推广

即便是最好的研究产品，如果不能让其目标受众看到，也就没有什么价值。越来越多的智库意识到了产品营销是其研究业务的重要组成部分。在智库产品营销方面，做得比较好的智库是"美国传统基金会"，该基金会向美国国会、行政机构以及各个利益相关团体提供了大量的研究报告。该智库每年的营销费用是其他同规模智库营销费用的数倍。

（七）智库出版业务外包问题

就智库的图书出版业务而言，各个智库的出版安排差别很大。规模较大的智库建立了自有的图书出版业务。例如，"布鲁金斯学会"有一个完整的内部出版业务线，大部分图书的编辑、营销和发行工作都是在智库内部完成的。而另一些智库如城市研究所和曼哈顿研究所则选择外包图书出版业务，与商业出版社合作或是大学出版社合作。

智库选择外包图书出版业务的优势主要体现在节约成本以及专业出版商强大的营销技能。但是劣势是，出版业务外包大大延迟了智库图书出版的时间，使得研究成果失去了时效性，同时也可能会影响智库的知名度。

第四节　数据统计

全球财经智库数据库（下文简称"数据库"）共收录了500个活跃的财经智库。通过梳理智库的公开信息收集了每个智库组织的七类数据——分别是"地域分布""成立年份""资金来源""团队规模""研究领域""产品类型"以及"产品种类和总量"。其中可以量化的数据将通过数据统计部分进行比对分析，而其余无法量化的数据描述则将在智库描述报告部分进行陈述。根据数据统计结果，本节将从智库地域分布、智库成立年份以及智库资金来源等7个方面进行简单的数据概述和分析。

（一）地域分布

全球财经智库数据库中共有多少财经智库？覆盖多少个国家？财经智库数量最多的是哪个大洲？哪个国家？

数据库中500个财经智库共分布在全球六大洲，即北美洲、欧洲、亚洲、大洋洲、南美洲和非洲。其中，北美洲财经智库数量最多，共214个，占比为42.8%；欧洲财经智库紧随其后，共178个，占比为35.6%；而非洲和南美洲由于经济相对落后，因此财经智库的数量相较于其他地区财经智库数量较为悬殊。如图1-2所示。

从各国财经智库数量来看，500个财经智库分布在全球45个不同的国家，如图1-3所示。全球财经智库数量最多的国家是美国，共有191个智库，占比为38.2%，美国财经智库具有起步早、规模大和影响力强等特点。欧洲财经智库中半数是英国智库，共89个，其他欧洲财经智库主要分布在德国、法国、俄罗斯和比利时等发达经济体中。而亚洲的财经智库（不包含中国）发展相对均衡，日本的财经智库数量最多，共23个（约占亚洲智库的28%），其他亚洲国家财经智库还包括印度财经智库14个、巴基斯坦财经智库10个以及新加坡财经智库7个等。数据库中共收录了大洋洲财经智库14个，其中澳大利亚财经智库9个、新西兰财经智库5个。南美洲的6个财经智库由巴西、阿根廷和哥伦比亚财经智库组成，虽然数量较少，但是巴西"里奥·巴尔加斯基金会"的机构规模排名世界前十。非洲财经智库主要分布在埃及、南非和肯尼亚等国家，数据库中共收录了6个财经智库。

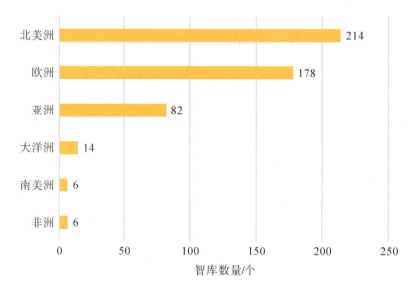

图 1-2　财经智库数量按大洲划分统计

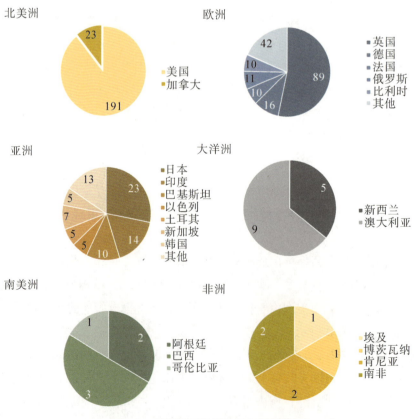

图 1-3　财经智库数量按国家划分统计

从整体上来看，全球近 80% 的财经智库集中于北美洲和欧洲，共 392 个，其中约 71% 的财经智库由美国和英国财经智库组成，从数量上可以看出美、英在财经智库的发展方面领先于全球。而作为发展中国家较为集中的亚洲、南美洲和非洲，各国财经智库的发展还有很大潜力。

（二）成立年份

全球财经智库数据库中智库的平均年龄是多少？哪个地区成立财经智库较早？多数智库是什么年份成立的？是否因地区或国家而异？

数据库中收录的最早成立的智库是 1884 年成立的英国费边社，发展至今共 138 年。全球财经智库数据库中的 500 个智库平均成立年限是 37 年，其中德国财经智库发展历史较为悠久，平均成立年限高达 42 年，而与之毗邻的瑞士财经智库则较为年轻，平均成立年限仅 17 年。全球财经智库数量自 20 世纪 40 年代起开始逐渐增加，直至 2010 年前后达到顶峰，随后十年开始大幅减少。

项目组将全球 500 个财经智库的成立年份划分为 11 个年份统计区间，分别进行统计，如图 1-4 所示。数据统计结果表明，约四分之一的全球财经智库是在 2000—2009 年成立的，成立年限为 10～20 年。另有 170 个智库在 20 世纪 80 年代和 90 年代成立，当时全球经济发展相对稳定，智库的发展也比较稳健。

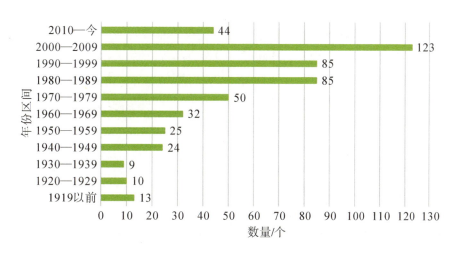

图 1-4　财经智库数量按成立年份区间统计

从各区域财经智库发展水平来看，以美国为首的北美洲财经智库发展领先于其他区域。从 1960 年开始北美洲财经智库快速发展，并于 1989 年达到该地区财经智库总数的顶峰，而后 20 余年，新增智库数量逐渐下降。而以英国为首的欧洲智库则在 20 世纪 80 年代开始大力发展并于 2010 年左右达到该地区财经智库总数的峰值（图 1-5），这与全球财经智库的整体发展趋势一致。

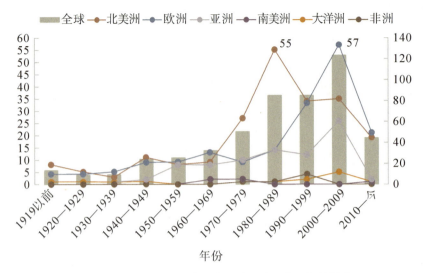

图 1-5　全球财经智库发展水平按区域和成立年份划分

（三）资金来源

全球财经智库数据库中智库共有哪些资金来源方式？最常见的是什么方式？

项目组将财经智库的资金来源主要分为政府、基金会、个人以及公司/机构四个类型，并进行统计。统计结果显示，500 个全球财经智库共有 13 种不同的资金来源方式，见表 1-1。数据库中共有 294 个（58.8%）财经智库不接受政府的资金支持，仅接受来自基金会、个人以及公司/机构的资金支持。另有 184 个（36.8%）财经智库接受来自政府的资金支持，并且有 44 个（8.8%）财经智库仅接受来自政府的资金支持。其中，全球财经智库最常见的资金来源方式是"基金会+个人+公司/机构"，共有 127 个智库采用了这种方式。

表 1-1　全球财经智库资金来源方式统计

	财经智库资金来源	财经智库数量/个	百分比/%
1	政府	44	8.8
2	政府+基金会+个人+公司/机构	69	13.8
3	政府+基金会+公司/机构	29	5.8
4	政府+公司/机构	32	6.4
5	政府+个人	3	0.6
6	政府+个人+公司/机构	7	1.4
7	基金会+个人+公司/机构	127	25.4
8	基金会+公司/机构	24	4.8
9	基金会+个人	16	3.2
10	个人+公司/机构	47	9.4
11	个人	24	4.8
12	基金会	12	2.4

表1-1（续）

	财经智库资金来源	财经智库数量/个	百分比/%
13	公司/机构	44	8.8
14	未披露资金来源	22	4.4

（四）团队规模

全球财经智库数据库中智库的团队规模是什么水平？平均数是多少？中位数又是多少？智库团队规模是否因地域而异？是否因成立年份而异？

全球500个财经智库团队包含智库实际参与日常运营研究工作的行政团队以及研究团队，但是不包含智库董事会、学术委员会以及名誉专家等人员。为方便统计，项目组将团队规模划分为小规模（0~20人）、中等规模（21~50人）、中等偏大规模（51~100人）以及大规模（100人以上）4组。统计结果显示，数据库中共有316个财经智库的团队人数未超过50人，处于小规模和中等规模，如图1-6所示。

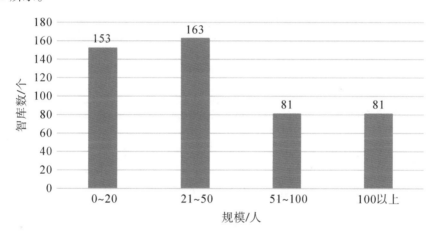

图1-6 全球财经智库团队规模统计

全球财经智库团队规模平均数为97人，但由于存在各国智库规模差异过大的情况，如拥有超过3 000名员工的"日本产业综合研究所"和仅拥有2名员工的"英国跨境研究中心"等，因此选取全球财经智库团队规模的中位数36人作为参考，见表1-2。

表1-2 全球财经智库团队规模平均数和中位数

区域	团队规模平均数	团队规模中位数
北美洲	97	37
欧洲	73	38
大洋洲	30	27
亚洲	155	40
非洲	19	20
南美洲	235	49
全球	97	36

不同区域的智库团队规模占比显示，各区域差异较大，如图 1-7 所示。南美洲的大规模智库占比较大，33%的南美洲智库拥有 100 人以上的智库团队。而北美洲、欧洲和大洋洲则是中等规模智库团队占比较大，即多数智库选择组建 51~100 人的团队。相比之下，亚洲和非洲智库选择小规模团队的比例较高，即多数智库的团队规模不到 20 人。比较特殊的是，表 1-2 中亚洲财经智库的团队规模平均数和中位数较高，原因是亚洲智库中日本智库的占比较高（28%），而日本智库中的瑞穗研究与技术有限公司（4 605 人）和日本产业技术综合研究所（3 000 人）拉高了整体的团队规模平均水平。

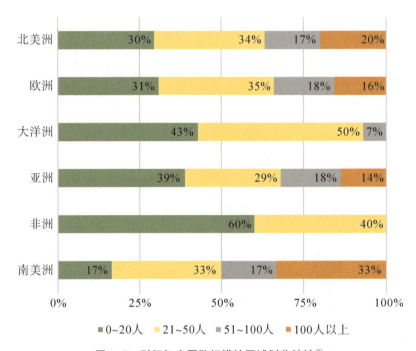

图 1-7　财经智库团队规模按区域划分统计①

从数据库中智库成立年份排序统计的智库团队规模，可以明显看出不同年代成立的智库团队规模差异显著，如图 1-8 所示。一半以上的百年智库都拥有 100 人以上的大规模团队，而半数以上的成立 10 年左右的智库只拥有不到 20 人的小规模团队。因此智库团队规模和成立年份呈正相关关系，即成立年份越长智库团队规模越大。

（五）研究领域

全球财经智库主要关注哪些研究领域？不同区域智库在研究领域的侧重点是否不同？

根据财经智库研究内容，项目组将财经智库研究领域分为 16 个大类以及若干个小类，具体请参考附录 2。对全球 500 个财经智库研究领域数据的分类统计结果显示，智库研究内容平均覆盖 6 个研究领域，关注度最高的是"社会发展"（75%）、"宏观经济"（70%）和"国家治理"（64%），如图 1-9 所示。"能源环保""国际关系"和"金融"也同样是全球财经智库关注的重要领域，相比之下，"建筑业与制造业""农业"和"宗教与文化"等不是财经智库重点关注的领域，但可能存在于智库的交叉研究领域中，例如"农业经济"等主题。

---

①　因四舍五入的关系，个别区域各比例之和可能大于或小于 100%。

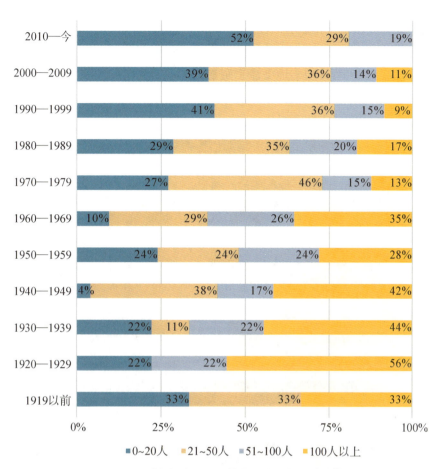

图 1-8　财经智库团队规模按照成立年份统计①

图 1-9　财经智库研究领域热度

①　因四舍五入的关系，个别时间段各比例之和可能大于或小于 100%。

　　不同区域的智库研究领域占比显示，各区域差异不太显著，如图 1-10 所示。除了整体受到各国财经智库重点关注的三个领域外，北美洲财经智库相较于其他区域智库更多地关注"教育"和"医疗卫生"领域。非洲财经智库更多地关注"贸易"领域，而南美洲和大洋洲的财经智库更关注"能源环保"和"财政税收"领域。

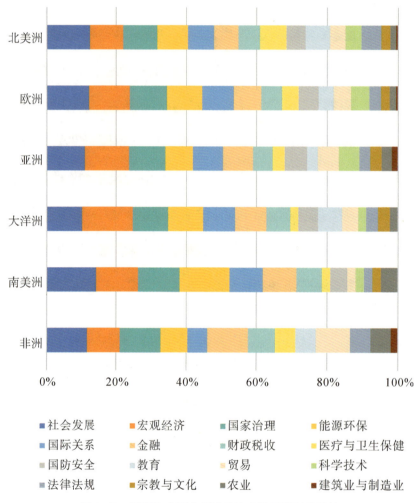

图 1-10　财经智库研究领域关注度按区域划分统计

（六）产品类型

全球财经智库主要设计推出什么类型的研究产品？

　　项目组根据财经智库研究产品的特点总结出共 9 大类若干小类产品，具体请参考附录 3。经统计，全球超过 80% 的财经智库均有研究报告、活动和新闻媒体三类研究产品，意味着几乎所有财经智库都组建了研究团队并通过智库网站发布研究成果、定期举办机构活动并及时在网上更新新闻信息。从图 1-11 中不难看出，智库作为研究机构在研究产品类别方面与学术机构具有显著的区别，即仅有 27% 的财经智库以发表学术论文作为产品，是智库研究中覆盖面最少的产品。全球 62% 的财经智库会建立自有期刊或出版图书，以增加其研究影响力。

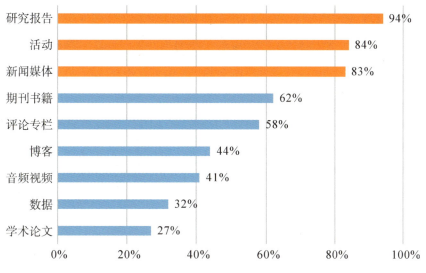

图 1-11　财经智库研究产品类型占比统计

（七）产品种类和总量

全球财经智库公开发布了多少种研究产品？产品种类平均数和中位数各是多少？智库发布的研究产品总量是多少？产品总量的平均数和中位数各是多少？不同区域智库的产品总量是否有差异？

根据 500 个财经智库网站公开信息披露，产品种类数最多的是 1919 年成立的美国"胡佛研究所"，该智库共设计推出了 48 种研究产品，同时，其发布的研究产品总量也是最多的，累计公开发布了 18 万份研究产品。产品种类数最少的是 2017 年成立的英国智库"科沙姆研究所"，成立至今仅设计推出 1 种研究报告类产品。经统计比较，500 个全球财经智库中 356 个（71.2%）智库设计推出了 4~12 种研究产品，其中选择设计推出 6 种研究产品的智库最多，如图 1-12 所示。

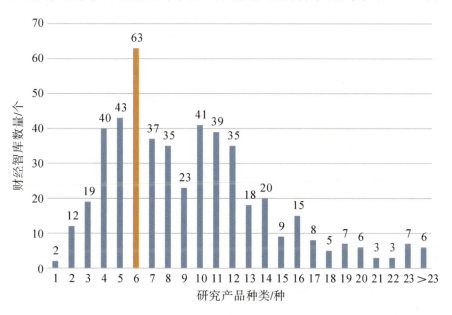

图 1-12　财经智库数量按研究产品种类统计

根据智库公开披露的研究产品总量统计结果，500 个全球财经智库的研究产品平均数为 6 300 份，但考虑到各个智库研究产品总量存在差异过大的问题，取 500 个智库的研究产品总量中位数 2 000 份作为参考。为了方便统计比对，项目组将智库研究产品总量划分为 6 个区间，即：小于 1 000，1 000~2 999，3 000~4 999，5 000~9 999，10 000~50 000，以及超过 50 000。如图 1-13 所示。500 个财经智库中有 169 个智库（33.8%）截至目前发布的研究产品不足 1 000 份，另有 118 个智库（23.6%）发布了不足 3 000 份产品，只有 11 个智库发布了 50 000 份以上的研究产品。但由于各个财经智库建立官网的时间不同，且披露的口径不一，因此不能代表每个智库实际产品总量，仅作为参考。

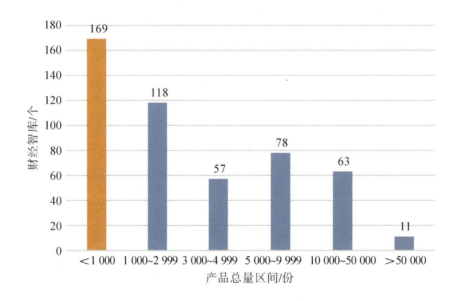

图 1-13　智库数量根据研究产品总量区间划分

从不同区域财经智库发布的产品总量数据来看，各区域差异较大，如图 1-14 所示。发布 50 000 份以上研究产品的智库集中于北美洲和亚洲，具体来看主要是美国财经智库和日本财经智库。而发布 10 000~50 000 份研究产品的财经智库集中于北美洲和欧洲，占比超过 80%。整体来看，北美洲和欧洲的产品发布量较大，产品种类较多。

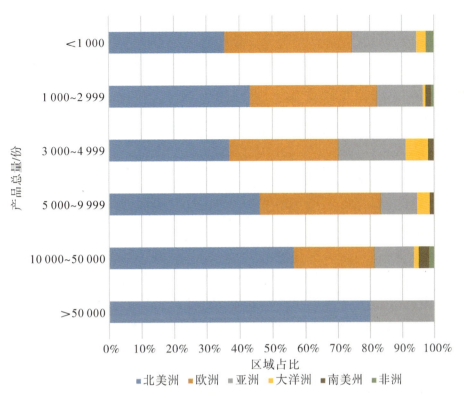

图 1-14　智库数量按研究产品总量区间和区域划分

（八）小结

通过对全球财经智库数据库中 500 个智库的多项数据进行对比分析，可以看出全球各区域财经智库发展存在显著差异。目前数据库中超过 80% 的智库存在于北美洲和欧洲等发达国家中，发展中国家的财经智库数量较少。从智库成立年份来看，美国带领的北美洲智库最早开始发展并于 1990 年左右达到顶峰，其后新增数量开始下降。而以英国为代表的欧洲以及其他区域智库，虽然最早建立了财经智库，但是整体发展速度较慢，在 20 世纪 80 年代开始快速发展并于 2010 年左右到达顶峰之后，呈现下降趋势。从智库的资金来源看，多数智库选择不接受各国政府提供的资金支持，而是选择接受来自基金会、公司/机构或个人的资金捐助。经过 130 余年的发展，各国财经智库的团队规模与智库的成立年份正相关，成立年份久远的智库其团队规模相对较大，多数财经智库的团队规模在 30~40 人。

就财经智库具体工作数据而言，在研究领域方面，全球智库的趋势一致，最为关注"社会发展""宏观经济"和"国家治理"三个领域。通过分析智库研究产品类型可以看出，研究报告、活动和新闻媒体三类研究产品是多数智库正常开展业务的必备选项。而从智库发布的研究产品总量来看，多数财经智库的产品总量在 2 000 篇左右，覆盖了约 8 种研究产品。

PART 2

第二章
全球财经智库影响力案例

由于世界各国经济发展、政治体制都存在着巨大差异，因此各国财经智库的成立初衷、战略定位以及产生的影响力也各有不同。本文通过撰写 10 个全球财经智库影响力案例，来展示智库在立法、政策制定、提出思想等各方面的卓越影响。

第一节　美国政府研究所与 1921 年美国政府预算改革

（一）背景

20 世纪初期，美国联邦政府在预算制定方面既没有统一的预算法案，也没有预算编制标准化流程。因此，联邦政府各分支机构需要分别向众多国会拨款委员会提出预算申请，而拨款委员会则仅仅从申请理由本身而非提升机构效率等更为客观的角度进行审批，导致拨款委员会委员的非理性判断增多，大大降低了合理预算审批的效率。同时，随着美国政府年度支出及赤字的逐年增加，美国政府及社会对于预算体系改革的需求愈加强烈。

从 1910 年美国政府预算体系改革的想法提出到 1921 年美国预算与会计法案的颁布，历经了三届美国总统任期。由预算研究专家威廉·威洛比引领的政府研究所作为政府预算改革背后的研究力量，通过研究英国、法国和加拿大等国的政府预算体系建设经验，并结合本国实际情况，提出了立法建议并最终推动预算改革、法律制定以及机构设置。

（二）政府研究所参与美国预算体系改革过程

1. 塔夫脱委员会提交建立国家预算体系的草案被国会驳回（1910—1913 年）

1910 年，美国第 27 任总统威廉·塔夫脱（William Taft）成立了经济与效率委员会（Commission on Economic and Efficiency），也称"塔夫脱委员会"，该委员会致力于研究包括政府预算在内的政府行政管理改革。其中，有两位美国著名的预算研究专家被邀请加入该委员会，他们分别是哥伦比亚大学教授弗兰克·古德诺（Frank Goodnow）以及时任美国人口普查局副局长的威廉·威洛比（William Willoughby）。

1912 年，古德诺和威洛比带领经济与效率委员会向美国国会提交了近 600 页的研究报告，即《建立国家预算的需要》（The Need for a National Budget）。该报告主要提出以下五点建议：

（1）政府预算应统一由美国总统起草并提交至国会；

（2）预算信息应包含总统政策建议以及财务摘要信息并随预算报告一同发布；

（3）财政部部长应该每年向国会提交一份合并财务报表；

（4）政府各行政机构都应向国会提交年度财务报告；

（5）政府各行政机构应建立并采用统一的会计制度。

但是由于该报告提出的预算体系改革方案侵犯了国会拨款委员会委员审批各机构预算的权利，因此国会否决了该委员会提交的预算法案并命令政府各部门和机构负责人，除了按照国会要求的方式外，不得采用其他任何方式准备和提交预算。虽然塔夫脱委员会和国会并未就预算法案达成共识，但是政府预算方面的研究成果奠定了未来美国建立政府预算体系的基础，预算专家古德诺和威洛比也在持续进行预算体系建设的研究工作。

2. 威尔逊总统否决了建立国家预算体系法案草案（1914—1920 年）

1914 年，第一次世界大战爆发后，随着伍德罗·威尔逊总统执政期间联邦政府开支的增加，华盛顿内外对于国家预算改革的支持也逐渐增加。与此同时，在 1916 年，古德诺和威洛比在商人罗伯特·布鲁金斯的支持下创建了"政府研究所"（Institute for Government Research，IGR），致力于开展能够帮助政府改善治理和提升经济效率的研究工作。在政府预算研究方面，"政府研究所"先后对比研究了世界上最古老和最发达的英国预算制度、法国的预算制度以及参考英国预算制度编制而成的加拿大预算制度。通过基础研究梳理，1918 年政府研究所出版了威洛比撰写的《国家预算问题》（*The Problem of a National Budget*）一书，威洛比在该书中梳理了美国政府现存预算体系的弊端，从理论和实践方面分析了政府预算面临的问题，并提出了建立审核政府预算独立部门和出台统一法案的必要性。

1919 年，美国众议院拨款委员会主席詹姆斯·古德（James Good）邀请政策研究所主任威洛比参与起草一份新的政府预算改革草案，也被称为"古德法案"（Good Bill）。该法案主要包含了以下三个方面：第一，政府预算应由总统而非独立机构向国会提交；第二，应建立由总统直接领导的预算局；第三，由总统亲自任命预算局总审计长的职位，但是国会拥有对总审计长的弹劾权。尽管"古德法案"得到了国会参众两院的多数支持，但是威尔逊总统因反对立法机关凌驾于其总审计长的权利之上而否决了该法案。

3. 哈定总统正式签署法案并设立相应的机构部门（1920—1921 年）

1920 年，沃伦·哈定（Warren Harding）当选美国第 29 任总统，詹姆斯·古德主席再次起草了一份新的预算改革法案。该法案保留了前一法案的所有重要条款，但是更改了国会对总审计长的弹劾权利。1921 年，政府研究所主任威洛比就"建立国家预算系统"向众议院特别委员会提供证词时陈述了关于英国预算体系的研究成果，并提出由总统亲自提交政府预算以及建立独立机构来监督预算的政策建议。众议院根据威洛比等专家提供的研究依据以及政策建议审核了预算改革法案草案并提交至总统。

1921 年 6 月，哈定总统正式签署了《1921 预算与会计法案》（1921 Budget and Accounting Act），并于 1921 年 12 月向国会提交了第一份根据该法案编制的美国政府年度预算。

（三）1921 年美国政府预算改革结果

1. 颁布《1921 预算与会计法案》（1921 Budget and Accounting Act）

美国《1921 预算与会计法案》是一次立法尝试，旨在为美国政府建立收集和分配资源的统一方式，进而提高第一次世界大战后的联邦政府财务管理水平。美国国会通过了该法案，一方面缘于要求总统为联邦政府准备年度预算而改革了问责机制；另一方面也缘于赋予总统在决定预算优先事项上的领导角色而为后续建立国会审核预算的地位奠定了基础。

《1921 预算与会计法案》要求，美国总统需要在每年 2 月第一个星期一前向国会提交整个联邦政府的年度预算，供国会审议。同时，该法案还要求美国政府成立协助总统制定预算的预算局（Bureau of Budget），以及协助国会监督总统财务交易的总审计局（General Accounting Office）。

2. 设立预算局（Bureau of Budget）

1921 年根据预算和会计法案要求，在美国财政部内成立预算局，该机构在美国总统的监督下开展工作。法案颁布同年，哈定总统任命查尔斯·盖茨·道斯（Charles Gates Dawes）为首任预算局长。1939 年，根据一号重组方案，预算局由财政部移交至新成立的总统执行办公室（Executive Office of the President，EOP）。1970 年，预算局正式更名为"行政管理和预算局"（Office of Management and Budget）。1974 年，出于对管理和预算局问责机制的考量，国会将该局局长和副局长的任命审批交由参议院确定。

作为美国总统政策的实施和执行部门，美国行政管理和预算局主要通过五个关键职能来履行其使命：①预算的制定和执行，是一项由总统执行办公室管理的重大政府程序，也是一套总统在经济复苏、医疗保健、能源政策及国家安全等各个领域执行其决策、政策、优先事项和行动的机制；②管理，包括监督机构绩效、联邦采购、财务管理和信息技术；③监管政策，协调和审查行政机构制定的重要联邦法规，以反映总统的优先事项，并确保将经济和其他影响作为监管决策的一部分进行评估；④立法审批和协调，审查和批准机构与国会的所有沟通，包括证词和草案，以确保机构的立法观点和建议与总统政策的一致性；⑤向机构负责人和官员传达行政指令和总统备忘录，协助总统指导行政部门官员在政府范围内的具体行动。

成立一百多年来，行政管理和预算局已经发展成为美国总统行政办公室中规模最大的职能部门，其使命始终是协助美国总统实现其政策、预算、管理和法规目标，并履行其法定责任。

3. 设立总审计局（General Accounting Office）

1921 年，根据《预算和会计法案》（42 条 20 款）建立的总审计局承接了原美国财政部承担的审计、会计和索赔职能。该法案要求总审计局独立于行政部门，并赋予其广泛调查联邦政府资金使用情况的权力。尽管后续的立法改革进一步扩大了总审计局的权力，但《预算和会计法案》始终是其工作开展的基础。

总审计局成立初期，主要通过核查政府以及行政部门人员支出凭证来判断政府支出是否合理合法，该时期被称为"凭证核查时代"。随着政府支出的逐年扩大、问责机制缺失及合同欺诈等问题的暴露，总审计局于 1947 年迎来了第一次改革，即从检查个人凭证转向了对联邦政府支出进行更为全面的审计。自 20 世纪 50 年代起，总审计局开始大量雇佣会计师，全面提升机构人员专业化水平，改进内部工作流程，并进一步扩大职责范围，工作内容逐渐转向政府各个领域项目评估。20 世纪 80 年代至 90 年代，总审计局着重审查了联邦政府运营中的高风险领域，并密切关注预算编制，致力于提升政府财务管理水平。2004 年，在成立 83 年后，总审计局更名为"政府问责局"（Government Accountability Office，GAO）。为了更好地履行其职责，政府问责局发展成为一个多学科的专业服务组织，其审计和评估工作范围覆盖了联邦政府几乎所有业务领域，并致力于为美国国会、行政机构负责人以及美国公众提供及时的、基于事实的无党派信息，进而提升政府效率以及节省纳税人税金。

同样作为成立百年的政府职能机构，政府问责局参与了多项政府事件的审查并给出了专业建议。例如，该局参与了 1972 年尼克松总统时期著名的"水门事件"的调查，并发布了相关的资金审计报告，为国会弹劾尼克松总统提供了有力的证据支持。据统计，从 1983 年到 2014 年，政府问责局共向联邦机构提交了超过 4 万份的政策建议①，而由于每项政策建议均基于详细数据支持且致力于提升机构内部运营效率，因此超过 80% 的政策建议被美国各个政府机构采纳。

（四） 1921 美国政府预算改革作用与影响

从 1910 年至 1921 年，威廉·威洛比及其领导的政府研究所通过开展预算体系的科学研究为美国 1921 年的预算体系改革提供了牢固的理论基础以及有效的国际经验依据。其协助制定的《预算会计法》不仅是一项具有里程碑意义的立法，还确立了美国现代联邦预算体系建设的框架。1921 年 12 月 6 日，哈定总统在国情咨文中说，根据《1921 预算与会计法案》编制的第一个政府预算"是一项重大成就"，该法案的颁布标志着自美利坚合众国成立以来政府实践中最伟大改革的开端。

1921 年美国预算改革的另外一项重要作用是建立两个独立机构，即帮助总统合理制订政府预算方案的行政管理和预算局，以及为国会提供针对政府财务状况进行监督审计的政府问责局。经过百余年的发展，如今美国行政管理和预算局以及政府问责局已经是美国政府和国会规模最大、影响力最广的职能机构，两个机构的有效运作，为美国政府和国会搭建了相互监督合作的桥梁。

1927 年，作为深度参与 1921 年美国预算改革的智库机构，政府研究所与经济研究所、罗伯特·布鲁金斯经济与政府研究生院合并，组成了当今美国最为知名的财经智库——布鲁金斯学会。

第二节　美国布鲁金斯学会与马歇尔计划

（一） 背景

第二次世界大战期间，欧洲因多年的冲突和战争而满目疮痍。数千万人被杀或受伤。英国、法国、德国、意大利、波兰、比利时和其他地方的工业和住宅中心已成为一片废墟。由于战争破坏了农业生产，欧洲大部分地区处于饥荒的边缘，交通基础设施一片混乱。

1947 年 6 月 5 日，美国国务卿乔治·C. 马歇尔（George C. Marshall）在哈佛大学毕业典礼上发表讲话，号召欧洲人民团结起来重建欧洲，并阐述了美国提供经济援助的必要性，马歇尔计划由此诞生。该计划也被正式命名为欧洲复兴计划（European Recovery Program），其目的主要是重建西欧的经济、重塑西欧的精神。马歇尔坚信恢复政治稳定的关键在于振兴国民经济。

（二） 布鲁金斯学会参与起草欧洲复兴计划过程

1. 国会未能形成共识，求助于布鲁金斯学会

1947 年底，包括德国在内的欧洲 16 个国家在协商之后将重建计划草案提交给了华盛顿，杜鲁门政府将援助金额定为 170 亿美元，并提交国会讨论。但是，该援助草案在美国国会引起了激烈的争论，为了调和众多的矛盾，时任参议院外交关系委员会主席的亚瑟·H. 范登伯格（Arthur H.

---

① BYLER D, et al. Accountability quantified - What 26 years of GAO reports can teach us about government management ［EB/OL］. Deloitte insights. （2015 - 02 - 18）［2022 - 06 - 15］. https：//www2. deloitte. com/us/en/insights/topics/analytics/text - analytics - and - gao - reports. html.

Vandenberg）于 1947 年 12 月 30 日致信布鲁金斯学会主席哈罗德·G. 莫尔顿（Harold G. Moulton），就如何有效界定美国国务院与欧洲复兴计划的管辖权限问题请求学会提供帮助。

布鲁金斯学会的前身成立于 1916 年，是美国成立最早的无党派经济智库，亚瑟·H. 范登伯格认为该智库具有独立于两党的精神和较高的研究水平，能够提出合理的政策建议，能够帮助国会消除内部分歧。

2. 布鲁金斯学会提出的 8 项建议均被采纳

1948 年 1 月 22 日，不到 4 周的时间，布鲁金斯学会就提交了一份长达 20 页的报告《向美国参议院外交关系委员会提交的关于美国援助欧洲复兴计划报告》（Report to the Committee on Foreign Relations, United States Senate on Administration of United States Aid for a European Recovery Program）。在该报告中，布鲁金斯学会首先梳理了当时美国国会制订欧洲复兴计划需要考虑的三个主要问题：第一，明确援助欧洲新设机构在政府中的定位，厘清其与国务院的关系，以及该机构的组织形式和结构设计；第二，明确欧洲复兴计划中需要分配和履行的行政责任；第三，明确该计划在美国境外设立机构的形式和权责。

根据上述三个主要问题，布鲁金斯学会结合自身多年的经验就整个欧洲复兴计划的结构、重点和监管逻辑给出了 8 项具体建议：

（1）建议设立专门机构来负责援助计划的执行，该机构独立于国务院，由总统和国会共同管理；

（2）建议任命一个内阁成员级别的机构负责人，直接向总统汇报；

（3）建议新设立机构为非公司形式，使其在组织结构和业务方面具有充分的灵活性；

（4）建议总统任命设立由知名专家组成的咨询委员会，以及授权机构负责人设立由工人、农民、群众组成的特别咨询委员会；

（5）建议援助机构负责人在美国总统的全面授权下，负责制订计划、确定物资需求，并与相关机构部门协商，确保满足这些要求；

（6）建议国务院与援助机构共同合作，及时沟通信息，维护外交关系，共同为欧洲复兴计划的实施提供保障；

（7）建议美国向参与欧洲复兴计划的各国派驻代表，以协调该计划的相关事务执行，其行政地位应仅次于美国驻该国大使；

（8）建议美国任命一名大使级别的美国政府特别代表负责协调两个或两个以上的被援助国家之间进行联合谈判的事项。

（三）作用与影响

1948 年 3 月，美国国会在布鲁金斯学会报告的基础上通过了《经济合作法》（Economic Cooperation Act）。4 月 3 日，美国总统杜鲁门签署了"马歇尔计划"，同时批准成立负责执行该计划的美国经济合作署（Economic Cooperation Administration），并任命时任斯图贝克汽车公司总裁的保罗·霍夫曼（Paul Hoffman）为该机构负责人，专门负责与援助计划相关的工作并直接向总统汇报。

到 1951 年，马歇尔计划结束，16 个欧洲国家共收到美国 130 亿美元的经济援助——从最初的粮食、燃料和机械供给到后面的工业产能投资。参与马歇尔计划的欧洲国家在经济复苏方面得到了极大的帮助，从 1948 年到 1952 年，欧洲经济以前所未有的速度增长。贸易关系的建立促进了北大西洋联盟的形成。煤炭和钢铁行业带来的经济繁荣，帮助形成了我们现在所知的欧盟。

第三节　德国伊弗经济研究所与 1948 年西德货币改革

（一）第二次世界大战后德国经济萧条

第二次世界大战中，纳粹德国为了应付战争的需要，大量发行纸币，推行赤字财政政策。从 1938 年至 1945 年，流通中的现金增加了 7 倍，国家公共债务增加了近 20 倍，导致官方货币帝国马克（Reich Mark）迅速贬值。与此同时，纳粹德国受战争驱使，着重发展原料工业以及重工业导致其消费品市场供给减少，生活资料日趋短缺，引起了物价的飞速上涨。为了维持日常生产与分配，纳粹德国政府采用了价格管制和配给制的方式来控制经济，人民的生活受到了严重的影响。

1945 年，纳粹德国战败后，各国占领军政府继续对德国实行严厉的经济管制，发布上百条冻结物价、工资，控制税收、信贷等法令进行约束。然而，严格的物价管制未能有效控制物价，行政命令约束经济却使经济更加混乱。当时德国社会黑市猖獗，囤积货物、牟取暴利的状况极为普遍，纳粹德国延续下来的法定货币及货币体系，已经失去货币应有的作用，帝国马克在流通中的信用还不如美国香烟。

1948 年初，德国经济陷入严重的困境。由于战争的广泛破坏，德国制造业的生产水平不及 1936 年生产水平的 60%，实际人均消费量仅为当时的三分之二，大多数基本商品严重短缺。由于帝国马克失去了作为货币交易的基本功能，易货贸易逐渐成为普遍的交易方式。黑市破坏了价格和工资控制系统以及商品的生产和分配，人民失去了通过劳动赚钱的动力。

（二）货币体系改革思想的衍生

1. 伊弗经济研究所的建立

1942 年，反对法西斯主义的德国经济学家路德维希·艾哈德（Ludwig Erhard）在部分德国企业家的支持下建立了"工业研究所"（Institut für Industrieforschung），旨在研究第二次世界大战后德国的工业和经济重建问题。1945 年，为了进一步扩大研究服务范围，艾哈德将该研究所更名为"南德经济研究所"（Süddeutsches Institut für Wirtschaftsforschung）。1949 年，已经升任德国西部占领区经济管理委员会主席的艾哈德再次主导将"南德经济研究所"与"经济观察和信息研究中心"（Informations- und Forschungsstelle für Wirtschaftsbeobachtung）合并，成立了德国最重要的财经智库——"伊弗经济研究所"（Ifo Institute for Economic Research，Ifo），该智库致力于通过经济分析和市场商业数据收集为政策制定者提供政策依据。

2. 货币体系改革思想的提出

艾哈德秉承德国弗莱堡学派经济学思想，认同战争结束后应建立"竞争秩序"和"货币秩序"的理念。1944 年，艾哈德带领研究团队撰写了《战时财政与债务合并》（War Finance and Debt Consolidation，德语 Kriegsfinanzierung und Schuldenkonsolidierung）研究报告，该报告全面分析了使战后德国经济恢复到和平时期同等生产力所必需的步骤。在战后经济重建方面，艾哈德强调并特别建议政府进行货币改革。1945 年 5 月，艾哈德与工业研究所的研究团队再次就重启德国经济所需采取的措施进行研究并向美国军事管理部门提交了《德国货币体系重组计划》的研究报告，提出了引入新的货币以及取消工资和价格管制等具体建议。

（三）1948 年西德货币体系改革

1948 年初，路德维希·艾哈德被选为德国西部占领区经济管理委员会主席。上任后他提出了经济政策构想和整治经济计划，并提出将货币改革作为转换经济制度的突破口。但他指出仅靠单一的货币改革还不能改善整个经济的基本局面，必须废除统制经济，形成货币改革与经济改革同步进行的局面。

1948 年 6 月 20 日，货币改革正式开始。这一天，以艾哈德为代表的德国西部占领区经济管理委员会颁布了《货币法》《发行法》和《兑换法》三部法律，确立了发行新的德国马克（Deutsche Mark）取代帝国马克，以及全面停止使用帝国马克的原则。

为了保障正常的生活秩序，法律允许每个公民领取 60 德国马克的现金。但由于印刷能力有限，其中 40 个德国马克为当时兑现，其余 20 个德国马克于 4 个月后兑付。另外，针对银行与信用机构的存款，法律允许其以 10∶1 的比率兑换成德国马克，但是只能将兑换后总额的一半存入活期账户自由支取，另一半则需存入固定账户予以冻结。未来，冻结存款中的 70% 将作废，20% 转入其活期账户，10% 将被强制购买成国家公债。1948 年货币改革后，德国西部占领区市场流通的货币量从 700 亿帝国马克急速降为 60 亿德国马克，货币量削减了 93.5%，这是德国历史上削减货币量最大的一次货币改革。

新马克诞生之后，艾哈德作为西德首任经济部长，引导实施了四项配套的经济改革措施：第一，颁布《货币改革后对管制的指导原则和价格政策法》，以法律的形式废除了 90% 的自 1936 年以来实施的价格管制措施。政府对重要的食品、生活用品和原材料的价格仍旧进行控制，但价格放开后市场调节已基本形成。第二，取消经济管制条例，如废止工资物价冻结和恢复职业自由化。第三，通过税收改革降低直接税，企业因此得到较大的折旧和税收优惠，投资与生产得到促进。第四，建立独立的中央银行体系，以稳定币值并确保整个金融体系不再失控。这些经济改革措施是对货币改革的重要补充，经济改革的效果得到加强。

（四）战后德国创造经济"奇迹"

1942 年，德国工业研究所在其创始人路德维希·艾哈德的带领下为第二次世界大战后德国的经济重建指明了方向，并通过大量的基础研究为 1948 年西德货币改革提供了扎实的理论基础。而货币改革的实施对于西德经济产生了巨大的影响，其迅速重新确立了货币作为首选交易媒介，以及货币激励作为经济活动的主要动力两个基本原则。改革实施后，西德工厂旷工率直线下降，工业生产水平大幅提高，1948 年 12 月工业生产指数较同年 6 月增长了 50% 以上。

随着货币改革的进行，西德经济在经历短暂的"动荡"后开始稳定增长，在整个 20 世纪 50 年代，西德 GDP 年均增长 8.3%，尽管人口增长了 500 万，但是社会失业率却从 1950 年的 11% 下降到 1960 年的 1.3%，实际工资收入也以 6.8% 的平均速度健康增长。不可思议的是，在经济爆炸式增长、失业率下降和工资强劲增长的时期，西德物价并没有迅速上涨，过去 10 年的平均通胀率仅为 1.36%，见表 2-1。因此，工资增长的收益几乎完全转移到了消费者身上。由此可见，高 GDP、人口增长、低失业率、工资增长和低通胀是铸就德国经济"奇迹"的主要因素。

表 2-1　1950—1960 年间西德部分宏观经济数据

年份	GDP 增长率/%	失业率/%	人口/千人	工资(月均)/马克	价格*/马克	实际工资变动/%
1950	—	11	50 958	136	26.4	—
1951	9.7	10.4	51 435	153	28.4	12.24
1952	9.3	9.5	51 864	167	29	9.36
1953	8.9	8.4	52 454	176	28.5	5.38
1954	7.8	7.6	52 943	180	28.6	2.27
1955	12.1	5.6	53 518	193	29	7.01
1956	7.7	4.4	53 340	209	29.8	8.14
1957	6.1	3.7	54 064	220	30.4	5.18
1958	4.5	3.7	54 719	231	31.1	4.97
1959	7.9	2.6	55 257	244	31.3	5.51
1960	8.6	1.3	55 958	264	31.8	8.00

＊四人家庭中等收入工薪阶层居民消费价格指数

数据来源：德国统计局。

作为 1948 年西德货币改革的倡导者，艾哈德从经济学家、智库创始人的角色逐渐转变为政治家和西德首任经济部长以及第二任总理，他一方面持续推动战后德国社会市场经济的重建，另一方面着力加强国家对财经智库的建设。1949 年，"伊弗经济研究所"成立后，艾哈德提出的德国经济研究机构之间应加强紧密合作以开展经济政策活动的倡议得以施行。同年 3 月，由"伊弗经济研究所""德国经济研究所"和"基尔世界经济研究所"组成的"德国经济研究所协会"成立，并于 1950 年共同发布了德国首份《联合经济预测》。

承载了工业研究所核心团队理念并继承了艾哈德经济思想的伊弗经济研究所，成立 70 年来，已经成为德国规模最大的经济研究所，其定期发布的德国商业景气指数是该领域最为权威的数据来源。

第四节　美国兰德公司与互联网起源

（一）背景

20 世纪 50 年代，美国和苏联之间的"冷战"进入军备竞赛的阶段，双方都大幅增加了本国军事开支，鼓励原子武器的研发，同时加速氢弹等超级炸弹的试验。随着"朝鲜战争"以及"古巴危机"的爆发，美、苏两国关系降到冰点，双方布控的核导弹瞄准对方，战争一触即发。

与此同时，两国政府都在积极思考保持远程军事指挥系统在核打击中不受影响等问题。当时世界只有两种通信媒介支持战略指挥和控制，即短波无线电和拨号电话网络。整个通信网络以及军事指挥系统均采用了由物理链接支撑的中心化网络系统[1]，即通过中央交换机，向各类链路发送信号

---

① 中心化网络系统是指呈星状或树状拓扑的网络，其中所有的信息都要经过中心节点交换机，各类链路都从中心节点交换机发源。

源。然而一旦中央交换机遭到破坏，整个通信网络和军事指挥系统就将失灵，导致通信的中断，造成不可估量的损失。

（二）兰德公司提出分布式通信网络概念

兰德公司（RAND Corporation），成立于 1948 年，是美国最重要的以军事规划和研发决策为主的智库机构，致力于通过科学研究和客观分析帮助改进政策和决策。兰德公司的前身是美国道格拉斯飞机公司资助成立的研究项目，后独立为非营利组织，名称采用了"研究和发展"（Research and Development）的缩写，即 RAND。

在冷战时期，兰德公司为美国政府提供了进行热核战争的可行性分析，并对核打击后可能出现的场景进行了预测，如伤亡人数预测以及通信系统的可靠性预测等。经过分析研究，兰德公司认为当时的远程军事指挥通信系统无法抵抗核战的破坏，因此其研究团队就解决该问题进行了开创性研究工作。

1. 兰德公司研究员提出分布式通信网络的概念

为了应对热核战争可能导致远距离通信网络瘫痪以及军事指挥控制系统失灵等问题，兰德公司研究员保罗·巴兰（Paul Baran）构想了一个没有中央交换机的通信系统，即由分布在不同地点且具有多个终端的节点组成的网状通信网络，也称为分布式通信网络（Distributed Communication Network）。在这种网状网络中，由于没有中央交换机的控制，网络中的每个节点都由冗余链路提供服务，在共享通信线路上传输的数据将以单独的地址分组传输，网络中的节点将读取地址并沿着已知的可用路由将这些分组转发到其目的地。因此，当通信系统中多数链路和交换节点被破坏时，通信可以经其他链路完成，具有冗余和绕过故障的路由能力。在技术层面，巴兰还提出了将信息划分为"消息块"（Message Block）的概念，然后再通过网络发送出去。每个消息块将被分开发送，当它们在目的地被接收时重新连接成一个整体，这种技术今天被称为"分组交换"（Packet Switching）。

1964 年，巴兰将其思想汇集成册，在兰德公司出版了《论分布式通信》（*On Distributed Communications*）的著作。在书中，基于通信网络只能围绕两个核心结构构建的假设，巴兰首次提出了三种可能的网络类型（如图 2-1 所示）：（A）集中式；（B）分散式；（C）分布式。巴兰认为，三种网络类型中，（A）和（B）属于"单个中心节点的破坏导致终端站之间的通信失效"的系统类型。相比之下，分布式网络（C）则不会因为部分网络遭到移除或摧毁而出现中断，因此具备较高的可靠性。

1965 年，基于巴兰的开创性研究成果，兰德公司提出当时的美国军事通信系统设计是脆弱的、集中式的电信网络，并建议美国国防部重新设计其整个通信系统，从集中式网络转向分布式网络以及分组交换的设计。但是由于当时的技术和认知限制，美国国防部并没有及时理解并采纳兰德公司的研究建议。

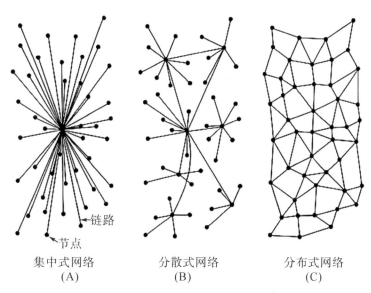

图 2-1　集中式、分散式和分布式网络

（图片来源：保罗·巴兰《论分布式通信》，1964）

2. 美国高级研究计划局资助实施了"分布式"网络大规模测试

1967 年，美国国防部高级研究计划局①（Advanced Research Projects Agency，ARPA）的网络项目负责人劳伦斯·罗伯茨接触到了保罗·巴兰的分布式通信网络理论以及分组交换技术，并意识到该开创性研究的重要性。同年，罗伯茨邀请巴兰作为技术专家参与高级研究计划局的项目工作，并建立了基于分布式网络理论的远程通信网络项目，即阿帕网（ARPANET）项目。

1969 年，在美国国防部高级研究计划局的资金支持下，采用"分布式"概念的通信网络进行了首次大规模测试，第一个节点安装在加州大学洛杉矶分校，第七个节点安装在圣莫尼卡的兰德公司，七台计算机可以在专用的高速传输线上传输数据，甚至可以从其他节点远程编程。1970 年，阿帕网有了首个主机协议，即网络控制协议，并成功扩展到了 15 个节点 23 台主机，通过网络链接了美国东西海岸的节点（如图 2-2 所示）。在 20 世纪 70 年代阿帕网高速发展的同时，其用户使用计算机网络交换技术和个人信息的行为加速了电子邮件系统的诞生。

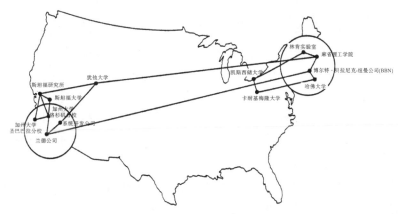

图 2-2　1970 年 12 月阿帕网 13 个节点分布

（图片来源：美国国防部高级研究计划局）

---

① 美国国防部高级研究计划局于 1958 年由美国总统艾森豪威尔创建，致力于通过能保证国家安全的突破性技术进行关键投资。

1983 年，迅速扩张的网络被划分为两个部分：一个仍然是 ARPANET，主要用于研究；而另一个称为 MILNET（全称是 Military Net，军事网络），是加密和限制访问的网络，主要用于军事行动。1989 年，ARPANET 项目正式到期，取而代之的是"互联网"，互联网也被描述为"信息高速公路"。

（三）结果与影响

20 世纪 60 年代初，在冷战危机的阴影下，兰德公司的专家们通过缜密研究迅速意识到美国军事系统可能暴露在热核战争中的严重问题，即通信系统和军事指挥系统的脆弱性问题。针对该问题，兰德公司的保罗·巴兰构建了具有前瞻性和开创性的"分布式通信网络"概念。虽然当时人们的认知以及技术发展并未能及时将该概念进行大规模应用，但是兰德公司作为顶尖的研究机构始终坚持推广创新性技术理念，为美国乃至全球建立稳定的分布式网络奠定了坚实的理论基础。

20 世纪 60 年代末，随着阿帕网的试验成功以及计算机科学技术的进步，军事属性逐渐从网络中剥离，民用互联网进入高速发展的时期，这期间衍生的电子邮件系统，也成为当今世界各国人民工作和生活中必不可少的沟通交流媒介。兰德公司成立至今的 70 年间，始终致力于通过严谨且客观的研究和分析，帮助世界各地的个人、家庭和社会变得更安全、更健康和更繁荣。

第五节　美国罗素·赛奇基金会与《统一小额贷款法》的制定

（一）立法背景

在 1884 年之前，美国并没有出台特别针对小额贷款的法律法规。当时的高利贷立法没有认识到普通商业贷款与小额消费贷款之间的根本区别，将两者放在一起，统一规定了利率上限。但是，在这一严格的立法下，商业资本发现合法的小额贷款是无利可图的，于是放弃了这一业务。而大量的小额贷款需求，催生了非法高利贷业务。一些贷款人以极其苛刻和不合理的条件发放远远高于法定利率的小额贷款，借款人的资金压力不仅没有得到缓解，还被迫套上了更多债务的枷锁。

从 19 世纪 90 年代开始，美国的改革者开始将小额贷款视为导致或加剧贫困的一个严重问题。在他们看来，借款人获得小额贷款通常只是出于紧急财务需要，即意外的医疗支出或由失业导致的收入中断，而非用于分期付款购买耐用品。贷款的形式主要以"转让工资贷款"为主，信用建立在借款人未来工资的"担保"之上。围绕紧急借贷的可怕情况有可能将小债务人推入剥削性高利贷放贷人手中。

当时，为了缓解小额贷款人的燃眉之急，包括罗素·赛奇家族在内的美国金融家和慈善家们捐资成立了一批组织机构，这些组织机构统称为救济贷款协会（Remedial Loan Societies）。这些慈善贷款机构向贫民提供小额贷款，利率远低于营利性贷款机构。救济贷款协会仅向其股东支付利率为 6% 的股息。与此同时，监管层已经意识到要通过制定法律来规范小额贷款业务，但由于相关知识的缺乏以及研究证据的不足，迟迟未能推出有效的监管法案。

（二）罗素·赛奇基金会参与《统一小额贷款法》的制定过程

罗素·赛奇基金会（Russell Sage Foundation）是美国最古老的基金会之一，成立于 1907 年，致力于"改善美国的社会和人民生活条件"。该基金会是由铁路大亨、金融家罗素·赛奇（Russell Sage）的遗孀赛奇夫人捐资成立的非营利性机构。

1. 基金会资助小额贷款相关研究

在基金会成立之后，其最先关注的是关于小额贷款的研究工作。1907—1908 年，罗素·赛奇基金会资助了两名哥伦比亚大学的博士研究生克拉伦斯·瓦萨姆（Clarence Wassam）和亚瑟·汉姆（Arthur Ham）进行工资和动产贷款业务的初步调查和研究。两人的研究达成了以下 4 点共识：第一，当时社会对于小额贷款的需求很大，但由于法律的限制，绝大多数小额贷款是由非法机构提供的；第二，非法小贷业务利率畸高，以普通的银行贷款利率开展此项业务是无利可图的；第三，当时生效的限制性立法没有起到任何作用，贷款人逃避法律的行为使借款人的处境更加不利；第四，可以考虑的补救措施主要有 3 项——建立补救贷款协会、加大公众宣传和推出新的立法。

2. 基金会内部成立小额贷款立法研究部门

1910 年，罗素·赛奇基金会内部成立了救济贷款研究部（Division on Remedial Loans），由亚瑟·汉姆担任该部门主任。该部门主要负责研究小额贷款的立法，致力于开展如下业务：①开展公众教育，使人们了解将小额贷款业务作为政府财政机制的一部分的必要性，并指出小额贷款市场中主要贷款机构的运作所产生的不良影响；②制定明确、合理的法律，以规范而不是消灭小额贷款业务；③确保小额贷款法律法规的执行，反对极端且不切实际的法律的通过；④鼓励成立救济贷款协会，以实现必要资本回报率下以最低贷款利率发放救济贷款。

3. 基金会草拟《统一小额贷款法》

1916 年 11 月，根据对美国当时的社会条件以及先行法律的研究，罗素·赛奇基金会和美国小额贷款经纪人协会（American Association of Small-Loan Brokers）联合委员会起草了《统一小额贷款法》（The Uniform Small Loan Law）。该法案致力于通过立法保护诚实的放贷者，确保其获得公平的回报，并保护借款人避免被收取过高的费用。《统一小额贷款法》包括两个主要部分：一个实质部分和一个旨在执行实质条款的程序部分。该法案实质部分主要有以下 9 项要素：

（1）小额贷款的定义是 300 美元或以下的贷款；

（2）作为获得牌照的先决条件，申请小额贷款牌照的机构/个人必须证明其财务能力等，并提交 1 000 美元的保证金；

（3）各州政府机构具有许可、监督和审查小额贷款牌照的权力；

（4）允许持牌小额贷款机构/个人收取每月 3.5%（年化 42%）的利息，但不得收取手续费或任何其他附加费用；

（5）禁止发布虚假或者误导性的广告；

（6）允许监管机构自由查阅所有持牌贷款机构/个人的账簿记录；

（7）借款人应收到贷方提供的贷款交易备忘录以及州法律的相关条款；

（8）如果借款人已婚，转让家庭的工资或动产抵押类贷款协议须由夫妻双方签字；

（9）违反该法案的放贷行为，可能涉及刑事犯罪。

该项草拟的法案反映了公平对待借贷双方的愿望。法案制定者意识到，与银行不同，小额贷款机构不吸收存款，其开展放贷业务必须使用自有资金，因此小额贷款机构没有实质性或流动性资产保障。同时，提供动产抵押或工资分配担保的小额贷款比银行贷款需要更多的调查成本，处理分期付款也需要一个庞大的簿记和收款系统，不难得出结论：除非小额贷款业务利润能够合法覆盖其必要的高管理成本，否则优质资本不会进入该项业务领域。另外，该法案还提醒监管层应积极保护渴望被监管的行业而不是废除灰色地带业务。

4. 基金会参与修正和推广《统一小额贷款法》

在罗素·赛奇基金会和小额贷款协会的支持下，《统一小额贷款法》于1917年在美国伊利诺伊州、印第安纳州和缅因州开始实施，并逐年延续。到1932年，美国其他31个州与夏威夷也先后颁布了小额贷款法案，各州小贷法案要素与《统一小额贷款法》一致①。从1916年第一版《统一小额贷款》草案的落地至1942年，罗素·赛奇基金会共参与了该法案的7次修正工作②，并在美国各州制定、通过该法案的过程中做出了大量的游说努力。

（三）作用与影响

罗素·赛奇基金会在美国小额贷款领域最持久且重要的贡献是参与编写并推出了一项规范小额贷款本身及借贷机构的统一法案。其参与《统一小额贷款法》的工作主要有两个部分：一是撰写适合在美国多个司法管辖区适用的示范法；二是鼓励、游说美国各州颁布、通过和执行小额贷款法案。

1916年美国《统一小额贷款法》在美国部分州实施一段时间后，大量证据显示，小额贷款业务已经从非法灰色地带业务转化为合法的借贷业务。小额贷款机构从一个被世人称为放高利贷者的不诚实的、半合法的企业，变成了一个合法的、有信誉的企业。同时，向借款人收取的利息利率也已从原来过高的100%～1 000%，降至相对较低的42%（年化）。当然，该法案的条款不是最完美的，每月3.5%的利率也不是千进制的。然而，该法案无疑代表了一种进步，它解决非法高利贷的方法是为一种罪恶提供一种补救措施，而不是试图消灭它。因此，《统一小额贷款法》是一项重要的贡献，是1968年美国《消费者信贷保护法》（Consumer Credit Protection Act）的基础。

第六节　日本产业技术综合研究所与20世纪70年代日本能源改革

（一）背景

第二次世界大战结束后，由于日本政府奉行"重工业政策"思想，即重建电力、煤炭、钢铁和化工等领域工业设施，加快工业发展建设，使得日本在不到20年的时间内完成了工业化进程，人民生活水平显著提高，社会消费水平大幅上升。然而，快速的工业增长虽然铸就了日本的经济"奇迹"，但却使得日本的能源消耗急剧增加。在1960年至1972年间，其能源消耗的增长速度远远高

---

① 阿拉巴马州、阿肯色州、哥伦比亚特区、乔治亚州、堪萨斯州、密西西比州、蒙大拿州、内华达州、新墨西哥州、北卡罗来纳州、北达科他州、俄克拉荷马州、南卡罗来纳州、南达科他州、田纳西州、得克萨斯州和怀俄明州等17个州由于没有足够有效的法律来管理小额贷款业务，因此没有推出小额贷款法案。

② 1918年，第二稿；1919年，第三稿；1923年，第四稿；1932年，第五稿；1937年，第六稿；1942年，第七稿。

于其国内生产总值的增长速度（如图 2-3 所示），这也意味着日本经济高速增长的背后是高度依赖能源投入的增长。1973 年，日本一次能源供应总量①中石油占比高达 77.4%，因此，稳定的石油资源是日本经济增长和工业发展的关键因素。

图 2-3　1965 年至 2019 年日本 GDP 和能源消耗对比

（数据来源：Our World in Data）

1973 年 10 月，第四次中东战争爆发，石油输出国组织（OPEC）为了打击以色列及日本等支持以色列的国家，宣布石油禁运，暂停出口。油价上涨，国际原油价格一度从 1973 年初的 2.6 美元/桶涨到年底超过 13 美元/桶，发生了第一次石油危机。与当时其他西方国家一样，高度依赖石油进口的日本经济迅速陷入萧条，工业生产受到严重影响，叠加日益加剧的通货膨胀问题，使得日本社会出现了抢购生活必需品等恐慌性现象。

（二）日本产业技术综合研究所为能源改革提供研究基础

日本产业技术综合研究所（National Institute of Advanced Industrial Science and Technology, AIST）是日本最大的国家研究机构，专注于对日本产业和社会有用技术的创新研发和转化应用，并致力于弥补创新技术想法和商业化之间的差距。AIST 是日本政府对国家科研机构实行独立行政法人制度的产物，其历史可追溯到 1882 年由农商省成立的日本地质勘探局。1952 年，部分陆续成立的国家研究机构共同组成了隶属于通商产业省②的产业科学技术署（Agency of Industrial Science and Technology）。进入 21 世纪后，为应对科技发展特征和创新模式的显著变化，克服国有科研机构体制机制的弊端，日本政府开始逐步推行国家科研机构独立法人制度。2001 年，产业科学技术署的 15 个国家研究机构以及计量研究所再次合并重组，组成了具有独立行政法人资格的日本产业技术综合研究所（如图 2-4 所示）。

---

① 一次能源供应（total primary energy supply, TPES）是生产和进口减去出口和储存变化之和。

② 日本通商产业省（Ministry of International Trade and Industry），主要负责日本产业政策的制定、资助和指导。2001 年通商产业省更名为经济产业省（Ministry of Economy, Trade and Industry）。

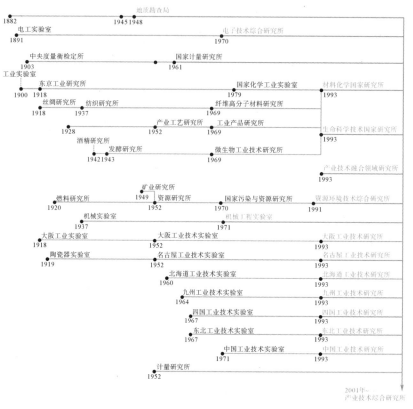

图 2-4　日本产业技术综合研究所的发展架构

（图片来源：日本产业综合研究所官网）

1. 发布新能源技术相关研究成果

1966 年，AIST 的前身产业科学技术署提出了培养关键技术自主研发能力的重要性，并在政府资金支持下建立了"大规模产业研发体系"（Large Scale Industrial Research and Development System），也称为"大项目"（Big Project），旨在支持具有巨大技术突破和溢出效应潜力但成本高、期限长和风险大的研究项目。1973 年 2 月，AIST 的下属机构工业技术研究所（Industrial Technology Institute）在申报"大项目"课题时提出了关于"太阳能和氢能等新能源技术"的研究申请，并针对新能源技术进行了深入研究。

1973 年 10 月，第一次石油危机爆发，AIST 迅速组织新能源领域研究力量，在工业技术研究所的研究基础上，于 1973 年 10 月和 12 月相继发布了《新能源技术研发进展报告》《新能源技术研发推广工作总结》和《关于促进新能源技术发展的途径》三份重要的研究报告。研究建议政府考虑通过采用可再生、无污染的太阳能、地热能、氢能以及煤炭液化、气化等新能源作为替代能源来缓解石油资源枯竭引发的能源危机。

2. 政府制订"阳光计划"和"月光计划"进行能源结构改革

1974 年 4 月，基于 AIST 的新能源技术研究成果，日本政府资助超过一万亿日元成立了大规模新能源技术研发项目——"阳光计划"（Sunshine Project）。该项目致力于开发太阳能、地热能、合成天然气以及氢能等新能源，建立一个适合日本国情的能源体系。随着"阳光计划"的实施，日本政府一方面推进日本家庭进行太阳能基础设施改造，以满足家庭能源的需求；另一方面积极研究建设太阳能发电站，以缓解工业能源矛盾。

1975 年，AIST 的研究报告《发展节能技术的途径》的发表成为日本政府资助建立"月光计划"（Moonlight Project）的契机。该计划旨在以同样的研究模式进一步开展对尖端节能技术的研究。1977 年，AIST 的下属机构工业技术研究所按照政府要求，为"月光计划"的实施建立了基本框架，主要包括了以下几个方面：①大规模节能措施；②开发领先的基础节能技术；③加强国际研究合作；④帮助民营企业发展节能技术；⑤节能标准化。1978 年，"余热利用系统技术""磁流体动力学，磁流体发电"等尖端节能技术研发项目被纳入"月光计划"。

1980 年，随着"日光计划"和"月光计划"项目规模的逐渐扩大，日本政府依据《促进发展和引进替代能源法》设立了新能源领域的专业智库机构，即"新能源产业技术综合开发机构"（New Energy and Industrial Technology Development Organization，NEDO），旨在促进新能源技术的开发和引进。

因此，在 1973 年第一次石油危机之后，日本的能源政策重点从促进石油导向转变为寻求稳定的替代能源供应，逐渐从石油依赖转变为新能源应用，初步完成了能源体系的结构化改革。

（三）结果与影响

20 世纪 70 年代，在第一次石油危机中受到沉重打击的日本反应迅速，进行了大规模的能源结构改革，增加了节能产业设备的研发投资，提升新能源在能源结构中的比例，降低对石油能源的依赖。1978 年，由于石油消费占日本能源消费总额的比例下降了 17.9%，因此第二次石油危机的来临对日本经济造成的伤害远远小于第一次，日本国民生产总值反而增长了 33.5%，帮助日本创造了 80 年代的经济奇迹。

日本产业技术综合研究所在新能源产业领域的基础研究工作为日本能源结构的成功改革奠定了坚实的基础，极大地促进了日本新能源技术的发展，并帮助日本政府成功应对两次能源危机。随着核能、天然气、煤炭和可再生能源等替代能源供应量的持续增加，石油在日本一次能源供应总量中的份额持续下降，从 1973 年的峰值 77.4% 下降到 2015 年的 44.5%，如图 2-5 所示。

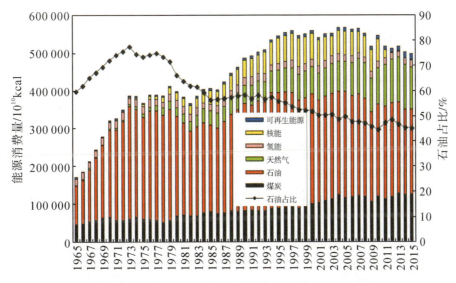

图 2-5 1965—2015 年日本一次能源供应总量变化趋势

（数据来源：日本能源经济研究所能源数据和模型中心《日本与世界能源经济数据手册》）

与此同时，能源效率的提高对于减少石油依赖同样起到了重要的作用。日本通商产业省通过引入强有力的节能法律、法规和经济激励等措施来推动提高能源效率。由于这些政策的成功推行，以及工业界和日本公民为提高能源效率所做的努力，现在世界上大多数国家都认为日本是全球能源效率最高的国家。

第七节　英国政策研究中心与英国私有化改革

（一）英国私有化改革的背景

20 世纪 70 年代，英国经历了通货膨胀率和失业率同时上升引起的"滞涨"——通货膨胀率从 1970 年的 6.5% 猛增到 1975 年的顶峰 22.6%，失业率也从 1973 的 3.5% 逐渐上升至 5.4%。经济陷入严重的衰退，社会矛盾凸显，主要表现为：公共部门开支居高不下，国家财政不堪重负，税收制度和社会保障制度相互制约影响了劳动者的积极性，削弱了劳动力市场上竞争机制的自发调节作用。与此同时，政府补贴的国有企业结构冗杂，生产效率低下，而中小企业由于高税收和高通胀难以生存。

（二）政策研究中心为英国私有化改革提出思想与建议

1974 年，英国经济学家基斯·约瑟夫爵士（Sir Keith Joseph）和保守党领袖玛格丽特·撒切尔（Margaret Thatcher）共同创立了政策研究中心（Center for Policy Studies，CPS）。该智库致力于研究自由市场经济并倡导以私营企业和竞争机制为基础的市场经济。

1. 私有化思想的提出

1976 年，政策研究中心发布了具有里程碑意义的报告《货币主义是不够的》（Monetarism Is Not Enough），该报告整理了基斯·约瑟夫爵士在英国斯托克顿发表的著名演说内容。报告中，基斯·约瑟夫认为当时由工党领导的英国政府错误地采用了加大政府支出补贴国有企业和公共部门以降低社会失业率的政策，导致货币供给量连年增加，间接引起了通货膨胀率的急速上升，使英国人民的生活水平和就业水平加速下降。而在这样的政策下，英国的国有企业和私人企业也表现出了两种截然不同的状态：接受政府补贴的大型国有企业架构复杂，没有竞争压力使得其效率低下并缺乏创新精神，庞大的人员队伍导致工会势力强大，经常性的罢工活动影响了正常的社会秩序；未能获得足够政府补贴的中小企业，在高通胀率和破坏性税收的冲击下难以维系，破产企业数量达到创纪录水平，新增企业率逐年降低。

因此，基斯·约瑟夫提出英国政府仅仅采取严格控制货币供给的措施是不够的，还应该大幅削减税收和公共支出，鼓励中小企业创新发展。这一思想得到了英国保守党时任领导者玛格丽特·撒切尔的认同与肯定，也为之后的国有企业私有化改革奠定了基础。

2. 私有化研究的开展

1979 年，政策研究中心成立了国有化行业研究小组（Nationalized Industries Study Group），由研究中心主任阿尔弗雷德·谢尔曼出任研究小组组长。该研究小组的目标是了解当时英国国有化行业的经济和政治问题、为每个行业制定切实可行的竞争政策和"私有化"政策、评估各行业时下政府政策与目标之间的差距以及研究针对国有行业绩效有直接影响的其他相关政策。1981 年 2 月，国有化行业研究小组在其 1980—1981 年度报告中针对国有企业私有化提出了以下研究观点：

（1）英国共有 18 个主要的国有化企业，其中仅有 4 家企业具有自筹资金的实力，因此国有企业是公共部门资金的主要使用者，是财政赤字的来源。1980—1981 年白皮书披露，英国预算赤字达到 25 亿英镑，而据研究组测算该数字应接近 30 亿英镑。

（2）由于部分国有企业不具备自筹资金的能力，因此如果想要提高国有企业的生产效率，必须让其去国有化，进入市场进行融资。

（3）去国有化的概念虽然被英国政府领导所接受，但是在实践中并未得到重视。

（4）目前，英国国有企业的领导者都将企业利润作为其首要目标，但是项目组认为其现阶段应优先考虑的问题是竞争和向私营部分转移。

（5）研究小组还表示政府应该警惕一种观点，即以抵消政府长期预算赤字为目的而保留能够获取正向利润的国有企业。

（三）英国私有化改革具体实施措施

1979 年，政策研究中心的创始人之一、英国保守党领袖玛格丽特·撒切尔通过竞选正式成为英国首相。上任后，玛格丽特·撒切尔在国有企业私有化方面采纳了政策研究中心提出的思想和研究建议，并进行了一系列改革。英国采用的私有化方法主要有三种，即股票发行私有化、资产出售私有化以及管理层收购或员工收购。其中主导方法是以发行股票的方式让企业私有化，即政府通过首次公开发行筹集全部或部分公司股票，然后再出售剩余股份。

1981 年，英国航空航天公司率先采用了首次公开募股的方式进行私有化改革，首次公开募集了 51.6% 的股份，公开发售时被认购了 3.5 倍。紧接着，1984 年英国电信的首次公开募股，政府电视台播放了高调的电视广告，鼓励民众购买英国电信的股份，超过 200 万英国公民参与了当时世界历史上最大的股票发行。撒切尔称英国电信的私有化改革"为英国大众资本主义的持股奠定了最重要的基础"。在之后的几年里，英国政府继续在英国天然气、英国钢铁、电力设施和其他公司进行大规模的公开募股，见表 2-2。

表 2-2　英国主要的私有化企业

年份	企业/资产
1979	英国石油，政府住房理事会
1981	英国航空航天公司，电缆与无线电公司，英国糖业公司
1982	布里特奥尔石油公司，国家货运公司
1983	英国联合港口公司，英国造船厂，英国运输公司
1984	英国电信，捷豹，企业石油
1986	英国天然气，国家巴士公司
1987	英国航空，英国机场管理局，劳斯莱斯，路虎，皇家军械，皇家造船厂
1988	英国钢铁公司，国家快运公司
1989	肖特兄弟飞机公司
1991	国家电力公司，苏格兰电力公司，第四港口
1992	信托海港，高速公路服务站，英国技术集团

表2-2(续)

年份	企业/资产
1993	北爱尔兰电力
1994	英国铁路,英国煤炭,伦敦巴士服务公司
1996	英国能源,AEA 技术
2001	国家空中交通服务公司
2006	英国核燃料
2013	皇家邮政
2015	欧洲之星铁路服务

资料来源:加图期刊。

在大多数情况下,英国的私有化都伴随着监管结构的改革。英国政府认为,私有化应尽可能与公开竞争相结合。例如,英国电信在公开募集股票之前,就被政府从邮政系统中拆分出来,成立了一个独立的政府公司。随着时间的推移,政府逐步将英国电信推向了市场竞争。

(四) 英国私有化改革的作用与影响力

在政策研究中心的影响下,由玛格丽特·撒切尔主导的英国国有企业私有化改革改变了英国经济,国有企业大规模裁员。随着劳动力的减少,劳动生产率大幅提高。而英国钢铁、英国煤炭、英国电信以及英国航空等竞争性行业的生产效率的提高尤为显著。

由于企业私有化改革和市场竞争降低了价格、提升了服务质量,英国消费者也同样从中受益。英国财政部的研究发现,经过十年的私有化改革,英国电信行业的实际价格下降了50%,工业用天然气价格下降了50%,住宅用天然气价格下降了25%。电力私有化改革不仅将实际用电价格下降25%,还迅速用天然气取代煤作为燃料来源,促进了环境保护。从投资者角度来看,英国数百万个人投资者也通过私有化改革获利,政府主导的国有企业股票发行吸引了众多个人投资者,在私有化改革期间英国拥有股票的英国公民比例从7%上升至25%。

放眼全球,在英国私有化改革取得阶段性成果之后,已有超过10个国家将数千家国有企业进行私有化改革。在法国,雅克·希拉克政府在1986年和1987年连续对22家国有企业进行私有化改革,并持续至今,法国政府持股的国有企业数量已经从20世纪90年代的3 000家降至如今的1 500家左右。同样在澳大利亚、新西兰以及加拿大等国,私有化改革已经成为政府提升社会经济效率的首要选择。

第八节　加拿大贺维学会与加央行货币政策改革

(一) 货币政策改革背景

货币政策是指政府或中央银行为影响本国经济活动而采取的调控措施。加拿大中央银行(Bank of Canada)作为该国制定货币政策的责任主体,主要通过控制货币供给量进行宏观调控。

第二次世界大战后,包括加拿大在内的西方国家经历了长达25年的经济繁荣时期。在各国扩张的货币政策引导下,持续增加的货币供给量带动了社会总需求的增长,从而促进了经济的发展。

然而，货币供给量的增加同时也推高了包括石油在内的社会初级产品的价格，引起各国通货膨胀率的持续上升。当 1973 年和 1979 年两次"石油危机"爆发时，国际油价大幅上涨，加拿大等石油进口国的能源支出随之急剧上升，进而加大了国内通货膨胀的压力，导致加拿大的通货膨胀率从 1971 年的 3% 迅速攀升至 1981 年的 13%。与此同时，作为福利国家，加拿大在 20 世纪 70 年代初修改了其失业保险条款内容，完善了失业保障措施，间接导致其整个社会失业率逐步攀升至 1983 年的 12%，如图 2-6 所示。

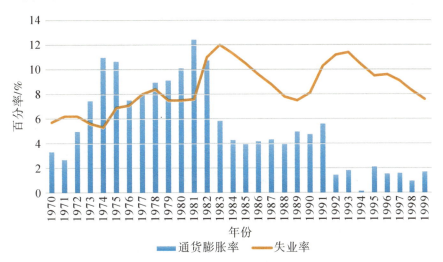

图 2-6　20 世纪 70 年代—90 年代加拿大通货膨胀率和失业率

（数据来源：世界银行、加拿大统计局）

高通货膨胀率使得加拿大的未来不确定性增加，资本市场要求的风险溢价增高，短期利率上升，长期融资变得越来越难，成本也越来越高，企业债务也随之增加。同时受到高通胀的影响，加拿大逐渐从生产性投资转移到房地产和其他金融资产上的投机性投资，对经济造成了沉重打击。因此，80 年代的加拿大经济陷入了高通货膨胀率和高失业率的"滞涨"困境之中。

（二）加拿大智库提出货币政策改革建议

贺维学会（C. D. Howe Institute）是加拿大最有影响力的财经智库之一，由多位加拿大工商界领袖共同创建于 1958 年，为纪念加拿大著名经济学家、政治家克拉伦斯·迪凯特·豪（Clarence Decatur Howe）而命名。该智库致力于促进制定有关经济的合理的公共政策来提高加拿大人民的整体生活水平。贺维学会还是加拿大最早对货币政策进行深入研究的智库之一，从成立至今为加拿大政府以及中央银行制定货币政策提供了扎实的研究基础。

20 世纪 80 年代，加拿大经济陷入困境，针对如何调整通货膨胀率以及是否改革货币政策，贺维学会的经济学家们进行了大量的研究。其中，由贺维学会经济学家理查德·利普西撰写的《零通胀：价格稳定的目标》（*Zero Inflation：The Goal of Price Stability*）和经济学家罗伯特·约克撰写的《选定目标：关于零通胀的辩论》（*Taking Aim：The Debate on Zero Inflation*）最能够代表该智库的观点。换言之，加拿大央行应该制定严格的通货膨胀目标以及战术上有效的货币政策。为了支持该观点，经济学家们进一步在成果中列举了大量的依据，同时建议加拿大央行在制定货币政策时考虑通过调节货币供给量来降低通货膨胀率，并使其保持在 1%~2% 的水平，同时货币政策改革的实施应尽快开始。

（三）加拿大央行主导货币政策改革

1987 年 2 月，约翰·克罗（John Crow）被任命为加拿大中央银行第五任行长，其上任后受到加拿大智库专家、学者以及保守党派的影响，极力主张货币政策应以追求价格稳定为前提，通过调节货币供给量来降低加拿大的通货膨胀率以保证经济长期稳定发展。

1. 加拿大央行行长约翰·克罗提出改革方向

1988 年 2 月，约翰·克罗行长在加拿大阿尔伯塔大学发表了一场被称为"埃德蒙顿宣言"的演讲，他在演讲中提出"加拿大货币政策应通过建立国内价格并维持其稳定（price stability）的核心目标来提高人们对加拿大货币未来价值的信心"，即加拿大中央银行将采用价格稳定原则作为货币政策的基石。

约翰·克罗在那次演讲中就这个问题提出了两个重要观点：第一，以价格稳定为目标的经济环境相较于高通货膨胀下的经济环境更为健康，因此央行货币政策应以促进价格稳定为目标而进行货币供给调节；第二，价格稳定目标难以被量化为具体的某一个正通胀率数值，因此价格稳定量化目标应在实践中动态调节。

2. 货币政策改革引发广泛争议

1988 年，约翰·克罗行长以价格稳定为目标进行货币政策改革的主张一经提出便引起了加拿大整个社会的广泛争议和辩论。尽管多数学者能够客观地就价格稳定带来的长期收益和实现这一结果所需付出的短期成本进行量化分析比较，但是公众的讨论却主要集中在改革所需付出的短期成本上，很少有人能够认识到价格稳定带来的长期收益。

当时加拿大社会反对货币政策改革的观点主要有以下两点：第一，实现价格稳定所需付出的社会成本远远大于其经济收益。反对者认为加拿大央行实行紧缩的货币政策会导致商品价格下降、工资减少以及社会失业率激增等情况，直接导致经济疲软并可能出现衰退的现象。第二，货币政策改革将削弱加拿大贸易企业的竞争力。1987 年加拿大和美国达成了"加美自由贸易协定"（Canada-US Free Trade Agreement），该协定得到了加拿大企业的广泛支持。如果此时央行抑制了通货膨胀率，那么将引起加元货币升值，从而抬高加拿大出口商品的价格并间接抵消自由贸易协定带来的便利，使得加拿大企业相对美国企业的竞争力下降，损害加拿大贸易企业的利益。

而以贺维学会为代表的支持货币政策改革的经济学家则提出了更为有力的证据。例如，该研究所专家彼得·霍韦特通过量化价格稳定的长期收益得出了结论，即通货膨胀率每降低一个百分点，加拿大国民生产总值将永久性地提高 1.875%。此外，价格稳定还会带来一系列无法量化的收益。其中最重要的是消除收入分配中因通货膨胀而产生的随机变动，这种变动被普遍认为是不平等的，并且对社会凝聚力产生了有害的影响。货币政策改革的支持者提出降低通货膨胀率的另一个重要原因是，在一个以货币为衡量标准的经济体中，通货膨胀让参与者难以做出最优的长期储蓄和投资决策。在一定程度上，这是由于在通胀环境中，当价格变化不协调时，很难厘清相对价格信号。并且，通胀经济体有一种发展预期泡沫的趋势，导致有形资产和原材料的预期价格过高，使得资本对部分产业（如地产和新能源等）过度投资，最终使经济付出高昂的代价。

因此，提出以价格稳定为目标而改革货币政策的加拿大央行所面临的重要挑战之一便是向公众保证消除通货膨胀的长期收益，并通过充分披露与沟通让公众相信长期收益将远超短期过渡成本。

3. 1991年加拿大央行与财政部联合发布进行货币政策改革声明

1991年2月26日，在政府的批准下，加拿大央行行长约翰·克罗和财政部部长共同发布了名为《降低通货膨胀率目标》（Targets for Reducing Inflation）的联合声明。该声明明确指出采用消费者价格指数作为衡量通货膨胀率的指标，并规定了加拿大消费者价格指数的年增长率目标：

·截至1992年底的消费者价格指数为3%；

·截至1994年中消费者价格指数降至2.5%；

·截至1995年底消费者价格指数降至2%。

加拿大央行认为，清晰的通货膨胀目标将有效地帮助消费者和金融市场更好地理解其政策。联合声明还赋予了加拿大央行在货币政策操作上的独立性，即加拿大央行可以使用其法定工具如隔夜利率等实现其抑制通胀的目标。

（四）加拿大货币政策改革影响

1991年，随着加拿大央行和财政部进行货币政策改革联合声明的发布，加拿大成为继新西兰后世界上第二个采用通货膨胀率目标制的国家。时至今日，加拿大央行的货币政策核心仍是以设定通货膨胀率2%为目标值，每5年审核1次。其将隔夜利率目标作为其主要工具，确立每年8个固定的公告日期，定期发布货币政策报告，提高与公众公开沟通的频率以及透明度。

加拿大央行的货币政策改革行为不仅有效地调节了通货膨胀率，还促进了经济社会稳定发展。这标志着加拿大央行逐渐发展成为一个运转成熟和信誉良好的决策机构。30年间，即使面对全球金融危机等重大冲击，加拿大央行也始终坚持其将通货膨胀率（如图2-7所示）保持在低位和稳定的承诺，有效应对外部压力，增加金融机构的流动性，减少交易对手风险的担忧，保持信贷流动，使得加拿大经济发展坚固稳定。

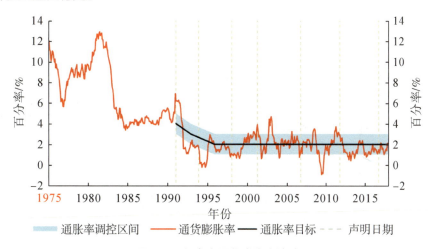

图2-7　加拿大通货膨胀率统计

（数据来源：加拿大央行、加拿大统计局）

加拿大货币政策改革成功至今，全世界共有37个国家央行陆续改革了货币政策，采用了通货膨胀率目标制货币政策。其中，多数国家选择了2%作为通胀目标。加拿大央行的经验表明，2%的通货膨胀率是可行的，不会对经济决策和行为造成实质性扭曲，但仍有足够的空间来下调政策利率，以应对经济受到重大不利冲击。

作为加拿大央行的"影子决策机构",贺维学会不仅为加拿大 1991 年货币政策改革提供了有力的研究依据,更是为之后数十年的央行政策制定提供坚实的研究基础。该智库于 2002 年成立了货币委员会(Monetary Policy Council),至今仍是加拿大央行执行委员会(Bank of Canada's Governing Council)背后的坚定支持者以及货币政策制定的重要参与者。

第九节　美国曼哈顿研究所与美国 1996 年福利改革

(一) 背景

1935 年,为缓解大萧条时期美国人民的生活压力及痛苦,罗斯福总统签署了重要法案《社会保障法》(Social Security Act)。该法案的第四章介绍了一项现金补贴计划,即"未成年人援助补贴"(Aid to Dependent Child),主要针对陷入贫困处境且具有未成年人的单亲家庭提供无条件的现金救助。为了强调家庭的重要性,该计划于 1962 年更名为"抚养未成年子女家庭援助计划"(Aid to Families with Dependent Children,AFDC)。AFDC 福利补贴建立在受助者的福利权基础上,意味着凡是符合资格的受助者都可以得到福利补贴,不论是否是单亲家庭,并且没有时间的限制,也没有工作要求。

美国联邦政府规定各州政府为 AFDC 福利补贴标准制定、发放和监管的主体,在不违反联邦要求的同时根据各地实际情况设定福利补贴标准。另外,由于 AFDC 福利补贴计划总体额度不设上限,因此美国联邦政府要求各州政府必须向所有符合条件①的申请者发放福利补贴。据统计,自 AFDC 福利补贴计划生效以来,美国福利补贴受助者数量大幅上涨,从 1962 年的 400 万人增至 1994 年峰值 1 400 万人(如图 2-8 所示)。

图 2-8　1962—1996 年 AFDC 补贴受助家庭数量（百万）

(数据来源:Trends in the AFDC Caseload since 1962,Office of the assistant secretary for planning and evaluation,U. S. Department of Health & Human Services)

---

① 获取 AFDC 补贴的家庭必须有一个正在抚养的未成年人符合以下要求:(1)未满 18 岁;(2)由于父母一方死亡、缺失或是丧失工作能力等原因无法履行抚养义务;(3)与父母或指定监管人同住;(4)各州居民;(5)美国公民或是取得永久居住权的外籍人士。

1962—1992 年 30 年间发放的 AFDC 福利补贴数据显示：随着福利补贴受助者数量的逐年增加，美国政府的福利补贴金额加大，美国单身母亲的贫困率显著下降，从 1960 年初的 60% 下降至 1980 年初的 45% 左右。但是，美国单身母亲的劳动参与率并未显著提高，仅保持在 65% 左右，如图 2-9 所示。随着美国 AFDC 福利补贴受助者在 1994 年达到 1 400 万人次的最高水平时，美国的社会贫困率却未能得到有效改善，仍然处在 15% 的水平。

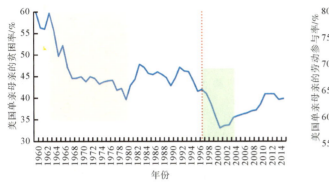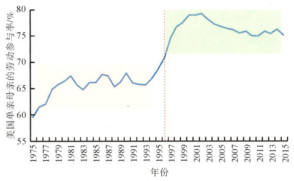

图 2-9　美国单身母亲的贫困率（左）和美国单身母亲的劳动参与率（右）

（二）曼哈顿研究所专家提出现存问题并呼吁改革

美国曼哈顿研究所是由美国前情报局局长威廉·凯西和英国政治家安东尼·费舍尔于 1977 年联合创建的财经智库，其致力于发展并传播促进经济选择和个人责任履行的新思想。成立 40 余年，曼哈顿研究所一直是美国自由市场思想的领导者，在福利改革、税务改革以及警务改革等方面具有一定的政策影响力。

1980 年初，曼哈顿研究所专家查尔斯·穆雷（Charles Murray）针对美国的社会福利政策进行深入研究。其通过贫困率、失业率、犯罪率、非婚生育率以及辍学率等领域的多项数据，分析了1950—1980 年美国政府制定的福利补贴政策对于贫困人群产生的作用，发现美国福利政策存在着严重的问题。穆雷认为，自 1965 年以来，随着政府针对贫困人口的福利补贴不断增加，贫困人口的数量却未能下降，反而出现了失业率上升、教育质量下降、犯罪增加、家庭加速破裂等问题。

究其本质，穆雷认为美国政府制定的 AFDC 福利补贴计划针对目标人群的约束条件过于宽松，因此随着 AFDC 受助者数量的大幅增长，美国政府间接培养了部分贫困人群对福利补贴的依赖心理——尤其是适龄劳动力人群，导致美国社会在 20 世纪七八十年代出现了非婚生育率增高、青少年女性辍学率增高以及单亲母亲就业率偏低等一系列社会问题。就上述问题，穆雷提出了两点政策建议：第一，取消 AFDC 等针对劳动适龄人口的福利补贴政策，以促进就业率的有效提升以及降低未婚女性的生育率为目标，进而扭转贫困家庭破裂的趋势，达到显著提高贫困家庭社会经济向上流动的效果；第二，重建福利补贴体系，重点关注未成年人以及老龄人口福利政策制定。

1984 年，穆雷将上述研究成果整理成了书籍《败阵：1950 年至 1980 年美国社会政策》（*Losing Ground: American Social Policy 1950—1980*）。次年，曼哈顿研究所就该书向公众进行了广泛的宣传和推广，使得穆雷提出的观点和建议引起了社会的激烈辩论以及政府的高度关注。

（三）克林顿政府进行福利改革

1. 提出"终止已知福利"的口号

20世纪90年代初期，以曼哈顿研究所查尔斯·穆雷等人为代表的智库呼吁政府进行福利改革的声音得到了美国政府的重视，克林顿总统通过媒体表达了其对穆雷福利改革研究观点的认同。

1992年克林顿在竞选美国总统时提出了"终止已知福利"（End welfare as we have come to know it）的宣言，并认为美国已有的福利政策存在不足，需要进行改革。此后的4年中，美国政府以及参众两院就福利政策改革措施从是否废除已有的AFDC条例到是否扩大福利改革范围等各个方面展开了大量的辩论。最终，1996年美国国会和美国政府在福利改革的方案上达成了共识。

2.《个人责任与就业机会协调法案》颁布

1996年8月22日，美国总统克林顿通过签署《个人责任与就业机会协调法案》（The Personal Responsibility and Work Opportunity Reconciliation Act，PRWORA）进行了福利改革。此次改革废除了已有的AFDC福利补贴计划，并制订了新的福利补贴计划，即"贫困家庭临时援助计划"（Temporary Assistance for Needy Families，TANF）。该计划具有两个明确特征：时间限制和工作要求。就时间限制而言，此项福利补贴不再是永久性福利，受助者一生中最多可领取60个月（5年）的补贴金；就工作要求而言，法案要求各州政府必须在24个月内，帮助所有成年的福利领取者参与工作活动，而工作活动的定义由各州自定。

TANF计划的出台旨在实现1996年福利改革的四个主要目标：第一，向有需要的家庭提供援助，使得未成年人可以在家庭中得到良好的照顾；第二，通过促进就业、工作和婚姻，消减劳动适龄人口对政府福利的依赖；第三，预防非婚怀孕并减少非婚怀孕的比例；第四，提高建立和维持父母健全的家庭的比例。

（四）1996年美国福利改革影响

从1980年查尔斯·穆雷开始针对美国福利补贴政策进行全面研究到其关于福利改革观点的形成，从曼哈顿研究所公开推广福利改革的倡议到社会公众的广泛辩论，从美国政府开始重视福利补贴存在的问题到最终出台法案进行深化改革，美国1996年福利改革共历经了16年的探索，促成克林顿总统签署发布了最终的《个人责任与就业机会协调法案》。该法案是一项全面的两党福利改革计划，它从根本上改变了美国的福利制度，使之成为一个需要通过工作来换取有时间限制的援助制度。

从数据来看，美国TANF福利补贴受助家庭数量较1996年改革之前AFDC福利补贴受助家庭数量大幅下降，从510万迅速降至200万左右，如图2-10所示。另外，单亲母亲贫困率和就业率也有所改观（如图2-10所示），单亲母亲贫困率在1996年福利改革后由45%快速降至35%以下，后因经济危机等原因有所增加。而单亲母亲的劳动参与率则增长至75%左右，较80年代65%的就业率显著提高。

图 2-10　1961—2016 年美国 AFDC/TANF 福利补贴受助家庭数量

（数据来源：Congressional Research Service, based on data from U. S. Department of Health and Human Services）

对于 1996 年福利改革，虽然美国社会的反响不同，但是其改革成果仍成为 20 世纪 90 年代美国最成功的社会政策改革之一。

第十节　美国世界资源研究所与美国证券交易委员会气候变化披露规则

（一）背景

20 世纪 90 年代，全球气候变化问题引起了国际社会的普遍关注。随着联合国气候变化框架条约的形成，各国纷纷做出量化减排的响应，如制定《京都议定书》以及建立欧盟排放交易系统等。美国等少数未参与国际协定的国家也在积极拟定本国针对气候变化的相关法律法规，旨在解决环境问题，从而减缓气候变化造成不良后果的影响。

与此同时，气候变化相关环境法规趋严以及环境衍生问题使得企业暴露于各种风险之中。随着国内外环境保护法律法规的出台，碳排放等环境治理标准逐渐提高，导致企业在经营过程中环境治理成本增加的同时面临法律风险。另外，由于气候变化导致的极端天气发生频率增加，部分企业还将面临物理风险，如洪水、地震和海啸等自然灾害对企业生存、发展造成的不良影响。然而不论是法律风险还是物理风险都可能使得企业陷入生产经营困难并产生重大的财务风险。因此，越来越多的机构投资者开始关注气候变化引起的收益风险，并要求上市公司及时披露相关信息。

美国证券交易委员会（Security and Exchange Commission）作为监管机构，早在 20 世纪 70 年代便着手对上市公司关于重大环境问题信息的披露进行了研究。1982 年该机构制定监管规则，即上市公司应根据信息的重要性，在提交监管机构的文件中主动披露其遵守环境法律的财务影响情况。但是由于当时环境问题没有得到上市公司和监管机构的重视，所以美国证券交易委员会并未出台后续关于气候变化环境风险信息披露的工作指南或细化要求。

（二）世界资源研究所针对气候变化的信息披露问题进行研究

世界资源研究所（World Resource Institute）是美国环境资源领域的知名智库，由美国著名环境律师和倡导者詹姆斯·古斯塔夫·司佩斯（James Gustave Speth）于1982年在麦克阿瑟基金会的支持下创建。该智库致力于推动人类社会通过保护环境的生活方式来与自然和谐共处，以保障后代的可持续性生存与发展。成立40年来，世界资源研究所的专家们围绕气候变化产生的各类环境问题进行了深入研究并提出了相应的政策建议。

1. 智库研究发现上市公司存在气候变化相关风险信息披露不足以及美国证券交易委员会存在监管缺位的问题

2000年，世界资源研究所的两位经济学家罗伯特·瑞皮托（Robert Repetto）和邓肯·奥斯汀（Duncan Austin）运用财务分析的方式评估了现有环境问题对13家美国制浆造纸业上市公司的资本支出和未来收益的影响。研究发现，环境问题对于上市公司的股东权益价值、行业竞争力以及财务状况产生了重大负面影响。其中，绝大多数上市公司将面临财务损失风险，超过半数的上市公司甚至将可能出现市值5%～10%的亏损。

在此基础上，世界资源研究所的两位经济学家进一步审查了13家制浆造纸业上市公司于1998年和1999年向美国证券交易委员会提交的财务报表。审查结果表明，大部分制浆造纸业上市公司存在环境问题对财务造成的风险信息披露不足的问题。见微知著，时下多数美国上市公司同样未能有效评估其环境因素对企业生存发展风险并及时进行信息披露。完善的信息披露体系对于资本市场的平稳运行至关重要。如果金融市场对风险和回报的估值不能准确地反映企业所面临的财务风险，那么企业证券将被错误定价，投资者的权益将受到威胁。

此外，瑞皮托和奥斯汀研究发现，在过去的25年间，由美国证券交易委员会提起的5 000多起行政诉讼中，只有3起是关于企业环境风险或披露不足的。而同一时期，美国证券交易委员会以环境信息披露不足为由仅对1家上市公司提起过1次民事诉讼，这还要追溯到1977年。尽管美国证券交易委员会明确承诺将严格执行针对环境风险信息披露的监管要求，但在实际监管过程中该机构由于执法力度不够，因此存在监管缺位的问题。

2. 智库提出修改上市公司气候变化披露规则的具体建议

基于上述研究成果，2009年，世界资源研究所发布了研究报告《坦白：公司环境问题与财务风险披露》（Coming Clean：Corporate Disclosure of Financially Significant Environmental Risks）。该报告是研究气候变化对公司发展产生重大影响方面最早的报告之一。在报告中，瑞皮托和奥斯汀就解决上市公司环境风险披露不足的问题以及信息披露监管缺位的问题向美国证券交易委员提出了以下5点政策建议：

（1）美国证券交易委员会应该发布一份一般性指导文件，加强和澄清现有规则中有关重大环境风险对于财务状况的影响的披露，即S-K条例①第303项，并告知上市公司监管要求将被严格执行。

（2）美国证券交易委员会应阐明其关于披露由未决环境法规和责任造成的不确定金融风险指导方针。

（3）美国证券交易委员会应履行其承诺，加强执法力度，以确保上市公司充分遵守环境披露规则。

---

① S-K条例是美国《1933年证券法》的一部分，即《非财务信息披露内容与格式条例》。该条例详细规定了上市公司在注册声明和定期报告中披露的非财务信息，并规定了公司向证券交易委员会提交备案的政策和程序。

（4）美国证券交易委员会应与美国环保署和其他环境保护机构密切合作，共享有关即将出台的立法、监管规则和其他政策措施、评估对特定行业及其附属行业的经济金融影响以及影响特定公司的环境问题信息。

（5）在等待美国证券交易委员会采取行动之前，上市公司应开始更全面地披露其已知的、对财务具有重大影响的环境风险和不确定性。

（三）美国证券交易委员会完善气候变化披露规则

随着《2009 美国清洁能源与安全法案》（American Clean Energy and Security Act of 2009）的出台，机构投资者对上市公司及时披露气候变化相关信息的呼声日益强烈。美国政府问责办公室也向国会提交了名为《环境披露：SEC 应该探索改善信息跟踪和透明度的方法》（Environmental Disclosure：SEC Should Explore Ways to Improve Tracking and Transparency of Information）的报告，表达对完善气候变化信息披露规则的建议。同年，在世界资源研究所客观研究证据及政策建议的支持下，美国证券交易委员会决定完善其于 1982 年制定的环境风险信息披露规则并将进一步细化监管要求。

2010 年 1 月 27 日，美国证券交易委员会发布了指导文件《气候变化指南》（Commission Guidance Regarding Disclosure Related to Climate Change）。美国证券交易委员会在该指南中进一步细化了现行披露规则对上市公司描述气候变化事项的要求，并特别列出了可能作为气候变化触发披露要求的四个方面：

第一，气候变化相关法律法规的影响。在评估潜在的披露义务时，公司应考虑部分现有法律法规对气候变化的影响是否重大。在某些情况下，公司还应该评估与该因素相关的即将出台的法律法规的潜在影响。

第二，气候变化国际协定的影响。公司应考虑并披露与气候变化有关的国际协定和条约对其业务的风险或影响。

第三，气候变化法规或商业趋势的间接后果。有关气候变化的法律、技术、政治和科学发展可能为公司带来新的机会或风险。例如，一家公司可能面临对产生大量温室气体排放的商品的需求减少，或者对导致排放量低于竞争产品的商品的需求增加。因此，出于披露目的，公司应考虑由于气候变化相关法规或业务趋势而可能面临的实际或潜在的间接后果。

第四，气候变化的物理影响。公司还应出于披露目的评估环境事项对其业务的实际和潜在重大影响，包括极端天气变化对公司员工、实物资产、供应链和分销链的影响，例如风暴强度增加、海平面上升、永久冻土融化和极端温度对基础设施或运营的影响。

（四）影响

从 2000 年起，作为最早关注气候变化相关风险信息披露的研究机构，世界资源研究所前瞻性地推动了美国证券交易委员会进行气候变化信息披露监管改革。其 2010 年发布的《气候变化指南》显著影响了上市公司对气候变化引起环境风险的信息披露。据不完全统计，S&P500 上市公司在该指南发布后提交的年度报告中对气候变化或温室气体相关信息的披露数量较该指南发布前增加了约一倍①。

---

① Gibson Dunn. Considerations for climate change disclosures in SEC reports ［EB/OL］. (2021-03-01) ［2022-06-22］. https://www.gibsondunn.com/considerations-for-climate-change-disclosures-in-sec-reports/.

美国证券交易委员会的监管改革不仅为资本流向可持续发展的企业提供了更多激励措施，还提高了金融界对气候变化重要性的认识。更全面的信息披露不仅有利于实现长期保护投资者的目标，而且可能成为加强环境保护管理工作的一种具有经济效率的政策工具。

世界资源研究所在气候变化方面的研究工作不仅为美国证券交易委员会制定气候变化信息披露指南提供了研究依据和政策建议，还为美国上市公司提供了有效评估其环境风险的参考标准，帮助超过90%的上市公司识别并充分披露气候变化的影响和风险信息，进而为保护投资者的权益以及环境保护贡献了力量。

PART 3

第三章
全球财经智库历史、组织与产品

本章的主要内容是对全球 500 家财经智库的介绍——分别从"历史沿革""组织机构"以及"研究产品"三个方面进行。下面将根据财经智库地理分布展开，按照北美洲、欧洲、亚洲、大洋洲、南美洲和非洲六个地域分别进行介绍。

第一节　北美洲财经智库

（一）美国智库

1. 阿克顿研究所

阿克顿研究所（Acton Institute），成立于 1990 年，由罗伯特·A. 西里科神父（Father Robert A. Sirico）和克里斯·艾伦·莫伦（Kris Alan Mauren）创立，位于美国密歇根州。阿克顿研究所是一个普世的、非营利研究机构，其资金来源超过 80% 来自个人的捐助。阿克顿研究所致力于促进一个以个人自由为特征的自由和道德社会。该智库网址是：acton.org。

（1）历史沿革

阿克顿研究所以伟大的英国历史学家约翰·阿克顿勋爵（1834—1902）命名。阿克顿勋爵被称为"历史裁判官"，是 19 世纪最伟大的人物之一。阿克顿勋爵学识渊博，并将一生奉献给了"自由之史"的探索。他强调信仰和自由的结合，这是阿克顿研究所使命的灵感来源。成立 30 余年来，阿克顿研究所作为全球首屈一指的智库，在处理市场与道德之间的关系方面越来越受到认可。

（2）组织机构

阿克顿研究所的研究团队在罗伯特·A. 西里科神父的带领下，由 58 名研究人员组成，其研究内容覆盖了 6 个领域，它们分别是宗教、经济、社会问题、贫困、教育、环境。智库的研究重点是市场与道德的关系。

（3）研究产品

阿克顿研究所成立以来累计发布了 17 000 余篇报告文章，共设计推出了 14 种研究产品，包括 1 种研究报告类产品、4 种期刊书籍类产品、1 种博客类产品、1 种评论专栏类产品、1 种新闻媒体类产品、4 种音频视频类产品、2 种活动类产品。研究所出版的《市场与道德》杂志，是一本权威的学术期刊，致力于研究将经济学、神学和哲学结合在一起的独特的跨学科领域。

2. 非洲战略研究中心

非洲战略研究中心（Africa Center for Strategic Studies）于 1999 年成立，总部位于美国华盛顿，是美国国防部下属的一家学术机构，其资金来源于政府。非洲战略研究中心致力于通过加强美非间的相互了解、提供值得信赖的对话平台、建立持久的伙伴关系以及促进战略解决方案来促进非洲安全。该智库网址是：www.africacenter.org。

（1）历史沿革

非洲战略研究中心建立的构想最初是在 20 世纪 90 年代中期美国众议院国家安全委员会进行的两党协商中产生的，两党希望成立一个专门针对非洲问题的思想和信息交流平台。在正式成立后，非洲战略研究中心增加了一系列反映非洲合作伙伴的利益以及非洲安全挑战的主题，其中包括安全资源管理、海上安全和安保、小型武器和轻武器、打击毒品和非法贩运、安全部门改革、环境和安全、加强维和行动等。非洲战略研究中心的研究目的是提供实用的、基于现实的战略分析，以填补人们对非洲各种安全挑战的认知空白。

（2）组织机构

非洲战略研究中心的研究团队在美国前国际开发署高级官员凯特·阿尔姆奎斯特·诺普夫（Kate Almquist Knopf）带领下，由12位研究人员组成。其研究内容覆盖了18个领域，例如：非洲安全趋势、打击有组织犯罪、反暴力极端主义、海上安全、自然资源与冲突、安全与发展、安全部门治理、维和、区域与国际安全合作、警察部门改革等。非洲战略研究中心目前设立了7个研究项目，如非洲行政对话项目、国家反恐战略发展项目等。

（3）研究产品

非洲战略研究中心成立以来累计发布了1 281篇报告文章，共设计推出了4种研究产品，包括3种研究报告类产品、1种期刊书籍类产品。《非洲安全简报》是非洲战略研究中心建立在非洲大陆强大的关系网络上，针对非洲安全问题的有效战略研究成果，该产品发布频率为每年1~3次。

3. 阿勒格尼公共政策研究所

阿勒格尼公共政策研究所（Allegheny Institute for Public Policy），成立于1995年，由安·杜根（Ann Dugan）创立，位于美国宾夕法尼亚州。阿勒格尼公共政策研究所是一个非营利性的公共政策研究和教育组织，其资金来源于个人。阿勒格尼公共政策研究所致力于通过研究、教育和倡导工作，保护纳税人和企业免受不断扩大的政府的沉重税收、低效率和过度干预的影响。此外，该研究所以企业自由、财产权、公民社会和个人自由等原则为指导。该智库网址是：www.alleghenyinstitute.org。

（1）历史沿革

该智库未披露相关信息。

（2）组织机构

阿勒格尼公共政策研究所的研究团队在智库名誉主席兼高级顾问杰克·胡克（Jake Haulk）带领下，由23位研究人员组成。其研究内容覆盖了9个领域，例如：公共部门退休制度、财产再评估、公共教育、匹兹堡地区就业、经济发展等。阿勒格尼公共政策研究所所主张的政策观点以及提出的政策建议对当地的经济和民生等众多方面都有较高的影响力。

（3）研究产品

阿勒格尼公共政策研究所成立以来累计发布了1 800余篇报告文章，共设计推出了8种研究产品，包括2种研究报告类产品、2种博客类产品、3种评论专栏类产品、1种音频视频类产品。

4. 美国企业公共政策研究所

美国企业公共政策研究所（American Enterprise Institute for Policy Research，AEI），简称美国企业研究所，成立于1943年，由美国实业家路易斯·H. 布朗（Lewis H. Brown）创立，位于美国华盛顿。美国企业研究所是一个非营利性的公共政策智库，其资金来源于基金会、企业机构和个人。美国企业研究所致力于捍卫人类尊严，拓展人类潜能，建设一个更自由、更安全的世界。该智库网址是：www.aei.org。

（1）历史沿革

美国企业研究所是美国历史最悠久、影响力最大的智库之一。美国企业研究所最初由 12 位思想家组成，对促进企业自由发展起到了重要作用。20 世纪 70 年代，该研究所扩大到拥有 145 名常驻学者、80 名兼职学者和一个庞大的支持团队。

美国企业研究所从成立之日起就在美国的政治中发挥突出的作用，与该组织有关的人多有政府任职经历。它的影响力在小布什总统执政期间越发扩大，研究所成员迪克·切尼（Dick Cheney）曾担任美国副总统。此外，美国企业研究所董事会董事大多是美国各大公司的 CEO，因此该组织在商界也有相当大的影响力。

（2）组织机构

美国企业研究所的研究团队在罗伯特·多尔（Robert Doar）带领下，由 130 位研究人员组成。其研究内容覆盖了 8 个领域，分别是经济学、卫生健康、教育、外交与国际政策、政治与舆论、贫困研究、社会与文化、技术与创新。美国企业研究所目前设立了 2 个研究中心——住房中心和开源政策中心，以及 3 个研究项目。

（3）研究产品

美国企业研究所成立以来累计发布了 10 万余篇报告文章，共设计推出了 19 种研究产品，包括 4 种研究报告类产品、1 种学术论文类产品、3 种期刊书籍类产品、2 种博客类产品、3 种评论专栏类产品、1 种新闻媒体类产品、3 种音频视频类产品、1 种数据类产品、1 种活动类产品。其中，《国家事务》是一本关于美国政策、政治经济、文化和政治思想的季刊，旨在帮助美国人更好地应对自治的挑战。该期刊囊括了学者、记者、政策专家、政治实践者等各类作者的观点。

5. 美国外交政策委员会

美国外交政策委员会（American Foreign Policy Council，AFPC），成立于 1982 年，由小赫尔曼·皮尔什纳（Herman Pirchner，Jr.）创立，位于美国华盛顿。美国外交政策委员会是一家非营利性组织，其资金来源于基金会、企业机构和个人。美国外交政策委员会致力于为美国外交政策制定者提供信息支持，并帮助领导人完善民主和市场经济。该智库网址是：www.afpc.org。

（1）历史沿革

该智库未披露相关信息。

（2）组织机构

美国外交政策委员会的研究团队在主席小肯尼斯·H. 汉南（Kenneth H. Hannan，Jr.）带领下，由 36 名研究人员组成，主要为外国官员举办了华盛顿活动，为国会议员及其工作人员举办了数百次简报会，并为现任和前任美国高级官员组织了数十次海外调研。美国外交政策委员会设立了 8 个研究项目，如亚洲项目、中国项目等。

（3）研究产品

美国外交政策委员会成立以来累计发布了 5 500 余篇报告文章，共设计推出了 9 种研究产品，包括 1 种研究报告类产品、2 种学术论文类产品、2 种期刊书籍类产品、1 种评论专栏类产品、1 种新闻媒体类产品、1 种音频视频类产品、1 种活动类产品。

6. 美国经济研究所

美国经济研究所（American Institute for Economic Research，AIER），成立于 1933 年，由爱德华·

C. 哈伍德（Edward C. Harwood）上校在麻省理工学院的支持下创立，位于美国马萨诸塞州西部。美国经济研究所是一个非营利性的无党派组织。美国经济研究所致力于通过经济研究，向美国民众传递个人自由、市场自由、财产私有和健全货币的基本理念，同时证实这些原则在促进世界和平、经济繁荣和人类进步方面的重要性，努力建设一个所有人都能享受到真正自由社会带来的便利的世界。该智库网址是：www.aier.org。

（1）历史沿革

1933 年，美国大萧条的严重程度表明，必须建立一个研究机构，对导致灾难性经济收缩的因素进行调查，并通过进一步制定和应用现代科学调查程序，取得对国家有用的结果，以避免灾难重演。在时任麻省理工学院副校长的范尼瓦尔·布什（Vannevar Bush）博士的建议和支持下，哈伍德上校创建了美国经济研究所，来开展相关的研究工作。

（2）组织机构

美国经济研究所的研究团队在创始人爱德华·C.哈伍德带领下，由 70 位研究人员组成。AIER 设立了 4 个研究项目，如巴斯夏学会项目、健全货币项目等。

（3）研究产品

美国经济研究所成立以来累计发布了 15 000 余篇报告文章，共设计推出了 8 种研究产品，包括 2 种研究报告类产品、2 种期刊书籍类产品、1 种评论专栏类产品、2 种音频视频类产品、1 种活动类产品。《商业形势》是该智库出版的月刊，该月刊报告内容主要通过跟踪 AIER 三大指标（领先指标、同步指标和滞后指标）、美国资本市场表现和消费金融市场利率等几方面的数据来分析当月商业形势状况。

7. 大西洋理事会

大西洋理事会（Atlantic Council），成立于 1961 年，由美国前国务卿迪恩·艾奇逊（Dean Achecon）和克里斯蒂安·赫特（Christian Herter）创立，位于美国华盛顿。大西洋理事会是一个非营利性智库，其资金来源于政府、基金会、企业机构以及个人。大西洋理事会致力于提升大西洋共同体在应对全球挑战时的领导地位并发挥其国际影响力。该智库网址是：www.atlanticcouncil.org。

（1）历史沿革

1961 年，在美国前国务卿迪恩·艾奇逊的建议下，支持大西洋联盟的美国公民团体组成了美国大西洋理事会。1967 年，理事会出版了第一本著作，名为《建设美欧市场：20 世纪 70 年代的规划》。1979 年，大西洋理事会成立了教育和后继者委员会。1985 年，理事会与美国国务院联合成立了北约信息办公室。1988 年，理事会召开了关于重建东西方关系的重要国际会议。2004 年，理事会成为英国-北美委员会（British-North American Committee）的重要合作伙伴，并在此后逐步发展壮大。

（2）组织机构

大西洋理事会的研究团队在弗雷德里克·肯普（Frederick Kempe）带领下，由 570 名全职和兼职研究人员组成。其研究内容覆盖了 6 个领域，分别是政治与外交、安全与防御、经济与商业、能源与环境、韧性与社会、技术与创新。该智库设立了 14 个研究项目，如斯考克罗夫特战略与安全中心项目、拉菲克·哈里里中心和中东项目等。

（3）研究产品

大西洋理事会成立以来累计发布了 50 060 篇报告文章，共设计推出了 16 种研究产品，包括

1 种研究报告类产品、1 种期刊书籍类产品、10 种博客类产品、3 种评论专栏类产品、1 种音频视频类产品。《拐点》是大西洋理事会主席兼首席执行官弗雷德里克·肯普主编的专栏周刊，聚焦于美国面临的全球挑战。

8. 阿特拉斯网络

阿特拉斯网络（Atlas Network），成立于 1981 年，由安东尼·费雪（Antony Fisher）创立，位于美国弗吉尼亚州。阿特拉斯网络是一个非营利性机构，其资金来源于基金会、企业机构以及个人。阿特拉斯网络致力于加强独立合作组织之间的交流，促进个人自由，并增进全球繁荣。该智库网址是：www.atlasnetwork.org。

（1）历史沿革

1981 年，英国著名智库经济事务研究所（IEA）创始人安东尼·费雪来到美国旧金山，参照 IEA 的模式成立了阿特拉斯经济研究基金会，得到了米尔顿·弗里德曼、弗里德里希·哈耶克和玛格丽特·撒切尔等人的支持。在最初的 40 年里，阿特拉斯网络在连接世界各地以市场为导向的公共政策组织中发挥了重要作用。如今，阿特拉斯网络与近 100 个国家的 500 多个智库建立了紧密合作关系。

（2）组织机构

阿特拉斯网络的研究团队在阿特拉斯网络主席马特·华纳带领下，由 35 名研究人员组成。该智库组建了 3 个研究中心，如拉丁美洲中心、非洲繁荣中心等，设立了 1 个研究项目，即贫穷与自由项目。

（3）研究产品

阿特拉斯网络成立以来累计发布了 2 400 余篇报告文章，共设计推出了 9 种研究产品，包括 2 种研究报告类产品、2 种期刊书籍类产品、1 种新闻媒体类产品、3 种音频视频类产品、1 种活动类产品。《自由冠军期刊》是该智库 2016 年开始出版的季刊，该产品是阿特拉斯网络对前一季度世界自由运动的回顾。

9. 田纳西州灯塔中心

田纳西州灯塔中心（Beacon Center of Tennessee），成立于 2004 年，位于纳什维尔。田纳西州灯塔中心是一个非营利性的无党派独立组织，其资金来源于基金会、企业机构以及个人。田纳西州灯塔中心致力于为田纳西州的公共政策问题提供专家观点和解决方案，通过促进田纳西州自由市场和有限政府的发展，使田纳西州成为美国最自由、最繁荣的州。该智库网址是：www.beacontn.org。

（1）历史沿革

田纳西州灯塔中心成立于 2004 年，最初名为田纳西州政策研究中心，于 2011 年改名为田纳西州灯塔中心。田纳西州灯塔中心通过促进两党合作来解决真正影响田纳西州人的问题，成功推动了教育、医疗保健、经济法规和税收政策等方面的改革。田纳西州灯塔中心秉持着通过公共政策来推进自由市场和有限政府发展的原则，不断提升民众的生活质量。

（2）组织机构

田纳西州灯塔中心的研究团队在主席约翰·塞拉索洛（John Cerasuolo）带领下，由 36 位研究人员组成。其研究内容覆盖了 7 个领域，分别是工人自由、许可证、财产权、医疗健康、刑事司法改革、企业福利、教育选择。田纳西州灯塔中心目前设立了 4 个研究项目，如田纳西州产权联盟项目等。

（3）研究产品

田纳西州灯塔中心自成立以来累计发布了 1 000 余篇报告文章，共设计推出了 6 种研究产品，包括 1 种研究报告类产品、1 种博客类产品、1 种评论专栏类产品、3 种音频视频类产品。

10. 灯塔山研究所

灯塔山研究所（Beacon Hill Institue，BHI），成立于 1991 年，位于马萨诸塞州梅德韦，曾是萨福克大学（Suffolk University）经济学院的分支，于 2016 年 12 月结束隶属关系，成为独立的组织机构。灯塔山研究所致力于对前沿的经济问题开展研究并创建统计模型，为选民、纳税人、政策制定者提供可读性较强的分析报告以及最先进的分析工具，以对当下的公共政策问题提出最科学的分析。灯塔山研究所的研究通过广播电视、观点社论、政治论坛以及社交网络传播给大众。该智库网址是：www.beaconhill.org。

（1）历史沿革

灯塔山研究所成立于 1991 年，曾是波士顿萨福克大学经济学院的研究机构。2015 年，学院与学校同意终止与灯塔山研究所的合作关系，灯塔山研究所于 2016 年 12 月 31 日正式成为一个独立的研究组织。

（2）组织机构

灯塔山研究所的研究团队在萨福克大学经济学院前主席、美国企业研究所研究与广告中心主任大卫·帝尔克的带领下，由 5 名研究人员组成，其研究重点在税收分析、教育评估、能源政策、经济竞争力以及项目劳工协定等领域。该智库设立了 1 个研究项目，即政府责任与规则项目。

（3）研究产品

灯塔山研究所自成立以来累计发布了 500 余篇报告文章，共设计推出了 11 种研究产品，包括 7 种研究报告类产品、1 种学术论文类产品、1 种评论专栏类产品、1 种新闻媒体类产品、1 种数据类产品。

11. 贝尔弗科学与国际事务中心

贝尔弗科学与国际事务中心（Belfer Center for Science and International Affairs），成立于 1973 年，由保罗·多蒂（Paul Doty）创立，位于美国马萨诸塞州。贝尔弗科学与国际事务中心隶属于哈佛大学肯尼迪学院，是其进行国际事务、自然资源和科学技术政策研究的核心机构，具有稳定的资金来源。贝尔弗科学与国际事务中心致力于推进国际安全、国际事务等领域政策性知识的发展与应用，并为这些领域培养未来领袖。贝尔弗科学与国际事务中心始终把政策研究、政策咨询服务和政策人才培养作为主要工作。该智库网址是：www.belfercenter.org。

（1）历史沿革

贝尔弗科学与国际事务中心前身为"科学与国际事务中心"，源于保罗·多蒂 1973 年在哈佛大学艺术与科学学院创立的"科学与国际事务项目"。1976 年，科学与国际事务中心推出"国际安全项目"和"科学、技术与公共政策项目"，并创立内部期刊《国际安全》。1978 年，科学与国际事务中心得到福特基金会的资助，成为哈佛大学肯尼迪政府学院第一个永久性的研究中心。1990 年，中心扩大并吸收了"环境与自然资源项目"。1997年，中心正式被重新命名为"罗伯特和勒内·贝尔弗科学与国际事务中心"，即今天的贝尔弗科学与国际事务中心。

（2）组织机构

贝尔弗科学与国际事务中心的研究团队在美国国防部前副部长阿什·卡特（Ash Carter）带领下，由300余位研究人员组成。其研究内容覆盖了9个领域，分别是：冲突与冲突解决方案、经济与国际事务、能源、环境与气候变化、国家治理、国际安全与防护、核问题、国际关系、科学技术。贝尔弗科学与国际事务中心目前设立了16个研究项目，如科技与公共目标项目和哈佛气候协议项目等，以及8个特别计划，如环境经济学观点计划和北极行动计划等。

（3）研究产品

贝尔弗科学与国际事务中心自成立以来累计发布了19 000余篇报告文章，共设计推出了16种研究产品，包括2种研究报告类产品、2种学术论文类产品、2种期刊书籍类产品、1种博客类产品、2种评论专栏类产品、2种新闻媒体类产品、3种音频视频类产品、2种数据类产品。《国际安全》是该智库出版的季刊，主要提供对当代国际安全问题的分析，并讨论其概念和历史基础，为重大学术辩论提供观点支撑，从而推动安全领域的学术研究。

12. 伯克利国际经济圆桌会议

伯克利国际经济圆桌会议（Berkeley Roundtable on the International Economy，BRIE），成立于1981年，由约翰·齐斯曼（John Zysman）和斯蒂芬·S. 科恩（Stephen S. Cohen）联合创立，位于加州大学伯克利分校（University of California，Berkeley）校园内。伯克利国际经济圆桌会议是一个无党派的、以大学为基础的研究组织。伯克利国际经济圆桌会议致力于在对技术、市场、战略和政策有充分理解的基础上，从一个行业机构的具体案例开始，归纳普遍性研究假设，进而形成影响政策和战略的系统性分析。该智库网址是：brie.berkeley.edu/home。

（1）历史沿革

该智库未披露相关信息。

（2）组织机构

伯克利国际经济圆桌会议的研究团队是在加州大学伯克利分校名誉教授兼智库创始人约翰·齐斯曼和斯蒂芬·科恩共同带领下，由4位研究人员组成。其研究内容覆盖了3个领域，分别是：平台经济、智能工具、创业融资。该智库设立了1个研究项目，即智能机器时代的工作、收入和学习项目。

（3）研究产品

伯克利国际经济圆桌会议自成立以来累计发布了610余篇报告文章，共设计推出了5种研究产品，包括2种研究报告类产品、1种学术论文类产品、1种期刊书籍类产品、1种评论专栏类产品。

13. 两党政策中心

两党政策中心（Bipartisan Policy Center，BPC），由美国前参议院多数党领袖霍华德·贝克（Howard Baker）、汤姆·达施勒（Tom Daschle）、鲍勃·多尔（Bob Dole）和乔治·米切尔（George Mitchell）以及政策专家杰森·格鲁梅特（Jason Grumet）于2007年共同创立，位于美国华盛顿，其资金来源于公司机构和个人。两党政策中心致力于通过结合两党的理念来积极促进两党合作，使美国民众的健康、安全和机会得到保障。该智库网址是：bipartisanpolicy.org。

（1）历史沿革

虽然两党政策中心于 2007 年 3 月正式启动，但该组织的起源可以追溯到 2002 年成立的国家能源政策委员会（National Commission on Energy Policy）。2009 年 6 月 17 日，两党政策中心发表了一份重要报告，即《跨越我们的界限：共同努力改革美国医疗体系》。2010 年 11 月 17 日，两党政策中心的"债务减少特别工作组"发布了报告《恢复美国的未来》，致力于影响关于国债的辩论。2011 年 10 月 26 日，两党政策中心成立了住房委员会，并发布了改革国家住房政策的最终建议。2013 年，两党政策中心成立了政治改革委员会，调查美国党派政治分歧的原因和后果。2015 年，两党政策中心宣布设立国会爱国者奖，每两年颁发一次。2018 年 1 月，两党政策中心启动了美国国会交流项目。

（2）组织机构

两党政策中心的研究团队在智库创始人兼总裁的杰森·格鲁梅特的带领下，由 41 名研究人员组成。两党政策中心的研究内容覆盖 8 个领域，例如：校园言论自由、经济、教育、能源、移民基础设施等。

（3）研究产品

两党政策中心自成立以来累计发布了 5 200 余篇报告文章，共设计推出了 6 种研究产品，包括 2 种研究报告类产品、1 种博客类产品、1 种新闻媒体类产品、1 种音频视频类产品、1 种活动类产品。

14. 布鲁金斯学会

布鲁金斯学会（Brookings Institute），成立于 1916 年，由企业家罗伯特·萨默斯·布鲁金斯出资创立，位于美国华盛顿。该智库是一个非营利性的公共政策组织，其资金来源于政府、基金会、企业机构以及个人。布鲁金斯学会致力于通过深度研究为解决美国乃至全球社会面临的问题提供新的思路和建议。该智库网址是：www.brookings.edu。

（1）历史沿革

布鲁金斯学会的历史可以追溯到 1916 年，当时一群改革先驱组织成立了政府研究所，这是第一个致力于在国家层面分析公共政策问题的私人组织，也是布鲁金斯学会的前身。罗伯特·布鲁金斯创建了两个其他组织，分别是 1922 年成立的"经济研究所"和 1924 年成立的研究生院。1927 年，上述三个组织合并，成立布鲁金斯学会。

布鲁金斯学会经济研究项目主任约瑟夫·佩赫曼（Joseph Pechman）在 20 世纪 80 年代初努力推动美国税法的全面改革。他的研究促成了 1986 年的税改法案，这是一项对美国经济产生深远影响的重大法案。

（2）组织机构

布鲁金斯学会的研究团队在美国海军上将、前国家安全顾问约翰·R. 艾伦（John R. Allen）带领下，由 399 名研究人员组成。布鲁金斯学会的研究内容覆盖 11 个领域，分别是：美国政治与政府、全球发展、国际事务、国防与安全、全球经济、美国经济、商业和工业、教育、卫生保健政策、社会问题、城市和地区。布鲁金斯学会共有 18 个研究中心，如赫钦斯财政和货币政策中心、城市－布鲁金斯税收政策中心等；开发成立了超过 10 000 个研究项目，如经济研究项目、气候与能源经济项目等。

（3）研究产品

布鲁金斯学会自成立以来累计发布了 45 000 余篇报告文章，共设计推出了 23 种研究产品，包括 5 种研究报告类产品、1 种学术论文类产品、3 种博客类产品、1 种评论专栏类产品、4 种期刊书籍类产品、1 种新闻媒体类产品、3 种音频视频类产品、4 种数据类产品、1 种活动类产品。布鲁金斯学会目前共发行了 3 种期刊，分别是《布鲁金斯学会关于经济活动》《经济学》和《行为科学与政策》。

15. 七叶树研究所

七叶树研究所（Buckeye Institute），成立于 1989 年，位于俄亥俄州哥伦布国会广场。七叶树研究所智库是一个无党派、非营利性研究组织，其资金来源于基金会、企业机构以及个人。七叶树研究所致力于在美国推进基于自由市场原则的公共政策。该智库网址是：www.buckeyeinstitute.org。

（1）历史沿革

该智库未披露相关信息。

（2）组织机构

七叶树研究所的研究团队在七叶树研究所主席及首席执行官罗伯特·阿尔特（Robert Alt）带领下，由 17 位学者及研究人员组成。其研究内容覆盖 16 个领域，分别是：负责任的政府、教育、联邦制、卫生保健、刑事司法、个人权利、诉讼、财产权、侵权法改革、预算与税收、能源与环境、工作与创业、劳动力、最低工资、职业许可、监管。七叶树研究所共有 2 个研究中心，即法律中心和经济研究中心。

（3）研究产品

七叶树研究所自成立以来累计发布了 2 600 余篇报告文章，共设计推出了 10 种研究产品，包括 2 种研究报告类产品、1 种博客类产品、2 种评论专栏类产品、1 种新闻媒体类产品、4 种数据类产品。

16. 喀斯喀特政策研究所

喀斯喀特政策研究所（Cascade Policy Institute），成立于 1991 年，位于俄勒冈州波特兰。该研究所是一个专注于俄勒冈州和当地事务的非营利、无党派的公共政策研究和教育机构，其资金来源于基金会、企业机构和个人，不接受任何政府资助。喀斯喀特政策研究所致力于推动有关个体自由和经济发展的公共政策方案，同时促进产权、市场和权力下放等方面的发展，通过和公众、媒体以及地方立法者分享其研究内容，以及通过出版物、教育项目、社区论坛和特殊活动传达政治主张。该智库网址是：cascadepolicy.org。

（1）历史沿革

该智库未披露相关信息。

（2）组织机构

喀斯喀特政策研究所在总裁兼首席执行官约翰·查尔斯带领下，由 6 位研究人员组成。喀斯喀特政策研究所的研究内容覆盖 8 个领域，分别是：运输、工作权、卫生保健、教育、环境、经济机会、土地利用、税务及预算。喀斯喀特政策研究所设立了 3 个研究项目，如儿童奖学基金项目、铁路交通系统项目等。

（3）研究产品

喀斯喀特政策研究所自成立以来累计发布了 2 300 余篇报告文章，共设计推出了 4 种研究产品，包括 1 种研究报告类产品、1 种评论专栏类产品、2 种新闻媒体类产品。

17. 加图研究所

加图研究所（Cato Institute，又译为卡托研究所），成立于 1977 年，由埃德·克兰（Ed Crane）、穆雷·罗斯巴德（Murray Rothbard）和查尔斯·科赫（Charles Koch）创立，位于美国华盛顿。加图研究所是一个非营利、无党派的公共政策研究组织，其资金来源的 80% 来自个人并且不接受政府资助。加图研究所致力于根据个人自由、有限政府、自由市场的原则，发起、传播和增加公众对公共政策的理解，进而建立一个以自由主义原则为基础的开放、自由和民主的社会。该智库网址是：www.cato.org。

（1）历史沿革

加图研究所名字来源于《加图来信》——英国 18 世纪出版的一本散文集。加图研究所成立 40 余年来，致力于传播其自由主义思想，对政府和法院都有一定的影响力。2012—2013 年，最高法院在 18 件案情中支持加图研究所 15 次。

（2）组织机构

加图研究所研究团队在巴克莱全球融资负责人皮特·格特勒（Peter Goettler）带领下，由 160 位杰出学者组成。加图研究所的研究内容覆盖 17 个领域，分别是：宪法法律和法院、刑法与公民自由、教育与儿童政策、能源与环境、金融银行和货币政策、外交政策与国家安全、政府与政治、医疗保健、国际经济、发展和移民、政治哲学、监管研究、贫穷与社会福利、税收和预算政策、社会保障、互联网和信息政策、贸易政策。加图研究所共有 6 个研究中心，如全球自由与繁荣研究中心、货币和金融替代研究中心等。加图研究所共有 11 个研究项目，如问题货币项目、缩减联邦政府项目等。

（3）研究产品

加图研究所自成立以来共发布 83 100 余篇报告文章，共设计推出 23 种研究产品，包括 6 种研究报告类产品、1 种学术论文类产品、5 种期刊书籍类产品、2 种博客类产品、3 种评论专栏类产品、2 种音频视频类产品、2 种数据类产品、2 种活动类产品。《加图来信》是该智库推出的季刊产品，主要内容包括加图学者发表的演讲和文章。

18. 竞选财务研究所

竞选财务研究所（Campaign Finance Institute），成立于 1999 年，由迈克尔·J. 马尔宾（Michael J. Malbin）创立，总部位于美国华盛顿。竞选财务研究所是一个非营利、无党派的研究组织，其资金来源于基金会、企业机构和个人。竞选财务研究所致力于对美国联邦和州选举中的财务资金进行同行评审研究。该智库网址是：www.cfinst.org。

（1）历史沿革

竞选财务研究所成立于 1999 年，有着竞选财务政策领域全美杰出智库的声誉。竞选财务研究所的原始著作通常以学术期刊以及新媒体的形式出版。竞选财务研究所免费提供某些研究工具，以帮助他人展开新的研究工作，而其最新学术成果经常引起政策界的关注。2018年，竞选财务研究所正式成为美国国家政治研究所的分支机构。

（2）组织机构

竞选财务研究所的研究团队在联合创始人兼执行董事迈克尔·J.马尔宾带领下，由19位研究人员组成。其研究内容包含2个层面，分别是联邦政府层面以及地方政府层面。

（3）研究产品

竞选财务研究所自成立以来累计发布了1 000余篇报告文章，共设计推出了11种研究产品，包括2种研究报告类产品、1种学术论文类产品、2种期刊书籍类产品、1种新闻媒体类产品、4种数据类产品、1种活动类产品。

19. 美国进步中心

美国进步中心（Center for American Progress，CAP），由约翰·波德斯塔创立于2003年，位于美国华盛顿。美国进步中心是一个独立的智库机构，其资金来源于基金会和个人。美国进步中心致力于通过大胆、进步的理念以及强有力的领导和协调一致的行动来改善美国民众的生活。该智库网址是：www.americanprogress.org。

（1）历史沿革

该智库未披露相关信息。

（2）组织机构

美国进步中心的研究团队在前任美国总统巴拉克·奥巴马的总统助理兼白宫政治事务办公室主任帕特里克·加斯帕德（Patrick Gaspard）的带领下，由311位学者专家组成。美国进步中心的研究内容覆盖20个领域，如法院审理、刑事司法、民主与政府、残疾、幼儿教育、经济、基础教育、高等教育、能源与环境、外交政策与安全等。美国进步中心设立了9个研究项目，如可持续安全项目、进步研究项目等。

（3）研究产品

美国进步中心自成立以来累计发布了27 000余篇报告文章，共设计推出了6种研究产品，包括3种研究报告类产品、1种评论专栏类产品、1种新闻媒体类产品、1种音频视频类产品。

20. 汽车研究中心

汽车研究中心（Center for Automotive Research，CAR），成立于2003年，位于美国密歇根州安娜堡。汽车研究中心是一个非营利性研究机构，其资金来源于政府、企业机构和个人。汽车研究中心致力于进行独立的研究和分析，为利益相关者、政策制定者和公众在有关汽车行业面临的关键问题以及汽车行业对美国经济和社会的影响等问题上提供教育和咨询服务。该智库网址是：www.car-group.org。

（1）历史沿革

该智库未披露相关信息。

（2）组织机构

汽车研究中心研究团队在国际汽车工程师协会前副总裁卡拉·拜洛的带领下，由18位研究员组成。汽车研究中心的研究内容覆盖2个领域，分别是商业研究和技术研究。汽车研究中心设立了

6 个研究项目，如汽车社区合作伙伴项目、汽车轻量化材料联盟项目等。

（3）研究产品

汽车研究中心自成立以来累计发布了 660 余篇报告文章，共设计推出了 4 种研究产品，包括 3 种研究报告类产品、1 种新闻媒体类产品。

21. 数据创新中心

数据创新中心（Center for Data Innovation），成立于 2013 年，由美国信息技术和创新基金会（Information Technology and Innovation Foundation，ITIF）创建，总部位于美国华盛顿。数据创新中心是一家非营利性、无党派的研究组织，其资金来源于信息技术和创新基金会。数据创新中心致力于促进务实的公共政策实施，最大限度地提高公共和私营部门中数据驱动型创新的收益。该智库网址是：www.datainnovation.org。

（1）历史沿革

该智库未披露相关信息。

（2）组织机构

数据创新中心的研究团队在丹尼尔·卡斯特罗（Daniel Castro）的带领下，由 4 位研究人员组成。其研究内容覆盖了 12 个领域，例如：数字经济、人工智能、教育、社会公益、健康、科学技术等。

（3）研究产品

数据创新中心自成立以来累计发布了 2 300 余篇报告文章，共设计推出了 12 种研究产品，包括 2 种研究报告类产品、2 种评论专栏类产品、2 种新闻媒体类产品、2 种数据类产品、4 种活动类产品。其中，数据创新中心的每月人工智能政策论坛，旨在在华盛顿建立一个围绕人工智能政策的实践社区，并促进思想交流，以丰富所有参与者的专业知识。每月人工智能政策论坛每月都会邀请来自公共部门、民间团体和学术界的专家讨论他们在人工智能政策方面的最新工作。

22. 发展与战略中心

发展与战略中心（Center for Development and Strategy，CDS），成立于 2014 年，由大卫·哈拉里（David Harary）创立，位于纽约。发展与战略中心是一个立足于千禧世代的国际组织，其资金来源于企业机构和个人。发展与战略中心致力于在前所未有的变革时代探索和研究全球发展、可持续性以及国际安全之间的关系。该智库网址是：www.thinkcds.org。

（1）历史沿革

该智库未披露相关信息。

（2）组织机构

发展与战略中心的研究团队在可持续发展领域 30 位领军人物之一的大卫·哈拉里带领下，由 14 位研究员组成。发展与战略中心设立了 2 个研究项目，如思想孵化器项目。

（3）研究产品

发展与战略中心自成立以来累计发布了 80 余篇报告文章，共设计推出了 2 种研究产品，包括 1 种研究报告类产品和 1 种音频视频类产品。

23. 经济和政策研究中心

经济和政策研究中心（Center for Economic and Policy Research，CEPR），成立于1999年，由迪恩·贝克（Dean Baker）和马克·维斯布鲁特（Mark Weisbrot）共同创立，位于美国华盛顿。经济和政策研究中心是一个非营利性的研究组织，其资金来源于基金会和个人。经济和政策研究中心致力于推广社会和经济议题方面的民主辩论，并用通俗易懂的方式让公众可以在众多政策选项中做出真正适合自己的选择。该智库网址是：www.cepr.net。

（1）历史沿革

该智库未披露相关信息。

（2）组织机构

经济和政策研究中心的研究团队在世界银行、美国国会联合经济委员会和经合组织工会咨询委员会担任顾问的迪恩·贝克带领下，由53位专家、学者组成。经济和政策研究中心的研究内容覆盖了12个领域，例如：美国外交政策、全球化与贸易、知识产权等。

（3）研究产品

经济和政策研究中心自成立以来累计发布了17 700余篇报告文章，共设计推出了11种研究产品，包括3种研究报告类产品、1种期刊书籍类产品、3种博客类产品、2种新闻媒体类产品、1种数据类产品、1种活动类产品。《战胜媒体》是经济和政策研究中心发布的专刊，该智库高级经济师迪恩·贝克会在该刊物上发表有关经济研究的评论。

24. 欧洲政策分析中心

欧洲政策分析中心（Center for European Policy Analysis，CEPA），成立于2005年，由A. 韦斯·米切尔（A. Wess Mitchell）创立，位于美国华盛顿。欧洲政策分析中心是一个非营利性的公共政策研究组织，其资金来源于政府、基金会、企业机构以及个人。欧洲政策分析中心的使命是促使欧洲经济更有活力、战略安全更加可靠、政治更加自由，并使欧洲与美国保持密切和持久的联系。该智库网址是：www.cepa.org。

（1）历史沿革

欧洲对美国具有重要的战略意义。欧洲政策分析中心希望通过加强北约前线的安全保障、促进欧盟内部的团结以及支持大西洋主义，为中欧和俄罗斯带来积极的变化。

（2）组织机构

欧洲政策分析中心的研究团队在拉里·赫希（Larry Hirsch）带领下，由50位研究人员组成。中心目前设立了10个研究项目，如俄罗斯的黑海战略项目等。

（3）研究产品

欧洲政策分析中心自成立以来累计发布了6 000余篇报告文章，共设计推出了6种研究产品，包括2种研究报告类产品、2种期刊书籍类产品、1种音频视频类产品、1种活动类产品。《欧洲的边缘》（*Europe's Edge*）是欧洲政策分析中心的一本在线期刊，其涵盖了外交政策摘要中的重要主题，发布频率约为每日1次。

25. 金融普惠中心

金融普惠中心（Center for Financial Inclusion，CFI），成立于2008年，由安信永和瑞士信贷共同创立，位于美国华盛顿。该智库是一个独立的研究组织，其资金来源于基金会、企业机构以及个人。金融普惠中心旨在学习、测试和分享见解，促进制订具体解决方案，倡导包容、负责任的金融，帮助而非伤害个人。该智库网址是：www.centerforfinancialinclusion.org。

（1）历史沿革

金融普惠中心正在改变金融机构对业务以及客户的定位，而普惠金融的核心难题是如何服务好低收入人群。金融普惠中心采取多种干预措施帮助各类金融机构（从小额信贷机构到主流银行）以优质的服务覆盖客户。金融普惠中心制定全球金融普惠议程，支持、召集和动员包括监管机构、投资者、金融科技公司和提供商在内的众多行业利益相关者，使普惠金融在现实中更好地实现。

（2）组织机构

金融普惠中心的研究团队在马亚达·佐格比（Mayada El-Zoghbi）带领下，由34位研究人员组成。其研究内容覆盖了16个领域，例如：普惠金融、金融科技、影响力投资、经济能力、信贷储备、财务健康、消费者保护、金融服务提供商、保险、储蓄等。金融普惠中心目前设立了14个研究项目，如金融普惠股票理事会项目、负责的金融普惠伙伴关系项目等。

（3）研究产品

金融普惠中心自成立以来累计发布了3 000余篇报告文章，共设计推出了10种研究产品，包括3种研究报告类产品、1种博客类产品、1种新闻媒体类产品、2种音频视频类产品、1种数据类产品、2种活动类产品。

26. 全球发展中心

全球发展中心（Center for Global Development, CGD），成立于1942年，由爱德华·W. 斯科特（Edward W. Scott）创立，位于美国华盛顿及英国伦敦。全球发展中心是一个独立的非营利的由企业主导的公共政策研究组织，其资金来源于政府、基金会、企业机构以及个人。全球发展中心致力于通过严谨的研究及与政府的积极合作，鼓励美国及其他富裕国家优化政策以减少全球的贫困和不平等问题，为美国的关键问题提供深入的分析和合理的解决方案。该智库网址是：www.cgdev.org。

（1）历史沿革

多年来，全球发展中心提出的新工具和新想法覆盖了全民福利保障，对数百万人的生活产生了重大影响。全球发展中心还影响了多边组织和政府，帮助他们改进了发展政策，并提供政策解决方案，促使全球金融对世界人民更加公平。

（2）组织机构

全球发展中心研究团队在前国际货币基金组织官员马苏德·艾哈迈德（Masood Ahmed）带领下，由114位研究学者组成。全球发展中心的研究内容覆盖15个领域，例如：全球卫生政策、难民和人道主义政策、可持续发展融资、政府和发展、美国发展政策、英国发展政策、欧洲发展政策、性别与平等、教育、金融包容与监管等。全球发展中心共有23个研究中心，如能源准入目标研究中心、金融包容性监管标准研究中心等。

（3）研究产品

全球发展中心自成立以来累计发布了12 600余篇报告文章，共设计推出了19种研究产品，包括10种研究报告类产品、2种学术论文类产品、1种期刊书籍类产品、1种博客类产品、2种评论专栏类产品、1种音频视频类产品、2种数据类产品。

27. 国际发展中心

国际发展中心（Center for International Development，CID）由哈佛大学创立，总部设在美国马萨诸塞州剑桥市。国际发展中心是一个大学附属研究组织，其资金来源于基金会、企业机构和个人。国际发展中心致力于加深对发展面临的挑战的研究，并为全球贫困问题提供可行的解决方案，并侧重于如何为发展中国家创造稳定和可持续的繁荣。该智库网址是：www.hks.harvard.edu/centers/cid。

（1）历史沿革

该智库未披露相关信息。

（2）组织结构

国际发展中心的研究团队在阿萨姆·卡加（Asim Khawaja）带领下，由29位研究人员组成。其研究内容覆盖了13个领域，分别是：普惠金融、税收与福利、教育、贫困与社会保护、治理与公民参与、透明度与问责制、环境与能源、公司、创业与市场、健康、技能、就业与增长、性别平等与赋权。中心目前设立了22个研究项目，如推动包容性经济发展项目、建设国家能力项目等。

（3）研究产品

国际发展中心自成立以来累计发布了1 000余篇报告文章，共设计推出了10种研究产品，包括1种研究报告类产品、3种学术论文类产品、1种期刊书籍类产品、1种博客类产品、1种新闻媒体类产品、1种数据类产品、2种活动类产品。其中，《哈佛肯尼迪杂志》是国际发展中心创办的季刊产品，提供对当代国际发展的分析，为重大学术辩论提供观点支撑，从而推动相关研究领域的学术研究。

28. 国际私营企业中心

国际私营企业中心（Center for International Private Enterprise）成立于1983年，由罗纳德·威尔逊·里根总统（Ronald Wilson Reagan）创立，位于美国华盛顿。国际私营企业中心是一个非营利性公共政策研究组织，其资金来源于政府、基金会、企业机构以及个人。国际私营企业中心致力于通过对私营企业和市场导向进行改革来加强全球民主。该智库网址是：www.cipe.org。

（1）历史沿革

自1983年以来，国际私营企业中心一直与当地伙伴合作，以商业驱动的方式解决重大的社会经济问题。国际私营企业中心的工作人员认为，只有当私营企业能够蓬勃发展时，才能实现民主繁荣。国际私营企业中心积极与协会、商会、智库等组织合作，以创造有利于企业蓬勃发展的环境。国际私营企业中心目前在64个国家开展了118个项目，以此推进民主制度的发展。

（2）组织机构

国际私营企业中心的研究团队在格雷格·列别捷夫（Gregori Lebedev）带领下，由61位研究人员组成。其研究内容覆盖了6个领域，分别是：腐败资本、反腐与道德、企业生态系统、商业倡导、民主治理、贸易方式。国际私营企业中心目前设立了2个研究中心，即反腐与治理中心、女性经济赋权中心，以及13个研究项目，如全球价值链中的反腐败合规项目等。

（3）研究产品

国际私营企业中心自成立以来累计发布了3 800余篇报告文章，共设计推出了17种研究产品，包括 5 种研究报告类产品、2 种博客类产品、2 种评论专栏类产品、3 种新闻媒体类产品、2 种音频视频类产品、3 种活动类产品。

29. 国际政策中心

国际政策中心（Center for International Policy），成立于 1975 年，由越南前外交官和和平主义者创立，位于美国华盛顿。国际政策中心是一个独立的非营利组织，其资金来源于基金会、企业机构以及个人。国际政策中心致力于将美国外交政策的核心转变为建立和平、公正和可持续的世界。该智库网址是：www.internationalpolicy.org。

（1）历史沿革

国际政策中心的创始人希望该中心在大规模基层运动的基础上发展壮大。自成立以来，国际政策中心由政府内部专家和外部专家组成，在许多公民倡议中发挥了至关重要的作用。国际政策中心最初研究的重点区域是亚洲，后将重点转移到中美洲。国际政策中心在中美洲冲突和解后，努力阻止美国政府对古巴的长期孤立，并试图改变西半球的军事援助的条件，以增加对当地人民人权的尊重。国际政策中心的上述工作一直持续到今天，并通过各种方案不断加强。

（2）组织机构

国际政策中心的研究团队在萨利赫·布克（Salih Booker）带领下，由 33 位研究人员组成。该智库共设立了 8 个研究项目，如武器安全项目等。

（3）研究产品

国际政策中心自成立以来累计发布了 1 700 余篇报告文章，共设计推出了 8 种研究产品，包括 5 种研究报告类产品、1 种期刊书籍类产品、1 种新闻媒体类产品、1 种活动类产品。巴拉扎（The Baraza）是国际政策中心的博客，其主要关注对外政策、国家安全、战争与和平以及气候正义等四个方面的话题，该博客还是人权、和平与安全社区的成员和广大公众共同讨论可持续世界中和平与正义问题、寻求彼此建议的场所。

30. 国际贸易与安全中心

国际贸易与安全中心（Center for International Trade and Security, CITS），成立于 1987 年，位于美国佐治亚州。国际贸易与安全中心是佐治亚大学的附属研究机构，其资金来源于基金会以及企业机构。国际贸易与安全中心致力于为决策者提供建议，并对有关人士提供防扩散和战略贸易控制方面的培训。该智库网址是：spia.uga.edu/departments‐centers/center‐for‐international‐trade‐and‐security‐cits。

（1）历史沿革

国际贸易与安全中心于 1987 年在美国前国务卿迪安·拉斯克（Dean Rusk）的支持下在佐治亚大学公共与国际事务学院成立。成立后，国际贸易与安全中心建立了由国家和国际安全关键领域专家、政府官员以及行业代表组成的合作网络。

（2）组织机构

国际贸易与安全中心的研究团队在佐治亚大学公共与国际事务学院院长兼公共与国际事务首席教授马修·R. 奥尔（Matthew R. Auer）的带领下，由 34 名全职与兼职研究人员组成。其研究内容覆盖 4 个领域，分别是：能源与安全、政治暴力与政治抗议、威慑与防扩散、自然资源与冲突。该智库设立了 5 个研究项目，如出口管制研究员项目、大规模杀伤性武器防扩散项目等。

（3）研究产品

该智库自成立以来累计发布了 30 余篇报告文章，共设计推出了 2 种研究产品，即研究报告类产品和活动类产品各 1 项。

31. 公共诚信中心

公共诚信中心（Center for Public Integrity，CPI）成立于 1989 年，由美国资深记者查尔斯·路易斯（Charles Lewis）创立，位于美国华盛顿。公共诚信中心是一个调查民主和特权的非营利性新闻编辑室，也是以独立进步著称的第三方监管组织，其资金来源于基金会和个人。公共诚信中心致力于揭示权力滥用、腐败和玩忽职守等行为，以迫使当权者诚实、正直、负责地行使权力，以公众利益为先。该智库网址是：publicintegrity.org。

（1）历史沿革

公共诚信中心是美国历史最悠久、规模最大的非营利新闻机构之一。公共诚信中心的报道推动了美国数百项法律和政策的变化，促进联邦和州政府披露对公共利益至关重要的信息，迫使公司对滥用权力负责，该中心因此获得普利策奖等诸多奖项。

随着美国贫富差距逐渐扩大，2019 年，公共诚信中心开始将调查重点放在不平等问题上，重点关注就业、住房、医疗保健、教育和获得民主等方面因制度出现的不平等，随后扩展到环境等领域导致的普遍不平等问题。

（2）组织机构

公共诚信中心的研究团队在查尔斯·路易斯带领下，由 40 名研究人员及资深记者组成。公共诚信中心的研究内容覆盖 7 个领域，例如：资本与民主、机会与贫穷、内部公共诚信等。

（3）研究产品

公共诚信中心自成立以来累计发布了 21 000 余篇报告文章，共设计推出了 3 种研究产品，包括 1 种研究报告类产品、1 种期刊书籍类产品、1 种新闻媒体类产品。

32. 预算与优先政策中心

预算与优先政策中心（Center on Budget and Policy Priorities，CBPP），成立于 1981 年，由罗伯特·格林斯坦（Robert Greenstein）创立，位于美国华盛顿。预算与优先政策中心是一个独立的公共政策研究机构。预算与优先政策中心致力于通过提供预算、税收、保险等方面的专业分析，来引导美国财政预算方案和低收入项目的制定，以帮助低收入人群摆脱贫困，促进社会公平。该智库网址是：www.cbpp.org。

（1）历史沿革

自 1981 年成立以来，预算与优先政策中心致力于积极应对新问题并不断开拓新的研究领域。20 世纪 90 年代，预算与优先政策中心开始在州一级就预算优先政策和低收入项目开展广泛工作。

（2）组织机构

预算与优先政策中心的研究团队在美国前任两党福利和税收改革委员会成员罗伯特·格林斯坦带领下，由 142 位研究人员组成。预算与优先政策中心的研究内容覆盖了 12 个领域，分别是：联邦预算、联邦税收、州预算和税收政策、健康、社会保障、经济、贫困与不平等、食品援助、家庭收入支持、住房、气候变化、移民。预算与优先政策中心设立了 7 个研究项目，如政策未来项目、充分就业项目等。

（3）研究产品

预算与优先政策中心自成立以来累计发布了 42 100 余篇报告文章，共设计推出了 12 种研究产品，包括 5 种研究报告类产品、1 种博客类产品、3 种评论专栏类产品、1 种新闻媒体类产品、2 种数据类产品。

33. 战略与国际研究中心

战略与国际研究中心（Center for Strategic and International Studies, CSIS）成立于 1962 年，由阿利·伯克（Arleigh Burke）和大卫·阿伯希尔（David Abshire）创立，位于美国华盛顿。战略与国际研究中心是一个非营利性的政策研究组织，其资金来源于基金会、政府、企业机构以及个人。战略与国际研究中心致力于服务国家安全，主张无党派、独立思考、创新思维、跨学科治学、诚信专业以及人才培养。该智库网址是：www.csis.org。

（1）历史沿革

1962 年冷战时期，美国海军上将阿利·伯克和大卫·阿伯希尔在华盛顿的乔治敦大学建立了战略与国际研究中心，以探索实现美国生存和民族繁荣的方法。自成立以来，中心一直站在解决棘手外交问题和国家安全问题的前沿。如今，战略与国际研究中心是世界上在外交政策和国家安全问题上最杰出的公共政策机构之一，拥有庞大的学者网络，并不断提出着眼于未来的政策倡议。战略与国际研究中心致力于为国会领导人提供一个与其他政策团体进行接触的平台，就影响美国国家安全和外交事务的问题展开讨论。60 多年来，中心一直优先向国会议员及其他工作人员提供深入的战略分析和指导。

（2）组织机构

战略与国际研究中心的研究团队在约翰·J. 哈姆雷（John J. Hamre）带领下，由 253 位研究人员组成。其研究内容覆盖了 8 个领域，分别是：经济、气候变化、网络安全与技术、国防与安全、能源与可持续性、全球健康、人权、国际发展。战略与国际研究中心共设立了 61 个研究项目，如中国商业与经济项目等。

（3）研究产品

战略与国际研究中心自成立以来累计发布了 27 000 余篇报告文章，共设计推出了 12 种研究产品，包括 3 种研究报告类产品、2 种期刊书籍类产品、1 种博客类产品、3 种评论专栏类产品、1 种新闻媒体类产品、1 种音频视频类产品、1 种活动类产品。其中，《外交政策新观点》是战略与国际研究中心的期刊类产品，集中在科技、环境、外交及安全等领域，该产品的发布频率约为每月 1 次。

34. 国家利益中心

国家利益中心（Center for the National Interest, CFTNI），成立于 1994 年，由美国前总统理查德·尼克松（Richard Nixon）创立，位于美国华盛顿。国家利益中心是一个非营利研究组织。国家利益中心致力于促进公众对美国外交政策和国际事务的理解，并确定原则性的务实政策，以保障美国在 21 世纪复杂世界中的国家利益。该智库网址是：cftni.org。

（1）历史沿革

国家利益中心最初是理查德·尼克松图书馆（Richard Nixon Library）和出生地基金会（Foundation）在程序上和实质上分别下属的分支机构。1994 年 1 月 20 日，这两个机构共同组建了尼克松中心（Nixon Center），并于 2011 年更名为国家利益中心，自此国家利益中心成为一个完全独立的实体。

（2）组织机构

国家利益中心的研究团队在外交专家迪米特里·K. 西姆斯（Dimitri K. Simes）带领下，由 12 名成员组成，其研究聚焦于国防与外交领域，包括亚洲和中东地区安全、恐怖主义和核不扩散等。国家利益中心设立了 6 个研究项目，比如中国和太平洋、美俄关系项目等。

（3）研究产品

国家利益中心自成立以来累计发布了 690 余篇报告文章，共设计推出了 5 种研究产品，包括 1 种研究报告类产品、2 种期刊书籍类产品、1 种音频视频类产品、1 种活动类产品。其中《国家利益》杂志是双月刊，于 1985 年创刊，2000 年国家利益研究中心开始作为该杂志的合作伙伴，并于 2005 年成为《国家利益》的唯一出版商。

35. 魏登鲍姆经济、政府和公共政策中心

魏登鲍姆经济、政府和公共政策中心（Weidenbaum Center on the Economy, Government, and Public Policy，曾用名 Center for the Study of American Business），成立于 1975 年，由穆雷·魏登鲍姆（Murray Weidenbaum）创立于华盛顿大学圣路易斯分校。魏登鲍姆中心是一个非营利性的大学附属组织，其资金来源于基金会、企业机构和个人。魏登鲍姆中心支持学术研究、公共事务项目和其他政商结合的活动，并充当了学者、政策制定者和普通公众之间的桥梁。该智库网址是：wc.wustl.edu/csab。

（1）历史沿革

1975 年，穆雷·魏登鲍姆与华盛顿大学圣路易斯分校前校长威廉·丹福斯（William Danforth）共同创立了美国商业研究中心。2001 年，该中心更名为魏登鲍姆经济、政府和公共政策中心，以表彰魏登鲍姆教授和他的工作。魏登鲍姆教授曾为五位美国总统和数十位政要提供过服务或建议。魏登鲍姆教授曾担任罗纳德·里根总统的首任经济顾问委员会主席，并作为"里根经济学"的主要设计师而广为人知。1981 年，魏登鲍姆教授发布了里根经济计划的第一个书面版本。魏登鲍姆教授还曾在尼克松政府中担任负责经济政策的财政部助理部长，在杜鲁门政府中担任预算局的财政经济学家，在克林顿政府中担任美国贸易赤字审查委员会主席。

（2）组织机构

魏登鲍姆中心的研究团队在史蒂文·法扎里（Steven Fazzari）带领下，由 23 位研究人员组成。魏登鲍姆中心共设立了 9 个研究项目，如美国小组调查项目等。

（3）研究产品

魏登鲍姆中心自成立以来累计发布了 300 余篇报告文章，共设计推出了 8 种研究产品，包括 3 种研究报告类产品、2 种期刊书籍类产品、2 种新闻媒体类产品、1 种活动类产品。

36. 城市未来中心

城市未来中心（Center for an Urban Future），成立于 1996 年，由城市未来公司（City Futures Inc.）创立，位于美国纽约。城市未来中心是一个独立的政策研究组织，其资金来源于企业机构和

个人。城市未来中心致力于成为切实可行的政策催化剂，以减少不平等现象，增加经济流动性并促进纽约市的经济增长。城市未来中心有三个目标：发展纽约市的经济并增加中等收入人群的工作岗位；帮助更多的民众获得职业所需的技能和资格证书，使他们走上中产阶级之路；将纽约市及其所属的众多社区建设成更好的生活场所。该智库网址是：nycfuture.org。

（1）历史沿革

城市未来中心作为一个独立的政策研究组织，利用基于事实的研究，将重要的、容易被忽视的问题送到决策者视野中，并提出切实可行的解决方案，以增强纽约的竞争力，帮助所有纽约人加入纽约日益繁荣的进程。成立 20 多年来，城市未来中心始终围绕纽约的经济机会进行政策辩论，并通过发表高质量的报告引发公众关注。

（2）组织机构

城市未来中心的研究团队在乔纳森·鲍尔斯（Jonathan Bowles）带领下，由 11 位研究人员组成。城市未来中心的研究内容覆盖了 10 个领域，分别是：经济增长、经济机会、创意经济、人力资本、行政区、小企业、创业精神、科技、高等教育、移民。

（3）研究产品

城市未来中心自成立以来累计发布了 550 余篇报告文章，共设计推出了 7 种研究产品，包括 1 种研究报告类产品、3 种评论专栏类产品、1 种新闻媒体类产品、1 种数据类产品、1 种活动类产品。其中，《城市未来中心报告》是城市未来中心的研究报告类产品，该产品的发布频率约为每月一次。其主要提出重要观点，对面临的问题进行分析并给出政策建议。

37. 战略和预算评估中心

战略和预算评估中心（Center for Strategic and Budgetary Assessments，CSBA），成立于 1983 年，位于美国华盛顿。战略和预算评估中心是一个独立、非营利的公共政策研究机构，其资金来源于政府、基金会、企业机构以及个人。战略和预算评估中心致力于激发有关 21 世纪国家安全战略、国防规划和军事投资选择的创新思维和辩论，并向行政和立法部门的高级决策者、媒体以及与国家安全有关的机构提供及时、公正和有洞察力的分析。该智库网址是：csbaonline.org。

（1）历史沿革

战略和预算评估中心拥有悠久的预算分析历史，40 年来一直站在美国应对严峻战略挑战的前沿，它对美国国家安全政策具有很强的影响力。

（2）组织机构

战略和预算评估中心的研究团队在美国前国防部官员托马斯·G. 曼肯（Thomas G. Mahnken）带领下，由 42 位杰出学者及专家组成。战略和预算评估中心的研究内容覆盖 4 个领域，分别是：战略与政策、预算与资源、未来战争与概念部队、军事力量。

（3）研究报告

战略和预算评估中心自成立以来累计发布了 3 220 余篇报告文章，共设计推出了 8 种研究产品，包括 3 种研究报告类产品、1 种评论专栏类产品、2 种新闻媒体类产品、1 种音频视频类产品、1 种活动类产品。

38. 全球利益中心

全球利益中心（Center on Global Interests，CGI），成立于 2012 年，由尼古拉·V. 兹洛宾（Nikolai V. Zlobin）创立，位于美国华盛顿。全球利益中心是一个非营利性的外交政策研究机构，其资金来源于基金会以及个人，不接受美国或外国政府的资助。全球利益中心致力于挑战大西洋两岸长期持有的传统观念，同时针对紧急政策和挑战提出创新的解决方案。该智库网址是：globalinterests.org。

（1）历史沿革

CGI 的创始人兼总裁尼古拉·V. 兹洛宾是一位俄裔美国政治专家，也是作家和记者。他曾在20世纪90年代担任米哈伊尔·戈尔巴乔夫（Mikhail Gorbachev）的顾问。兹洛宾表示，他的目标是创建一个"超越冷战思维"的组织，为美国与俄罗斯关系提供具有战略性的、长期的指导建议。

（2）组织机构

全球利益中心的研究团队在尼古拉·V. 兹洛宾带领下，由4名研究人员组成。全球利益中心的研究内容覆盖3大领域，分别是：美俄关系、全球治理和21世纪的欧亚大陆。全球利益中心设立了7个研究项目，如美俄关系项目、俄中美关系项目等。

（3）研究产品

全球利益中心自成立以来累计发布了350余篇报告文章，共设计推出了2种研究产品，包括1种研究报告类产品、1种新闻媒体类产品。

39. 芝加哥全球事务委员会

芝加哥全球事务委员会（Chicago Council on Global Affairs）由苏珊·海巴德（Susan Hibbard）和威廉·黑尔（William Hale）创建于1922年，位于美国芝加哥市。芝加哥全球事务委员会是一个独立的研究组织，其资金来源于基金会和个人。芝加哥全球事务委员会致力于为如何使人民、企业和政府与世界接轨的问题提供明确的解决方案，召集全球各领域专家开展独立研究，并鼓励公众参与塑造未来的世界。该智库网址是：www.thechicagocouncil.org。

（1）历史沿革

1922年2月20日，以苏珊·海巴德和威廉·黑尔为首的23位研究人员共同成立了芝加哥委员会，20世纪20—30年代，该委员会是美国中西部地区唯一对外交事务发表意见的专业机构。20世纪60年代初，芝加哥理事会的规划工作将重点转向世界饥饿以及大西洋国家之间的关系这两大国际问题。20世纪70年代，芝加哥理事会启动了两年一度的大西洋会议。20世纪80—90年代，芝加哥委员会扩大了针对商业领袖、年轻专业人士、中学教师、国际旅行者和普通公众的培训与分享计划。理事会于2006年将其名称从芝加哥对外关系理事会改为芝加哥全球事务委员会。

（2）组织机构

芝加哥全球事务委员会的研究团队在曾任美国驻北约大使的伊沃·达尔德（Ivo Daalder）的带领下，由147名研究人员组成。芝加哥全球事务委员会的研究内容覆盖7个领域，分别是：美国2020、全球城市、全球经济、全球粮食与农业、全球安全、政策与政治、公共舆论。芝加哥全球事务委员会有1个研究中心，即莱斯特中央外交政策中心。芝加哥全球事务委员会设立了3个研究项目，即全球粮食和农业项目、新兴领导人项目、Koldyke 全球教师项目。

（3）研究产品

芝加哥全球事务委员会自成立以来累计发布了7 650余篇报告文章，共设计推出了3种研究产品，包括1种研究报告类产品、1种博客类产品、1种评论专栏类产品。

40. 美国尽责联邦预算委员会

美国尽责联邦预算委员会（Committee for a Responsible Federal Budget，CRFB）由前美国众议员罗伯特·吉莫和亨利·贝尔蒙于 1981 年成立，是一个独立、非营利性的研究组织。美国尽责联邦预算委员会致力于解决联邦预算和财政问题。该智库网址是：www.crfb.org。

（1）历史沿革

1980 年，罗伯特·吉莫和亨利·贝尔蒙离开了国会。当时吉莫在众议院任职 20 年，其中 4 年担任众议院预算委员会主席。贝尔蒙担任参议员 12 年，自 1975 年参议院预算委员会成立以来，他一直是参议院预算委员会中排名靠前的共和党人。

这两位财政政策领导人召集了一批前预算委员会官员、经济学家和商界领袖，于 1981 年 6 月 10 日成立了一个致力于健全预算流程的政府以外的组织，即美国尽责联邦预算委员会。

（2）组织机构

美国尽责联邦预算委员会的研究机构在玛雅·麦克金尼斯（Maya MacGuineas）的带领下，由 28 位研究人员组成。其研究内容覆盖了 7 个领域，分别是：预算和预测、卫生保健、社会保障、其他支出、税收、预算过程、经济。该智库设立了 8 个研究项目，如美国卫生保健计划项目、改善预算程序倡议项目等。

（3）研究产品

美国尽责联邦预算委员会自成立以来共发布了 5 780 余篇报告文章，共设计推出了 4 种研究产品，包括 1 种博客类产品、1 种学术论文类产品、1 种新闻媒体类产品、1 种数据类产品。

41. 经济发展委员会

经济发展委员会（Committee for Economic Development，CED），成立于 1942 年，由一批关心全球经济发展的商界领袖创立，位于美国加利福尼亚州。经济发展委员会是一个非营利性、以企业为主导的公共政策研究组织，其资金来源于企业机构以及个人。经济发展委员会致力于为美国最关键的问题提供全面充分的分析以及合理的解决方案，帮助政策制定者制定以美国自由企业制度为基础的政策。该智库网址是：www.ced.org。

（1）历史沿革

自 1942 年成立以来，CED 一直致力于促进持续经济增长以及推动造福美国民众的国家优先事项。这些活动帮助塑造了从 20 世纪 40 年代末的马歇尔计划、20 世纪 70 年代的教育改革以及 21 世纪以来的竞选资金改革等一系列政策。CED 对于以下政策的制定具有重大贡献：马歇尔计划、布雷顿森林协定、1946 年就业法、学前教育的重要性和资助、两党竞选改革法案、公司治理改革。

（2）组织机构

经济发展委员会的研究团队在曾担任克林顿总统特别顾问的洛里·默里带领下，由 146 名研究人员组成。经济发展委员会的研究内容覆盖 9 个领域，例如：教育、财政健康、移民、基础设施、政治资金、监管、税制改革等。

（3）研究产品

经济发展委员会自成立以来累计发布了 6 700 余篇报告文章，共设计推出了 10 种研究产品，包括 1 种研究报告类产品、1 种期刊书籍类产品、1 种博客类产品、1 种评论专栏类产品、2 种新闻媒体类产品、1 种音频视频类产品、3 种活动类产品。

42. 竞争性企业研究所

竞争性企业研究所（Competitive Enterprise Institute，CEI），成立于 1984 年，由小弗雷德·L. 史密斯（Fred L. Smith，Jr.）创立，位于美国华盛顿。竞争性企业研究所是一个非营利的公共政策研究组织，其资金来源于基金会、企业机构以及个人。竞争性企业研究所致力于推进有限政府、自由企业以及个人自由，希望通过制定良好的政策和政治制度来促进自由和公平。该智库网址是：www.cei.org。

（1）历史沿革

竞争性企业研究所成立于 1984 年，与从车库创办公司的硅谷企业家类似，竞争性企业研究所的第一个办公室位于弗雷德家的厨房。1988 年，竞争性企业研究所在呼吁食品和药物管理总局加快批准治疗 HIV/AIDS 的药物大规模抗议中起到了积极作用。1992 年，竞争性企业研究所建议美国食品和药品管理局批准重组牛生长激素。1997 年，竞争性企业研究所的 3 名专家前往日本，就全球气候问题进行辩论。2010 年，竞争性企业研究所的律师在 PCAOB 违宪讼案中获得胜利，该案被认为是"过去 20 年来最重要的关于总统任命和罢免权力的案件"。2017 年，竞争性企业研究所发起了一场电视活动，敦促特朗普政府让美国退出《巴黎气候协定》。

（2）组织机构

竞争性企业研究所的研究团队在曾担任竞争经济委员会的政府关系主任小弗雷德·L. 史密斯带领下，由 75 名研究人员组成。竞争性企业研究所的研究内容覆盖 10 个领域，分别是：企业和政府、监管改革、法律和宪法、银行业和金融业、国际贸易、风险与消费者自由、科技及电信、能源和环境、交通和基础设施、劳动和就业。竞争性企业研究所有 1 个研究中心，即推进资本主义中心。竞争性企业研究所设立了 4 个研究项目，如反垄断项目、国会议程项目等。

（3）研究产品

竞争性企业研究所自成立以来累计发布了 24 300 余篇报告文章，共设计推出了 9 种研究产品，包括 2 种研究报告类产品、2 种博客类产品、2 种评论专栏类产品、3 种新闻媒体类产品。《CEI 星球》是竞争性企业研究所的旗舰双月刊，主要提供研究所政策、分析、新闻和事件。

43. 康科德联盟

康科德联盟（The Concord Coalition），成立于 1992 年，由美国前参议员保罗·聪格斯（Paul Tsongas）、前参议员沃伦·鲁德曼（Warren Rudman）和前商务部长彼得·G. 彼得森（Peter G. Peterson）创立，位于美国马萨诸塞州的阿灵顿市。康科德联盟是一个全国性的基层组织，其资金来源于个人。康科德联盟致力于教育公众了解联邦预算赤字的牵引和后果以及美国社会福利所面临的长期挑战，以及如何为子孙后代建立良好的经济环境。该智库网址是：www.concordcoalition.org。

（1）历史沿革

康科德联盟得名于美国独立战争的一场英勇战斗。在 1775 年春，民兵响应了武装的号召，他们勇敢地站在马萨诸塞州的康科德镇，与近千名英军对抗，并成功地将他们赶回了波士顿。尽管可怕的牺牲摆在眼前，但这些勇敢的美国人不顾重重困难，坚持不懈，因为他们对自己的未来以及子孙后代所憧憬的伟大国家抱有一个愿景。康科德联盟始于 20 世纪 90 年代初，当时许多关心美国的公民出来发声，例如康科德的民兵，站在美国的立场上，公开反对那些使美国陷入财政危机的政策。康科德联盟现在由现任联合主席、前参议员约翰·丹福斯（John Danforth）和鲍勃·克里（Bob Kerrey）以及前众议院议员迈克尔·卡瑟尔（Michael Castle）和约翰·特纳（John Tanner）等人领导。

（2）组织机构

康科德联盟的研究团队在罗伯特·L. 比克斯比（Robert L. Bixby）带领下，由11位研究人员组成。目前设立了1个研究项目，即负责任的财政经济增长议程项目。

（3）研究产品

康科德联盟自成立以来累计发布了6 000余篇报告文章，共设计推出了9种研究产品，包括2种研究报告类产品、1种博客类产品、3种新闻媒体类产品、1种音频视频类产品、1种数据类产品、1种活动类产品。

44. 美国竞争力委员会

美国竞争力委员会（Council on Competitiveness），成立于1986年，由约翰·杨（John Young）创立，位于美国华盛顿。美国竞争力委员会是一个非营利的核安全研究机构，其资金来源于政府和企业机构。美国竞争力委员会致力于推进华盛顿的促进经济增长的政策议程来确保美国的繁荣，并在全国范围内发起倡议。该智库网址是：www.compete.org。

（1）历史沿革

美国竞争力委员会的起源可以追溯到1986年里根时代的工业竞争力委员会，由惠普首席执行官约翰·杨担任主席。在委员会工作结束时，杨创建了私营部门竞争力委员会，并在随后演变为美国竞争力委员会。

（2）组织机构

美国竞争力委员会的研究团队在曾在布什和奥巴马政府中担任高官的黛博拉·温斯·史密斯的带领下，由84名专家、学者组成。美国竞争力委员会设立了14个研究项目，比如国家创新计划项目和美国制造业竞争力计划项目等。

（3）研究产品

美国竞争力委员会自成立以来累计发布了2 100余篇报告文章，共设计推出了8种研究产品，包括3种研究报告类产品、2种新闻媒体类产品、1种音频视频类产品、1种数据类产品、1种活动类产品。

45. 外交关系协会

外交关系协会（Council on Foreign Relations，CFR），又译为"外交协会""外交理事会""美国外交关系委员会"，成立于1921年，由美国的政治家、外交官、军事高层、金融家和学者共同创立，位于美国纽约。外交关系协会是一个专门从事外交政策和国际事务的非营利的会员制组织，其资金来源于基金会、企业机构以及个人。外交关系协会致力于为其成员、政府官员、新闻工作者、教育工作者、学生以及其他关注各国外交政策的公民提供信息，使其更好地了解美国和其他国家所面临的外交政策选择。该智库网址是：www.cfr.org。

（1）历史沿革

外交关系协会的前身是一个由精英学者组成的、为威尔逊总统在第一次世界大战中出谋划策的组织。在 1921 年，美国的政治家、外交官、军事高层、金融家和学者在此基础上筹备成立了"外交关系协会"。20 世纪 50—60 年代，外交关系协会进一步壮大，对美国施行冷战战略推波助澜。20 世纪 70 年代，在外交关系协会资深会员国务卿基辛格和吉米·卡特总统努力之下，中美关系实现了正常化并于 1979 年正式建立外交关系。

（2）组织机构

美国政府的很多重要官员如总统、副总统、国务卿、国防部长、中央情报局局长、总统国家安全事务助理、总统经济顾问委员会主席、财政部部长等都拥有外交关系协会会员资格。外交关系协会的研究团队在美国资深外交官理查德·哈斯的带领下，由 81 名研究人员组成。外交关系协会的研究内容覆盖 8 个领域，分别是：国防与安全、外交与国际机构、经济、能源与环境、健康、人权、政治与治理、社会问题。外交关系协会共有 2 个研究中心，即预防行动中心、格林伯格地缘经济研究中心。外交关系协会设立了 19 个研究项目，如亚洲项目、欧洲项目等。

（3）研究产品

外交关系协会自成立以来累计发布了 44 500 余篇报告文章，共设计推出了 25 种研究产品，包括 5 研究报告类产品、2 种期刊书籍类产品、13 种博客类产品、1 种评论专栏类产品、1 种新闻媒体类产品、1 种音频视频类产品、2 种活动类产品。《外交事务》期刊是外交关系协会出版的最为重要的期刊产品，是对国际问题进行深度分析的一份期刊。

46. 国会研究处

国会研究处（Congressional Research Service, CRS）又名国会研究服务局，在 1914 年由美国国会依法成立，并根据 1970 年的《立法重组法》改名，总部设在美国华盛顿。国会研究处是一个公共政策研究组织，其资金来源于政府以及基金会。国会研究处致力于为国会提供最高质量的研究、分析以及咨询服务，以支持国会履行其作为政府平等部门的立法、代表和监督职责。该智库网址是：crsreports.congress.gov。

（1）历史沿革

1914 年，威斯康星州参议员罗伯特·拉·佛莱特（Robert La Follette, Sr.）和代表约翰·M. 纳尔逊（John M. Nelson）提出在立法、行政和司法拨款法案中加入一项条款，该条款指示在国会图书馆内设立特殊研究机构，后来更名为立法咨询服务机构，并获得 1946 年《立法重组法案》的永久授权。1970 年该机构依据《立法重组法》进行更名，1999 年开始重组，成立了更加高效的政策研究机构。

（2）组织机构

国会研究处的研究团队在玛丽·B. 马扎内茨（Mary B. Mazanec）的带领下，由 400 多位研究人员组成。国会研究处的研究内容覆盖 5 个领域，分别是：美国法律、国内社会政策、国防外交和贸易、政府与金融、科学和工业。

（3）研究产品

国会研究处自成立以来共发布了 9 300 余篇报告文章，共设计推出了 6 种研究产品，包括 3 种研究报告类产品、1 种新闻媒体类产品、2 种数据类产品。

47. 耶鲁大学经济发展研究中心

耶鲁大学经济发展研究中心（Economic Growth Center, Yale University, EGC），创立于 1961 年，

由耶鲁大学经济系教授西蒙·库兹涅茨建立，位于美国康涅狄格州纽黑文市。经济发展研究中心是耶鲁大学的附属机构，其资金来源于基金会以及企业机构。耶鲁大学经济发展研究中心致力于研究和推动低收入国家经济发展，并推动这些国家与发展较好的国家建立贸易和金融关系，协调促进成员的研究和培训。该智库网址是：egcenter.economics.yale.edu。

（1）历史沿革

经济发展研究中心于1961年在福特基金会的资助下在耶鲁成立。随后，该中心接管了国际对外经济管理（IFEA）项目并对其进行了调整优化。IFEA项目将在美国从事公共服务工作的年轻经济学家和统计学家带到耶鲁，提供为期一年的高级培训。IFEA项目于1979年更名为国际与发展经济学（IDE）项目。经济发展研究中心在IDE项目中开展了为期一年的硕士项目。今天，经济发展研究中心的研究人员正在应用严格的方法来了解经济增长与贫困之间的联系，以及不断加剧的不平等和不断变化的气候如何影响个人福祉。

（2）组织机构

耶鲁大学经济发展研究中心的研究团队在罗西尼·潘德（Rohini Pande）带领下，由41名研究人员组成。该智库设立了3个研究项目，如经济史项目、国际与发展经济学项目等。

（3）研究产品

耶鲁大学经济发展研究中心自成立以来发布了3 960余篇报告文章，共设计推出了6种研究产品，包括1种学术论文类产品、1种新闻媒体类产品、4种活动类产品。

48. 经济创新集团

经济创新集团（Economic Innovation Group，EIG），成立于2013年，由肖恩·帕克（Sean Parker）、约翰·莱特里（John Lettieri）和史蒂夫·格里克曼（Steve Glickman）创立，位于美国华盛顿。经济创新集团是一个两党公共政策组织，其资金来源于机构组织。经济创新集团致力于提出解决方案，帮助企业家和投资者共同提高美国经济的活力。该智库网址是：eig.org。

（1）历史沿革

该智库未披露相关信息。

（2）组织机构

经济创新集团的研究团队在智库创始人肖恩·帕克带领下，由14名研究人员组成，其研究内容覆盖4个领域，例如：经济活力、经济地理、人口与移民等。经济创新集团设立了9个研究项目，比如机会区项目、国家动态指数项目等。

（3）研究产品

经济创新集团自成立以来共发布了1 720余篇报告文章，共设计推出了6种研究产品，包括2种研究报告类产品、1种博客类产品、1种新闻媒体类产品、1种数据类产品、1种活动类产品。经济创新集团通过推出可视化数据等产品加强与两党政策制定者的合作，以建立有影响力的联盟并推进立法，以解决全国创业热情和经济活力下降的问题。

49. 经济机会研究所

经济机会研究所（Economic Opportunity Institute，EOI），成立于1998年，由约翰·伯班克（John Burbank）创立，位于美国华盛顿州西雅图市。经济机会研究所是一个独立、非营利性的州公共政策研究中心，其资金来源于基金会、企业机构以及个人。经济机会研究所致力于促进经济安全以及为所有人都提供教育机会。该智库网址是：www.opportunityinstitute.org。

（1）历史沿革

该智库未披露相关信息。

（2）组织机构

经济机会研究所的研究团队在华盛顿州劳工委员会的政治总监约翰·伯班克的带领下，由10名研究人员组成。经济机会研究所的研究内容覆盖了4个领域，分别是：工作平等、教育机会、医疗社区、包容经济。

（3）研究产品

经济机会研究所自成立以来累计发布了1 200余篇报告文章，共设计推出了3种研究产品，包括1种研究报告类产品、1种博客类产品、1种新闻媒体类产品。

50. 经济政策研究所

经济政策研究所（Economic Policy Institute，EPI），成立于1986年，由杰夫·福克斯（Jeff Faux）创立，位于美国华盛顿。经济政策研究所是一个非营利研究机构，其资金来源于政府、基金会、企业机构以及个人。经济政策研究所致力于将中低收入人群的需求纳入经济政策讨论。该智库网址是：www.epi.org。

（1）历史沿革

经济政策研究所是美国第一个，也是首屈一指的专注于研究美国中低收入者及其家庭的经济状况的智库。该机构的《美国工作状态百科全书》自1988年以来出版了12次。在20世纪90年代，EPI的研究人员率先说明了美国经济中生产率和薪酬之间的脱钩，这一趋势现已被广泛认为是加剧经济不平等的关键因素。EPI一直关注大多数工人的工资增长缓慢和不平等现象，并积极研究如何改变这些现象。

（2）组织机构

经济政策研究所的研究团队在创始人杰夫·福克斯带领下，由75名研究人员组成。经济政策研究所的研究内容覆盖15个领域，分别是：冠状病毒大流行、税收预算和公共投资、经济增长、教育、健康、移民、不平等与贫困、就业和失业、最低工资、种族和民族与经济、监管、退休、贸易与全球化、工会和劳工标准工资、收入和财富。EPI设立了6个研究项目，比如政策议程项目、美国工作状况项目等。

（3）研究产品

经济政策研究所自成立以来累计发布了5 460余篇报告文章，共设计推出了13种研究产品，包括5种研究报告类产品、1种期刊书籍类产品、1种博客类产品、3种评论专栏类产品、2种音频视频类产品、1种数据类产品。

51. 就业政策研究所

就业政策研究所（Employment Policies Institute）成立于1991年，由理查德·伯曼（Richard Berman）创立，位于美国华盛顿。就业政策研究所是一个非营利性研究组织，其资金来源于基金会、企业机构和个人。就业政策研究所致力于研究关于就业增长的公共政策问题。该智库网址是：

epionline.org。

（1）历史沿革

该智库未披露相关信息。

（2）组织机构

就业政策研究所的研究团队由迈克尔·索茨曼（Michael Saltsman）领导，该研究所并没有自己独立的员工和办公室，其员工均隶属于伯曼公司。就业政策研究所的研究工作聚焦于最低工资领域。该智库设立了3个研究项目，如最低工资项目等。

（3）研究产品

就业政策研究所自成立以来共发布了1 500余篇报告文章，共设计推出了4种研究产品，包括1种研究报告类产品、1种博客类产品、1种评论专栏类产品、1种新闻媒体类产品。

52. 外交政策研究所

外交政策研究所（Foreign Policy Research Institute，FPRI），成立于1955年，由施特劳斯·胡佩（Strausz Hupé）创立，位于宾夕法尼亚州。FPRI是一个无党派的研究机构，其资金来源于企业机构以及个人。外交政策研究所致力于提供最高质量的研究成果和无党派政策分析，重点研究美国面临的关键外交政策问题和国家安全挑战。该智库网址是：www.fpri.org。

（1）历史沿革

外交政策研究所由施特劳斯·胡佩于1955年创立。在接下来的几年里，外交政策研究所针对中国的崛起、欧洲的衰落、中东的混乱、恐怖主义威胁以及新的网络层面的战争等问题进行了深入研究。

（2）组织机构

外交政策研究所的研究团队在曾任中央情报局高官的卡罗尔·罗莉·弗林（Carol Rollie Flynn）带领下，由127名研究人员组成。外交政策研究所的研究内容覆盖了10个领域，分别是：亚洲、欧亚大陆、中东、国家安全、新冠肺炎、FIE 2020、中国、拉丁美洲和加勒比、俄国、黑海。该智库设立了1个研究所，即布彻历史研究所。外交政策研究所设立了7个研究项目，如亚洲计划项目、欧亚计划项目等。

（3）研究产品

外交政策研究所自成立以来累计发布了8 350余篇报告文章，共设计推出了7种研究产品，包括3种研究报告类产品、1种期刊书籍类产品、1种评论专栏类产品、1种音频视频类产品、1种活动类产品。《奥比斯》是外交政策研究所创立的针对全球事务的季刊，也是一个面向政策制定者、学者和消息人士的论坛，就与美国外交政策和国家安全相关的各种议题以及重要国际事态发展进行深入分析。

53. 经济教育基金会

经济教育基金会（Foundation for Economic Education，FEE），成立于1946年，由伦纳德·E.里德（Leonard E. Read）创立，位于美国佐治亚州。经济教育基金会是一个非营利性的教育基金会，其资金来源于基金会以及个人。经济教育基金会致力于发展自由哲学，以自由社会的经济、道德和法律原则来教育、激励下一代领导者。该智库网址是：fee.org。

（1）历史沿革

经济教育基金会是美国第一个自由主义组织，由伦纳德·E.里德于1946年在纽约创立，目的是研究和发展自由哲学。经济教育基金会举办了一些现代最优秀的思想家的讲座，是自由运动中最具创新性的组织之一。2019年，6 000名学生参加了经济教育基金会举办的50多场面对面研讨会。此外，经济教育基金会共制作了58个原创视频和201个音频播客。

（2）组织机构

经济教育基金会的研究团队在获得邓普顿自由奖的齐尔维纳斯·西莱纳斯的带领下，由49名研究人员组成，其研究内容覆盖了4个领域，分别是：经济、政治、文化、教育。

（3）研究产品

经济教育基金会自成立以来共发布了80 000余篇报告文章，共设计推出了7种研究产品，包括2种研究报告类产品、2种期刊书籍类产品、2种音频视频类产品、1种活动类产品。《自由人杂志》是经济教育基金会的代表性期刊，也是美国最古老、最受尊敬的自由主义杂志。它于2016年秋季停刊。运营70年来，它坚定地捍卫自由社会这一理念，其文章、短评以及书评让几代美国人认识到由集体主义、干预主义以及福利国家的非自由政策所导致的严重后果。

54. 全球金融诚信组织

全球金融诚信组织（Global Financial Integrity，GFI）成立于2006年，由雷蒙德·W.贝克（Raymond W. Baker）创立，位于美国华盛顿。全球金融诚信组织是一个非营利研究组织，其资金来源于政府、基金会、企业机构和个人。全球金融诚信组织致力于提出解决方案，促进建立战略伙伴关系，开展开创性研究，从而为遏制非法资金流动和增强全球安全发展发挥带头作用。该智库网址是：gfintegrity.org。

（1）历史沿革

贝克先生于2006年创立了全球金融诚信组织，旨在对非法资金的流动进行统计和研究，同时提出遏制非法资金流动的公共政策解决方案。2008年，全球金融诚信组织发表了对发展中国家的非法资金流出的开创性经济分析，被决策者、学术界和媒体视为打击金融犯罪的权威。全球金融诚信组织成为围绕非法资金流动的政策性辩论的领导者。全球金融诚信组织与包括美国、英国和挪威在内的西方经济体以及二十国集团（G20）、经合组织（OECD）和金融行动特别工作组（FATF）等国际组织密切合作，以减少全球金融体系的不透明性。

（2）组织机构

全球金融诚信组织的研究团队在创始总裁雷蒙德·W.贝克带领下，由12名研究人员组成。其研究内容覆盖了6个领域，分别是：非法资金流动、进出口贸易伪报、洗钱、匿名公司、避税天堂、跨国犯罪。全球金融诚信组织组建了经济咨询委员会、政策研究部门等3个研究中心，以及1个研究项目，即跨国犯罪项目。

（3）研究产品

全球金融诚信组织自成立以来共发布了800余篇报告文章，共设计推出了13种研究产品，包括6种研究报告类产品、1种博客类产品、2种评论专栏类产品、1种新闻媒体类产品、1种音频视频类产品、1种数据类产品、1种活动类产品。

55. 全球贸易分析项目

全球贸易分析项目（Global Trade Analysis Project，GTAP）成立于1992年，由托马斯·W. 赫特尔（Thomas W. Hertel）教授创立，位于印第安纳州西拉法叶的普渡大学。全球贸易分析项目是一个公共组织，由全球贸易分析中心协调，其资金来源于政府、基金会、企业机构以及个人。全球贸易分析项目致力于通过促进合作以获得更好的数据和研究成果，从而在经济政策中发挥领导作用。该智库网址是：www.gtap.agecon.purdue.edu/default.asp。

（1）历史沿革

1990年，赫特尔和皮尔森设计了新的贸易模型，并建设了第一个全球贸易分析项目数据库。1992年，模型和数据库不断发展完善。1993年第一个为期一周的全球贸易分析项目短期课程面世。1998年，第一届全球经济分析年度会议在普渡大学召开。2004年5月，全球贸易分析项目第三次特殊短期课程开始进入拉丁美洲。迄今为止，来自许多国家的500多个学院完成了全球贸易分析项目短期课程。

（2）组织机构

全球贸易分析项目的研究团队在创始人托马斯·W. 赫特尔带领下，由24名研究人员组成。全球贸易分析项目研究内容覆盖了5个领域，分别是：能源、土地利用和土地覆盖、基准线、劳务移民、贫困与贸易自由化。全球贸易分析项目设立了1个研究项目，即RunGTAP项目。

（3）研究产品

全球贸易分析项目自成立以来共发布了260余篇报告文章，共设计推出了16种研究产品，包括1种研究报告类产品、2种学术论文类产品、3种期刊书籍类产品、1种新闻媒体类产品、2种数据类产品、7种活动类产品。全球贸易分析项目出版的《全球经济分析杂志》提供了一个开放的、经过同行评审的平台，用于发表有关一般均衡模型的创新。

56. 三十人小组

三十人小组（Group of Thirty，G30），成立于1978年，由杰弗里·贝尔（Geoffrey Bell）创立，位于美国华盛顿。三十人小组是一家非营利性国际机构，其资金来源于政府和企业机构。三十人小组致力于研究国际经济和金融问题以及探讨公共和私营部门制定的政策带来的国际影响。该智库网址是：group30.org。

（1）历史沿革

三十人小组成立于1978年，是一个独立的全球机构，由31人组成，其中包括高级会员8人、名誉会员17人。他们主要是在公共和私营部门以及学术界担任现任领导职务的人员，其中大多数人曾在国内或国际上拥有公共部门的领导经验。目前，他们之中包括各国央行的6位现任领导人，如中国央行行长易纲等。G30的名字来源于组成其成员的30名资深人士。2018年9月，G30发布了《应对下一场金融危机：主要经济体应急安排评估》，这是一份衡量全球金融危机后改革如何帮助更好地应对下一次危机的重要报告。

（2）组织机构

三十人小组的研究团队在曾担任以色列银行行长、摩根大通国际主席雅各布·A. 弗兰克（Jacob A. Frenkel）的带领下，由12名研究人员组成。三十人小组设立了4个研究项目，如数字货币工作小组项目、气候变化与金融工作小组项目等。

（3）研究产品

三十人小组自成立以来累计发布了230余篇报告文章，共设计推出了5种研究产品，包括1种研究报告类产品、1种学术论文类产品、3种活动类产品。

57. 传统基金会

传统基金会（Heritage Foundation），成立于1973年，由埃德温·费尔纳（Edwin Feulner）创立，位于美国华盛顿。传统基金会是美国最大、影响力最强的保守派研究和教育机构之一，其资金来源于政府、基金会、企业机构以及个人。传统基金会致力于依据自由企业、有限政府、个人自由以及强大国防的原则，制定和完善保守的公共政策。该智库网址是：www.heritage.org。

（1）历史沿革

传统基金会成立50年来取得了一系列显著成就。里根政府采纳了传统基金会在1981年提出的《领导者的使命：打造保守型政府之蓝图》报告中的2 000项政策建议中的近2/3的内容。随后，传统基金会推动了里根总统的战略防御计划并推动美国退出反弹道导弹条约。1996年，传统基金会推动了福利改革立法减少儿童贫困并显著增加了就业。传统基金会还为特朗普政府振兴美国军队提供了重要支持，其2/3的建议被纳入2020年国防授权法案。

（2）组织机构

传统基金会研究团队在美国保守党派领导人凯文·罗伯茨带领下，由298名研究人员组成，其研究内容覆盖了12个领域，例如：国内政策、政治思想、国际、政府开支、能源与环境、法律和司法、基础设施与技术、国家安全、文化、卫生保健等。传统基金会设立了6个研究项目，比如美国观念倡导项目、平衡预算项目等。

（3）研究产品

传统基金会从成立以来累计发布了34 300余篇报告文章，共设计推出了8种研究产品，包括2种研究报告类产品、1种评论专栏类产品、1种新闻媒体类产品、2种音频视频类产品、1种数据类产品、1种活动类产品。

58. 胡佛研究所

胡佛研究所（Hoover Institution），成立于1919年，由美国第31任总统赫伯特·胡佛（Herbert Hoover）创立，位于美国华盛顿。胡佛研究所是一个非营利机构，其资金来源于基金会、企业机构。胡佛研究所致力于通过提出促进经济繁荣的想法来改善人类状况，同时确保维护美国乃至世界的和平。该智库网址是：www.hoover.org。

（1）历史沿革

1919年，胡佛战争收藏馆作为图书馆和档案馆建立起来。1922年，由于其收集了大量与第一次世界大战有关的资料，胡佛战争收藏馆被重新命名为胡佛战争图书馆。1938年，随着胡佛战争图书馆馆藏的增加和范围的扩大，胡佛战争图书馆更名为胡佛战争、革命与和平图书馆。1947年，胡佛战争、革命与和平图书馆再次更名为胡佛战争、革命与和平研究所和图书馆，即胡佛研究所，并沿用至今。

（2）组织机构

胡佛研究所的研究团队在美国前国务卿康多莉扎·赖斯（Condoleezza Rice）的带领下，由200

名研究人员组成。其研究内容覆盖了 9 个领域，分别是：经济政策、教育、科学与技术、外交与国家安全、卫生保健、历史、法律、美国政治价值观、社会政策。胡佛研究所组建了 19 个研究中心，比如经济政策工作组、能源政策工作组等。

（3）研究产品

胡佛研究所自成立以来共发布 18 万余篇报告文章，共设计推出了 48 种研究产品，包括 7 种研究报告类产品、2 种学术论文类产品、10 种期刊书籍类产品、8 种博客类产品、1 种评论专栏类产品、20 种音频视频类产品。《胡佛文摘》是该研究所的季刊之一，主要提供翔实的政治、经济、历史方面的文章。

59. 罗素·赛奇基金会

罗素·赛奇基金会（Russell Sage Foundation）成立于 1907 年，是由美国铁路大亨、金融家罗素·赛奇的遗孀赛奇夫人捐资成立的非营利性机构，其资金来源于企业机构和个人。罗素·赛奇基金会致力于社会科学的方法、数据和理论核心探讨和挖掘，以更好地理解社会问题并做出明智的反应。该智库网址是：www.russellsage.org。

（1）历史沿革

罗素·赛奇基金会是美国最古老的基金会之一。由于该基金会自成立以来始终坚持组织机构内部的研究工作以及资助外部的科学研究，因此罗素·赛奇基金会具有财经智库的属性。

罗素·赛奇基金会在 20 世纪初美国统一小额贷款法的制定中发挥了至关重要的作用，即通过鼓励研究团队针对高利贷等问题展开研究，促成《统一小额贷款法》的起草与实施。

（2）组织机构

罗素·赛奇基金会的团队共有 20 余人。其研究重点覆盖了 7 个领域，例如：未来的工作、种族与移民、社会政治与经济不平等、移民与移民融合、行为科学与决策制定等。该智库目前重点开展 4 个主要项目：行为经济学，工作的未来，种族、民族和移民，社会、政治和经济不平等。

（3）研究产品

罗素·赛奇基金会自成立以来累计发布了 15 000 篇报告文章，共设计推出了 10 种研究产品，包括 2 种研究报告类产品、1 种博客类产品、2 种评论专栏类产品、1 种新闻媒体类产品、2 种期刊书籍类产品、2 种音频视频类产品。其中，《罗素·赛奇基金会社会科学期刊》（*The Russell Sage Foundation Journal of the Social Sciences*）是一份经过同行评审的开放期刊，旨在促进跨学科合作、解决社会科学问题。

60. 独立研究所（丹佛）

独立研究所（Independence Institute，II）成立于 1985 年，由约翰·安德鲁斯（John Andrews）创立，位于美国科罗拉多州丹佛市。独立研究所是一个独立的研究机构，其资金来源于企业机构以及个人。独立研究所致力于赋予个人权力，并为公民、立法者和媒体提供有关个人和经济自由的公共政策研究服务。该智库网址是：www.i2i.org。

（1）历史沿革

自 1985 年以来，独立研究所的研究推动了法律和政策的变化。独立研究所的定位不仅是一个智库，还是一个行动组织。独立研究所通过开创性的诉讼、联盟建设、投票倡议等工作将其想法付诸实践。除研究外，独立研究所在街头、州议会、媒体、选举以及法庭上开展了一系列维护自由的行动。

（2）组织机构

独立研究所的研究团队在主席乔恩·卡尔达拉（Jon Caldara）带领下，由26位研究人员组成。其研究内容覆盖了11个领域，例如：教育、能源与环境、宪法学、卫生健康、财政、全国人民投票、纳税人权利法案等。独立研究所目前设立了2个研究项目，如地方政府培训项目等。

（3）研究产品

独立研究所自成立以来累计发布300余篇报告文章，共设计推出了14种研究产品，其中2种研究报告类产品、1种博客类产品、1种评论专栏类产品、9种新闻媒体类产品、1种活动类产品。其中研究所的政策报告对教育、卫生健康、财政和运输四个研究领域目前存在的政策问题进行深入研究。

61. 独立研究所（奥克兰）

独立研究所（Independent Institute，II），成立于1986年，由大卫·J. 塞鲁（David J. Theroux）创立，位于奥克兰，是一个非营利的公共政策研究和教育组织，其资金来源于基金会、企业机构以及个人。独立研究所致力于维护人类价值和推进建立以尊严为基础的和平、繁荣和自由的社会。该智库网址是：independence.org。

（1）历史沿革

该智库未披露相关信息。

（2）组织结构

独立研究所的研究团队在大卫·J. 塞鲁带领下，由100余位研究人员组成。其研究内容覆盖了14个领域，例如：新冠肺炎、税收与预算、国防与外交政策、经济、教育、能源与环境、权利与福利、政府与政治、卫生健康、国际经济发展等。独立研究所目前设立了7个研究中心，如全球繁荣中心。

（3）研究产品

独立研究所自成立以来累计发布了18 000余篇报告文章，共设计推出了18种研究产品，包括4种研究报告类产品、2种学术论文类产品、3种期刊书籍类产品、3种博客类产品、1种评论专栏类产品、2种新闻媒体类产品、2种音频视频类产品、1种活动类产品。《独立评论》是独立研究所推出的季刊，是一本经过深入研究、同行评议的跨学科期刊，涵盖经济学、政治学、法学、历史学、哲学和社会学等学科领域。

62. 印度、中国与美国研究所

印度、中国与美国研究所（India, China and America Institute，ICA，下文简称"印中美研究所"），成立于2005年，由贾格迪什·谢斯（Jagdish Sheth）、肯尼斯·卡肖（Kenneth Cutshaw）和阿努帕姆·斯里瓦斯塔瓦（Anupam Srivastava）共同创立，位于美国佐治亚州。印中美研究所是一个非营利研究机构，其资金来源于企业机构。印中美研究所致力于探究印度、中国和美国内部的创新、创业以及包容性，并通过促进三个经济体之间的贸易和投资来促进经济增长。该智库网址是：www.icainstitute.org。

（1）历史沿革

该智库未披露相关信息。

（2）组织结构

印中美研究所的研究团队在智库创始人兼主席贾格迪什·谢斯带领下，由 20 位研究人员组成。其研究内容覆盖了 3 个领域，分别是：教育创新、中国和印度的崛起、新兴市场。

（3）研究产品

印中美研究所自成立以来累计发布了近 100 篇报告文章，共设计推出了 12 种研究产品，包括 7 种研究报告类产品、2 种期刊书籍类产品、1 种评论专栏类产品、2 种活动类产品。《印度经济与商业杂志》为该研究所创办的期刊产品，至今共发布 13 期，主要探究有关印度新兴经济崛起的问题。

63. 新经济思想研究所

新经济思想研究所（Institute for New Economic Thinking，INET），成立于 2009 年，由黑莓公司创始人詹姆斯·巴尔西利（James Balsillie）、金融大鳄乔治·索罗斯（George Soros）和剑桥大学教授威廉·H. 简威（William H. Janeway）创立，位于美国纽约。新经济思想研究所是一个非营利组织，其资金来源于基金会、企业机构以及个人。新经济思想研究所致力于发展和传播能够修复破碎的经济并创造一个更加平等、繁荣和公正的社会的理念。该智库网址是：www.ineteconomics.org。

（1）历史沿革

新经济思想研究所成立于 2009 年经济危机之后，该智库认为主流经济学的盲点已经削弱了其研究的有效性和可靠性，并可能导致整个社会的危机。新经济思想研究所的研究方法遵循以下 8 条原则：经济学家及其思想必须独立于利益团体之外；人类总是理性和可预测的；市场总是趋向平衡的；分配不平等对经济的影响不亚于增长和生产率；提出替代新古典经济理论的模型对于理解经济本质和促进知识的多元化发展至关重要；研究人员要从历史的错误中吸取教训并规划一个更加平等和繁荣的未来；种族以及性别等因素的多样性丰富了经济思想；经济学家需要将多学科融合，在研究工作中纳入气候变化、人口增长和资源因素。

（2）组织结构

新经济思想研究所的研究团队在前联合国国际货币改革专家委员会主席罗伯·约翰逊（Rob Johnson）带领下，由 206 位研究人员组成。新经济思想研究所的研究内容覆盖了 27 个领域，例如：工商业、复合经济学、经济地理学、金融、不平等与分配、劳动力、宏观经济学、微观经济学、贸易、数学与统计学等。新经济思想研究所目前设立了 7 个研究项目，如金融稳定项目、全球经济转型委员会项目等。

（3）研究产品

新经济思想研究所自成立以来共发布 500 余篇报告文章，共设计推出了 7 种研究产品，包括 1 种研究报告类产品、2 种学术论文类产品、1 种新闻媒体类产品、2 种音频视频类产品、1 种活动类产品。

64. 政策研究所

政策研究所（Institute for Policy Studies，IPS），成立于 1963 年，由马库斯·拉斯金（Marcus Raskin）和理查德·巴内特（Richard Barnet）创立，位于美国华盛顿。政策研究所是一个非营利性组织，其资金来源于基金会以及个人。政策研究所致力于建设一个更加公平、和平以及可持续的社会，通过与社会各界合作，将变革的政策理念转化为行动。该智库网址是：ips-dc.org。

（1）历史沿革

政策研究所成立近60年来，通过发布书籍、电影和文章支持和平正义和环境保护，在地方、国家和全球三个层面同时开展工作。

政策研究所成立之初，便开始了反越南战争运动。1991年，在美国第一次对伊拉克的军事突袭中，政策研究所制作了小册子《海湾危机》，广泛使用在各大和平运动中。2003年，政策研究所促成了美国最大的反伊拉克战争联盟——"和平与正义联盟"的建立。政策研究所还建立了"和平城市"组织，该组织协调了数百项反对战争的市议会决议，现在正在组织撤回军队和反对伊朗战争的决议。

（2）组织结构

政策研究所的研究团队在托普·弗拉雷（Tope Folarin）带领下，由56位研究人员组成。其研究内容覆盖了5个领域，分别是：经济公平、种族与性别平等、气候正义、和平与外交政策、领导力项目。政策研究所目前设立了20个研究项目，如经济困难报告项目、和平经济转型项目等。

（3）研究产品

政策研究所自成立以来累计发布了500余篇报告文章，共设计推出了3中研究产品，包括1种研究报告类产品、1种新闻媒体类产品、1种活动类产品。

65. 税收与经济政策研究所

税收与经济政策研究所（Institute on Taxation and Economic Policy，ITEP），成立于1980年，位于美国华盛顿。税收与经济政策研究所是一个非营利税收政策研究机构，其资金来源于基金会以及个人。税收与经济政策研究所致力于通过对税收、经济法案的严谨分析，提供以数据为导向的建议，进而建立起公正且持续的税收系统。该智库网址是：www.itep.org。

（1）历史沿革

该智库未披露相关信息。

（2）组织结构

税收与经济政策研究所是国际领先的财政税收智库之一，其研究成果为美国的税收、经济法案提供严谨的分析建议。税收与经济政策研究所的研究团队在艾米·哈瑙尔（Amy Hanauer）带领下，由18位研究人员组成。其研究内容覆盖2个领域，分别是：联邦政策、州政策。

（3）研究产品

税收与经济政策研究所自成立以来共发布了1 800余篇报告文章，共设计推出了7种研究产品，包括3种研究报告类产品、1种博客类产品、1种新闻媒体类产品、2种数据类产品。其中"ITEP微观模拟税收模型"是税收与经济政策研究所推出的核心数据产品，该模型于1996年开发，用于计算联邦、州和地方税收的收益率和发生率。该模型不仅能够在联邦和州两级进行分析，还可以分析所得税、消费税和财产税等多种税种。

66. 美洲对话组织

美洲对话组织（Inter-American Dialogue），成立于1982年，由彼得·D.贝尔（Peter D. Bell）和亚伯拉罕·F.洛温塔尔（Abraham F. Lowenthal）共同创立，位于美国华盛顿。美洲对话组织是一个非营利性研究机构，其资金来源于政府、基金会、企业机构以及个人。美洲对话组织致力于寻求在美洲各国间建立合作关系，并推动区域内的民主治理、社会平等和经济发展。该智库网址是：www.thedialogue.org。

（1）历史沿革

美洲对话组织始于公园长椅上的一次对话。福克兰战争期间，美洲内部的通信中断，美国领导人提议建立一个美洲各国交流的平台。这一提议获得了巴西、智利、哥斯达黎加等国家的支持，美洲对话组织就此诞生。美洲对话组织的第一次全体会议于 1982 年在华盛顿举行，有来自西半球的大约 50 位领导人参加。

目前，美洲对话组织涉及多国领导人，保持了美洲各国政府的紧密联系，也增加了企业和非政府组织的参与，为美国在美洲问题上的政策辩论增添了不同的声音和观点。

（2）组织结构

美洲对话组织的研究团队在彼得·D.贝尔的带领下，由 142 位研究人员组成。其研究内容覆盖了 8 个领域，分别是：民主治理、经济金融与贸易、拉美未来、性别权利、美洲国际关系、安全与毒品政策、美国政策、社会公平。美洲对话组织目前设立了 5 个研究项目，如亚洲及拉丁美洲项目、移民外汇与发展项目等。

（3）研究产品

美洲对话组织自成立以来累计发布了 2 700 余篇报告文章，共设计推出了 13 种研究产品，包括 1 种研究报告类产品、4 种期刊书籍类产品、1 种博客类产品、3 种评论专栏类产品、2 种音频视频类产品、2 种活动类产品。美洲对话组织创办的《拉美顾问》期刊每周发布一期，以问答的形式呈现政治、商业、学术界、媒体和非政府组织领袖及学者的观点。

67. J Street

J Street，成立于 2007 年，由杰里米·本-阿米（Jeremy Ben-Ami）创立，位于美国华盛顿。J Street 是一家非营利性组织，其资金来源于基金会、企业机构以及个人。J Street 致力于将以色列打造成为安全、民主和犹太民族家园，并动员亲以色列、亲和平的美国人来支持其主张。该智库网址是：jstreet.org。

（1）历史沿革

该智库未披露相关信息。

（2）组织机构

J Street 的研究团队在曾担任白宫总统比尔·克林顿国内政策顾问的杰里米·本-阿米的带领下，由 63 名研究人员组成。J Street 的研究内容覆盖 4 个领域，分别是：边界、安全、耶路撒冷、难民。J Street 共有 2 个研究中心，分别是 J StreetPAC 和 J streetU。J Street 设立了 2 个研究项目，分别是绿线项目和投票项目。

（3）研究产品

J Street 自成立以来共发布了 3 000 余篇报告文章，共设计推出了 3 种研究产品，包括 1 种博客类产品、2 种新闻媒体类产品。

68. 贝克公共政策研究所

贝克公共政策研究所（Baker Institute for Public Policy），成立于 1993 年，由詹姆斯·贝克

（James Baker）三世创立，位于美国休斯敦。贝克公共政策研究所是莱斯大学附属的公共政策研究中心之一，其资金来源于基金会、企业机构以及个人。贝克公共政策研究所致力于将政治家、学者和学生聚集在一起，成为思想世界和行动世界之间的桥梁。该智库网址是：www.bakerinstitute.org。

（1）历史沿革

1994年莱斯大学贝克公共政策研究所的奠基仪式是其历史上的重要时刻，当时贝克明确了研究所的宗旨：在思想世界和行动世界之间架起一座桥梁，政治家和政策制定者应该听取关于如何改进他们所做工作的实用的学术分析。学生们作为未来的学者和政治家，应该通过参与这些活动来丰富自己。

贝克公共政策研究所与来自学术界、政府、媒体、企业以及非政府组织的专家合作，吸引了许多国内外领导人就重大问题发表意见和观点，为美国面临的一些重要的公共政策挑战带来了独特的研究视角。

（2）组织结构

贝克公共政策研究所的研究团队在美国前助理国务卿、外交官爱德华·P. 杰雷吉安（Edward P. Djerejian）带领下，由162位研究人员组成。其研究内容覆盖了6个领域，分别是：能源、中东、健康、墨西哥研究、公共财政、创业与经济增长。贝克公共政策研究所目前设立了6个研究中心，如公共财政研究中心、能源研究中心等。贝克公共政策研究所开展了9个研究项目，如国际经济研究项目、中国研究计划项目等。

（3）研究产品

贝克公共政策研究所自成立以来累计发布了3 400余篇报告文章，共设计推出14种研究产品，包括4种研究报告类产品、3种学术论文类产品、3种期刊书籍类产品、2种评论专栏类产品、1种新闻媒体类产品、1种音频视频类产品。

69. 詹姆斯麦迪逊研究所

詹姆斯麦迪逊研究所（James Maddison Institute，JMI），成立于1987年，由J. 斯坦利·马歇尔（J. Stanley Marshall）等人创立，位于美国佛罗里达州。詹姆斯麦迪逊研究所是一个公共政策研究机构，其资金来源于基金会、企业机构以及个人。詹姆斯麦迪逊研究所致力于将学术研究与教育推广相结合，为政策制定提供建议，并推动佛罗里达州的公共政策辩论。该智库网址是：www.james-madison.org。

（1）历史沿革

该智库未披露相关信息。

（2）组织结构

詹姆斯麦迪逊研究所的研究团队在佛罗里达州政治家罗伯特·麦克卢尔（Robert McClure）带领下，由13位研究人员组成。其研究内容覆盖了9个领域，分别是：税收与法规、公共养老金、能源与环境、教育、财产权利、联邦制、刑事司法、财产保险、卫生健康。詹姆斯麦迪逊研究所目前设立7个研究中心，如经济繁荣中心等。

（3）研究产品

詹姆斯麦迪逊研究所自成立以来累计发布了1 500余篇报告文章，共设计推出13种研究产品，包括5种研究报告类产品、2种期刊书籍类产品、1种博客类产品、2种评论专栏类产品、2种新闻媒体类产品、1 种音频视频类产品。*The Journal* 是该智库推出的半年刊期刊产品，涉及环境、司法、税制等领域。

70. 住房研究联合中心

住房研究联合中心（Joint Center for Housing Studies），成立于 1959 年，由哈佛大学和麻省理工学院创立，位于美国马萨诸塞州。住房研究联合中心是大学的附属机构，其资金来源于基金会和企业机构。住房研究联合中心致力于增进公众对住房问题的了解并为政策制定提供有效信息。住房研究联合中心通过一系列深入的研究，帮助政府、企业和公民部门的领导者制定有效解决城市和社区问题的决策。通过课程培训以及研究和实习机会，该中心还培训和启发了下一代住房行业的领导者。该智库网址是：www.jchs.harvard.edu。

（1）历史沿革

住房研究联合中心最初成立于 1959 年，前身是麻省理工学院和哈佛大学的城市研究联合中心。20 世纪 70 年代，该中心加强了与住房有关的问题研究。1971 年，住房研究联合中心的政策咨询委员会（PAB）成立。在 20 世纪 80 年代，该中心经历了一系列体制变革。1985 年，城市研究联合中心正式成为住房研究联合中心。1989 年，该中心发展成为仅设在哈佛的研究组织。自 1998 年以来，该中心扩大了其研究内容，参与到 21 世纪全球城市化、可持续发展和其他重要的计划当中。

（2）组织机构

住房研究联合中心的研究团队在克里斯·赫伯特（Chris Herbert）带领下，由 53 名研究人员组成。其研究内容覆盖了 8 个领域，分别是：住房市场与条件、房屋产权、出租房屋、重建、老龄化、负担能力、人口统计和预测、邻里变化。该智库设立了 4 个研究项目，如改善 2019 年美国住房项目等。

（3）研究产品

住房研究联合中心自成立以来共发布了 1 958 篇报告文章，共设计推出了 13 种研究产品，包括 4 种研究报告类产品、1 种学术论文类产品、1 种期刊书籍类产品、1 种博客类产品、1 种评论专栏类产品、2 种新闻媒体类产品、1 种数据类产品、2 种活动类产品。

71. 政治和经济研究联合中心

政治和经济研究联合中心（Joint Center for Political and Economic Studies，简称联合中心），成立于 1970 年，由著名社会心理学家肯尼斯·B. 克拉克博士（Kenneth B. Clark）和传奇报纸编辑路易斯·E. 马丁（Louis E. Martin）等人创立，位于美国华盛顿。联合中心是一个非营利性公共政策研究组织，其资金来源于基金会、企业机构以及个人。联合中心致力于提高非洲裔美国人的社会地位和公民参与度。该智库网址是：www.jointcenter.org。

（1）历史沿革

政治和经济研究联合中心成立于 1970 年，最初被称为"政治研究联合中心"，旨在为新当选的黑人领袖提供培训和技术援助，在他们从民权运动走向政治建制的过程中提供帮助。然而，随着民权时代让位于经济权利时代，联合中心对创造就业机会和劳动力发展的关注日益增强，并更名为政治和经济研究联合中心。目前，联合中心致力于提供解决方案，促使国会工作人员多样化，并使工人掌握适应不断变化的经济环境的必备技能。

（2）组织结构

联合中心的研究团队在曾担任法律政策办公室首席副助理检察长的斯宾塞·奥弗顿（Spencer Overton）带领下，由6位研究人员组成。其研究内容覆盖了4个领域，分别是：经济政策、未来工作、国会多样化、技术政策。

（3）研究产品

联合中心自成立以来累计发布了100余篇报告文章，共设计推出了7种研究产品，包括2种研究报告类产品、4种新闻媒体类产品、1种数据类产品。

72. 堪萨斯政策研究所

堪萨斯政策研究所（Kansas Policy Institute，KPI），成立于1996年，位于美国堪萨斯州。堪萨斯政策研究所是一个非营利性的研究和教育组织，其资金来源于基金会、企业机构以及个人。堪萨斯政策研究所致力于为公民和政策制定者提供政策解决方案，来保护美国宪法赋予每一位堪萨斯民众的权利。该智库网址是：www.kansaspolicy.org。

（1）历史沿革

堪萨斯政策研究所成立于1996年。2012年，该研究所在奥兰多公园成立了第二办公室。

（2）组织结构

堪萨斯政策研究所通过保护和促进民主自由，来提高每个堪萨斯州公民的生活质量，以吸引更多人才和企业流入，使堪萨斯州与其他州相比更具竞争力。堪萨斯政策研究所的研究团队在詹姆斯·弗兰科（James Franko）带领下，由10位研究人员组成。堪萨斯政策研究所的研究内容覆盖了2个领域，分别是：税收及支出、教育。堪萨斯政策研究所目前设立了9个研究项目，如自由指数项目、司法研究所项目等。

（3）研究产品

堪萨斯政策研究所自成立以来累计发布了50余篇研究报告，共设计推出了4种研究产品，包括3种研究报告类产品、1种数据类产品。

73. 利维经济研究所

利维经济研究所（Levy Economics Institute）成立于1986年，由美国巴德学院（Bard College）理事、美国对冲基金先驱里昂·利维（Leon Levy）先生为纪念其父亲杰拉姆·利维（Jerome Levy）而创立，位于美国纽约市巴德学院内。利维经济研究所是一家非营利公共政策研究机构，致力于研究美国社会各界共同关心的问题，从而为美国以及全球决策者提供政策建议。该智库网址是：www.levyinstitute.org。

（1）历史沿革

该智库未披露相关信息。

（2）组织结构

利维经济研究所的研究团队在现任主席迪米特里·B. 帕帕迪米特里欧（Dimitri B. Papadimitriou）带领下，由75位研究人员组成。其研究内容覆盖了9个领域，分别是：希腊经济危机、就业政策、劳动参与情况、就业保障、不平等收入、"存量-流量一致"模型、金融不稳定性、时间赤字、财政紧缩。利维经济研究所目前设立了13个研究项目，如美国及全球经济项目、收入与财富分配项目等。

（3）研究产品

利维经济研究所自成立以来累计发布 800 余篇报告文章，共设计推出了 16 种研究产品，包括 9 种研究报告类产品、2 种学术论文类产品、1 种期刊书籍类产品、1 种博客类产品、1 种新闻媒体类产品、1 种评论专栏类产品、1 种活动类产品。其中最具影响力的是利维经济研究所举办的以探讨美国及全球经济形势为主题的"海曼·P. 明斯基经济年会"（Annual Hyman P. Minsky Conference）。

74. 列克星敦研究所

列克星敦研究所（Lexington Institute）成立于 1998 年，由梅里克·M. 凯里（Merrick M. Carey）创立，位于美国弗吉尼亚州阿灵顿。列克星敦研究所是一个非营利性的公共政策研究组织，其资金来源于基金会、企业机构以及个人。列克星敦研究所致力于在国家安全、教育改革、税收改革等重要领域开展研究，帮助公众了解并参与有关国家优先事项的公共讨论。该智库网址是：lexingtoninstitute.org。

（1）历史沿革

该智库未披露相关信息。

（2）组织机构

列克星敦研究所的研究团队在梅里克·M. 凯里带领下，由 7 名研究人员组成。其研究内容覆盖了 4 个领域，分别是：防御、能源、物流、教育。

（3）研究产品

列克星敦研究所自成立以来共发布了 3 040 篇报告文章，共设计推出了 2 种研究产品，包括 1 种研究报告类产品、1 种新闻媒体类产品。

75. 林肯土地政策研究所

林肯土地政策研究所（Lincoln Institute of Land Policy），成立于 1946 年，由约翰·C. 林肯（John C. Lincoln）创立，位于美国马萨诸塞州。林肯土地政策研究所是一个非营利性组织，其资金来源于基金会。林肯土地政策研究所致力于通过有效利用土地、征税和管理土地来改善居民生活质量。该智库网址是：www.lincolninst.edu。

（1）历史沿革

林肯土地政策研究所的起源可追溯到克利夫兰的实业家和投资者约翰·C. 林肯，他于 1946 年在亚利桑那州凤凰城成立了林肯基金会。从 20 世纪 40 年代后期到 70 年代初期，林肯基金会赞助了多项与应用经济学与税收教育有关的研究计划。1966 年，林肯基金会在康涅狄格州哈特福德大学成立约翰·林肯学院。1998 年，该学院更名为国际土地政策研究与培训中心。约翰·C. 林肯的儿子大卫·林肯于 1974 年建立林肯土地政策研究所，接受林肯基金会的资助。2006 年，林肯基金会和林肯土地政策研究所合并成为一家私人运营基金会。

（2）组织机构

林肯土地政策研究所的研究团队在乔治·麦卡锡博士带领下，由 93 名研究人员组成。其研究内容覆盖了 4 个领域，分别是：价值获取与财产税、非正式经济与城市贫困、气候变化、市政财政卫生。该智库共有 4 个研究中心，如"规划与城市形态""估值与税收"等。林肯土地政策研究所设立了 3 个研究项目，如国际和机构范围内的倡议项目等。

（3）研究产品

林肯土地政策研究所自成立以来共发布了 5 880 余篇报告文章，共设计推出了 18 种研究产品，包括 2 种研究报告类产品、2 种学术论文类产品、4 种期刊书籍类产品、1 种新闻媒体类产品、1 种音频视频类产品、6 种数据类产品、2 种活动类产品。

76. 路德维希·冯·米塞斯研究所

路德维希·冯·米塞斯研究所（Ludwig von Mises Institute），成立于 1982 年，由小卢埃林 H. 罗克韦尔（Llewellyn H. Rockwell, Jr.）创立，位于美国亚拉巴马州。路德维希·冯·米塞斯研究所是一个非政治、无党派和独立的非营利性组织，其资金来源于基金会、企业机构以及个人。路德维希·冯·米塞斯研究所致力于促进奥地利经济学派的教学和研究工作，主张路德维希·冯·米塞斯和默里·N. 罗斯巴德传统中的个人自由、历史诚实和国际和平理念，抵制税收、货币贬值和强制性的国家垄断。该智库网址是：www.mises.org。

（1）历史沿革

自 1986 年以来，路德维希·冯·米塞斯研究所总共为 1 000 多所大学的 10 000 名学生提供了奖学金等经济资助，并通过米塞斯学院为普通民众提供了众多的学习机会，民众可以阅读路德维希·冯·米塞斯研究所的出版物，参与其举办的研讨会，并学习其上传的在线课程。

（2）组织机构

路德维希·冯·米塞斯研究所的研究团队在作家、政治家杰夫·迪斯特（Jeff Deist）带领下，由 113 位研究人员组成。其研究内容覆盖了 42 个领域，例如：中央银行、资本主义、美联储观察、金融市场、通货膨胀、财政政策、全球经济、货币和银行、税收和支出、美国经济等。

（3）研究产品

路德维希·冯·米塞斯研究所自成立以来累计发布 40 000 余篇报告文章，共设计推出了 16 种研究产品，包括 2 种研究报告类产品、2 种期刊书籍类产品、1 种博客类产品、10 种音频视频类产品、1 种活动类产品。《奥地利经济学季刊》是该智库推出的学术季刊，旨在促进对创业感兴趣的奥地利学派专家和对奥地利学派方法感兴趣的企业家之间的协同讨论。

77. 麦基诺公共政策中心

麦基诺公共政策中心（Mackinac Center for Public Policy），成立于 1987 年，由 D. 约瑟夫·奥尔森（D. Joseph Olson）创立，总部设在美国密歇根州。麦基诺公共政策中心是一个非营利性研究和教育组织，其资金来源于基金会、企业机构以及个人。麦基诺公共政策中心致力于帮助密歇根州公民和决策者更好地评估密歇根州的公共政策。麦基诺公共政策中心倡导自由市场理念，并通过研究和教育项目的方式向政府的越权行为发起挑战。该智库网址是：www.mackinac.org。

（1）历史沿革

1987 年，麦基诺公共政策中心正式成立。1988 年，麦基诺公共政策中心在米兰德开设第一个办事处。1999 年，麦基诺公共政策中心获得了 240 万美元的捐助，并从租用的办公室搬到了现在的麦基诺中心大楼。

（2）组织机构

麦基诺公共政策中心的研究团队在约瑟夫·G. 雷曼（Joseph G. Lehman）的带领下，由 42 名研究人员组成。其研究内容覆盖了6个领域，分别是：教育、环境、劳工、刑事司法、财政、卫生保健。该智库组建了1个研究中心，即麦基诺中心法律基金会。

（3）研究产品

麦基诺公共政策中心自成立以来共发布了25 300余篇报告文章，共设计推出了15种研究产品，包括3种研究报告类产品、2种期刊书籍类产品、1种博客类产品、2种评论专栏类产品、1种新闻媒体类产品、5种数据类产品、1种活动类产品。*IMPACT*是麦基诺公共政策中心的官方杂志，主要提供该智库的项目、员工等方面的最新信息。这本双月刊还刊登了支持自由市场改革的个人的故事和简介。

78. 缅因州经济政策中心

缅因州经济政策中心（Maine Center for Economic Policy，MECEP），成立于1994年，由克里斯托弗·基特·圣约翰（Christopher "Kit" St. John）创立，位于美国缅因州。缅因州经济政策中心是一个独立研究组织，其资金来源于基金会和个人。缅因州经济政策中心致力于为公民、政策制定者和媒体提供可靠和严谨的经济分析，以促进缅因州的经济公平和繁荣。该智库网址是：www.mecep.org。

（1）历史沿革

缅因州经济政策中心成立以来，开展了一系列具有影响力的研究。对掠夺性学生贷款服务商的研究促使政府颁布了新的学生贷款权利法案，该法案将保护缅因州人民免受非正常原因导致的信用评分降低甚至破产的影响。2020年，MECEP在税法方面的研究成果优化了收入最低的缅因州人民的纳税方案。

（2）组织机构

缅因州经济政策中心的研究团队在加勒特·马丁（Garrett Martin）带领下，由10名研究人员组成。其研究内容覆盖了5个领域，分别是：教育和劳动力发展、医疗服务、缅因州经济、缅因州家庭、税收与预算。

（3）研究产品

缅因州经济政策中心自成立以来共发布了1 700余篇报告文章，共设计推出了10种研究产品，包括2种研究报告类产品、1种博客类产品、1种评论专栏类产品、3种新闻媒体类产品、1种音频视频类产品、2种数据类产品。

79. 曼哈顿研究所

曼哈顿研究所（Manhattan Institute，MI），成立于1977年，由安东尼·费舍尔（Antony Fisher）和威廉·J. 凯西（William J. Casey）创立，位于美国纽约。曼哈顿研究所是一个非营利公共政策研究机构，其资金来源于基金会、企业机构以及个人。曼哈顿研究所致力于塑造美国政治文化，促进更好的经济决策。该智库网址是：www.manhattan-institute.org。

（1）历史沿革

1977年2月25日，安东尼·费舍尔和威廉·J. 凯西作为联合创始人创建了国际经济政策研究中心（ICEPS）。1981年，该中心更名为"曼哈顿研究所"。曼哈顿研究所自成立以来，是建立美国政治文化、促进经济决策等方面的重要力量。其创办出版了《曼哈顿经济政策报告》《城市杂志》

等具有影响力的经济政策杂志。

（2）组织结构

曼哈顿研究所的研究团队在瑞哈·萨拉姆（Reihan Salam）带领下，由94位研究人员组成。其研究内容覆盖了9个领域，分别是：经济、城市政策、教育、能源与环境、医疗政策、法治改革、公共部门、种族、公民社会。曼哈顿研究所目前设立了11个研究项目，如 Economics21 项目、托克维尔项目等。

（3）研究产品

曼哈顿研究所自成立以来累计发布了16 000 余篇报告文章，共设计推出了12种研究产品，包括2种研究报告类产品、2种期刊书籍类产品、2种评论专栏类产品、1种新闻媒体类产品、2种音频视频类产品、2种数据类产品、1种活动类产品。《城市期刊》是该智库推出的学术季刊，是美国主流的城市公共政策杂志。该期刊遍及全国，拥有大量的订阅者。许多国家的顶级经济学家、文化社会专家、法律专家以及其他公共政策领域专家常在《城市期刊》就宏微观经济、教育、就业失业和公共监管政策等问题发表观点。该期刊为政府的政策制定提供重要的参考指导。

80. 麦凯恩国际领导力研究所

麦凯恩国际领导力研究所（McCain Institute），成立于2012年，由亚利桑那州立大学创立，位于美国华盛顿。麦凯恩国际领导力研究所是一家大学附属组织，其资金来源于基金会、企业机构以及个人。麦凯恩国际领导力研究所致力于为促进自由、繁荣、安全和人类尊严而奋斗，以造福美国人民和世界人民。该智库网址是：www.mccaininstitute.org。

（1）历史沿革

该智库未披露相关信息。

（2）组织机构

麦凯恩国际领导力研究所的研究团队在主任尼古拉斯·拉斯穆森（Nicholas Rasmussen）带领下，由67名研究人员组成。该智库设立了10个研究项目，比如下一代领导人项目、领导创新者项目等。

（3）研究产品

麦凯恩国际领导力研究所自成立以来共发布了3 360 余篇报告文章，共设计推出了5种研究产品，包括1种博客类产品、2种新闻媒体类产品、1种音频视频类产品、1种活动类产品。

81. 麦肯锡全球研究院

麦肯锡全球研究院（McKinsey Global Institute，MGI），成立于1990年，由麦肯锡公司支持创立，位于纽约。麦肯锡全球研究院是麦肯锡的商业和经济研究机构，其资金来源于企业机构。麦肯锡全球研究院致力于帮助商业、公共和私营部门的领导者加深对全球经济发展的理解，并提供有助于领导者在关键管理和政策问题上做出决策的分析。该智库网址是：www.mckinsey.com/mgi/over-view。

（1）历史沿革

麦肯锡全球研究院成立于1990年，旨在加深对不断发展的全球经济的了解。麦肯锡全球研究院的研究结合了经济学和管理学，其"微观到宏观"方法论通过研究微观经济行业的趋势，更好地推测影响商业策略和公共政策的宏观经济力量。

（2）组织结构

麦肯锡全球研究院的研究团队在主席和董事詹姆斯·马尼卡（James Manyika）带领下，由25位研究人员组成。其研究内容覆盖了9个领域，例如：金融市场、劳动力市场、生产力、竞争力与增长、自然资源、技术与创新等。

（3）研究产品

麦肯锡全球研究院自成立以来累计发布了200余篇报告文章，共设计推出了8种研究产品，包括2种研究报告类产品、2种学术论文类产品、1种期刊书籍类产品、1种评论专栏类产品、1种音频视频类产品、1种数据类产品。

82. 莫卡特斯中心

莫卡特斯中心（Mercatus Center）成立于1980年，由乔治·梅森大学（George Mason University）创立，位于美国弗吉尼亚。莫卡特斯中心是大学附属的非营利组织，其资金来源于基金会、企业机构以及个人。莫卡特斯中心致力于让人们了解影响繁荣的因素，并找到可行的解决方案，以克服阻碍个人自由、国家繁荣以及世界和平的障碍。该智库网址是：www.mercatus.org。

（1）历史沿革

1980年，理查德·芬克（Richard Fink）将市场过程研究中心带到乔治·梅森大学。1999年市场过程研究中心成为乔治·梅森大学的莫卡特斯中心。2015年泰勒·科恩（Tyler Cowen）创作了"与泰勒的对话"系列，将著名的思想领袖介绍给梅森。

（2）组织机构

莫卡特斯中心的研究团队在泰勒·科恩带领下，由100余位研究人员组成。其研究内容覆盖了9个领域，分别是：企业福利、金融市场、政府开支、医疗保健、货币政策、法规、技术与创新、贸易和移民、城市经济学。该智库设立了20个研究项目，比如哈耶克哲学项目、政治和经济高级研究项目等。

（3）研究产品

莫卡特斯中心自成立以来共发布了4 300余篇报告文章，共设计推出了19种研究产品，包括3种研究报告类产品、4种学术论文类产品、3种期刊书籍类产品、1种博客类产品、7种音频视频类产品、1种数据类产品。QuantGov是该智库的数据类产品，其核心是一个开源政策分析平台，旨在通过量化政策文本来帮助更好地理解和分析政府行动的广度。

83. 移民政策研究所

移民政策研究所（Migration Policy Institute，MPI），成立于2001年，由凯瑟琳·纽兰（Kathleen Newland）和德米特里·G. 帕帕迪米特欧（Demetrios G. Papademetriou）共同创立，位于美国华盛顿。移民政策研究所是一个独立的研究组织，其资金来源于政府、基金会、企业机构以及个人。移民政策研究所致力于通过权威的研究和分析、提供对话的机会以及提出解决复杂政策问题的新思路来优化移民和融合政策。该智库网址是：www.migrationpolicy.org。

（1）历史沿革

移民政策研究所成立于2001年，现已成为移民政策领域的领先和权威机构。移民政策研究所的两个办事处分别设在北美和欧洲，在世界各地积极开展工作。

（2）组织机构

移民政策研究所的研究团队在创始人凯瑟琳·纽兰带领下，由35名研究人员组成。其研究内容覆盖了10个领域，分别是：边境安全、教育、就业与经济、非法移民和内部执法、移民融合、移民概况和人口统计、移民政策与法律、国际治理、移民与发展、难民和庇护政策。该智库组建了1个研究中心，即欧洲移民政策研究所。移民政策研究所设立了18个研究项目，比如国际项目、美国移民政策项目等。

（3）研究产品

移民政策研究所自成立以来共发布了1 500余篇报告文章，共设计推出了20种研究产品，包括5种研究报告类产品、1种期刊书籍类产品、2种评论专栏类产品、1种新闻媒体类产品、2种音频视频类产品、8种数据类产品、1种活动类产品。

84. 米尔肯研究所

米尔肯研究所（Milken Institute）成立于1991年，由迈克·米尔肯（Mike Milken）创立。米尔肯研究所有6个办公地点，分布在圣莫尼卡、华盛顿、纽约、伦敦、阿布扎比和新加坡。米尔肯研究所是一个非营利性智库，具有稳定的资金来源。米尔肯研究所致力于帮助人们建立有意义的生活、追求有效的教育和职业，并获得创造更多机会所需的资源以及更广泛的交流。该智库网址是：www.milkeninstitute.org。

（1）历史沿革

该智库未披露相关信息。

（2）组织结构

米尔肯研究所的研究团队在现任主席理查德·迪蒂齐奥（Richard Ditizio）带领下，由60位研究人员组成。其研究内容覆盖了3个领域，分别是：卫生经济、区域经济、国际金融。米尔肯研究所目前设立了9个研究中心，如金融市场研究中心、国际市场发展研究中心等。米尔肯研究所开展了20个研究项目，如资本市场培训计划项目、金融科技项目等。

（3）研究产品

米尔肯研究所自成立以来累计出版了1 500余篇研究报告，并设计推出了8种研究产品，包括2种研究报告类产品、1种评论专栏类产品、1种学术论文类产品、2种音频视频类产品、2篇活动类产品。《米尔肯研究所评论》是研究所推出的季刊，旨在鼓励讨论与经济增长、创造就业和资本形成相关的当前公共政策问题。*Fintech in Focus* 是研究所精选的时讯周刊，期刊集中关注全球金融科技、经济发展、信息管理等领域，涵盖了全球行业和政策制定者的金融科技观点。

85. 哈佛大学莫萨瓦尔-拉赫马尼商业和政府中心

哈佛大学莫萨瓦尔-拉赫马尼商业和政府中心（Mossavar-Rahmani Center for Business and Government, Harvard University, M-RCBG），成立于1982年，由德里克·博克（Derek Bok）、格雷厄姆·艾里森（Graham Allison）、弗兰克·威尔（Frank Weil）和约翰·邓洛普（John Dunlop）创立，位于美国马萨诸塞州。哈佛大学莫萨瓦尔-拉赫马尼商业和政府中心是一家非营利性大学附属组织，其资金来源于基金会以及个人。哈佛大学莫萨瓦尔-拉赫马尼商业和政府中心致力于通过专业分析，解决公共部门和私营部门面临的最具挑战性的社会问题。该智库网址是：www.hks.harvard.edu/centers/mrcbg。

（1）历史沿革

哈佛大学莫萨瓦尔-拉赫马尼商业和政府中心的历史可以追溯到20世纪70年代后期，哈佛大学校长德里克·博克等几位专家提出了设立该中心的设想。1982年，商业和政府中心成立。该中心在2005年12月14日的一次特别会议上正式更名为哈佛大学莫萨瓦尔-拉赫马尼商业和政府中心。

（2）组织机构

哈佛大学莫萨瓦尔-拉赫马尼商业和政府中心的研究团队在负责人约翰·P. 怀特（John P. White）带领下，由23名研究人员组成。其研究内容覆盖了4个领域，例如：实现共享和可持续的繁荣、探索资本主义和公司的作用。该智库设立了18个研究项目，比如企业责任倡议项目等。

（3）研究产品

哈佛大学莫萨瓦尔-拉赫马尼商业和政府中心自成立以来累计发布了618篇报告文章，共设计推出了8种研究产品，包括1种研究报告类产品、1种学术论文类产品、2种期刊书籍类产品、2种新闻媒体类产品、1种音频视频类产品、1种活动类产品。

86. 美国国家亚洲研究局

美国国家亚洲研究局（National Bureau of Asian Research，NBR）由理查德·J. 艾林斯（Richard J. Ellings）和肯尼斯·B. 派尔（Kenneth B. Pyle）于1989年创立，是位于西雅图和华盛顿的独立研究机构。NBR是一个非营利智库，资金来源于政府、基金会、企业机构以及个人。自成立以来，美国国家亚洲研究局与美国两党专家以及国会最高级别决策者建立了良好的关系，被誉为美国最为知名的"亚洲政策智库"。美国国家亚洲研究局致力于对美亚关系、政治、经济等进行深入研究，并利用世界领先专家的广泛网络和最新技术，在学术、商业和政策领域之间建立沟通桥梁。该智库网址是：www.nbr.org。

（1）历史沿革

美国国家亚洲研究局成立于1989年，以两党合作为基础，通过在高度信任的无党派环境中持续互动，与寻求可靠的亚洲专业知识的决策者合作。美国国家亚洲研究局的专家制定了国会立法和行政政策，将亚洲问题置于美国外交政策议程的首位。

（2）组织机构

美国国家亚洲研究局的研究团队在曾任美国国防部顾问的理查德·J. 艾林斯带领下，由58位研究人员组成。除此之外，每年有200~250名世界各领域专家在美国国家亚洲研究局开展特定研究项目的研究工作。美国国家亚洲研究局的研究内容覆盖了6个领域，分别是：国防安全、经济贸易、政策治理、能源与环境安全、网络空间安全和技术、健康社会。该智库设立了4个研究中心，如创新、贸易和战略中心。美国国家亚洲研究局开展了33个研究项目，如亚洲战略计划项目、国家亚洲研究计划项目等。

（3）研究产品

美国国家亚洲研究局自成立以来累计发布了1 000余篇研究产品，共设计推出了12种研究产品，包括3种研究报告类产品、3种期刊书籍类产品、4种评论专栏类产品、1种音频视频类产品、1种活动类产品。《亚洲政策》是美国国家亚洲研究局的季刊产品，这是一份经过同行评审的学术期刊，发布与亚太地区有关的政策研究情况，包括对经济、政治和军事趋势的评估，并得出对政策制定者有价值的清晰、简明的结论。

87. 美国国家经济研究局

美国国家经济研究局（National Bureau of Economic Research，NBER），成立于 1920 年，由美国电话电报公司的高管马尔科姆·罗蒂（Malcolm Rorty）和社会主义劳工组织者纳克姆·斯通（Nachum Stone）创立，位于美国马萨诸塞州剑桥市，并在纽约设有分支机构。美国国家经济研究局是一个私立的、非营利研究组织，其资金来源于政府、基金会、企业机构以及个人。美国国家经济研究局致力于对重大经济问题进行前沿调查和分析。该智库网址是：www.nber.org。

（1）历史沿革

1920 年，美国国家经济研究局在商界和劳工领袖以及经济学家的支持下，为解决收入分配问题而成立。国家经济研究局的研究可以提供数据和研究结果，但不可以提出政策建议。美国国家经济研究局最初研究商业周期和国民收入核算，并在第二次世界大战后扩大其研究范围。马丁·费尔德斯坦（Martin Feldstein）在任期进一步扩大了研究范围。目前，美国国家经济研究局每年发行超过 1 100 份研究报告，每年召开超过 100 次会议。

（2）组织结构

美国国家经济研究局的研究团队在前国际货币基金组织主席约翰·利普斯基（John Lipsky）的带领下，由 1 400 余位研究人员组成。其研究内容覆盖了 20 个领域，例如：资产定价、发展经济学、经济增长与波动、货币经济、公共经济、美国经济发展、公司金融、法律与经济、国际金融与宏观经济、卫生经济学等。美国国家经济研究局目前设立了 16 个研究中心，如行为金融研究中心、中国经济工作组等。美国国家经济研究局开展了 6 个研究项目，如科学资助计划项目等。

（3）研究产品

美国国家经济研究局自成立以来累计发布了 65 850 余篇报告文章，共设计推出了 11 种研究产品，包括 4 种研究报告类产品、1 种学术论文类产品、1 种期刊书籍类产品、1 种新闻媒体类产品、1 种评论专栏类产品、1 种活动类产品、1 种音频视频类产品、1 种数据类产品。《文摘》是 NBER 的月刊产品，主要提供公众感兴趣的主题的研究摘要。

88. 国家公共政策研究中心

国家公共政策研究中心（National Center for Public Policy Research，NCPPR），成立于 1982 年，由艾米·里德诺（Amy Ridenour）创立，位于美国华盛顿。国家公共政策研究中心是非营利性基金会的支持组织，其资金来源于基金会以及个人。国家公共政策研究中心致力于为当今的公共政策问题提供市场解决方案。该智库网址是：nationalcenter.org。

（1）历史沿革

1982 年，国家公共政策研究中心成立，成为帮助保守派运动快速应对突发事件的组织。20 世纪 80 年代，国家公共政策研究中心发起全国性运动支持里根政府制定关于苏联、军备控制以及中美洲倡议等政策。1998 年，国家公共政策研究中心获得了 1 968 次媒体采访。2007 年，国家公共政策研究中心出版了《破碎的梦想：政府滥用职权的 100 个故事》一书第四版，以推动监管改革。时至今日，国家公共政策研究中心平均每月从美国基层收集 47 000 份关于公众关心的问题的请愿书给决策者。

（2）组织机构

国家公共政策研究中心的研究团队在首席执行官艾米·里德诺带领下，由 21 名研究人员组成。其研究内容覆盖了 8 个领域，主要是：环境政策、监管政策、财政政策和退休保障、政府责任与法律改革、国防、国家主权等。该智库组建了 2 个研究中心，即环境与企业研究所、风险分析部。国家公共政策研究中心设立了 6 个研究项目，比如免费企业项目、国家安全与联合国项目等。

（3）研究产品

国家公共政策研究中心自成立以来共发布了 8 400 余篇报告文章，共设计推出了 7 种研究产品，包括 1 种研究报告类产品、1 种博客类产品、4 种评论专栏类产品、1 种新闻媒体类产品。

89. 国家政策研究所

国家政策研究所（National Policy Institute，NPI），成立于 2005 年，由威廉姆·瑞内瑞（William Regnery）、塞缪尔·弗朗西斯（Samuel Francis）和路易·安德鲁斯（Louis Andrews）创立，位于美国弗吉尼亚州亚历山大市。国家政策研究所是一个独立的组织，其资金来源于个人。国家政策研究所致力于为美国和世界范围内的欧洲血统的人创造更好的未来。该智库网址是：nationalpolicy.institute。

（1）历史沿革

成立之初，国家政策研究所位于佐治亚州奥古斯塔。2013 年，该智库搬迁至蒙大拿州。2016 年，国家政策研究所搬迁至弗吉尼亚州阿灵顿。2017 年，国家政策研究所迁至弗吉尼亚州亚历山大市并一直沿用至今。

（2）组织机构

国家政策研究所的研究团队在理查德·斯宾塞（Richard Spencer）带领下，由 10 余位研究人员组成。

（3）研究产品

国家政策研究所自成立以来累计发布了 870 余篇报告文章，共设计推出了 5 种研究产品，包括 1 种研究报告类产品、1 种期刊书籍类产品、1 种博客类产品、1 种音频视频类产品、1 种活动类产品。

90. 国家风险投资协会

国家风险投资协会（National Venture Capital Association），成立于 1973 年，总部位于华盛顿。国家风险投资协会是一个非营利组织，其资金来源于企业机构。国家风险投资协会致力于赋予下一代美国公司权力，为未来的美国经济提供动力。该智库网址是：nvca.org。

（1）历史沿革

该智库未披露相关信息。

（2）组织机构

国家风险投资协会的研究团队在总裁兼首席执行官鲍比·富兰克林（Bobby Franklin）带领下，由 14 名研究人员组成。其研究内容覆盖了 10 个领域，分别是：税收、移民、外国投资、资本市场与监管、专利改革、基础研究与技术转让、技术、能源、医疗创新、会计与审计准则。该智库组建了 7 个研究中心，比如首席财务官特别工作组、清洁技术咨询委员会等。国家风险投资协会设立了 8 个研究项目，比如风险投资研讨会项目、LP 办公时间项目等。

（3）研究产品

国家风险投资协会自成立以来共发布了 3 750 余篇报告文章，共设计推出了 10 种研究产品，包括 2 种研究报告类产品、1 种期刊书籍类产品、1 种博客类产品、1 种新闻媒体类产品、2 种数据类产品、3 种活动类产品。《PitchBook-NVCA 风险监测》是该智库发布的权威季刊，主要介绍创业生态系统中风险资本活动。

91. 自然资源治理研究所

自然资源治理研究所（Natural Resource Governance Institute，NRGI），成立于 2013 年，位于美国纽约。自然资源治理研究所是一个独立的非营利组织，其资金来源于政府、基金会以及企业机构。自然资源治理研究所致力于让石油、天然气和矿产资源丰富的国家实现可持续发展，让人民从采掘业中获得长期的利益。该智库网址是：resourcegovernance.org。

（1）历史沿革

自然资源治理研究所于 2013 年由美国税务局和"自然资源宪章"合并而成，总部设在纽约，并在伦敦、阿克拉、利马、华盛顿、雅加达和达累斯萨拉姆开设了办事处。

（2）组织机构

自然资源治理研究所的研究团队在总裁兼首席执行官苏妮塔·卡玛尔（Suneeta Kaimal）的带领下，由 92 名研究人员组成。其研究内容覆盖了 19 个领域，分别是：实益所有权、公民空间、商品价格、合同透明度和监督、腐败、经济多样化、全球举措、法律法规、许可和谈判、强制性付款披露、衡量环境和社会影响、治理衡量、开放数据、收入管理、收入分成、主权财富基金、国有企业、地方治理、税收政策和税收征收。

（3）研究产品

自然资源治理研究所自成立以来共发布了 2 610 余篇报告文章，共设计推出了 11 种研究产品，包括 3 种研究报告类产品、2 种期刊书籍类产品、1 种博客类产品、1 种新闻媒体类产品、2 种数据类产品、2 种活动类产品。

92. 新美国基金会

新美国基金会（New America Foundation），成立于 1999 年，由特德·哈尔斯特德（Ted Halstead）、谢尔·R. 施文宁格（Sherle R. Schwenninger）、迈克尔·林德（Michael Lind）、沃尔特·罗素·米德（Walter Russell Mead）创立，位于美国华盛顿。新美国基金会是一个独立的研究组织，其资金来源于政府、基金会、企业机构以及个人。新美国基金会致力于应对技术和社会变革所带来的挑战，并抓住这些变革所创造的机遇，来重振美国。该智库网址是：www.newamerica.org。

（1）历史沿革

自 1999 年成立以来，新美国基金会承诺将新思想和新声音带入美国的公共讨论中，并希望通过为法律、政策、技术等领域提供解决方案来确保这些想法落地，进而帮助美国乃至全世界的民众。

（2）组织机构

新美国基金会的研究团队在首席执行官安妮·玛丽·斯劳特（Anne Marie Slaughter）的带领下，由 360 名研究人员组成。该智库设立了 46 个研究项目，比如数字影响和治理计划项目、负责任的资产分配者倡议项目等。

（3）研究产品

新美国基金会自成立以来共发布了 45 600 余篇报告文章，共设计推出了 9 种研究产品，包括 3 种研究报告类产品、1 种期刊书籍类产品、1 种博客类产品、2 种新闻媒体类产品、1 种音频视频类产品、1 种活动类产品。

93. 国家舆论研究中心

国家舆论研究中心（National Opinion Research Center，NORC），成立于 1941 年，由芝加哥大学创立，位于美国芝加哥。国家舆论研究中心是一个独立的大学附属机构，其资金来源于基金会以及企业机构。国家舆论研究中心致力于提供可靠的数据和严格的分析，以帮助政府在重要项目、业务和政策制定中做出正确决策。该智库网址是：www.norc.org/Pages/default.aspx。

（1）历史沿革

自 1941 年成立以来，国家舆论研究中心已成为国家和全球探索的重要组织。80 多年来，芝加哥大学的国家舆论研究中心提供了可靠的数据和严格的分析，针对社会面临的一些重要问题的关键决策提供智力支持。

（2）组织机构

国家舆论研究中心的研究团队在丹·盖林（Dan Gaylin）的带领下，由 291 名研究人员组成。国家舆论研究中心的研究内容覆盖了 5 个领域，分别是：经济，市场和劳动力、教育，培训和学习，全球发展、健康与福祉、社会，媒体和公共事务。该智库组建了 25 个研究中心，比如学术研究中心等。国家舆论研究中心设立了 19 个研究项目，比如教学艺术家研究项目、国家社会生活项目、健康与老龄化项目等。

（3）研究产品

国家舆论研究中心自成立以来共发布了 7 000 余篇报告文章，共设计推出了 11 种研究产品，包括 3 种研究报告类产品、1 种学术论文类产品、1 种期刊书籍类产品 1 种评论专栏类产品、2 种新闻媒体类产品、2 种数据类产品、1 种活动类产品。

94. 东北-中西部研究所

东北-中西部研究所（Northeast-Midwest Institute，NEMWI），成立于 1976 年，由立法机关议员创立，位于美国华盛顿。东北-中西部研究所是一个非营利研究组织，其资金来源于基金会、企业机构以及个人。东北-中西部研究所致力于提升东北各州和中西部各州的经济活力、环境质量，并促进地区平等。该智库网址是：www.nemw.org。

（1）历史沿革

东北-中西部研究所最早可以追溯到成立于 1976 年的国会联盟。国会联盟成立后不久，来自同一州的参议员成立了与国会联盟类似的东北-中西部参议院联盟，与国会联盟在美国参议院同时展开工作。1977 年，在两个联盟的支持下，以及在 18 个州的州长的敦促下，东北-中西部研究所成立了。

（2）组织机构

东北-中西部研究所的研究团队在总裁兼首席执行官迈克尔·J. 高夫（Michael J. Goff）的带领下，由 9 名研究人员组成。其研究内容覆盖了 17 个领域，分别是：棕地、振兴老城区、人口统计和重新分配、环境卫生、可持续社区、水质、生态系统恢复、制造业、经济发展、五大湖、预算/联邦支出、能源、智慧增长、运输、水路、水上贸易与入侵物种、贸易。该智库组建了 7 个研究中心，比如东北-中西部国会联盟、东北-中西部参议院联盟等。东北-中西部研究所设立了 9 个研究项目，比如大湖华盛顿计划项目、密西西比河流域计划项目等。

（3）研究产品

东北-中西部研究所自成立以来共发布了 1 930 余篇报告文章，共设计推出了 7 种研究产品，包括 1 种研究报告类产品、2 种新闻媒体类产品、2 种数据类产品、2 种活动类产品。

95. 俄克拉荷马州政策研究所

俄克拉荷马州政策研究所（Oklahoma Policy Institute），成立于 2008 年年初，是一个无党派的独立政策智库。俄克拉荷马州政策研究所致力于推进公平和稳定的财政政策，通过独立的研究、分析和倡议，为所有俄克拉荷马人提供机会。为了保证学术的独立性，俄克拉荷马州研究所不接受联邦、州立或当地政府资助，其捐助款来自全国性或当地的基金会、俄克拉荷马州的企业机构以及个人。该智库网址是：www.okpolicy.org。

（1）历史沿革

该智库未披露相关信息。

（2）组织机构

俄克拉荷马州政策研究所的研究团队在安妮维克·罗斯（Ahniwake Rose）带领下由 18 位研究人员组成。其研究内容覆盖了 7 个领域，分别是：预算与税收、经济机会、教育、健康、司法系统、种族与平等、投票与选举。俄克拉荷马州政策研究所目前设立了 12 个研究项目，如州预算峰会、俄克拉荷马联盟等。

（3）研究产品

俄克拉荷马州政策研究所自成立以来累计发布了 11 000 余篇报告文章，共设计推出了 13 种研究产品，包括 3 种研究报告类产品、1 种博客类产品、3 种评论专栏类产品、2 种新闻媒体类产品、1 种音频视频类产品、3 种数据类产品。《在线预算指南》是用户了解俄克拉荷马州和地方政府年度预算的工具，它提供了显示俄克拉荷马州与其他州的对比情况以及支出和税收随时间变化的数据。

96. 公开市场研究所

公开市场研究所（Open Markets Institute），成立于 2017 年，由巴里·C. 林恩（Barry C. Lynn）创立，位于美国华盛顿。该智库是一个独立的研究组织，其资金来源于基金会以及个人。公开市场研究所致力于应对当今前所未有的企业垄断问题，避免其对民主、个人自由和国家安全造成威胁。该智库网址是：openmarketsinstitute.org。

（1）历史沿革

在 2017 年之前，公开市场研究所的团队花了 8 年时间研究、撰写有关市场集中度问题的报告，并将此作为美国的公开市场计划。

（2）组织机构

公开市场研究所的研究团队在创始人巴里·林恩的带领下，由 17 名研究人员组成。其研究内容覆盖了 10 个领域，分别是：竞争理念、创业与独立业务、粮食与农业、保健与制药、新闻自由和平台垄断、政治、隐私、劳工与经济自由、贸易与国家安全、运输。

（3）研究产品

公开市场研究所自成立以来共发布了 1 000 余篇报告文章，共设计推出了 14 种研究产品，包括 4 种研究报告类产品、1 种学术论文类产品、1 种博客类产品、2 种评论专栏类产品、3 种新闻媒体类产品、1 种音频视频类产品、1 种数据类产品、1 种活动类产品。

97. 俄勒冈州公共政策中心

俄勒冈州公共政策中心（Oregon Center for Public Policy），成立于 1997 年，由约翰·穆林（John Mullin）创立，是一个全国性、非营利公共政策研究组织。为了保证学术的独立性，俄勒冈公共政策中心只接受来自社会和个人的捐助。俄勒冈公共政策中心致力于研究和分析税收、预算以及经济问题，并将信息分享给所有俄勒冈人，希望与议员们一起制定最适合俄勒冈州的政策。该智库网址是：www.ocpp.org。

（1）历史沿革

20 世纪 70 年代，倡导以人为本的专家意识到缺乏及时可靠的数据分析已成为俄勒冈州政府帮助低收入人群和边缘化社区制定公共政策的阻碍。专家们认为，强大的分析能力对于解决如贫困、饥饿和不平等等棘手问题至关重要。俄勒冈州公共政策中心由此创立，专注于对中低收入俄勒冈州民众遇到的问题进行研究。

（2）组织结构

俄勒冈州公共政策中心的研究团队在总裁约翰·穆林带领下，由 19 位研究人员组成。其研究内容覆盖了 10 个领域，分别是：预算、经济、就业和工人、教育、家庭支持、医疗卫生、住房、粮食援助、贫困与不平等、税收。

（3）研究产品

俄勒冈州公共政策中心自成立以来累计发布了 500 余篇报告文章，共设计推出了 9 种研究产品，包括 3 种研究报告类产品、1 种博客类产品、3 种评论专栏类产品、1 种新闻媒体类产品、1 种音频视频类产品。其中，《俄勒冈州公共政策中心证词》平均每月发表一篇，是中心学者针对美国众议院或参议院提出的政策建议，其主张的政策观点在社交网络、新闻媒体和公众舆论中都有较高的影响力。

98. 太平洋国际政策委员会

太平洋国际政策委员会（Pacific Council on International Policy），成立于 1995 年，由亚伯拉罕·F. 洛文塔尔（Abraham F. Lowenthal）创立，位于美国加利福尼亚州洛杉矶。太平洋国际政策委员会是一个独立、非营利的研究组织，其资金来源于基金会、企业机构以及个人。太平洋国际政策委员会致力于增强加州在国际政策方面的影响力和话语权。该智库网址是：www.pacificcouncil.org。

（1）历史沿革

太平洋国际政策委员会是由纽约外交关系委员会（CFR）和洛杉矶南加州大学（USC）合作建

立的。自1995年以来，太平洋国际政策委员会一直主导西海岸的外交事务对话。美国前国务卿沃伦·克里斯托弗（Warren Christopher）是该委员会的早期支持者，后来担任太平洋国际政策委员会董事和联合主席。

（2）组织机构

太平洋国际政策委员会的研究团队在首席执行官杰罗德·D. 格林（Jerrold D. Green）的带领下，由7名研究人员组成。其研究内容覆盖了7个领域，分别是：发展与人权，经济与金融，教育、社会与文化，能源、资源与环境，外交政策与外交，治理与国际法，国家安全与国防。该智库设立了4个研究项目，比如关塔那摩湾观察员项目、全球水资源短缺项目等。

（3）研究产品

太平洋国际政策委员会自成立以来共发布了1 630余篇报告文章，共设计推出了7种研究产品，包括2种研究报告类产品、1种新闻媒体类产品、4种活动类产品。

99. 太平洋论坛

太平洋论坛（Pacific Forum）成立于1975年，由美国海军上将劳埃德·维西（Lloyd Vasey）创立，位于美国夏威夷檀香山。太平洋论坛是一个非营利的外交政策研究所，其资金来源于政府、基金会、企业机构以及个人。太平洋论坛致力于为亚太地区的政治、安全和战略发展提供及时、创新的分析，从而增进亚太地区各国间的相互理解和信任，推动可持续合作方案的实施，为亚太地区的和平与稳定做出贡献。该智库网址是：www.pacforum.org。

（1）历史沿革

太平洋论坛是世界上主要的亚太政策研究机构之一，该组织起源于1943年11月美国海军上将劳埃德·维西的提议。1975年2月，在卡哈拉希尔顿饭店举行的"太平洋新兴时代-经济发展，稳定与竞争"座谈会上，将近50位与会者同意"在私营部门的主持下在太平洋建立一个论坛，以促进太平洋区域的发展中国家和发达国家之间的跨太平洋私人对话与磋商"。太平洋论坛在探索新问题以及促进美国官员与亚洲领导人之间的对话方面发挥了作用。1989年，太平洋论坛与战略与国际研究中心合并，成为如今的太平洋论坛。

（2）组织结构

太平洋论坛的研究团队在拉尔夫·A. 科萨（Ralph A. Cossa）带领下，由42位研究人员组成。其研究内容覆盖了3个领域，分别是：地区参与、战略稳定、安全合作。目前太平洋论坛设立了13个研究项目，如亚太安全合作项目、战略稳定项目等。

（3）研究产品

太平洋论坛自成立以来累计发布了2 500余篇报告文章，共设计推出了6种研究产品，包括2种研究报告类产品、2种期刊书籍类产品、1种博客类产品、1种活动类产品。《亚太网络评论》是太平洋论坛每周出版的期刊产品，旨在促进亚太区域的交流，为亚太地区问题提供及时和全面的分析。

100. 太平洋研究所

太平洋研究所（Pacific Research Institute, PRI），成立于1979年，由安东尼·费希尔（Antony Fisher）爵士和企业家詹姆斯·诺斯（James North）创立，位于美国加利福尼亚州旧金山。太平洋研究所是一个独立的研究组织，其资金来源于基金会、企业机构以及个人。太平洋研究所致力于通过推进自由市场政策解决方案来捍卫自由、提供机会和履行责任。该智库网址是：www.pacificresearch.org。

（1）历史沿革

1957年，安东尼·费希尔爵士在伦敦成立了经济事务研究所（IEA），以传播两位诺贝尔奖获得者的自由市场理念。1979年，安东尼·费希尔爵士与企业家詹姆斯·诺斯合作建立太平洋研究所。随后，太平洋研究所陆续建立了6个研究中心，以提供深入的政策分析和解决方案。

（2）组织机构

太平洋研究所的研究团队在总裁萨莉·C. 派普斯（Sally C. Pipes）的带领下，由18名研究人员组成。其研究内容覆盖了6个领域，分别是：卫生保健、加利福尼亚、教育、商业与经济学、环境、新型冠状病毒。该智库组建了6个研究中心，比如教育中心、商业与经济中心等。太平洋研究所设立了1个研究项目，即工人自由项目。

（3）研究产品

太平洋研究所自成立以来共发布了7 000余篇报道文章，共设计推出了9种研究产品，包括2种研究报告类产品、1种期刊书籍类产品、1种博客类产品、1种评论专栏类产品、1种新闻媒体类产品、2种音频视频类产品、1种活动类产品。

101. 彼得森国际经济研究所

彼得森国际经济研究所（Peterson Institute for International Economics，PIIE），成立于1981年，由皮特·G. 彼得森（Pete G. Peterson）和C. 弗雷德·伯格斯滕（C. Fred Bergsten）共同创立，位于美国华盛顿。该智库是一个非营利的研究组织，其资金主要来源于政府、基金会、企业机构以及个人。彼得森国际经济研究所致力于通过专家分析与切实可行的政策解决方案，增进全球经济的繁荣与人类福祉。该智库网址是：www.piie.com。

（1）历史沿革

彼得森国际经济研究所前身为1981年成立的国际经济研究所。在成立的40多年间，彼得森国际经济研究所为许多重大国际政策举措提供了知识基础及政策依据。彼得森国际经济研究所积极参与了国际货币基金组织改革，建立了TPP倡议和亚太经济合作组织论坛，参与制定量化宽松和适应低利率世界的货币政策，参与美国制裁政策的改革，组织并发起和实施美中战略与经济对话，参与签订北美自由贸易协定和其他美国自由贸易协定，推动采用国际银行标准并进行更广泛的金融监管改革。除了参与重大国际政策的制定之外，彼得森国际经济研究所还在欧盟、中国和拉丁美洲国家的经济改革等方面持续发挥其影响力。

（2）组织结构

彼得森国际经济研究所的研究团队在亚当·S. 波森（Adam S. Posen）带领下，由60位研究人员组成。其研究内容覆盖了6个领域，分别是：经济问题、金融、机构组织、政治经济、贸易与投资、地区和国家。彼得森国际经济研究所目前设立了1个研究项目，即全球化项目。

（3）研究产品

彼得森国际经济研究所自成立以来累计发布了9 500余篇报告文章，共设计推出了16种研究产品，包括2种研究报告类产品、1种学术论文类产品、1种期刊书籍类产品、4种博客类产品、3种评论专栏类产品、4 种音频视频类产品、1 种数据类产品。

102. 皮尤研究中心

皮尤研究中心（Pew Research Center）成立于 1990 年，位于美国华盛顿。皮尤研究中心是一个非营利性和非倡导性研究机构，其资金主要来源于皮尤慈善信托基金（Pew Charitable Trusts）。皮尤研究中心开展了一系列民意调查、人口统计研究、媒体内容分析和其他实证社会科学研究。皮尤研究中心重视独立性、客观性、准确性、严谨性、谦逊性、透明度和创新性，为探究客观事实奠定了基础，并对决策提供了充分的支持。该智库网址是：www.pewresearch.org。

（1）历史沿革

皮尤研究中心起源于泰晤士报创建的名为"泰晤士报人民与新闻中心"研究项目。1996 年，皮尤慈善信托基金会对该中心进行了资助，并将其更名为皮尤新闻研究中心。2004 年，皮尤慈善信托基金会在华盛顿建立了皮尤研究中心。2005 年，皮尤研究中心启动了社会人口统计项目，将原始调查研究与对美国人口普查局调查和其他数据源的分析相结合。2015 年，皮尤研究中心进行了一项特殊的工作，研究如何扩展和加强调查研究的方法，并探索社会科学研究的新方法。

（2）组织结构

皮尤研究中心的研究团队在迈克尔·迪莫克（Michael Dimock）带领下，由 50 位研究人员组成。其研究内容覆盖了 9 个领域，分别是：美国的政治和政策、新闻和媒体、互联网科学和技术、公共生活、西班牙裔趋势、全球态度和趋势、美国社会和人口趋势、科学与社会、方法论。皮尤研究中心目前设立了 4 个研究项目，如新闻媒体项目等。

（3）研究产品

皮尤研究中心自成立以来累计发布了 15 000 余篇报告文章，共设计推出了 12 种研究产品，包括 3 种研究报告类产品、1 种学术论文类产品、2 种评论专栏类产品、2 种新闻媒体类产品、1 种音频视频类产品、3 种数据类产品。其中"事实库"是皮尤研究中心的实时平台，专门用于查找数据。

103. 先锋研究所

先锋研究所（Pioneer Institute）成立于 1988 年，由洛维特·C. 彼得斯（Lovett C. Peters）等人发起创立，总部位于马萨诸塞州波士顿。先锋研究所是一个独立的研究机构，不接受政府补助，其主要资金来自基金会、企业机构以及个人。先锋研究所旨在通过推动思想碰撞来促进马萨诸塞州及其他地区的繁荣，并提高公民生活质量。该智库网址是：www.pioneerinstitute.org。

（1）历史沿革

1988 年，先锋研究所成立。20 世纪 90 年代，先锋研究所的教育研究工作极大地推动了马萨诸塞州的教育改革。随后，先锋研究所制订了一个培训企业家的奖学金计划，该计划于 2003 年独立成为"建设优秀学校"基金会。2015 年，马萨诸塞州前参议院议长汤姆·伯明翰加入先锋研究所，担任杰出研究员一职。

（2）组织结构

先锋研究所的研究团队在斯蒂芬·D. 范顿（Stephen D. Fantone）带领下，由 28 位研究人员组成。其研究内容覆盖了 21 个领域，例如：无准备金负债、医疗价格透明、财务管理、联邦医疗卫生改革、高等教育、政府透明度、警察与刑事司法改革、交通和基础设施、学校选择与竞争、教育改革等。先锋研究所目前设立了 4 个研究中心，例如先锋公共中心等。先锋研究所开展了 10 个研究项目，如优良政府网络项目等。

（3）研究产品

先锋研究所自成立以来累计发布了 4 100 余篇报告文章，共设计推出了 8 种研究产品，包括 1 种研究报告类产品、1 种博客类产品、1 种评论专栏类产品、2 种新闻媒体类产品、1 种音频视频类产品、2 种数据类产品。

104. 俄亥俄州政策事务研究所

俄亥俄州政策事务研究所（Policy Matters Ohio, PMO），成立于 2000 年，位于俄亥俄州克利夫兰市。俄亥俄州政策事务研究所是一个非营利性的政策研究机构，其资金来源于基金会、企业机构以及个人。俄亥俄州政策事务研究所致力于通过研究、战略对话以及政策倡导等方式，改善俄亥俄民众的生活并推动俄亥俄州社区的创新政策改革，以创建一个更有活力、公平、可持续和包容的俄亥俄。该智库网址是：www.policymattersohio.org。

（1）历史沿革

俄亥俄州政策事务研究所自成立以来对俄亥俄州的创新政策做出了巨大贡献，这些政策变化改善了俄亥俄州家庭的生活并增强了俄亥俄州社区的地位。例如：提高工人最低工资并将其与通货膨胀挂钩；恢复 350 000 名俄亥俄州公共部门工人的集体谈判权；建立先进的能源标准，减少化石燃料带来的污染，为可再生能源和节约能源创造市场，并在俄亥俄州创造更多绿色就业机会；研究俄亥俄州医疗补助改革；等等。

（2）组织结构

俄亥俄州政策事务研究所的研究团队在杰夫·雷兴巴赫（Jeff Rechenbach）带领下，由 30 位研究人员组成。俄亥俄州政策事务研究所的研究内容覆盖了 4 个领域，例如：公平经济、高质量的俄亥俄州可持续发展社区、脱贫之路。俄亥俄州政策事务研究所目前设立了 7 个研究项目，如俄亥俄州预算项目、医疗风险项目等。

（3）研究产品

俄亥俄州政策事务研究所自成立以来累计发布了 2 400 余篇研究报告，共设计推出了 8 种研究产品，包括 1 种研究报告类产品、3 种评论专栏类产品、3 种新闻媒体类产品、1 种博客类产品。俄亥俄州政策事务研究所每月发表 1~2 篇"证词"，为美国众议院或参议院提供政策建议。

105. 政治与经济研究委员会

政治与经济研究委员会（Political and Economic Research Council, PERC）成立于 2002 年，由迈克尔·特纳（Michael Turner）创立，位于美国北卡罗来纳州。该智库是一个非营利研究组织，其资金来源于基金会、企业机构以及个人。政治与经济研究委员会致力于提高美国和全球范围内的信用透明度。该智库网址是：www.perc.net。

（1）历史沿革

该智库未披露相关信息。

（2）组织机构

政治与经济研究委员会的研究团队在创始总裁兼首席执行官迈克尔·特纳博士的带领下，由

7 名研究人员组成。其研究内容覆盖了 11 个领域，例如：替代数据倡导、社区发展、数据隐私与安全、灾后重建、经济发展指标、信息政策、国际信用报告。该智库组建了 3 个研究所（中心），比如替代数据研究所、金融普惠解决方案中心等。政治与经济研究委员会设立了 4 个研究项目，比如信息主导发展项目、经济发展指标项目等。

（3）研究产品

政治与经济研究委员会自成立以来累计发布了 442 余篇报告文章，共设计推出了 6 种研究产品，包括 1 种研究报告类产品、2 种新闻媒体类产品、1 种音频视频类产品、1 种数据类产品、1 种活动类产品。

106. 波托马克政策研究所

波托马克政策研究所（Potomac Institute for Policy Studies），成立于 1994 年，由迈克尔·斯威特南（Michael Swetnam）等创立，位于美国弗吉尼亚州。波托马克政策研究所是一个独立的、非营利性组织，其资金来源于政府。波托马克政策研究所致力于开展社会面临的重大科学技术和国家安全问题的讨论，并为相关政策问题的研究提供学术论坛。该智库网址是：www.potomacinstitute.org。

（1）历史沿革

波托马克政策研究所成立于 1994 年，机构的第一笔资金是国家科学基金会提供的，用于支持超级计算中心。在 20 世纪 90 年代后期，它成为为数不多的专注于研究恐怖主义的学术中心之一。波托马克政策研究所一直与美国政府有着密切的联系，先后为美国国会、白宫、国防部、国家科学基金会、国家航空航天局、国土安全部、能源部、情报部门等机构提供高水平智力支持。

（2）组织机构

波托马克政策研究所的研究团队在研究所首席执行官詹妮弗·布斯（Jennifer Buss）的带领下，由 35 名研究人员组成。其研究内容覆盖了 7 个领域，分别是：策略计划、政策和计划制定、技术评估、技术预测、研究与分析、沟通与推广、科技市场趋势。该智库组建了 7 个研究中心，比如探索与防御中心、革命科学思想中心等。波托马克政策研究所设立了 9 个研究项目，比如科技政策培训计划项目等。

（3）研究产品

波托马克政策研究所自成立以来累计发布了 800 余篇报告文章，共设计推出了 5 种研究产品，包括 1 种研究报告类产品、2 种期刊书籍类产品、1 种博客类产品、1 种活动类产品。*STEPS* 是波托马克政策研究所的技术出版物，为政策研究界发表了众多高水平学术文章。

107. 进步政策研究所

进步政策研究所（Progressive Policy Institute，PPI），成立于 1989 年，是美国民主党领导委员会下属的公共政策研究机构。进步政策研究所致力于为美国摆脱意识形态和党派僵局提出激进而务实的理念。该智库网址是：www.progressivepolicy.org。

（1）历史沿革

进步政策研究所成立于 1989 年，最初是新民主党的知识分子之家，并被比尔·克林顿总统称为"思想工厂"。进步政策研究所的许多打破常规的想法已被转化为公共政策和法律，并产生了深远的国际影响。如今，进步政策研究所正在制定刺激美国经济创新和增长的新建议，以期在危险时捍卫自由民主。

（2）组织结构

进步政策研究所的研究团队在威尔·马歇尔（Will Marshall）带领下，由 103 位研究人员组成。其研究内容覆盖了 21 个领域，例如：应用经济、财政政策、金融服务、税收、福利改革、贸易、监管改革、医疗保障、司法、教育等。进步政策研究所目前设立了 3 个研究中心，例如新自由主义中心等。进步政策研究所开展了 9 个研究项目，如知识经济项目、贸易与全球经济项目等。

（3）研究产品

进步政策研究所自成立以来累计发布了 3 900 余篇报告文章，共设计推出了 8 种研究产品，包括 3 种研究报告类产品、1 种博客类产品、1 篇活动类产品、1 种评论专栏类产品、2 种新闻媒体类产品。其中政策简报是进步政策研究所发布的政策研究建议；相对于其他研究产品，政策简报突出政策建议的功能，旨在向政府以及民众提出解决问题的方法，其发表频率约为每月 1~2 篇。

108. 21 世纪研究计划

21 世纪研究计划（Project for the Study of the 21st Century, PS21），成立于 2014 年，由彼得·阿普斯（Peter Apps）创立，位于英国。该智库是一个非营利组织，其资金来源于基金会、企业机构以及个人。21 世纪研究计划致力于建立一个能为普通受众以及专业受众提供真正原创的活动和内容的、全球化的研究网络。该智库网址是：projects21.org。

（1）历史沿革

2014 年 8 月，21 世纪研究计划成立。2015 年 1 月，21 世纪研究计划的工作步入正轨。至今为止，21 世纪研究计划已经实现了其大部分理念。21 世纪研究计划在伦敦和华盛顿举办过两次大型会议，在其他地方举办过多个小型活动。

（2）组织机构

21 世纪研究计划的研究团队在执行总监彼得·阿普斯带领下，由 12 名研究人员组成。

（3）研究产品

21 世纪研究计划自成立以来共发布了 450 余篇报告文章，共设计推出了 2 种研究产品，包括 1 种博客类产品、1 种活动类产品。

109. 繁荣当下

繁荣当下（Prosperity Now，曾用名 Corporation for Enterprise Development）成立于 1979 年，由鲍勃·弗里德曼（Bob Friedman）创立，位于美国华盛顿。繁荣当下是一家独立研究机构，其资金来源于基金会、企业机构以及个人。繁荣当下致力于建立一个公正、公平、没有种族歧视的经济社会，让每位民众都有能力维持可持续的财富和繁荣。该智库网址是：prosperitynow.org。

（1）历史沿革

1979 年，鲍勃·弗里德曼创立企业发展公司。1991 年，大自然保护协会与企业发展公司合作，促进了弗吉尼亚州社区范围内与环境兼容的发展计划。1993 年，企业发展公司出版了第一期实时通讯。1999 年克林顿总统向企业发展公司颁发了微型企业卓越奖。2007 年，企业发展公司成功召开了四次国会山简报会。2013 年，企业发展公司举办了公共政策论坛，重点讨论资产建设。2017 年企业发展公司更名为繁荣当下，致力于进一步扩大其影响力。

（2）组织机构

繁荣当下的研究团队在首席执行官加里·康宁汉姆（Gary Cunningham）的带领下，由51名研究人员组成。其研究内容覆盖了7个领域，分别是：储蓄、财务能力、工作和收入、住房和房屋所有权、消费者保护、种族财富公平、税收。该智库组建了4个研究中心，如通信研究中心、政策研究中心等。繁荣当下设立了16个研究项目，如儿童储蓄账户项目、个人发展账户项目等。

（3）研究产品

繁荣当下自成立以来共发布了6 060余篇报告文章，共设计推出了22种研究产品，包括11种研究报告类产品、1种评论专栏类产品、2种新闻媒体类产品、1种音频视频类产品、6种数据类产品、1种活动类产品。

110. 加州公共政策研究所

加州公共政策研究所（Public Policy Institute of California，PPIC）成立于1994年，总部位于旧金山，由加州大学伯克利分校前校长罗杰·W. 海因斯（Roger W. Heyns）、斯坦福大学商学院前院长阿杰·米勒（Arjay Miller）和惠普公司联合创始人威廉·R. 休利特（William R. Hewlett）三位杰出的领导人联合创立，是一个非营利性公共政策研究组织。其资金来源于基金会、企业机构以及个人。加州公共政策研究所坚持卓越、独立、透明的核心价值理念和原则，为公共政策的实施提供改进方案，帮助加州政府应对一系列政策挑战。该智库网址是：www.ppic.org。

（1）历史沿革

加州公共政策研究所成立以来，通过向加州领导人提供客观、基于证据的研究，帮助他们更好地理解政策问题，协助制定一系列应对挑战的实际对策。加州公共政策研究所通过广泛的宣传将其工作成果带给萨克拉门托和其他地区的广大群体，促进各群体间的对话，并讨论如何应对加州面临的重大挑战。

（2）组织结构

加州公共政策研究所的研究团队在现任总裁兼首席执行官马克·巴尔达萨雷（Mark Baldassare）的带领下，由77位研究人员组成。其研究内容覆盖了7个领域，分别是：经济、财政与治理改革、健康与公民服务、K12教育、人口、修正法、政治。加州公共政策研究所目前设立了4个研究中心，如高等教育中心、全州调查中心等。加州公共政策研究所开展了5个研究项目，如加州贫困项目、加州移民项目等。

（3）研究产品

加州公共政策研究所自成立以来累计发布了3 291篇报告文章，共设计推出了7种研究产品，包括3种研究报告类产品、1种博客类产品、1种活动类产品、1种新闻媒体类产品、1种音频视频类产品。其中，调查报告是加州公共政策研究所发布的一个值得信赖的公众舆论数据来源。加州公共政策研究所在每次调查统计之后都会发布分析报告，用最新的调查数据来分析当时的政治、人口、经济等问题，发表频率为每年10篇左右。

111. 兰德公司

兰德公司（RAND Corporation），成立于1948年，由美国道格拉斯飞机公司开发创立，总部位于美国加利福尼亚州。该智库是一个非营利的研究组织，其资金主要来源于政府、基金会、企业机构以及个人。兰德公司致力于为公共政策挑战提供解决方案，以使世界各地的社区更安全、更健康、更繁荣。该智库网址是：www.rand.org。

（1）历史沿革

兰德公司源于1946年由美国陆军航空队独家资助的一个名为"兰德计划"的研究项目。该项目由位于加州圣莫妮卡的道格拉斯飞机公司负责开发，旨在于和平时期继续在第二次世界大战期间招募民间科学研究人员开展的知识进步事业。1948年，在福特基金会的支持下，兰德公司成为一家独立的非营利性研究机构。从1948年成立至今，兰德公司逐渐成为世界上最知名的智库之一，从刚开始只服务于美国空军演变为现在为全球数以千计的客户和其他利益相关者提供创意和解决方案。在70余年间，兰德公司的研究工作对整个世界做出了卓越的贡献。

（2）组织机构

兰德公司自成立以来，聘用了大量世界级顶尖科学家和战略研究人才，主要进行基于军事的计算机科学、博弈论、线性规划、动态规划和应用经济学学科方向的研究，其研究的领军人物一定程度上代表了美国当时最高科技与战略思维水平。据统计，共有32位诺贝尔奖获得者先后在兰德公司从事科学研究。

兰德公司的研究团队在迈克尔·里奇（Michael Rich）的带领下，由1 950名研究人员组成。其研究内容覆盖了12个领域，分别是：儿童、家庭和社区，网络和数据科学，教育与文化，能源与环境，医疗健康与老龄化，国土安全与公共安全，基础设施和交通运输，国际事务，法律与商业，国家安全与恐怖主义，科学和技术，工人和工作场所。

兰德公司研究团队分为4个研究学部：行为与政策科学学部；国防和政治科学学部；统计学、社会学和统计学学部；工程和应用科学学部。在美国国家安全政策问题研究方面，兰德公司在美国联邦政府的资助下单独成立了4个研究中心。在国际方面，兰德公司建立了4个海外研究中心以及2个全资子公司，即兰德欧洲和兰德澳大利亚。兰德公司共设立了1 780个研究项目，如空军军事力量、人事与训练项目、社区健康与环境政策项目等。

（3）研究产品

兰德公司自成立以来累计发布了30 000余篇报告文章，共设计推出了47种研究产品，其中18种产品为目前持续更新的产品，其余29种产品为已经暂停更新的过往研究产品。目前网站收录的产品包括8种学术论文类产品、6种期刊书籍类产品、1种博客类产品、2种评论专栏类产品、1种新闻媒体类产品、2种音频视频类产品、2种数据类产品、1种活动类产品。《兰德评论》是兰德公司的旗舰双月刊，综合展示其对当前世界所面临问题的研究。

112. 洛克菲勒政府研究所

洛克菲勒政府研究所（Rockefeller Institute of Government）成立于1981年，由著名企业家纳尔逊·洛克菲勒创立，位于纽约州奥尔巴尼市，是一家从事前沿研究和分析的非营利的美国公共政策智库，隶属于纽约州立大学。洛克菲勒政府研究所致力于提高社区、州和地方政府以及联邦政府的能力，以寻求真正解决国家问题的方法。该智库网址是：www.rockinst.org。

（1）历史沿革

1981年，洛克菲勒政府研究所与洛克菲勒公共事务与政策学院同时成立，沃伦·伊尔奇曼是研究所第一任主任。1987年，大卫·安德森接替伊尔奇曼成为洛克菲勒研究所的临时主任。1989年，普林斯顿大学教授理查德·内森成为研究所的第二任主任。2010 年，托马斯·盖斯成为第三任主任。

（2）组织机构

洛克菲勒政府研究所的研究团队在罗伯特·梅格纳（Robert Megna）的带领下，由 12 位研究人员组成。其研究内容覆盖了 10 个领域，分别是：经济发展、教育、联邦政府、财政分析、政府改革、健康、大麻政策、枪支暴力、阿片类药物危机、州和地方政府。洛克菲勒政府研究所目前设立了 3 个研究中心，如法律与政策解决方案中心、纽约统计中心等。洛克菲勒政府研究所开展了 2 个研究项目，如帝国州研究员计划项目等。

（3）研究产品

洛克菲勒政府研究所自成立以来累计发布了 5 400 余篇报告文章，共设计推出了 8 种研究产品，包括 1 种期刊书籍类产品、1 种博客类产品、2 种活动类产品、1 种新闻媒体类产品、1 种音频视频类产品、2 种数据类产品。

113. 罗斯福研究所

罗斯福研究所（Roosevelt Institute），成立于 1987 年，位于纽约，是一个非营利性公共政策研究组织。罗斯福研究所既是一家智库、一个学生网络，也是罗斯福总统图书馆和博物馆的非营利合作伙伴。罗斯福研究所的资金来源于政府、基金会、企业机构以及个人。罗斯福研究所专注于研究企业和公共权力、劳工和工资以及种族和性别不平等等经济学问题，通过团结专家与投资青年领袖的方式，推动政策进步。该智库网址是：www.rooseveltinstitute.org。

（1）历史沿革

1987 年，埃莉诺·罗斯福研究所和富兰克林·罗斯福自由基金会合并成为罗斯福研究所。2009 年，罗斯福研究所将其定位扩展为一个进步的政策智库与经济政策博客。2015 年，罗斯福研究所被列入自由联盟资助名单。

（2）组织机构

罗斯福研究所的研究团队在总裁兼首席执行官菲莉亚·王（Felicia Wong）带领下，由 76 位研究人员组成。其研究内容覆盖了 4 个领域，例如：企业权利、就业与工人压力、进步思想。罗斯福研究所的研究团队目前设立了 8 个研究项目，如罗斯福网络项目、企业权利计划项目等。

（3）研究产品

罗斯福研究所自成立以来累计发布了 1 150 余篇报告文章，共设计推出了 5 种研究产品，包括 2 种研究报告类产品、1 种学术论文类产品、1 种评论专栏类产品、1 种活动类产品。其中，罗斯福研究所的工作论文主要对美国经济及社会改革等面临的严峻问题发表重要观点，发表频率约为每月一篇。

114. 七柱研究所

七柱研究所（Seven Pillars Institute，SPI）由卡拉·坦·巴拉（Kara Tan Bhala）博士创立于 2010 年，隶属于伦敦大学玛丽女王学院，位于密苏里州堪萨斯市，是世界上唯一在金融道德领域从事研究、教育和推广的非营利智库，其资金主要来源于企业机构以及个人。七柱研究所致力于研究和分析全球金融市场中的伦理道德问题，该研究所的目标是发展以金融道德为核心的金融市场理论，通过将伦理道德与金融相结合，促进和加强金融道德的实践和政策制定。该智库网址是：www.sevenpillarsinstitute.org。

（1）历史沿革

该智库未披露相关信息。

（2）组织机构

七柱研究所的研究团队在总裁兼创始人卡拉·坦·巴拉带领下，由19位研究人员组成。七柱研究所的研究内容覆盖了3个领域，分别是：学术界的金融道德基础教育、商业层面的企业金融道德教育、政府层面上推进金融道德进步。

（3）研究产品

七柱研究所自成立以来累计发布了500余篇报告文章，共设计推出了7种研究产品，包括1种研究报告类产品、1种学术论文类产品、2种期刊书籍类产品、1种评论专栏类产品、1种音频视频类产品、1种数据类产品。其中"道德101"是七柱研究所发表的一系列关于金融伦理和道德的介绍性文章，从2011至今共发表了21篇介绍性道德文献，其中包括了道德哲学问题、西方道德理论哲学、中东地区伊斯兰道德金融分析、东亚佛教思想、中国古代的儒家思想等世界各地区主流思想道德文化在金融道德中的应用，以及自然法则、相对主义与道德伦理的论证等对金融伦理道德的影响。

115. Show-Me 研究所

Show-Me研究所（Show-Me Institute），成立于2005年，由雷克斯·辛克菲尔德（Rex Sinquefield）和克罗斯比·坎普三世（Crosby Kemper III）共同创立。Show-Me研究所是一个非营利组织，其资金来源于基金会、企业机构以及个人。Show-Me研究所致力于通过提出密苏里州公共政策的市场解决方案，来促进个人、企业自由。该智库网址是：www.showmeinstitute.org。

（1）历史沿革

该智库未披露相关信息。

（2）组织机构

Show-Me研究所的研究团队在首席执行官布伦达·泰勒特（Brenda Talent）带领下，由17名研究人员组成。Show-Me研究所的研究内容覆盖了4个领域，分别是：个人自由、经济机会、教育自由、良好的政府。

（3）研究产品

Show-Me研究所自成立以来共发布了5 800余篇报告文章，共设计推出了11种研究产品，包括5种研究报告类产品、1种博客类产品、1种评论专栏类产品、1种新闻媒体类产品、1种音频视频类产品、1种数据类产品、1种活动类产品。

116. SRI 国际

SRI国际（SRI International），成立于1946年，由斯坦福大学创立，位于美国加利福尼亚州。SRI国际是一个非营利组织，它的资金来源于基金会以及企业机构。SRI国际致力于提出改变世界的解决方案，使民众获得更安全、更健康、更高效的生活。该智库网址是：www.sri.com。

（1）历史沿革

SRI国际是一家拥有70多年历史的研究机构，拥有与政府和企业合作的丰富历史。SRI国际的前身为斯坦福研究所。该智库为世界上的重要挑战提供独特的解决方案，为合作伙伴提供服务。SRI 国际有很多重要发明，例如：1963 年的液晶显示器，1966 年的 Shakey 机器人，1968 年的计算机鼠标和交互式计算，1976—1977 年的互联网络，1983 年的大气研究与雷达，1995 年的机器人遥外科手术，1996 年的自然语言语音识别，2006 年的虹膜识别，2018 年的 NASA 帕克太阳探测器等。

（2）组织机构

SRI 国际的研究团队在董事长玛丽安·拜沃特（Mariann Byerwalter）的带领下，由 1 700 名研究人员组成。其研究内容覆盖了 12 个领域，分别是：先进的成像系统、人工智能、生物医学科学、计算机视觉、网络和形式方法、教育与学习、创新策略与设计、国家安全、海洋与太空、机器人传感器和设备、语言与自然语言、视频测试与测量。SRI 国际成立以来先后建立了野村–SRI 创新中心、人工智能中心以及创新战略与政策中心等多个研究中心。SRI 国际每年研究开发的项目超过 1 000 个，专利总数高达 4 600 个，其衍生的公司超过 50 余家。

（3）研究产品

SRI 国际自成立以来共发布了 11 600 余篇报告文章，共设计推出了 12 种研究产品，包括 7 种研究报告类产品、2 种期刊书籍类产品、1 种博客类产品、2 种新闻媒体类产品。

117. 税务基金会

税务基金会（Tax Foundation），成立于 1937 年，由小阿尔弗雷德·P. 斯隆（Alfred P. Sloan Jr.）、唐纳森·布朗（Donaldson Brown）、威廉·S. 法里什（William S. Farish）和刘易斯·H. 布朗（Lewis H. Brown）创立，位于美国华盛顿。税务基金会是一个独立、非营利的研究组织，其资金来源于基金会、企业机构和个人。税收基金会致力于通过优化税收政策改善人民生活，从而带来更快的经济增长。该智库网址是：taxfoundation.org。

（1）历史沿革

税务基金会于 1937 年 12 月 5 日在纽约市成立，办公室分别位于洛克菲勒广场 50 号和洛克菲勒广场 30 号。到 1943 年，税务基金会帮助 35 个州成立了纳税人协会和支出委员会。1948 年，税务基金会在华盛顿开设了一个办事处，并于 1978 年完全搬迁至华盛顿。

（2）组织机构

税务基金会的研究团队在主席斯科特·A. 霍奇（Scott A. Hodge）的带领下，由 30 名研究人员组成。税务基金会的研究内容覆盖了 10 个领域，例如：联邦税–个人税和消费税、联邦税–营业税、联邦税–竞选与立法提案、联邦税–经济模型、州税–个人和营业税、州税–消费税、全球税–个人税和消费税、全球税–营业税。税务基金会组建了 5 个研究中心，比如联邦税收政策中心、国家税收政策中心等。

（3）研究产品

税务基金会自成立以来累计发布了 14 880 余篇报告文章，共设计推出了 10 种研究产品，包括 1 种研究报告类产品、1 种博客类产品、7 种数据类产品、1 种活动类产品。

118. 泰勒斯研究所

泰勒斯研究所（Tellus Institute）成立于 1976 年，由保罗·拉斯金（Paul Raskin）创立，位于马萨诸塞州剑桥市，是一个跨学科的非营利政策研究组织，具有稳定的资金来源。泰勒斯研究所致力于为决策者提供科学、严谨、全方位的支持，以期解决重大环境和社会问题。该智库网址是：www.tellus.org。

（1）历史沿革

1976年，保罗·拉斯金及其同事成立能源系统研究小组。1990年，该小组以罗马地球女神"泰勒斯"为名，将智库改名为泰勒斯研究所，以反映其对社会生态系统的关注。成立至今，泰勒斯研究所与数百个组织合作，在全世界开展了3 500多项研究。

（2）组织机构

泰勒斯研究所的研究团队在总裁兼创始人保罗·拉斯金的带领下，由23位研究人员组成。其研究内容覆盖了3个领域，分别是：全球情景研究、未来分类、定量模拟。泰勒斯研究所目前设立了1个研究项目，即大过渡倡议项目。

（3）研究产品

泰勒斯研究所自成立以来累计发布了300余篇报告文章，共设计推出了3种研究产品，包括1种学术论文类产品、1种期刊书籍类产品、1种活动类产品。泰勒斯研究所出版了《地球之旅：行星文明的伟大过渡》一书，该书阐述了全球公民运动在推进社会转型中的关键作用。

119. 得州公共政策基金会

得州公共政策基金会（Texas Public Policy Foundation，TPPF），成立于1989年，位于得克萨斯州奥斯汀，是一个非营利性、保守主义公共政策研究组织。得州公共政策基金会致力于通过严谨可靠的学术研究和广泛的外联活动教育和影响政策制定者、推动公共政策辩论，以促进和捍卫个人自由和企业自由。为了保证学术的独立性，得州公共政策基金会不接受政府资助，捐助款均来自基金会、企业机构以及个人。该智库网址是：www.texaspolicy.com。

（1）历史沿革

该智库未披露相关信息。

（2）组织结构

得州公共政策基金会的研究团队在执行董事凯文·罗伯茨（Kevin Roberts）带领下，由101位研究人员组成。其研究内容覆盖了13个领域，分别是：经济、财产权利、税收和支出、高等教育、医疗健康、公共安全、能源与环境、刑事司法、恢复议程、移民、地方政府、中小学及学前教育、家庭。得州公共政策基金会目前设立了6个中心，如美国未来中心、财政政策中心。得州公共政策基金会开展了13个研究项目，如美国未来中心项目、保守德州预算项目等。

（3）研究产品

得州公共政策基金会自成立以来累计发布了10 000余篇报告文章，共设计推出了9种研究产品，包括3种研究报告类产品、2种评论专栏类产品、2种新闻媒体类产品、1种音频视频类产品、1种活动类产品，其中，得州公共政策基金会应邀不定期发表"证词"，为美国众议院或参议院提供政策建议。

120. 世纪基金会

世纪基金会（The Century Foundation）成立于1919年，由商界领袖爱德华·菲林（Edward Filene）创立，是一个进步、独立的智库，是美国最古老的非营利性公共政策研究机构之一，其资金来源于基金会、政府机构以及个人。世纪基金会致力于通过开发解决方案推动政策变革，以改善民众的生活。该智库网址是：www.tcf.org。

（1）历史沿革

1919年，爱德华·菲林创立合作联盟，后更名为20世纪基金会。21世纪初期，该基金会更名为世纪基金会。在成立的一百多年间，世纪基金会一直处于国内外诸多关键领域的研究前沿，并推动了一系列变革。

（2）组织机构

世纪基金会的研究团队在曾任奥巴马政府国内政策委员会副主任的马克·扎克曼（Mark Zuckerman）带领下，由33位研究人员组成。其研究内容覆盖了5个领域，分别是：新冠肺炎、教育、权利与公平、世界、经济与就业。

（3）研究产品

世纪基金会自成立以来累计发布了630余篇报告文章，共设计推出了7种研究产品，包括2种研究报告类产品、1种期刊书籍类产品、1种评论专栏类产品、1种音频视频类产品、1种活动类产品、1种数据类产品。

121. 世界大型企业联合会

世界大型企业联合会（The Conference Board）成立于1916年，位于美国纽约，由一批企业的首席执行官创立。世界大型企业联合会是一家中大型的非营利智库，其资金来源于基金会、企业机构以及个人。世界大型企业联合会致力于为企业领导者在处理重大商业问题时指明方向，并更好地服务社会大众。该智库网址是：www.conference-board.org。

（1）历史沿革

世界大型企业联合会成立于经济动荡时期，在它成立之前，洛杉矶时报的植物炸弹（1910）、三角衬衫火灾（1911）和勒德洛大屠杀（1914）三个事件引发了公众对商业的广泛谴责。通用电气著名高管马格努斯·亚历山大（Magnus Alexander）和曾任美国电话电报公司（AT&T）总裁的弗雷德里克·菲什（Frederick Fish）等一众商界领袖对这些事件十分担忧。1916年，一群关注工作环境问题的首席执行官们创建了世界大型企业联合会。

在一场关于工作与生活平衡的全国性辩论之后，世界大型企业联合会对长时间工作对员工身心健康的影响进行了研究。在20世纪之交，世界大型企业联合会推动了八小时工作制的实施。世界大型企业联合会是第一个创建美国生活成本指数的组织（后来转交美国政府），该指数也促进了消费者价格指数的产生。

（2）组织机构

世界大型企业联合会的研究团队在总裁史蒂夫·奥德兰（Steve Odland）的带领下，由180位研究人员组成，并在美国、欧洲、亚洲、中国和海湾国家建立了5个分支研究机构。世界大型企业联合会的研究内容覆盖16个领域，例如：消费者动态、全球经济、创新与数字化转型、劳动力市场、人力资本、多元化与包容性、员工敬业度、人力资本分析、劳动力市场、可持续发展、企业社会责任/慈善事业、供应链等。企业联合会目前设立了7个研究中心，如经济发展委员会、经济战略与金融中心等。世界大型企业联合会开展了28个研究项目，如全球经济展望项目、消费者信息调查项目等。

（3）研究产品

世界大型企业联合会自成立以来累计发布了 80 000 余篇报告文章，共设计推出了 11 种研究产品，包括 2 种新闻媒体类产品、2 种音频视频类产品、2 种研究报告类产品、1 种期刊书籍类产品、1 种评论专栏类产品、2 种数据类产品、1 种活动类产品。

122. 汉普顿研究所

汉普顿研究所（The Hampton Institute）成立于 2013 年，是一个以美国工人阶级为研究对象的智库组织，由科林·詹金斯（Colin Jenkins）创立。汉普顿研究所是一个线上组织，没有实际办公场所，也不寻求为政党提供具体的政策分析。汉普顿研究所致力于为工人阶级提供一个平台，用于讨论、分析对他们每天生活产生重大影响的问题。该智库网址是：www.hamptonthink.org。

（1）历史沿革

该智库未披露相关信息。

（2）组织机构

汉普顿研究所的研究团队在科林·詹金斯的带领下，由 51 位研究人员组成。其研究内容覆盖了 21 个领域，例如：社会经济、劳工问题、无政府主义研究、生态文明和可持续发展、社会运动研究、教育、黑人解放、种族问题、废除弊端、地缘政治等。汉普顿研究所目前设立了 5 个研究项目，如女权生态主义研究项目等。

（3）研究产品

汉普顿研究所自成立以来累计发布了 1 100 余篇报告文章，共设计推出了 7 种研究产品，包括 1 种研究报告类产品、2 种学术论文类产品、1 种博客类产品、1 种活动类产品、2 种音频视频类产品。其中，《汉普顿出版集》是研究所发表的论文集产品，至今共出版 6 期，主要内容是汉普顿研究所在各个领域发表的最深入、最新的研究学术论文种类的研究成果。

123. 哈特兰研究所

哈特兰研究所（The Heartland Institute）成立于 1984 年，位于美国芝加哥，由大卫·H. 帕登（David H. Padden）和约瑟夫·L. 巴斯特（Joseph L. Bast）联合创立，是一家非营利性研究和教育组织。哈特兰研究所的资金来源于基金会、企业机构以及个人，不接受政府资金。哈特兰研究所是世界领先的自由市场智库之一，致力于发现和改进针对社会经济问题的自由市场解决方案，崇尚实践研究与理论研究并重。哈特兰研究所在争取个人自由和有限政府的运动中起到了重要作用，是自由运动领袖与美国官员沟通的桥梁。该智库网址是：www.heartland.org。

（1）历史沿革

1984 年，哈特兰研究所在芝加哥创立。20 世纪 90 年代，哈特兰研究所与腌菜公司菲利普莫里斯合作，对二手烟引发癌症的风险提出质疑并反对政府限制烟草。2008 年开始，哈特兰研究所组织了一系列会议试图证明全球气候变暖并非确有其事，而是科学家故意引发的恐慌。

（2）组织机构

哈特兰研究所的研究团队在约瑟夫·L. 巴斯特带领下，由 500 余位研究人员和顾问组成。其研究内容覆盖 19 个领域，例如：经济、津贴、政府支出、监管、教育、气候变化、医疗保障等。该智库共设立了 6 个研究中心，如预算与税收中心等。哈特兰研究所开展了 12 个研究项目，如加入能源自由的斗争项目等。

（3）研究产品

哈特兰研究所自成立以来累计发布了 62 000 余篇报告文章，共设计推出了 11 种研究产品，包括 4 种研究报告类产品、1 种期刊书籍类产品、4 种评论专栏类产品、2 种音频视频类产品。其中，"政策研究报告"是哈特兰研究所最早发布的研究产品之一，发表频率约为每年 10 篇。政策研究报告涉及税收、政府支出、就业、监管及医疗保障等众多领域。

124. 华盛顿近东政策研究所

华盛顿近东政策研究所（The Washington Institute for Near East Policy，TWI）由巴比·温伯格（Barbi Weinberg）创立于 1985 年，位于美国华盛顿，是研究中东问题的最大研究机构之一。华盛顿近东政策研究所只接受美国公民的资助。华盛顿近东政策研究所致力于维护美国在中东的利益，并推动有关政策的实施。该智库网址是：www.washingtoninstitute.org。

（1）历史沿革

1985 年，一群致力于提高美国在中东利益的美国人创立了华盛顿近东政策研究所。研究所的高级研究人员包括涉及中东政治、军事、安全和经济问题的专家。

最初，该组织的研究议程集中在阿拉伯与以色列的关系以及美国中东战略上。在 20 世纪 90 年代，由于苏联解体、第一次海湾战争爆发以及区域战略发生变化，研究所的研究范围不断扩大。在"9·11"事件后，研究所增加了反恐领域研究，以协助美国政府打击伊斯兰极端主义、恐怖主义以及防止大规模杀伤性武器特别是核武器的扩散。10 年后，随着"阿拉伯之春"的爆发，华盛顿近东政策研究所再次做出回应，对萨拉菲主义、在线恐怖分子招募以及俄罗斯重新崛起等新问题进行了前沿分析。

（2）组织机构

华盛顿近东政策研究所的研究团队在执行董事罗伯特·萨特洛夫带领下，由 104 位研究人员组成。华盛顿近东政策研究所的研究内容覆盖了 10 个领域，分别是：阿拉伯和伊斯兰政治、阿拉伯-以色列关系、民主与改革、能源与经济学、海湾和能源政策、军事与安全、和平进程、扩散、恐怖主义、美国政策。华盛顿近东政策研究所目前设立了 8 个研究项目，如阿拉伯-以色列关系项目、军事和安全研究计划项目等。

（3）研究产品

华盛顿近东政策研究所自成立以来累计发布了 15 000 余篇报告文章，共设计推出了 20 种研究产品，包括 4 种研究报告类产品、2 种学术论文类产品、2 种期刊书籍类产品、5 种评论专栏类产品、1 种新闻媒体类产品、2 种音频视频类产品、4 种活动类产品。

125. 中间路线研究所

中间路线研究所（Third Way），成立于 2005 年，由南希·黑尔（Nancy Hale）创立，位于美国华盛顿，是一个支持中左翼思想的非营利性美国智库，其资金来源于企业机构以及个人。中间路线研究所立足于美国主流的机会、自由和安全价值观，致力于让每个美国人都有机会过上美好、安全的生活。该智库网址是：www.thirdway.org。

（1）历史沿革

中间路线研究所起源于 2000 年成立的美国枪支安全组织，该组织旨在推进枪支安全法。2005

年，美国枪支安全组织并入中间路线研究所。2010 年以来，中间路线研究所一直在游说制定清洁能源和气候议程有关政策。成立的 10 多年间，中间路线研究所对婚姻平等、教育改革、联邦退休金制度等多个领域产生了深远影响。

（2）组织机构

中间路线研究所的研究团队在现任总裁约翰·L. 沃格尔斯坦（John L. Vogelstein）带领下，由 62 位研究人员组成。其研究内容覆盖了 7 个领域，分别是：清洁能源、经济、教育、医疗健康、国家安全、政治、社会政策。中间路线研究所目前设立了 3 个研究项目，分别是：南希·黑尔奖学金项目、中间路线研究所实习生项目、伙伴项目。

（3）研究产品

中间路线研究所自成立以来累计发布了 4 600 余篇报告文章，共设计推出了 12 种研究产品，包括 2 种研究报告类产品、1 种博客类产品、1 种期刊书籍类产品、2 种数据类产品、3 种新闻媒体类产品、1 种活动类产品、1 种音频视频类产品、1 种评论专栏类产品。

126. 福特汉姆研究所

福特汉姆研究所（Thomas B. Fordham Institute）成立于 1997 年，由当代实业家托马斯·B. 福特汉姆（Thomas B. Fordham）创立，位于美国华盛顿。福特汉姆研究所资金来源于基金会、企业机构以及个人。研究所及其附属基金会致力于通过高质量研究、分析和评论，促进美国每个孩子都能得到卓越教育。该智库网址是：www.fordhaminstitute.org。

（1）历史沿革

福特汉姆研究所的历史可以追溯到 60 年前，当时塞尔玛·福特汉姆·普鲁特（Thelma Fordham Pruett）创立了托斯·福特汉姆基金会，以纪念她已故的丈夫托马斯·福特汉姆。1997 年，福特汉姆基金会改革，福特汉姆研究所由此成立。成立至今，福特汉姆研究所专注于在俄亥俄州乃至全美推广卓越教育的使命，使孩子获得更好的教育。

（2）组织机构

福特汉姆研究所的研究团队在主席迈克·佩特里里的带领下，由 29 位研究人员组成。其研究内容覆盖了 18 个领域，例如：问责制与测试、学校财政、循证学习、教师与学校指导、私立学校选择、特许学校、家庭的优质选择、学生的个性化路径、课程与授课、职业技术教育等。福特汉姆研究所目前设立了 1 个研究项目，即新兴教育政策学者项目。

（3）研究产品

福特汉姆研究所自成立以来累计发布了 21 700 余篇报告文章，共设计推出了 9 种研究产品，包括 2 种研究报告类产品、1 种期刊书籍类产品、1 种博客类产品、2 种评论专栏类产品、1 种新闻媒体类产品、1 种音频视频类产品、1 种新闻媒体类产品。其中，"俄亥俄教育评论"就研究所关心的俄亥俄州高质量教育问题进行研究、分析和评论，发表频率为每年 300~400 篇。

127. 美国和平研究所

美国和平研究所（United States Institute of Peace），由美国国会创立于 1984 年，位于美国华盛顿。美国和平研究所是一个美国国会资助、国家级的独立研究所。美国和平研究所致力于通过减少国外暴力冲突来促进美国国家安全和全球稳定。该智库网址是：www.usip.org。

（1）历史沿革

美国国会在 1984 年建立了美国和平研究所。美国和平研究所的成立过程中，第二次世界大战退伍军人在国会中发挥了很大的作用。两位第二次世界大战退伍军人——俄勒冈州参议员哈特菲尔德（Hatfield）和印第安纳州参议员万斯·哈特克（Vance Hartke）提出建立美国和平研究所法案，该法案后经国会通过，里根总统将其签署为法律，美国和平研究所由此诞生。在不断升级的区域冲突和快速演变的地缘问题背景下，美国和平研究所持续关注脆弱国家日益复杂的国内局势，并对美国政府提出相应的政策建议。

（2）组织机构

美国和平研究所的研究团队在总裁乔·拉泰勒（Joe Lataille）带领下，由 218 位研究人员组成。其研究内容覆盖了 19 个领域，例如：军民关系、冲突分析与预防、民主与治理、经济与环境、教育培训、全球健康、全球政策、人权、正义、安全与法治、调解、协商与对话等。美国和平研究所目前设立了 5 个研究中心，如冲突分析与预防中心等。美国和平研究所开展了 42 个研究项目，如两党国会对话项目、国际伙伴关系项目等。

（3）研究产品

美国和平研究所自成立以来累计发布了 45 000 余篇报告文章，共设计推出了 15 种研究产品，包括 8 种研究报告类产品、1 种期刊书籍类产品、1 种博客类产品、3 种评论专栏类产品、1 种音频视频类产品、1 种数据类产品。其中，美国和平研究所的专题报告涉及全球政策、选举暴力、民主与治理、人权以及冲突分析与预防等诸多研究领域。

128. 城市研究所

城市研究所（Urban Institute）成立于 1968 年，由林登·约翰逊（Lyndon Johnson）总统建立，位于美国华盛顿。城市研究所是一个非营利性研究组织，大部分资金来自政府、基金会、企业机构以及个人。城市研究所致力于通过推动经济和社会政策实施，探究开放思想、制定决策并提供解决方案。该智库网址是：www.urban.org。

（1）历史沿革

1968 年，城市研究所通过微仿真工具，建立了关于税收、健康保险和退休保障的微观模拟模型，帮助决策者更好地制定政策。随后，城市研究所启动了长达 10 年的"改变国内优先事项"项目。1991 年苏联解体后，城市研究所帮助东欧国家政府解决市场经济问题，扩大了该地区公民的政治参与度。2000 年以来，城市研究所紧跟美国在政治、经济、社会中遇到的问题，针对"9·11"事件、卡特里娜大飓风、2008 年次贷危机、奥巴马时代的医疗改革等问题提供智力支持以帮助制订解决方案。随着城市研究所对未来的展望，城市研究所正在探索在未来几十年中促进公平的解决方案。

（2）组织结构

城市研究所的研究团队在曾任总统经济政策副助理兼国家经济委员会副主任的萨拉·罗森·沃特尔（Sarah Rosen Wartell）带领下，由 45 位研究人员组成。其研究内容覆盖了 24 个领域，例如：收入与财富、住房和住房金融、税收和预算、犯罪与司法、经济增长与生产力等。城市研究所目前设立了 12 个研究中心，如收入和福利政策中心、住房金融政策中心等。城市研究所开展了 25 个研究项目，如低收入工作家庭项目、不平等和流动性项目等。

（3）研究产品

城市研究所自成立以来累计发布了 17 400 余篇报告文章，共设计推出了 5 种研究产品，包括 1 种博客类产品、1 种新闻媒体类产品、1 种音频视频类产品、1 种数据类产品、1 中活动类产品。

129. 新美国安全中心

新美国安全中心（Center for a New American Security）成立于 2007 年，由美国前东亚和太平洋事务助力国务卿库尔特·M. 坎贝尔（Kurt M. Campbell）和美国前国防部政策副部长米歇尔·佛罗诺伊（Michele A. Flournoy）共同创立，位于美国华盛顿。新美国安全中心是一个独立的两党非营利组织，其资金来源于政府、基金会、企业机构和个人。新美国安全中心致力于制定强有力、务实和有原则的国家安全和国防政策。该智库网址是：www.cnas.org。

（1）历史沿革

新美国安全中心自 2007 年成立以来，始终坚持进行开创性的研究和分析，以推动华盛顿以及其他地区的国家安全和外交政策辩论，为美国的关键战略选择提供依据，并得到美国政府行政机构以及国会的共和党以及民主党领导者的支持。

（2）组织机构

新美国安全中心的研究团队在中心主任理查德·方丹（Richard Fontaine）的带领下，由 127 名研究人员组成。该智库的研究内容覆盖了 8 个领域，分别是：国防、跨大西洋安全、能源、经济与安全问题、技术与国家安全问题、中东安全问题、印太安全问题以及退伍军人与社会。该智库设立了 32 个研究项目，如数字制裁项目和关键数字基础设施等。

（3）研究产品

新美国安全中心自成立以来累计发布了 8500 篇报告文章，共设计推出了 8 种研究产品，包括 1 种研究报告类产品、1 种博客类产品、2 种评论专栏类产品、1 种新闻媒体类产品、1 种期刊书籍类产品、2 种音频视频类产品。

130. 华盛顿公平增长中心

华盛顿公平增长中心（Washington Center for Equitable Growth）成立于 2013 年，由约翰·波德斯塔（John Podesta）创立，位于美国华盛顿，是一个非营利性研究机构。华盛顿公平增长中心主要由经济安全项目、福特基金会、洛克菲勒家族、桑德勒基金会等 9 家基金会资助。华盛顿公平增长中心致力于推动基于现实的想法和政策，以促进强劲、稳定和广泛的经济增长。该智库网址是：www.equitablegrowth.org。

（1）历史沿革

自 2013 年成立以来，华盛顿公平增长中心先后拨款 440 万美元资助 180 多个研究项目，主要涉及宏观经济政策、市场结构、劳动力市场和人力资本 4 个方面的研究，其中学术基金项目 122 个、博士基金项目 61 个。在研究基金的支持下，学者们研究政策制定者提出的问题，并提供相应的分析作为政策依据。

（2）组织结构

华盛顿公平增长中心的研究团队在总裁兼联合创始人希瑟·布希（Heather Boushey）带领下，由 42 位研究人员组成。华盛顿公平增长中心的研究内容覆盖了 5 个领域，分别是：竞争、家庭、不平等和流动性、劳动力、税收和宏观经济。华盛顿公平增长中心成立以来设立了6个研究项目，如公平增长网络项目等。

（3）研究产品

华盛顿公平增长中心自成立以来累计发布了2 200余篇报告文章，共设计推出了6种研究产品，包括2种研究报告类产品、1种学术论文类产品、1种期刊书籍类产品、1种博客类产品、1种活动类产品。《平等增长对话》是华盛顿公平增长中心的系列报告，其内容主要是通过与顶级经济学家以及公共政策领域专家的对话来帮助政策制定者和民众更好地理解经济不平等对于经济增长以及社会稳定的影响。

131. 厄普约翰就业研究所

厄普约翰就业研究所（W.E. Upjohn Institute for Employment Research），成立于1945年，由威廉·埃拉图斯·厄普约翰（William Erastus Upjohn）创立，位于美国密歇根州。该智库是一个非营利的独立研究组织，其资金来源于基金会。厄普约翰就业研究所致力于为就业政策、劳动力市场分析、经济和劳动力发展等领域提供公正的高质量研究。该智库网址是：www.upjohn.org。

（1）历史沿革

1932年，厄普约翰创建了厄普约翰失业信托公司（W.E. Upjohn Unemployment Trustee Corporation）。1945年7月1日，在政策专家的建议下，厄普约翰失业信托公司创建了今天的厄普约翰就业研究所。

（2）组织机构

厄普约翰就业研究所的研究团队在研究所所长迈克尔·霍里根（Michael Horrigan）带领下，由36名研究人员组成。其研究内容覆盖了4个领域，分别是：教育与劳动力发展、经济发展、社会安全网、劳动力市场问题。该智库组建了2个研究中心，即就业管理服务中心、区域和经济规划中心。厄普约翰就业研究所开展了2个研究项目，如社区投资和零工经济项目等。

（3）研究产品

厄普约翰研究所自成立以来共发布了4 170余篇报告文章，共设计推出了19种研究产品，包括3种研究报告类产品、2种学术论文类产品、6种期刊书籍类产品、2种新闻媒体类产品、6种数据类产品。《经济发展季刊》是厄普约翰研究所发布的经过同行评审的期刊，致力于向政策制定者、决策者和研究人员发布经济发展方面的最新质量研究成果。

132. 威尔逊中心

威尔逊中心（Wilson Center，曾用名为Woodrow Wilson International Center for Scholars），成立于1968年，由美国国会特许建立，位于美国华盛顿。威尔逊中心是一个独立的研究组织，其资金来源于政府、基金会、企业机构和个人。威尔逊中心是美国主要的无党派政策论坛，致力于通过独立研究和公开对话解决全球性问题，为政策界提供可行的想法。该智库网址是：www.wilsoncenter.org。

（1）历史沿革

1968年，威尔逊中心在国会特许下，作为伍德罗·威尔逊（Woodrow Wilson）总统的官方纪念馆正式成立。1974年，肯南研究所成立。1976年，《威尔逊季刊》成立。1977年，塞缪尔·威尔斯（Samuel Wells）和美国陆军（退役）将军安德鲁·J.古德帕斯特（Andrew J. Goodpaster）在威尔逊中心创建国际安全研究计划，旨在研究涉及美国国际角色的全方位安全问题。1988 年，老布什总统庆祝威尔逊中心成立 20 周年。2019 年，威尔逊中心被评为全球排名第一的区域研究智库。

（2）组织机构

威尔逊中心的研究团队在简·哈曼（Jane Harman）带领下，由 161 名研究人员组成。其研究内容覆盖了 32 个领域，例如：新型冠状病毒、新兴技术、大国竞争、冷战、民主、灾害管理等。威尔逊中心开展了 31 个研究项目，比如非洲计划项目、国会关系项目等。

（3）研究产品

威尔逊中心自成立以来累计发布了 22 700 余篇报告文章，共设计推出了 15 种研究产品，包括 2 种研究报告类产品、2 种期刊书籍类产品、2 种博客类产品、1 种新闻媒体类产品、7 种音频视频类产品、1 种活动类产品。《威尔逊季刊》是该智库的旗舰刊物，以原创报道、专家观点和交互式多媒体元素为特色，赢得了广泛赞誉。

133. 美国世界事务委员会

美国世界事务委员会（World Affairs Councils of America，WACA），成立于 1986 年，由外交政策协会（FPA）和世界事务委员会创立，位于美国华盛顿。美国世界事务理事会是一个非营利、独立的研究组织，其资金来源于基金会、企业机构以及个人。美国世界事务委员会致力于提升公众政治参与度，使民众更好地了解美国的国际角色以及影响民众生活和未来发展的政策选择。该智库网址是：www.worldaffairscouncils.org。

（1）历史沿革

美国世界事务委员会最早可以追溯到 1918 年由包括社会改革家保罗·凯洛格（Paul Kellogg）在内的 141 名杰出美国人组成的自由国家联盟。1923 年，该联盟改组为外交政策协会，成为世界事务委员会的前身。1986 年，世界事务组织全国委员会办公室在华盛顿成立。随后，该组织更名为"美国世界事务委员会"。

（2）组织机构

美国世界事务委员会的研究团队在总裁兼首席执行官比尔·克利福德（Bill Clifford）带领下，由 6 名研究人员组成。该智库设立了 7 个研究项目，如全国会议项目、参与美国系列项目等。

（3）研究产品

美国世界事务委员会自成立以来共发布了 560 余篇报告文章，共设计推出了 4 种研究产品，包括 1 种研究报告类产品、2 种新闻媒体类产品、1 种音频视频类产品。

134. 耶鲁大学全球化研究中心

耶鲁大学全球化研究中心（Yale Center for the Study of Globalization，YCSG），成立于 2001 年，由耶鲁大学创立，位于美国康涅狄格州。耶鲁大学全球化研究中心是大学附属机构，其资金来源于基金会、企业机构以及个人。耶鲁大学全球化研究中心致力于研究日益一体化的世界对个人、社区以及国家的影响。该智库网址是：ycsg.yale.edu。

（1）历史沿革

2001 年成立以来，耶鲁大学全球化研究中心团队始终如一地致力于全球发展、金融全球化、多边贸易等核心问题，丰富了校园内关于全球化的辩论，促进了耶鲁大学与政策界的思想交流。

（2）组织机构

耶鲁大学全球化研究中心的研究团队在曾担任墨西哥总统的埃内斯托·塞迪略（Ernesto Zedillo）带领下，由 4 名研究人员组成。其研究内容覆盖了 6 个领域，分别是：全球发展、全球交易、金融全球化、和平与安全、核裁军、气候变化。

（3）研究产品

耶鲁大学全球化研究中心自成立以来共发布了 120 余篇报告文章，共设计推出了 4 种研究产品，包括 2 种研究报告类产品、1 种期刊书籍类产品、1 种新闻媒体类产品。

135. 美国行动论坛

美国行动论坛（American Action Forum），由道格拉斯·霍尔茨-埃金（Douglas Holtz-Eakin）创立于 2010 年，位于华盛顿。美国行动论坛是一个独立的、非营利组织，其资金来源于基金会、企业机构以及个人。美国行动论坛致力于使公众了解美国面临的复杂政策选择，并尽可能全面地分析为什么以中右翼价值观为基础的解决方案仍然代表着美国的最佳前进方向。该智库网址是：www.americanactionforum.org。

（1）历史沿革

自 2009 年成立以来，美国行动论坛一直以数据为导向，其政策专家致力于分析问题并提出相关解决方案，以说服决策者与公众。美国行动论坛在选举中保持中立，独立参与适当的立法宣传，以支持其提出的政策建议。

（2）组织机构

美国行动论坛的研究团队在前国会预算办公室主任道格拉斯·霍尔茨-埃金带领下，由 40 位研究人员组成。其研究内容覆盖了 19 个领域，例如：预算、债务、经济、金融服务、税收、贸易、基础设施、教育、技术与创新、卫生健康等。

（3）研究产品

美国行动论坛自成立以来累计发布了 5 000 余篇报告文章，共设计推出了 10 种研究产品，包括 2 种研究报告类产品、4 种评论专栏类产品、2 种新闻媒体类产品、1 种活动类产品、1 种数据类产品。

136. 美国当代德国研究所

美国当代德国研究所（American Institute for Contemporary German Studies），成立于 1983 年，由史蒂芬·穆勒（Steven Muller）博士和罗伯·杰拉德·利文斯顿（Robert Gerald Livingston）博士创立，位于华盛顿。美国当代德国研究所是一个无党派、非营利组织，其资金来源于政府、基金会、企业机构以及个人。美国当代德国研究所致力于帮助人们了解德国和美国在世界范围内面临的最重要的政治、经济和安全问题。该智库网址是：www.aicgs.org。

（1）历史沿革

美国当代德国研究所成立于 1983 年，最初是建立在约翰·霍普金斯大学研究所的研究所。研究所持续关注德国经济、政治和社会的动态变化，并期望推动两德统一。1989 年 11 月 9 日，随着柏林墙的倒塌，研究所将工作重点转向了更广泛的领域——新型德美两国伙伴关系。随后，研究所将研究结构转变为外交与安全政策、地缘经济与社会、文化与政治三部分的模式。

（2）组织机构

美国当代德国研究所的研究团队在杰弗里·拉斯克（Jeffrey Rathke）带领下，由 14 位研究人员组成。美国当代德国研究所的研究内容覆盖了 6 个领域，分别是：国内政策、经济学、对外政策、记忆政治、国防与安全、社会。美国当代德国研究所目前设立了 15 个研究项目，如外交与安全政策项目、地理经济学项目等。

（3）研究产品

美国当代德国研究所自成立以来累计发布了 2 970 余篇报告文章，共设计推出了 6 种研究产品，包括 4 种研究报告类产品、1 种博客类产品、1 种音频视频类产品。

137. 美国税收改革基金会

美国税收改革基金会（Americans for Tax Reform Foundation），成立于 1985 年，由葛洛夫·诺奎斯特（Grover Norquist）创立，位于华盛顿。美国税收改革基金会是一个中右翼机构，其资金来源于政府、基金会以及企业机构。美国税收改革基金会致力于保护纳税人，建立一个比当前的税收制度更简单、更平稳、更优惠的税收制度。该智库网址是：www.americansfortaxreformfoundation.org。

（1）历史沿革

1985 年，葛洛夫·诺奎斯特应里根总统要求成立了美国税收改革倡导组织（Americans for Tax Reform），并同时成立了专注于税收研究的智库组织。最初该智库组织名为"家庭公平"，其宗旨是提高公众对与联邦所得税税率有关的概念的认识，并简化联邦所得税系统。1991 年，"家庭公平"更名为"美国税收改革基金会"，为激进的纳税人团体在确定政策立场时提供帮助。

（2）组织机构

美国税收改革基金会的研究团队在葛洛夫·诺奎斯特带领下，由 10 人组成。其研究内容覆盖 8 个领域，例如：税收改革、健康、能源等。美国税收改革基金会设立了 8 个研究项目，如增加税收政策项目等。

（3）研究产品

美国税收改革基金会自成立以来累计发布了 1 000 余篇报告文章，共设计推出了 3 种研究产品，包括 1 种评论专栏类产品、1 种新闻媒体类产品、1 种数据类产品。

138. 亚利桑那州农村卫生中心

亚利桑那州农村卫生中心（Arizona Center for Rural Health），成立于 1981 年，由美国卫生与公共服务部创立于美国亚利桑那大学，位于美国亚利桑那州。亚利桑那州农村卫生中心是一个非营利大学附属研究机构，其资金来源于政府、基金会以及企业机构。亚利桑那州农村卫生中心致力于改善亚利桑那州农村居民的健康状况，并通过研究、教育和服务，成为亚利桑那州农村居民健康状况的主要发声者。该智库网址是：www.crh.arizona.edu。

（1）历史沿革

1981 年，在美国卫生与公共服务部的资助下，亚利桑那州农村卫生中心成立，负责协调全州农村卫生倡议。成立的 40 多年间，农村卫生中心通过与社区伙伴紧密合作，改善农村居民的健康状况，帮农村居民争取更多享受优质医疗的机会。

（2）组织机构

亚利桑那州农村卫生中心的研究团队在总裁丹尼尔·德克森（Daniel Derksen）带领下，由 25

位研究人员组成。该智库目前设立了 1 个研究中心，即亚利桑那州农村卫生局。亚利桑那州农村卫生中心开展了 15 个研究项目，如小型农村医院改善项目、亚利桑那州农村妇女健康倡议项目等。

（3）研究产品

亚利桑那州农村卫生中心自成立以来累计发布了 740 余篇报告文章，共设计推出了 17 种研究产品，包括 5 种研究报告类产品、1 种博客类产品、2 种评论专栏类产品、2 种新闻媒体类产品、2 种数据类产品、5 种活动类产品。

139. 阿肯色州经济发展研究所

阿肯色州经济发展研究所（Arkansas Economic Development Institute），成立于 1955 年，隶属于阿肯色大学，位于美国阿肯色州。阿肯色州经济发展研究所是一个非营利组织，其资金来源于政府、基金会以及企业机构。阿肯色州经济发展研究所致力于为政府官员和行业领袖提供研究成果，以促进阿肯色州经济增长并提高阿肯色州人民的生活质量。该智库网址是：www.youraedi.com。

（1）历史沿革

阿肯色州经济发展研究所成立于 1955 年，隶属于阿肯色大学。该智库通过提供研究、技术援助和培训来支持阿肯色州的经济发展。阿肯色州经济发展研究所的研究人员通过收集经济数据，分析当前的经济和社区发展活动，并为政府提供预测服务。

（2）组织结构

阿肯色州经济发展研究所的研究团队在现任执行理事吉姆·扬奎斯特（Jim Youngquist）的带领下，由 17 位研究人员组成。该智库目前设立了 4 个研究中心，如经济研究与数据分析中心、阿肯色州数据中心等。阿肯色州经济发展研究所开展了 4 个研究项目，如阿肯色州恢复和弹性计划等。

（3）研究产品

阿肯色州经济发展研究所自成立以来累计发布了 120 余篇报告文章，共设计推出了 4 种研究产品，包括 1 种研究报告类产品、1 种博客类产品、1 种新闻媒体类产品、1 种活动类产品。其中，阿肯色州经济报告和出版物帮助读者了解有关阿肯色州重要的计划、项目等信息。

140. 阿斯彭研究所

阿斯彭研究所（Aspen Institute）成立于 1949 年，由芝加哥商人沃尔特·帕普克（Walter Paepcke）创立，位于华盛顿。阿斯彭研究所是全球性的非营利机构，其资金来源于政府、基金会、企业机构以及个人。阿斯彭研究所致力于创造一个自由、公正和公平的社会。该智库网址是：www.aspeninstitute.org。

（1）历史沿革

美国集装箱公司董事长沃尔特·帕普克受阿斯彭自然美景的启发，想将阿斯彭作为世界各地的思想家、领袖、艺术家和音乐家反思社会和文化潜在价值观的理想聚集地，于是于 1949 年创立了阿斯彭研究所。1951 年，阿斯彭研究所赞助了全国摄影会议。20 世纪 60 年代，阿斯彭研究所增加了一系列新的项目和活动。多年来，阿斯彭研究所的活动吸引了总统、外交官、法官、大使和诺贝尔奖获得者等诸多人士，使研究所成为一个更加丰富和活跃的全球领导人论坛的场所。

（2）组织机构

阿斯彭研究所的研究团队在总裁兼首席执行官丹尼尔·R. 波特菲尔德（Daniel R. Porterfield）

带领下，由 302 位研究人员组成。其研究内容覆盖了 9 个领域，分别是：商业与社会、传播与文化、教育、能源与环境、健康与运动、司法与公民、机会与发展、慈善与社会事业、安全与全球事务。阿斯彭研究所目前设立了 68 个研究项目，如商业机会项目、金融安全项目等。

（3）研究产品

阿斯彭研究所自成立以来累计发布了 10 000 余篇报告文章，共设计推出了 10 种研究产品，包括 1 种研究报告类产品、1 种期刊书籍类产品、1 种博客类产品、1 种评论专栏类产品、1 种新闻媒体类产品、2 种音频视频类产品、3 种活动类产品。其中，*Ideas* 是该智库出版的年度刊物，其内容涵盖了研究所的各个研究领域。

141. 伯格鲁恩研究所

伯格鲁恩研究所（Berggruen Institute）成立于 2010 年，由尼古拉斯·伯格鲁恩（Nicolas Berggruen）和内森·加德尔斯（Nathan Gardels）共同创立，位于美国洛杉矶。伯格鲁恩研究所是一个独立的研究机构，其资金来源于基金会以及企业。伯格鲁恩研究所致力于发展基础思想，并通过这些基础思想塑造 21 世纪的政治和社会制度。该智库网址是：www.berggruen.org。

（1）历史沿革

2010 年，尼古拉斯·伯格鲁恩、内森·加德尔斯与一群学者、商业领袖和政治资深人士在加利福尼亚共同探讨全球金融危机造成的经济和政治压力，普遍认为西方民主国家正在衰落，而中国如何崛起将影响 21 世纪的国际格局。

伯格鲁恩研究所通过 21 世纪理事会、欧洲未来理事会和加州长期思考委员会提出并实施有效治理的新理念，并与德国和法国劳工部长密切合作，制定了欧洲青年就业项目。伯格鲁恩研究所还参加了中国国家主席习近平、总理李克强以及其他中国领导人出席的会议，并组织政府和行业领导人成立回访代表团，以促进中西方之间的沟通交流。

2014 年 1 月，伯格鲁恩研究所创建了《世界邮报》（WorldPost），这是一个非营利的全球在线出版物。2015 年，伯格鲁恩研究所扩大了其使命，创建了伯格鲁恩奖学金项目，该项目资助了致力于为应对伟大变革而开发新思想的思想家。到目前为止，已经有 60 多名学者获得了奖学金。

（2）组织机构

伯格鲁恩研究所的研究团队在主席尼古拉斯·伯格鲁恩带领下，由 39 位研究人员组成。该智库目前设立了 2 个研究中心，如伯格鲁恩中国中心。伯格鲁恩研究所开展了 21 个研究项目，如新政治经济学项目、民主未来计划项目等。

（3）研究产品

伯格鲁恩研究所自成立以来累计发布了 1 600 余篇报告文章，共设计推出了 5 种研究产品，包括 1 种研究报告类产品、1 种期刊书籍类产品、1 种新闻媒体类产品、2 种活动类产品。其中，*Noema* 是伯格鲁恩研究所发表关于哲学、治理、地缘政治、经济、技术和文化类文章的期刊。

142. 企业社会责任协会

企业社会责任协会（Business for Social Responsibility，BSR）成立于 1992 年，由社会风险网络成员乔希·梅尔曼等人创立，位于美国旧金山。企业社会责任协会是一个全球性的非营利组织，其资金来源于政府、基金会以及企业机构。企业社会责任协会致力于与企业合作，创造一个公正和可持续发展的世界。该智库网址是：www.bsr.org。

（1）历史沿革

1991 年，乔什·梅尔曼（Josh Mailman）、马尔·沃威克（Mal Warwick）和朱迪·威克斯（Judy Wicks）等社会风险网络成员提出了企业社会责任协会的构想。一年后，企业社会责任协会正式成立。1994 年，企业社会责任协会通过了一项使命，即"与企业合作，创造一个公正和可持续发展的世界"，并做了几项大的改变。一是，企业社会责任协会开始更多地与大公司合作，并将总部从华盛顿搬到旧金山。二是，企业社会责任协会确立了四个核心研究领域：环境、人权、社区经济发展、治理和问责制。三是，2000 年以来，企业社会责任协会将可持续性纳入其核心研究范围，并扩大了全球业务范围。

（2）组织结构

企业社会责任协会的研究团队在阿伦·克莱默（Aron Cramer）带领下，由 134 位研究人员组成。其研究内容覆盖了 17 个领域，例如：包容性经济、金融服务、信息与通信技术、消费产品、供应链可持续性、气候变化、卫生健康、多元化、公平与包容等。企业社会责任协会还建立了可持续未来实验室，通过制定更具弹性和可持续性的战略，帮助企业应对不确定的未来。

（3）研究产品

企业社会责任协会自成立以来累计发布了 2 100 余篇报告文章，共设计推出了 15 种研究产品，包括 2 种研究报告类产品、1 种博客类产品、1 种评论专栏类产品、1 种期刊书籍类产品、2 种新闻媒体类产品、8 种活动类产品。*Fast Forward* 是企业社会责任协会出版的季刊，探讨了商业和可持续发展之间的新问题。

143. 卡内基国际和平基金会

卡内基国际和平基金会（Carnegie Endowment for International Peace），成立于 1910 年，由美国钢铁大王安德鲁·卡耐基资助创建，位于美国华盛顿。卡内基国际和平基金会是一个独立的研究机构，其资金来源于政府、基金会、企业机构以及个人。卡内基国际和平基金会致力于在复杂多变、竞争日益激烈的世界培养下一代学术实践者，帮助美国应对最困难的全球问题。该智库网址是：www.carnegieendowment.org。

（1）历史沿革

1910 年，安德鲁·卡内基捐赠 1 000 万美元创建了卡内基国际和平基金会。1945 年，卡内基前总裁詹姆斯·肖特韦尔率领一个顾问代表团参加了起草联合国宪章的会议。从 20 世纪 70 年代开始，卡内基国际和平基金会开始参与制定减少核安全风险的长期议程。2018 年，卡内基国际和平基金会启动了一项为期多年的研究工作，即帮助政府制定更好满足美国中产阶级需求的外交政策。自成立以来，卡内基国际和平基金会已委托几代世界顶尖政策专家提出解决方案，以解决世界上最具挑战性的问题。

（2）组织机构

卡内基国际和平基金会的研究团队在主席威廉·J. 伯恩斯（William J. Burns）带领下，由 100 余位研究人员组成。其研究内容覆盖了 10 个领域，分别是：气候与能源、国防安全、民主与治理、经济、外交政策、全球治理、核武器、政治改革、社会与文化、科技。卡内基国际和平基金会目前在全球 6 个城市设立了研究机构，分别是：卡内基中东中心、卡内基清华全球政策研究中心，卡内基欧洲中心、卡内基莫斯科研究中心、卡内基印度中心以及美国华盛顿总部。卡内基国际和平基金会开展了 10 个研究项目，如地理经济学与战略项目等。

（3）研究产品

卡内基国际和平基金会自成立以来累计发布了 25 300 余篇报告文章，共设计推出了 12 种研究产品，包括 2 种研究报告类产品、2 种学术论文类产品、1 种期刊书籍类产品、1 种博客类产品、4 种评论专栏类产品、1 种音频视频类产品、1 种活动类产品。其中，《战略欧洲》是卡内基国际和平基金会出版的在线期刊，发表欧洲国际事务专家的深入分析、评论以及具体的政策建议。

144. 卡特中心

卡特中心（Carter Center），成立于 1982 年，由吉米·卡特（Jimmy Carter）和罗莎琳·卡特（Rosalynn Carter）与埃默里大学合作创立，位于美国亚特兰大。卡特中心是一个独立的研究组织，其资金来源于政府、基金会、企业机构以及个人。卡特中心致力于预防和解决冲突、增进自由与民主、改善人民健康。该智库网址是：www.cartercenter.org。

（1）历史沿革

1982 年，卡特中心成立，其研究工作于 1986 年步入正轨。1993 年，约翰·哈德曼被任命为执行主任。1994 年，卡特中心发起了一项 "No Even One" 的倡议，以抗议枪支泛滥导致儿童死亡的事件。1995 年，罗莎琳·卡特心理健康论坛在卡特中心举办。2002 年，卡特总统因在卡特中心"寻找和平解决国际冲突"的有关工作获得诺贝尔和平奖。2007 年，他的自传《超越白宫：宣战和平、抗击疟疾、建设希望》出版，书中记录了卡特中心成立前 25 年的有关信息。

（2）组织机构

卡特中心的研究团队在首席执行官佩奇·亚历山大（Paige Alexander）的带领下，由 30 位专家学者组成。卡特中心目前设立了 17 个研究项目，如和平项目、心理健康项目等。

（3）研究产品

卡特中心自成立以来累计发布了 20 000 余篇报告文章，共设计推出了 11 种研究产品，包括 1 种研究报告类产品、1 种期刊书籍类产品、1 种博客类产品、2 种评论专栏类产品、4 种新闻媒体类产品、1 种数据类产品、1 种活动类产品。其中，卡特中心的旅行报告由美国前总统兼诺贝尔和平奖获得者吉米·卡特撰写，提供了卡特中心创始人举行的正式会议和旅行的详细说明。

145. 自由与繁荣中心

自由与繁荣中心（Center for Freedom and Prosperity），成立于 2000 年，由丹尼尔·J. 米歇尔（Daniel J. Mitchell）创立，位于美国弗吉尼亚州。自由与繁荣中心是一个非营利性组织，其资金来源于基金会、企业机构以及个人。自由与繁荣中心致力于通过倡导竞争性市场和有限政府来促进经济繁荣。该智库网址是：www.freedomandprosperity.org。

（1）历史沿革

该智库未披露相关信息。

（2）组织机构

自由与繁荣中心的研究团队在联合创始人兼董事会主席丹尼尔·J. 米歇尔的带领下，由 7 位研究人员组成。其研究内容覆盖了 18 个领域，例如：经济增长、金融隐私、收税竞争、财政主权、自由市场、经济合作与发展组织、有限政府等。自由与繁荣中心目前设立了2个研究项目，分别是税收竞争联盟项目、反对非法阿片类药物项目。

（3）研究产品

自由与繁荣中心自成立以来累计发布了5 500余篇报告文章，共设计推出了10种研究产品，包括2种研究报告类产品、1种期刊书籍类产品、2种博客类产品、3种评论专栏类产品、1种新闻媒体类产品、1种音频视频类产品。

146. 金融稳定中心

金融稳定中心（Center for Financial Stability，CFS），由劳伦斯·古德曼（Lawrence Goodman）创立，位于纽约。金融稳定中心是一个独立、非营利性的研究组织，其资金来源于政府、基金会、企业机构以及个人。金融稳定中心致力于开展金融市场研究，为投资者、官员和公众谋取利益。该智库网址是：www.centerforfinancialstability.org。

（1）历史沿革

该智库未披露相关信息。

（2）组织机构

金融稳定中心的研究团队在其创始人兼主席劳伦斯·古德曼带领下，由37位研究人员组成。其研究内容涵盖金融、法律和经济学等多个领域。金融稳定中心目前设立了1个研究项目，即货币和计量金融学的进展项目。

（3）研究产品

金融稳定中心自成立以来共发布了700余篇报告文章，共设计推出了14种研究产品，包括4种研究报告类产品、1种期刊书籍类产品、3种评论专栏类产品、1种新闻媒体类产品、3种数据类产品、2种活动类产品。"历史金融统计"是CFS的重要研究产品之一，这是一个关于汇率、中央银行和商业银行资产负债表、利率、货币供应量、通货膨胀、国际贸易、政府财政、国民账户等内容的数据集。历史金融统计收集了大约从1500年到1950年的数据，目前包含大约15万个年度数据点和超过200万个高频数据点。

147. 政府研究中心

政府研究中心（Center for Governmental Research），成立于1915年，由乔治·伊士曼创立，位于纽约。政府研究中心是一个非营利组织，其资金来源于基金会、企业机构以及个人。政府研究中心致力于通过对公众、非营利组织和慈善组织的有效研究、分析和数据管理，提高社区的质量。该智库网址是：www.cgr.org。

（1）历史沿革

政府研究中心的前身是纽约市市政研究局。在成立的前几年里，政府研究中心就因为揭露了缺乏根据的公共政策而获得全国的关注。政府研究中心的专家通过专业的、翔实的市政研究，提升了智库的声誉。

政府研究中心第一个里程碑式的项目出现在1925年，当时智库专家们在深入研究后建议对《城市宪章》进行彻底改革。新宪章于1928年通过，将罗切斯特市政府定位为城市管理者，并依此模式运营了50多年，夯实了罗切斯特市政府作为专业管理政府的地位。

（2）组织结构

政府研究中心的研究团队在总裁兼首席执行官罗森伯格（Erika Rosenberg）的带领下，由 20 余位研究人员组成。其研究内容覆盖了 4 个领域，分别是：政府与教育、经济与公共财政、健康与人类服务、非营利组织与社区。

（3）研究产品

政府研究中心自成立以来累计发布了 900 余篇报告文章，共设计推出了 5 种研究产品，包括 1 种研究报告类产品、1 种学术论文类产品、1 种博客类产品、1 种新闻媒体类产品、1 种数据类产品。政府研究中心的案例研究报告以电子格式出版，覆盖儿童和青少年服务、社区档案、刑事司法、经济分析、教育、政府管理等多个主题。

148. 每个得克萨斯人

每个得克萨斯人（Every Texan），一般被正式称为公共政策优先中心（Center for Public Policy Priorities），成立于 1985 年，由得克萨斯州的伯恩本笃会修女姐妹（the Benedictine Sisters of Boerne, Texas）创立，位于美国得克萨斯州。每个得克萨斯人是一个非营利机构，其资金来源于基金会、企业机构以及个人。每个得克萨斯人致力于加强公共政策，为得克萨斯本地居民提供机会并促进公平。该智库网址是：www.everytexan.org。

（1）历史沿革

每个得克萨斯人最初由得克萨斯州的伯恩本笃会修女于 1985 年成立，在过去的 30 多年中一直追求使得克萨斯州更加公平的愿景。该智库最初是本笃会资源中心，而后改名为公共政策优先中心。1999 年，公共政策优先中心成为一个独立的免税组织。2020 年，公共政策优先中心更名为每个得克萨斯人。每个得克萨斯人一直主张扩大医疗保障范围、改善财政政策以及扩大经济机会。

（2）组织机构

每个得克萨斯人的研究团队在首席执行官马里萨·波诺（Marisa Bono）带领下，由 21 位研究人员组成。其研究内容覆盖了 6 个领域，分别是：卫生健康、食品安全、素质教育、工作与财务安全、预算与税收、平等与不平等。每个得克萨斯人目前设立了 1 个研究中心，即数据中心。每个得克萨斯人开展了 12 个研究项目，如学校早餐项目、社区资格项目等。

（3）研究产品

每个得克萨斯人自成立以来累计发布了 1 100 余篇报告文章，共设计推出了 5 种研究产品，包括 1 种评论专栏类产品、1 种博客类产品、2 种数据类产品、1 种活动类产品。其中，儿童计数数据是智库的数据类产品，对 70 多种不同的儿童福利进行了衡量。

149. 政治响应中心

政治响应中心（Center for Responsive Politics，也称为 Open Secret），成立于 1983 年，由美国参议员弗兰克·丘奇和休·斯科特（Hugh Scott）创立，位于美国华盛顿。政治响应中心是一个独立、非营利的研究组织，其资金来源于基金会和个人。政治响应中心致力于追踪美国政治中的资金流动，并提供数据和分析以加强民主。该智库网址是：www.opensecrets.org。

（1）历史沿革

1996 年，政治响应中心设立了网站 opensecrets.org，用于探究资本对美国政治的影响，以及金钱如何影响政策和公民的生活。如今，政治响应中心已成为一个包含多个方面的信息中心。中心还与其他倡导者合作，鼓励政府以电子格式向公民披露更多信息。除数据外，政治响应中心的新闻报道还经常被《纽约时报》《华尔街日报》《今日美国》等新闻机构引用。政治响应中心的专家经常出现在国家新闻节目和主要出版物上，对政治影响问题进行分析。

（2）组织机构

政治响应中心的研究团队在希拉·克鲁姆兹（Sheila Krumholz）带领下，由 28 位研究人员组成。其研究内容覆盖了 2 个领域，分别是：政治家和选举、影响力和游说。政治响应中心目前设立了 2 个中心，分别是：资源中心、学习中心。

（3）研究产品

政治响应中心自成立以来累计发布了 6 000 余篇报告文章，共设计推出了 6 种产品，包括 2 种新闻媒体类产品、1 种活动类产品、1 种研究报告类产品、2 种评论专栏类产品。"旋转门"是智库推出的人物背景数据库，主要提供美国政府任职人员的过往工作背景并对其利益链进行追踪。

150. 威斯康星战略中心

威斯康星战略中心（Center on Wisconsin Strategy），由威斯康星大学麦迪逊分校于 1990 年成立，位于威斯康星州麦迪逊市。威斯康星战略中心是一个大学附属机构，其资金来源于企业机构以及个人。威斯康星战略中心致力于提出解决社会问题的方案。该智库网址是：www.cows.org。

（1）历史沿革

自 1990 年成立以来，威斯康星战略中心一直在推动针对社会问题的"高速"（High Road）解决方案。这些方案将公平公正、环境可持续性以及有弹性的民主体制视为人类发展的必要条件。

"高速"解决方案的一大魅力在于，几乎所有社区都可以立即开始建造它。威斯康星战略中心通过绘制区域经济地图，找出具有潜在竞争优势的地区，并借助更有效率的组织机构来发展这些地区。

（2）组织机构

威斯康星战略中心的研究团队在乔尔·罗杰斯带领下，由 35 位研究人员组成。其研究内容覆盖了 6 个领域，例如：政策中的健康、威斯康星州就业、交通与能源等。威斯康星战略中心目前设立了 1 个研究中心，即威斯康星州的工作、州预算和工会。威斯康星战略中心开展了 9 个研究项目，如效率城市网络项目等。

（3）研究产品

威斯康星战略中心自成立以来累计发布了 1 300 余篇报告文章，共设计推出了 4 种产品，包括 1 种新闻媒体类产品、1 种活动类产品、1 种期刊书籍类产品、1 种研究报告类产品。

151. 公民反对政府浪费

公民反对政府浪费（Citizens Against Government Waste，CAGW），成立于 1984 年，由企业家 J. 彼得·格雷斯（J. Peter Grace）和作家杰克·安德森（Jack Anderson）创立，位于美国华盛顿。公民反对政府浪费是一个私人、非营利的机构，其资金来源于基金会、企业机构以及个人。公民反对政府浪费致力于通过研究以及开展公共教育活动来消除政府工作中的浪费、欺诈、滥用和管理不善问题。该智库网址是：www.cagw.org。

（1）历史沿革

公民反对政府浪费由已故商人 J. 彼得·格雷斯和已故普利策奖得主专栏作家杰克·安德森于 1984 年创立，是罗纳德·里根（Ronald Reagan）总统关于成本控制的私营部门调查（也被称为格雷斯委员会）的遗留物。如今，公民反对政府浪费已成为美国主流的披露政府浪费情况的信息来源。公民反对政府浪费的浪费调查结果几乎在所有国家报纸和新闻杂志上都有报道，这些刊物包括《纽约时报》《时代》《美国新闻与世界报道》《华尔街日报》和《华盛顿邮报》以及所有夜间网络电视新闻节目以及其他全国性的网络和有线电视新闻节目。

（2）组织机构

公民反对政府浪费的研究团队在前高级立法助理托马斯·A. 舒尔茨（Thomas A. Schatz）带领下，由 18 位研究人员组成。其研究内容覆盖了 26 个领域，例如：金融服务、预算、商业、教育、能源、企业福利、环境、规章制度、科技、国土安全等。

（3）研究产品

公民反对政府浪费自成立以来累计发布了 6 100 余篇报告文章，共设计推出了 12 种产品，包括 3 种研究报告类产品、2 种期刊书籍类产品、1 种博客类产品、3 种评论专栏类产品、2 种新闻媒体类产品、1 种数据类产品。其中，*Congressional Pig Book* 是公民反对政府浪费的旗舰出版物，是对联邦预算中的地方建设项目的年度汇编。

152. 克莱蒙特研究所

克莱蒙特研究所（The Claremont Institute），成立于 1979 年，由哈利·V. 杰法（Harry V. Jaffa）的学生们创立，位于加利福尼亚州。克莱蒙特研究所是一家非营利性机构，其资金主要来自基金会、企业机构以及个人，少部分来自投资收益及作品销售收入。克莱蒙特研究所致力于恢复美国建国原则在美国应有的、卓越的权威性。该智库网址是：www.claremont.org。

（1）历史沿革

克莱蒙特研究所是一家从事教学、写作和诉讼的智库。自 1979 年成立以来，其策略一直是向未来的思想家和美国政治家传授美国建国的原则，这些原则包括《独立宣言》中尊重自然权利和自然法的基本原则、宪法政治学以及维护自由政府所必需的大众宪政等。克莱蒙特研究所没有像其他许多智库那样专注于政策建议，而是向少数将继续担任媒体、政治、法律、演讲和学术界领导职务的人传授塑造政策的原则和思想。

（2）组织机构

克莱蒙特研究所的研究团队在瑞安·威廉姆斯（Ryan Williams）带领下，由 46 位研究人员组成。克莱蒙特研究所目前设立了 2 个研究中心，分别是：宪法研究中心、政治哲学与政治家中心。

（3）研究产品

克莱蒙特研究所自成立以来累计发布了 1 600 余篇报告文章，共设计推出了 7 种产品，包括 3 种评论专栏类产品、1 种新闻媒体类产品、1 种期刊书籍类产品、2 种活动类产品。《克莱蒙特书评》是克莱蒙特研究所的旗舰季刊，主要刊登学者们对于政治的真知灼见。该书评得到了广泛的认可，读者包括美国最高法院法官、参议员等，总阅读人数在 3.6 亿人左右。

153. 环境责任经济联盟

环境责任经济联盟（Coalition for Environmentally Responsible Economies，CERES），成立于 1989

年，由琼·巴伐利亚（Joan Bavaria）创立，总部位于马萨诸塞州的波士顿。环境责任经济联盟是一个非营利机构，其资金来源于基金会、企业机构以及个人。环境责任经济联盟致力于改变经济现状，以应对全球最大的可持续发展挑战。该智库网址是：www.ceres.org。

（1）历史沿革

为应对1989年埃克森·瓦尔迪兹（Exxon Valdez）漏油事件，一群具有前瞻性的投资者和环保主义者共同创立了环境责任经济联盟。在琼·巴伐利亚的领导下，他们开始重新评估公司作为环境管理者以及经济和社会变革的推动者的作用和责任。如今，凭借30多年的领导经验和成熟的成果，环境责任经济联盟有效推动投资者、公司、决策者和其他资本市场参与者积极采取行动以应对全球可持续性挑战。

多年来，环境责任经济联盟已经建立了具有影响力的投资者、公司和非营利组织网络，为领导人提供关于可持续性风险和机遇的科学研究分析以及实用的创新工具。

（2）组织机构

环境责任经济联盟的研究团队在明迪·S. 鲁伯（Mindy S. Lubber）带领下，由143位研究人员组成。其研究内容覆盖了15个领域，例如：碳资产风险、银行和金融、保险、气候变化、水利基础设施、政策、人权、运输、电力、水利基础设施等。环境责任经济联盟目前设立了4个研究中心，如可持续资本市场加速器、非营利组织网络等。环境责任经济联盟开展了8个研究项目，如资本市场系统项目、投资者领导力项目等。

（3）研究产品

环境责任经济联盟自成立以来累计发布了1 000余篇报告文章，共设计推出了7种研究产品，包括1种新闻媒体类产品、1种博客类产品、1种研究报告类产品、1种数据类产品、1种活动类产品、2种音频视频类产品。其中，环境责任经济联盟的可持续发展路线图是21世纪经济中可持续企业的战略构想和框架，帮助企业重新设计自身，以应对当今世界面临的前所未有的环境和社会挑战。

154. 基金会理事会

基金会理事会（Council on Foundation），成立于1949年，由爱德华·L. 赖尔森（Edward L. Ryerson）创立，总部位于美国华盛顿。基金会理事会是一个非营利性组织，其资金来源于基金会、企业机构以及个人。基金会理事会致力于为慈善事业营造一个蓬勃发展的环境，并培养一个由多元化且富有经验的慈善专业人士组成的社区。该智库网址是：www.cof.org。

（1）历史沿革

1949年，在芝加哥钢铁业高管爱德华·L. 莱尔森的领导下，以及各个社区基金会的资助下，全国基金会和社区福利信托委员会成立了。1957年该组织根据纽约州法律正式成为非营利性公司，名称更改为全国社区基金会理事会。随着时间的推移，基金会和慈善团体的规模、服务范围、审查范围不断扩大。

（2）组织机构

基金会理事会的研究团队在凯瑟琳·P. 恩赖特（Kathleen P. Enright）带领下，由29位研究人员组成。其研究内容覆盖了9个领域，例如：税收改革、联邦预算、非营利政治活动等。基金会理事会目前设立了19个研究项目，如包容性经济繁荣项目、可持续发展目标与慈善事业项目等。

（3）研究产品

基金会理事会自成立以来累计发布了860余篇报告文章，共设计推出了12种产品，包括2种评论专栏类产品、1种新闻媒体类产品、3种研究报告类产品、1种数据类产品、1种期刊书籍类产品、4种活动类产品。其中，慈善交流会是基金会理事会举办的点对点交流平台，理事会成员在交流会上与全球同行交流，讨论共同感兴趣的话题。

155. 半球事务委员会

半球事务委员会（Council on Hemispheric Affairs，COHA），成立于1975年，由拉里·伯恩斯（Larry Birns）创立，总部设在华盛顿。半球事务委员会是一个非营利性、独立的研究和信息机构。它的资金来源于企业机构以及个人。半球事务委员会致力于促进西半球的共同利益，鼓励美国对拉丁美洲制定理性和建设性的政策。该智库网址是：www.coha.org。

（1）历史沿革

半球事务委员会由拉里·伯恩斯于1975年成立，旨在巩固和扩大西半球的共同利益。自成立以来，半球事务委员会一直是应对西半球国家所面临的经济和政治挑战最活跃、基础最广泛的美国私人机构之一。

（2）组织机构

半球事务委员会的研究团队在帕特里西奥·萨莫拉诺（Patricio Zamorano）带领下，由47位研究人员组成。其研究内容覆盖了17个领域，例如：经济学、艺术文化、能源与环境、安全与防御、地缘政治、健康、腐败、教育、人权、大选等。

（3）研究产品

半球事务委员会自成立以来累计发布了2 148篇报告文章，共设计推出了6种研究产品，包括3种评论专栏类产品、1种研究报告类产品、1种学术论文类产品、1种活动类产品。

156. 美国生态研究所

美国生态研究所（Ecologic Institute US），成立于2008年，由R. 安德烈亚斯·克雷默（R. Andreas Kraemer）、迈克尔·梅林（Michael Mehling）和萨沙·穆勒（Sascha Muller）共同创立，位于美国华盛顿。美国生态研究所是一家独立的、非营利性智库，其资金来源于企业机构以及个人。美国生态研究所致力于推动实施环境保护政策，实现可持续发展。该智库网址是：www.ecologic.eu/institute-us。

（1）历史沿革

美国生态研究所成立于2008年，其前身是柏林生态研究所（Ecologic Institute）的跨大西洋项目。美国生态研究所通过各种活动为环境保护、可持续发展提供了切实可行的解决方案，并提供了国际合作和就环境政策辩论进行交流的机会。

（2）组织机构

美国生态研究所的研究团队在迈克尔·梅林带领下，由117位研究人员组成。其研究内容覆盖了5个领域，例如：生物多样性与生态系统、气候与能源、转型经济学、欧洲及其政策等。美国生态研究所目前设立了50个研究项目，如能源期货交易所项目、美国生态研究所项目等。

（3）研究产品

美国生态研究所自成立以来累计发布了4 918篇报告文章，共设计推出了12种研究产品，包括

3 种研究报告类产品、1 种学术论文类产品、2 种期刊书籍类产品、2 种评论专栏类产品、1 种新闻媒体类产品、2 种音频视频类产品、1 种活动类产品。

157. 埃德温·赖斯豪尔东亚研究中心

埃德温·赖斯豪尔东亚研究中心（Edwin O. Reischauer Center for East Asian Studies），成立于 1984 年，由赖斯豪尔家族创立，位于马里兰州的约翰·霍普金斯（Johns Hopkins）大学的高级国际研究学院（SAIS）。埃德温·赖斯豪尔东亚研究中心是大学的附属机构，它的资金来源于基金会以及企业机构。埃德温·赖斯豪尔东亚研究中心致力于开展跨太平洋和亚洲间关系的研究，同时促进东北亚，尤其是日本与美国之间的相互了解。该智库网址是：www.reischauercenter.org。

（1）历史沿革

埃德温·赖斯豪尔（Edwin O. Reischauer）是第一位在日本出生，并且会说日语的美国驻日本大使（1961—1966 年），他在哈佛大学开始职业生涯教学，最终成为哈佛燕京学社的社长。在此职位上，他为在美国大学建立东亚研究组织奠定了基础。赖斯豪尔从 1990 年以来一直担任埃德温·赖斯豪尔东亚研究中心的名誉主席，体现了其对公共服务的坚定承诺和促进在学术和文化活动中的交流的渴望。

（2）组织机构

埃德温·赖斯豪尔东亚研究中心的研究团队在肯特·E. 卡尔德（Kent E. Calder）带领下，由 5 位研究人员组成。其研究内容覆盖了 3 个领域，分别是：新冠疫情政策研究、亚太政策文件等专题、美国-日本年鉴。该智库共设立了 3 个研究项目，如日本基金会全球伙伴关系中心资助的举措项目、架桥项目等。

（3）研究产品

埃德温·赖斯豪尔东亚研究中心自成立以来累计发布了 200 余篇报告文章，共设计推出了 14 种产品，包括 1 种研究报告类产品、2 种学术论文类产品、1 种期刊书籍类产品、2 种评论专栏类产品、2 种新闻媒体类产品、1 种音频视频类产品、5 种活动类产品。其中，"亚太政策文件丛书"作为赖斯豪尔中心的旗舰产品，代表着与赖斯豪尔中心有关的学者和政策从业者的工作结晶。

158. 自由工厂基金会

自由工厂基金会（Freedom Works Foundation），成立于 1984 年，位于美国华盛顿。自由工厂基金会是一家非营利性公共政策机构，其资金来源于基金会、企业机构以及个人。自由工厂基金会致力于教育并赋予美国人关于个人自由、有限政府和自由市场的权利。该智库网址是：www.freedom-works.org。

（1）历史沿革

自由工厂基金会成立于 1984 年，最初是一个名为"公民稳健经济"的教育基金会。2004 年，公民稳健经济公司分裂为法新社和自由工厂基金会。此后，自由工厂基金会一直扩大在教育和政治领域的影响力。作为一个倡导组织，自由工厂帮助民众争取更低的税收、更少的政策限制和更多的自由。

（2）组织机构

自由工厂基金会的研究团队在主席亚当·布兰登（Adam Brandon）带领下，由 47 位研究人员组成。其研究内容覆盖了 13 个领域，例如：预算与支出、稳健货币、基本税制改革、教育改革、公民自由、能源与环境、权力改革、医疗改革、任期限制等。自由工厂基金会目前设立了 2 个研究中心，即监管行动中心和经济自由中心。

（3）研究产品

自由工厂基金会自成立以来累计发布了 10 000 余篇报告文章，共设计推出了 7 种研究产品，包括 2 种研究报告类产品、1 种评论专栏类产品、1 种博客类产品、2 种音频视频类产品、1 种数据类产品。

159. 全球视野研究所

全球视野研究所（Global Vision Institute），成立于 2003 年，由艾丽莎·克拉克（Alisa Clarke）女士创立。全球视野研究所是一个非营利性、独立的研究组织，其资金来源于基金会以及个人。全球视野研究所致力于实现现有国际体系的转型。该智库网址是：www.globalvisioninstitute.org。

（1）历史沿革

2003 年，一批联合国工作人员感到联合国的价值观与日常生活中的工作和文化严重脱节。因此，他们开始创立了一个名为"工作中的智慧"的协会，并在纽约扩大为"国际视野小组"，这个组织后来演变为现在的全球视野研究所。全球视野研究所在处理国际日益复杂的问题时始终寻求找到现实可行的办法，并秉持《联合国宪章》《世界人权宣言》《千年宣言》《和平文化行动纲领》所倡导的价值观。

（2）组织机构

全球视野研究所的研究团队在乔·华盛顿（Joe Washington）带领下，由 12 位研究人员组成。其研究内容覆盖了 10 个领域，例如：诚信雇佣、明确问责制、运营合作等。全球视野研究所目前设立了 1 个研究项目，即 GVI 价值调整服务项目。

（3）研究产品

全球视野研究所自成立以来累计发布了 80 余篇报告文章，共设计推出了 7 种产品，包括 1 种学术论文类产品、1 种期刊书籍类产品、1 种博客类产品、1 种评论专栏类产品、2 种新闻媒体类产品、1 种音频视频类产品。

160. 绿色美国

绿色美国（Green America），成立于 1982 年，由保罗·弗伦德利希（Paul Freundlich）和丹尼斯·哈姆勒（Denise Hamler）创立，位于美国华盛顿。绿色美国是一个全国性、非营利性的会员制组织，其资金来源于基金会、企业机构以及个人。绿色美国致力于利用消费者、投资者、企业和市场的力量来创建一个公正和可持续的社会。该智库网址是：www.greenamerica.org。

（1）历史沿革

1982 年，一小群人聚集在一起，坚信可以创造一个为人类和地球服务的经济，于是合作美国（现在称为绿色美国）诞生了。绿色美国积极促进社会和环境进步，并不断扩大绿色产品的市场、推广可再生能源、促进公平的工资和公平的贸易以及在国内外建立健康的社区。

多年来，绿色美国已经帮助数百万人创造一种良好的生活方式。绿色美国帮助世界走上了一条更加公正和可持续发展的未来之路。

（2）组织机构

绿色美国的研究团队在现任总裁艾莉莎·格雷维茨（Alisa Gravitz）带领下，由38位研究人员组成。绿色美国的研究内容覆盖了6个领域，分别是：气候、食物、财务、劳工、社会公正、绿色生活。

（3）研究产品

绿色美国自成立以来累计发布了770余篇报告文章，共设计推出了4种产品，包括1种期刊书籍类产品、1种博客类产品、2种新闻媒体类产品。其中，《绿色美国杂志》是绿色美国的季刊产品，对绿色经济进行了深入研究。

161. 哈金研究所

哈金研究所（Harkin Institute），成立于2013年，由德雷克大学创立，位于艾奥瓦州。哈金研究所是一个独立的大学附属研究机构，其资金来源于政府、基金会、企业机构以及个人。哈金研究所致力于通过向决策者提供高质量的信息以及提高公民的政治参与度来改善全体美国人的生活。该智库网址是：harkininstitute.drake.edu。

（1）历史沿革

哈金公共政策与公民参与研究所于2013年春季在德雷克大学成立，旨在实现两个目标。一是，该研究所将促进高质量、多学科的公共政策研究和分析，以解决参议员汤姆·哈金（Tom Harkin）在立法生涯中关注的问题。二是，哈金研究所通过教育和宣传活动，促进公民积极参与公共决策和公共政策制定，从而增强学生、学者和公众对这些领域的了解。

（2）组织机构

哈金研究所的研究团队在曾任美国国防部副部长的阿什·卡特（Ash Carter）带领下，由16位研究人员组成。其研究内容覆盖了4个领域，分别是：劳动就业、残障人士、退休保障、健康与营养。哈金研究所目前设立了4个研究中心，如劳动就业核心咨询委员会、健康与营养核心咨询委员会等。哈金研究所开展了1个研究项目，即哈金健康研讨会项目。

（3）研究产品

哈金研究所自成立以来累计发布了252篇报告文章，共设计推出了6种研究产品，包括1种研究报告类产品、1种学术类论文产品、1种新闻媒体类产品、2种数据类产品、1种活动类产品。其中，哈金研究所的研究报告体现了各个领域最深入、最新的研究成果，其发表频率约为每年一次。

162. 独立部门

独立部门（Independent Sector），成立于1980年，由约翰·W. 加德纳（John W. Gardner）创立，位于华盛顿，是一个独立、非营利的组织，其资金来源于基金会、企业机构以及个人。独立部门致力于加强公民地位并确保全美民众都能够茁壮成长。该智库网址是：www.independentsector.org。

（1）历史沿革

1980年，全国慈善理事会和全国志愿组织联盟合并，独立部门由此诞生。独立部门是美国第一个将寻求资助者和受资助者连接起来的组织。

（2）组织结构

独立部门的研究团队在丹·卡迪纳利带领下，由36位研究人员组成。其研究内容覆盖了4个领域，分别是：慈善捐赠、游说和政治活动、非营利性业务、税收与财政政策。独立部门共设立了6个研究项目，如非营利资本项目等。

（3）研究产品

独立部门自成立以来累计发布了2 500余篇报告文章，共设计推出了16种研究产品，包括5种研究报告类产品、1种期刊书籍类产品、1种博客类产品、3种评论专栏类产品、1种新闻媒体类产品、2种音频视频类产品、2种数据类产品、1种活动类产品。

163. 政策创新研究所

政策创新研究所（Institute for Policy Innovation），成立于1987年，位于得克萨斯州。政策创新研究所是一个非营利机构，其资金来源于基金会、企业机构以及个人。政策创新研究所致力于开发和推广创新的解决方案，以解决当前的公共政策问题。该智库网址是：www.ipi.org。

（1）历史沿革

政策创新研究所是一家非营利性、无党派的公共政策智库，总部位于得克萨斯州的欧文，于1987年成立。政策创新研究所的重点是利用个人自由、有限政府和自由市场的力量进行治理。政策创新研究所强调将研究成果交给新闻界和政策制定者，以便他们所倡导的思想可以应用于当今面临的挑战。

（2）组织结构

政策创新研究所的研究团队在汤姆·乔瓦内蒂（Tom Giovanetti）带领下，由4位研究人员组成。其研究内容覆盖了8个领域，分别是：增长、贸易方式、税制改革、权力改革、卫生健康、知识产权、技术与通信、能源。

（3）研究产品

政策创新研究所自成立以来累计发布了1 824篇报告文章，共设计推出了19种产品，包括4种研究报告类产品、1种期刊书籍类产品、1种博客类产品、8种评论专栏类产品、2种新闻媒体类产品、1种数据类产品、2种活动类产品。

164. 社会经济研究所

社会经济研究所（Institute of Social and Economic Research），成立于1961年，由乔治·罗杰斯（George Rogers）和维克·菲舍尔（Vic Fischer）创立于阿拉斯加安克雷奇大学，位于阿拉斯加。社会经济研究所是大学附属研究机构，其资金来源于基金会、企业机构以及个人。社会经济研究所致力于通过无党派的研究帮助人们了解社会和经济规律，以推动知情的公共决策和私人决策，进而增进阿拉斯加民众的福祉。该智库网址是：www.iseralaska.org。

（1）历史沿革

社会经济研究所负责为阿拉斯加统计经济和人口信息。成立的60多年中，很多教职员工及研究人员对阿拉斯加的人口和经济状况开展持续的研究，并帮助政府、私营部门以及阿拉斯加人民更好地应对变化。1999年，行为健康研究与服务中心成立。2010年，阿拉斯加教育政策研究中心成立。2015年，两个中心成为社会经济研究所的一部分。

（2）组织机构

社会经济研究所的研究团队在拉尔夫·汤森（Ralph Townsend）带领下，由25位研究人员组成。其研究内容覆盖了5个领域，分别是：经济财政政策、教育、健康、北极社区、自然资源。该智库共设立了2个研究中心，即行为健康研究与服务中心和阿拉斯加教育政策研究中心。社会经济研究所开展了10个研究项目，如阿拉斯加的未来投资项目、市民预算指南项目等。

（3）研究产品

社会经济研究所自成立以来累计发布了1 835篇报告文章，共设计推出了3种产品，包括2种研究报告类产品、1种学术论文类产品。

165. 跨信仰企业责任中心

跨信仰企业责任中心（Interfaith Center on Corporate Responsibility, ICCR），成立于1971年，由保罗·纽豪斯（Paul Neuhauser）创立，位于纽约。跨信仰企业责任中心是一个独立组织，其资金来源于基金会、企业机构以及个人。跨信仰企业责任中心致力于将社会价值观融入企业和投资者的行动中，构建一个更加公正和可持续的世界。该智库网址是：www.iccr.org。

（1）历史沿革

1971年，跨信仰企业责任中心成立，希望通过引导投资来解决一些迫切的社会问题。成立的50多年间，世界各地的投资者陆续加入跨信仰企业责任中心，希望为环境、公司治理等问题尽一份力。2018年5月，跨信仰企业责任中心发起成立了投资者人权联盟（Investor Alliance for Human Rights），这是一个全球投资者网络。该联盟由来自14个国家的137个机构组成，管理资产达3.5万亿美元。

（2）组织机构

跨信仰企业责任中心的研究团队在弗兰克·谢尔曼（Frank Sherman）带领下，由25位研究人员组成。其研究内容覆盖了7个领域，分别是：公司治理、财务管理与风险、人权、气候变化、水资源管理、健康、食品正义。该智库共设立了23个研究项目，如负责任的贷款项目等。

（3）研究产品

跨信仰企业责任中心自成立以来累计发布了280余篇报告文章，共设计推出了6种研究产品，包括1种博客类产品、3种评论专栏类产品、1种新闻媒体类产品、1种活动类产品。

166. 正义工作

正义工作（Jobs with Justice）成立于1987年，总部位于华盛顿。正义工作是一个非营利机构，其资金来源于基金会、企业机构以及个人。正义工作致力于通过汇集国家和地方层面劳工、社区、学生的意见，改善人们的生活，并为工人权利公开发声。该智库网址是：www.jwj.org。

（1）历史沿革

1987年，正义工作劳工权利组织成立。2012年，正义工作与另一个美国工会倡导组织"美国人的工作权益"合并。2022年，正义工作执行董事埃瑞卡出版了《我们需要的未来：为21世纪更好的民主而组织起来》一书。成立至今，正义工作在美国30多个城市设立了分支机构。

（2）组织机构

正义工作的研究团队在艾丽卡·斯迈利（Erica Smiley）带领下，由27位研究人员组成。其研究内容覆盖了7个领域，例如：促进工会与集体谈判、改革移民制度等。该智库共设立了8个研究项目，如无债务的未来项目等。

（3）研究产品

正义工作自成立以来累计发布了843篇报告文章，共设计推出了3种产品，包括2种研究报告类产品、1种新闻媒体类产品。其中，正义工作的研究报告通过研究支持提高工人标准的运动，为公众提供了有关工人权利和对所有人有利的经济的论述，出版频率为每年1~2次。

167. 马萨诸塞州新联邦研究所

马萨诸塞州新联邦研究所（Massachusetts Institute for a New Commonwealth，MassINC），成立于1996年，由一小群公民和商业领袖创立，位于马萨诸塞州。该智库是一个无党派组织，其资金来源于个人、组织和基金会。马萨诸塞州新联邦研究所致力于为民众提供可供理解的政策解读，为决策者提供信息和智力支持，使马萨诸塞州成为一个具有活力和包容性的地方。该智库网址是：www.massinc.org。

（1）历史沿革

马萨诸塞州新联邦研究所成立于1996年，专注于为马萨诸塞州的家庭建立通往中产阶级的阶梯。2007年，马萨诸塞州新联邦研究所开始将重点放在城市社区。2009年，马萨诸塞州新联邦研究所推出了CommonWealth网站，该网站是一个包含各种新闻和社论产品的免费数字平台。2010年，马萨诸塞州新联邦研究所成立了营利性子公司MassINC Polling Group。如今，马萨诸塞州新联邦研究所专注于教育与交通领域的公共政策研究。

（2）组织机构

马萨诸塞州新联邦研究所的研究团队在劳伦·路易斯·格罗根（Lauren Louison Grogan）带领下，由15位研究人员组成。其研究内容覆盖了13个领域，例如：就业与经济安全、经济发展、强大的社区、刑事司法、教育、政府责任、环境、大选、舆论等。该智库共设立了2个研究中心，即政策中心、马萨诸塞州新联邦研究所民意调查组。马萨诸塞州新联邦研究所开展了4个研究项目，如变革性公共交通导向开发倡议项目等。

（3）研究产品

马萨诸塞州新联邦研究所自成立以来累计发布了1 000余篇报告文章，共设计推出了4种研究产品，包括1种研究报告类产品、1种新闻媒体类产品、1种博客类产品、1种活动类产品。其中，马萨诸塞州新联邦研究所的《公民杂志》涵盖政治、政策、思想和公民生活，还为决策者和政治家提供信息和发表意见的平台。

168. 人力资源示范研究公司

人力资源示范研究公司（Manpower Demonstration Research Corporation），成立于1974年，由福特基金会和几家联邦机构共同创立，分布于美国纽约市、华盛顿、奥克兰和加利福尼亚州洛杉矶。人力资源示范研究公司是一家非营利的教育和社会政策研究机构，其资金来源于政府、基金会、企业机构以及个人。人力资源示范研究公司致力于为国家面临的一些最困难的问题找到解决办法，包括从减少贫困和实现经济自给自足到提高公共教育水平和大学生毕业率。该智库网址是：www.mdrc.org。

（1）历史沿革

人力资源示范研究公司专注于推动有效完善影响穷人的政策。从福利政策到高中改革，人力资源示范研究公司的工作帮助制定了全国的立法、方案设计和操作实践。多年来，公司已将其独特的方法应用于不断扩大的政策领域和目标人群。人力资源示范研究公司注重研究的高质量、完整性和严谨性，因与社区学院、各级政府、基金会和社区组织有效合作而闻名。

（2）组织机构

人力资源示范研究公司的研究团队在弗吉尼亚·诺克斯（Virginia Knox）带领下，由32位研究人员组成。其研究内容覆盖了7个领域，分别是：工作和收入保障、教育、高等教育、刑事和少年司法、健康、处于危险中的年轻人、有子女的家庭。该智库共设立了5个研究项目，如公共住房、家庭就业、社区振兴倡议项目等。

（3）研究产品

人力资源示范研究公司自成立以来累计发布了1 100余篇报告文章，共设计推出了8种产品，包括3种研究报告类产品、1种学术论文类产品、2种评论专栏类产品、1种数据类产品、1种新闻媒体类产品。

169. 山区国家法律基金会

山区国家法律基金会（Mountain States Legal Foundation），成立于1977年，由詹姆斯 G. 瓦特（James G. Watt）创立，位于科罗拉多州。山区国家法律基金会是一个非营利性公益组织，其资金来源于企业机构以及个人。山区国家法律基金会致力于捍卫宪法，以保护公民财产权利并促进经济自由。该智库网址是：www.mslegal.org。

（1）历史沿革

该智库未披露相关信息。

（2）组织机构

山区国家法律基金会的研究团队在克里斯滕·沃尔格默斯（Cristen Wohlgemuth）带领下，由15位研究人员组成。山区国家法律基金会的研究内容覆盖了13个领域，例如：私人财产、企业自由、经济自由、宪法权利、产权、环境政策、正当程序、第二修正案等。该智库共设立了1个研究项目，即法律奖学金项目。

（3）研究产品

山区国家法律基金会自成立以来累计发布了80余篇报告文章，共设计推出了3种研究产品，包括1种研究报告类产品、1种新闻媒体类产品、1种活动类产品。

170. 尼斯卡南中心

尼斯卡南中心（Niskanen Center），成立于2015年，由杰里·泰勒（Jerry Taylor）创立，位于美国华盛顿。尼斯卡南中心是一个独立的组织，其资金来源于基金会、企业机构以及个人。尼斯卡南中心致力于通过积极参与思想斗争、直接参与决策过程、参与法庭友好陈述，建立一个开放的社会。该智库网址是：www.niskanencenter.org。

（1）历史沿革

2015年，尼斯卡南中心成立。成立之初，尼斯卡南中心主要由加图研究所（Cato Institute）的前工作人员组成。共和党捐助者杰伊·法森早期为尼斯卡南中心在气候教育领域做出了贡献。2022年，尼斯卡南中心宣布布鲁金斯学会执行副总裁泰德·盖亚将成为中心的下一任主席。

（2）组织机构

尼斯卡南中心的研究团队在杰里·泰勒带领下，由 77 位研究人员组成。其研究内容覆盖了 7 个领域，例如：财政和货币政策、开放社会、气候、外交政策与国防等。该智库共设立了 5 个研究项目，如更快更公平的增长项目等。

（3）研究产品

尼斯卡南中心自成立以来累计发布了 2 500 余篇报告文章，共设计推出了 8 种产品，包括 1 种期刊书籍类产品、2 种博客类产品、1 种评论专栏类产品、3 种音频视频类产品、1 种活动类产品。

171. 奥克兰研究所

奥克兰研究所（The Oakland Institute），成立于 2004 年，由阿努拉达·米塔尔（Anuradha Mittal）创立，位于加利福尼亚州。奥克兰研究所是一个独立机构，其资金来源于企业机构以及个人。奥克兰研究所致力于为当今最紧迫的社会、经济和环境问题带来新的想法和大胆的行动。该智库网址是：www.oaklandinstitute.org。

（1）历史沿革

2004 年，奥克兰研究所成立。2006 年，奥克兰研究所获得 KPFA 和平奖。2007 年，奥克兰研究所获得联合国东湾协会全球公民奖。自 2011 年以来，奥克兰研究所将研究重心转向对发展中国家的土地投资交易进行调查，特别是对透明度、公平性和问责制存在问题的国家。

（2）组织机构

奥克兰研究所的研究团队在创始人兼执行董事阿努拉达·米塔尔带领下，由 18 位研究人员组成。其研究内容覆盖了 6 个领域，分别是：世界银行集团、平等、土地权、国际援助、气候变化、可持续粮食系统。

（3）研究产品

奥克兰研究所自成立以来累计发布了 1 200 余篇报告文章，共设计推出了 6 种研究产品，包括 1 种期刊书籍类产品、1 种博客类产品、1 种评论专栏类产品、2 种新闻媒体类产品、1 种活动类产品。其中，奥克兰研究所的刊物主要刊登对当代社会、经济和环境问题的分析，为重大学术辩论提供观点支撑，该产品的发布频率约为每年 10 次。

172. 太平洋法律基金会

太平洋法律基金会（Pacific Legal Foundation），成立于 1973 年，由时任州长的罗纳德·里根（Ronald Reagan）的幕僚创立，位于美国加利福尼亚州。太平洋法律基金会是一个非营利的独立机构，其资金来源于基金会、企业机构以及个人。太平洋法律基金会致力于在政府侵犯美国人宪法权利的时候捍卫美国人的自由。该智库网址是：www.pacificlegal.org。

（1）历史沿革

太平洋法律基金会由当时的州长罗纳德·里根的幕僚于 1973 年成立，是第一家致力于个人权利和有限政府原则的公共利益律师事务所。在第一任总裁罗纳尔多·祖姆布伦的带领下，太平洋法律基金会于 1973 年 6 月开始诉讼活动。早期的太平洋法律基金会在捍卫个人权利（例如言论自由权和依法得到平等保护的权利）方面做出了卓越的贡献。20 世纪 80 年代初期，太平洋法律基金会发起了名为"反对公众参与的战略诉讼的案件"。2018 年，太平洋法律基金会开始在加州大学伯克利分校法学院开展研讨会并提供实习工作。当前，太平洋法律基金会在美国拥有 4 个办事处和 30 多名律师。

（2）组织机构

太平洋法律基金会的研究团队在史蒂文·D. 安德森（Steven D. Anderson）带领下，由 84 位研究人员组成。其研究内容覆盖了 5 个领域，分别是：财产权、言论自由、经济自由、法律平等、三权分立。该智库共设立了 2 个研究项目，即伯克利法学院的伯克利研讨会和实习项目、查普曼法学院的自由诊所项目。

（3）研究产品

太平洋法律基金会自成立以来累计发布了 7 980 余篇报告文章，共设计推出了 6 种产品，包括 2 种研究报告类产品、1 种博客类产品、1 种新闻媒体类产品、2 种评论专栏类产品。其中，《法庭之友简报》是太平洋法律基金会的研究报告类产品，该产品的发布频率为每年 1~3 次。

173. 凤凰城高级法律与经济公共政策研究中心

凤凰城高级法律与经济公共政策研究中心（Phoenix Center for Advanced Legal & Economic Public Policy Studies），成立于 1998 年，由劳伦斯·J. 斯皮瓦克（Lawrence J. Spiwak）创立，位于华盛顿。凤凰城高级法律与经济公共政策研究中心是一个独立的非营利组织，其资金来源于企业机构以及个人。凤凰城高级法律与经济公共政策研究中心致力于对国内外法规、经济政策的实质影响进行独立评估。该智库网址是：www.phoenix-center.org。

（1）历史沿革

凤凰城高级法律与经济公共政策研究中心成立于 1998 年，其使命是对美国和国外的监管和经济政策的经济影响进行独立评估。为了实现这一目标，该中心支持客观的、基于解决方案的学术研究，避免受政治、党派偏见和意识形态议程的阻挠。凤凰城高级法律与经济公共政策研究中心的工作以事实、法律和经济理论为基础。

（2）组织机构

凤凰城高级法律与经济公共政策研究中心的研究团队在劳伦斯·J. 斯皮瓦克带领下，由 9 位研究人员组成。其研究内容覆盖了 17 个领域，例如：监管法与经济学、创新与竞争力、基础设施与运输、知识产权/专利改革等。

（3）研究产品

凤凰城高级法律与经济公共政策研究中心自成立以来累计发布了 500 余篇报告文章，共设计推出了 11 种研究产品，包括 3 种研究报告类产品、2 种学术论文类产品、2 种评论专栏类产品、1 种新闻媒体类产品、2 种数据类产品、1 种活动类产品。

174. 理性基金会

理性基金会（Reason Foundation）成立于 1978 年，位于洛杉矶。理性基金会是一个非营利组织，其资金来源于基金会、企业机构以及个人。理性基金会致力于通过发展、应用和推广自由主义原则，来建立自由社会。该智库网址是：www.reason.org。

（1）历史沿革

理性基金会通过发展、应用和促进自由主义原则，利用新闻和公共政策研究来影响决策者、记者和意见领袖的行动。理性基金会提倡自由主义思想，其出版的杂志广受好评。理性基金会的产品面向多元化、有影响力的受众，向其输出个人自由和有限政府的价值观。

（2）组织机构

理性基金会的研究团队在大卫·诺特（David Nott）带领下，由76位研究人员组成。其研究内容覆盖了18个领域，例如：消费者自由、政府改革、经济与经济学、养老金改革、教育、能源、卫生健康、私有化、城市增长与土地利用、文化与媒体等。

（3）研究产品

理性基金会自成立以来累计发布了15 000余篇报告文章，共设计推出了14种研究产品，包括3种研究报告类产品、1种期刊书籍类产品、3种评论专栏类产品、5种新闻媒体类产品、1种音频视频类产品、1种数据类产品。其中，《理性》杂志是理性基金会出版的月刊，创建于1968年。

175. 区域研究所

区域研究所（Regional Research Institute），成立于1955年，由西弗吉尼亚大学教授威廉·H.米尼克（William H. Miernyk）创立，位于西弗吉尼亚州摩根敦。区域研究所是一个大学附属智库，其资金来源于企业机构。区域研究所致力于促进学术研究，在区域发展的理论、研究方法以及政策建议方面取得了成果。该智库网址是：www.rri.wvu.edu。

（1）历史沿革

区域研究所于1965年9月1日成立。哈佛大学区域经济学家威廉·H.米尼克教授作为创始董事加入西弗吉尼亚大学。米尼克教授在投入产出模型方面的开创性研究，使区域研究所在区域经济学和区域科学的多学科领域获得了国际声誉。

（2）组织机构

区域研究所的研究团队在兰德尔·杰克逊带领下，由7位研究人员组成。区域研究所的研究内容聚焦于区域经济领域，即地理、经济和规划交叉的跨学科融合研究。

（3）研究产品

区域研究所自成立以来累计发布了700余篇报告文章，共设计推出了6种研究产品，包括3种研究报告类产品、1种学术论文类产品、1种期刊书籍类产品、1种活动类产品。IO-Snap是在西弗吉尼亚大学区域研究所开发的一款软件，以方便使用来自美国国家有关部门的投入产出数据，并进行统计分析。

176. 未来资源研究所

未来资源研究所（Resources for the Future，RFF），成立于1952年，由美国物资政策委员会创立，位于美国华盛顿。未来资源研究所是一个非营利性组织，其资金来源于政府、基金会、企业机构以及个人。未来资源研究所致力于通过公正的经济研究和政策参与来改善政府在环境、能源和自然资源领域的决策。该智库网址是：www.rff.org。

（1）历史沿革

1951年，哈里·杜鲁门（Harry Truman）总统成立了物资政策委员会［又称"佩利委员会"，以威廉·佩利（William Paley）主席的名字命名］。未来资源研究所成立于1952年，获得了福特基金会的资助，成为首个专门解决自然资源和环境问题的智库。1979年，未来资源研究所成立了环境与资源经济学家协会（AERE）。AERE 目前有来自 30 多个国家的近 900 名成员，他们来自学术机构、公共部门和私营企业。

（2）组织机构

未来资源研究所的研究团队在前美国能源信息署署长、总统经济顾问委员会能源和环境高级经济学家理查德·纽厄尔（Richard Newell）带领下，由 170 位专家学者以及政商两界领袖组成。未来资源研究所的工作聚焦于 17 个研究领域，例如：空气质量、生物多样性、碳定价、地球观测与空间、生态系统服务、环境经济学、渔业、森林资源、石油和天然气、电力的未来、公共和私人土地、水资源等。未来资源研究所设立了 8 个研究项目，比如先进能源技术项目、碳排放项目等。

（3）研究产品

未来资源研究所自成立以来累计发布了 8 910 余篇报告文章，共设计推出了 17 种研究产品，包括 2 种研究报告类产品、2 种学术论文类产品、3 种期刊书籍类产品、4 种评论专栏类产品、3 种活动类产品、2 种音频视频类产品、1 种数据类产品。《资源》杂志由未来资源研究所于 1959 年出版，每季度出版一次。

177. 权利与资源倡议

权利与资源倡议（Rights and Resources Initiative，RRI），成立于 2005 年，是由中美洲土著和社区农林协调协会（ACICAFOC）、国际林业研究中心（CIFOR）、森林趋势、巴布亚新几内亚人民和社区发展基金会（FPCD）共同创立，位于美国华盛顿和加拿大。权利与资源倡议是一个非政府和非营利机构，其资金来源于基金会以及企业机构。权利与资源倡议致力于通过为土著人民、非洲裔人民和当地社区提供信息支持，以保障当地人民的土地和资源权力。该智库网址是：www.rightsandresources.org。

（1）历史沿革

20 世纪 90 年代，国际发展界的一些行动者意识到，对传统土地权利缺乏尊重是导致森林砍伐、农村贫困、养护失败和冲突的主要原因。从 2000 年开始，森林趋势和国际林业研究中心（CIFOR）开始与中国研究机构和政府机构合作，推动中国政府在全国范围内推进森林权属改革，保护了数亿人的权利并减少了贫困。2005 年，权利与资源倡议正式成立，在此前成果的基础上，不断促进各组织之间更大的战略协调，以更好保障林地权利。

（2）组织机构

权利与资源倡议的研究团队在塔帕尼·奥克萨宁（Tapani Oksanen）带领下，由 17 位专家学者组成。其研究内容覆盖 4 个领域，例如：性别公正、气候与保护等。该智库设立了 1 个研究项目，即任期跟踪项目。

（3）研究产品

权利与资源倡议自成立以来累计发布了 1 200 余篇报告文章，共设计推出了 3 种研究产品，包括 1 种研究报告类产品、1 种博客类产品、1 种新闻媒体类产品。

178. RTI 国际

RTI 国际（RTI International，Research Triangle Institute International）成立于 1958 年，由北卡罗来纳州政府、教育界和商界领袖共同创立，总部位于北卡罗来纳州。RTI 国际是一家独立非营利性研究机构，其资金来源于政府、基金会和企业机构。RTI 国际致力于通过基于科学的解决方案解决世界上最关键的问题，以追求更美好的未来。该智库网址是：www.rti.org。

（1）历史沿革

该智库未披露相关信息。

（2）组织机构

RTI 国际的核心研究团队在第四任主席兼首席执行官 E. 韦恩·霍尔顿博士带领下，由 900 位学者、专家组成。RTI 国际的研究内容覆盖 8 个领域，分别是：健康、教育和劳动力发展、国际发展、能源研究、环境科学、社会与司法政策、粮食安全以及农业创新生态系统。RTI 国际在全球四大洲设有办事处，其员工遍布 75 个不同的国家，位于美国北卡罗来纳州的总部还设有 11 个研究中心，如先进方法开发中心、RTI 数据科学中心等。RTI 国际目前共开展 300 余个研究项目，如减少全球范围内的亲密伴侣暴力项目、针对精神健康危机人员的逮捕前分流计划项目等。

（3）研究产品

RTI 国际自成立以来累计发布了 42 000 余篇报告文章，共设计推出了 10 种研究产品，包括 2 种研究报告类产品、3 种学术论文类产品、2 种期刊书籍类产品、1 种博客类产品、1 种新闻媒体类产品、1 种活动类产品。

179. 肖伦斯坦媒体、政治与公共政策中心

肖伦斯坦媒体、政治与公共政策中心（Shorenstein Center on Media, Politics, and Public Policy），成立于 1986 年，由哈佛大学的约翰·F. 肯尼迪（John F. Kennedy）政府学院创立，总部位于美国马萨诸塞州剑桥。肖伦斯坦媒体、政治与公共政策中心是哈佛大学肯尼迪学校的研究中心，其资金来源于基金会、企业机构以及个人。肖伦斯坦媒体、政治与公共政策中心致力于消除世界各地社区面临的信任与真相的双重危机，保护信息生态系统健康，并支持理性的民主。该智库网址是：Shorensteincenter.org。

（1）历史沿革

肖伦斯坦媒体、政治与公共政策中心最早可以追溯到约翰·F. 肯尼迪政府学院。1985 年 12 月 10 日，哈佛大学宣布建立一个新的中心，命名为琼·肖伦斯坦（Joan Shorenstein Barone）媒体、政治和公共政策中心。1986 年 9 月 27 日，肖伦斯坦媒体、政治与公共政策中心正式启动。

（2）组织机构

肖伦斯坦媒体、政治与公共政策中心的研究团队在《时代》总编辑、肖伦斯坦中心主任南希·吉布斯的带领下，由 25 位研究人员组成。肖伦斯坦媒体、政治与公共政策中心的研究内容覆盖 17 个领域，分别是：商业与经济学，竞选、选举和政党，公民行动与利益集团，内政，环境、健康与科学，政府机构，国际事务，新闻实践，媒体业务，新闻业务与实务，政策与问题，政治与政府，新闻自由，种族与性别，技术，战争，国防与安全。该智库设立了 8 个研究项目，比如新闻质量项目、技术与社会变革项目等。

（3）研究产品

肖伦斯坦媒体、政治与公共政策中心自成立以来累计发布 3 000 余篇报告文章，共设计推出了 12 种产品，包括 5 种研究报告类产品、1 种期刊书籍类产品、1 种评论专栏类产品、1 种新闻媒体类产品、2 种音频视频类产品、2 种活动类产品。

180. 旧金山湾区规划和城市研究协会

旧金山湾区规划和城市研究协会（San Francisco Bay Area Planning and Urban Research Association，SPUR），成立于1910年，由一群旧金山市领导人创立，总部设在纽约市、华盛顿和奥克兰。旧金山湾区规划和城市研究协会是一个由会员支持的非营利组织，其资金来源于政府、基金会、企业机构以及个人。旧金山湾区规划和城市研究协会致力于通过研究、教育促进旧金山湾区形成良好的规划和政府规范。该智库网址是：www.spur.org。

（1）历史沿革

旧金山湾区规划和城市研究协会始于1906年的地震和火灾之后，该组织当时被称为"旧金山住房协会"（SFHA）。1942年，旧金山住房协会改名为"旧金山规划和住房协会"（SFPHA）。1977年，旧金山规划和住房协会改名为"旧金山规划与城市研究协会"。2015年，旧金山规划与城市研究协会更名为"旧金山湾区规划和城市研究协会"。

（2）组织机构

旧金山湾区规划和城市研究协会的研究团队在总裁兼首席执行官爱丽丝·约翰·巴蒂斯特带领下，由33位研究人员组成。其研究内容覆盖7个领域，分别是：社区规划、经济发展、善政、住房、区域规划、可持续发展+恢复力、交通。旧金山规划与城市研究协会开展了7个研究项目，比如共同崛起项目、粮食和农业项目等。

（3）研究产品

旧金山湾区规划和城市研究协会自成立以来累计发布了14 600余篇报告文章，共设计推出了6种研究产品，包括2种研究报告类产品、2种期刊书籍类产品、1种新闻媒体类产品、1种活动类产品。

181. 史汀森中心

史汀森中心（Stimson Center），成立于1989年，由巴里·布莱奇曼（Barry Blechman）和迈克尔·克莱彭（Michael Krepon）创立，位于美国华盛顿。史汀森中心是一个非营利组织，其资金来源于政府、基金会、企业机构以及个人。史汀森中心致力于通过应用研究、独立分析、深度参与以及政策创新来促进国际安全、共享繁荣和正义。该智库网址是：www.stimson.org。

（1）历史沿革

1989年，巴里·布莱奇曼和迈克尔·克莱彭在纽约卡内基公司和福特基金会的资助下成立了亨利 L. 史汀森中心。1995年，史汀森中心出版了《不断演变的美国核态势》，标志着前国防机构成员首次呼吁废除核武器，并提供了实现目标的方法。2018年，以研究朝鲜为名的智库38 North被并入史汀生中心的东亚团队。

（2）组织机构

史汀森中心的研究团队在智库总裁布赖恩·芬莱（Brian Finlay）的带领下，由141位研究人员组成。史汀森中心研究内容覆盖6个领域，分别是：防扩散、技术与贸易、资源与气候、国际秩序与冲突、亚洲、美国外交政策。史汀森中心还成立了两个委员会，分别是：阿尔弗雷德·李·鲁米斯创新委员会、东西方第二轨道外交顾问委员会。另外，史汀森中心还设立了73个研究项目，比如管理军火贸易项目、区块链实践项目等。

（3）研究产品

史汀森中心自成立以来累计发布了 8 940 余篇报告文章，共设计推出了 12 种研究产品，包括 4 种研究报告类产品、1 种学术论文类产品、4 种评论专栏类产品、2 种新闻媒体类产品、1 种活动类产品。

182. 税收政策中心

税收政策中心（Tax Policy Center, TPC），成立于 2002 年，由美国城市研究所和布鲁金斯学会联合创立，总部位于美国华盛顿。税收政策中心是一个独立的研究组织，其资金来源于基金会、企业机构以及个人。税收政策中心致力于提供对当前和未来税收问题的独立分析，并将分析结果与公众和决策者进行交流。该智库网址是：www.taxpolicycenter.org。

（1）历史沿革

2002 年，税收政策中心由城市研究所和布鲁金斯学会联合成立。成立的 20 年间，税收政策中心一直致力于向公众和决策者传播有关税收和预算政策的知识。

（2）组织机构

税收政策中心的研究团队在布鲁金斯学会专家威廉·G. 盖尔（William G. Gale）和城市研究所专家埃里克·托德（Eric Toder）的共同带领下，由 47 位研究人员组成。税收政策中心的研究内容覆盖了 5 个领域，分别是：个人税，营业税，联邦预算与经济，州和地方问题，竞选、提案和改革。该智库设立了 2 个研究项目，分别是：州和地方财政计划项目和税收政策与慈善倡议项目。

（3）研究产品

税收政策中心自成立以来累计发布了 11 850 余篇报告文章，共设计推出了 11 种研究产品，包括 3 种研究报告类产品、1 种博客类产品、2 种评论专栏类产品、1 种新闻媒体类产品、1 种音频视频类产品、2 种数据类产品、1 种活动类产品。其中，税收政策中心的统计数据产品为公民、政策分析师、立法者和新闻界提供税务信息。该产品数据来源广泛，包括城市研究所、布鲁金斯学会、国税局、联合税务委员会、国会预算办公室、财政部、税务管理员联合会和经济合作组织等。

183. 常识纳税人

常识纳税人（Taxpayers for Common Sense, TCS），成立于 1995 年，由吉尔·兰斯洛特（Jill Lancelot）、拉斐尔·德根纳罗（Raphael DeGennaro）、参议员威廉·普罗斯米尔（William Proxmire）和众议员罗恩·金德（Ron Kind）联合创立，位于美国华盛顿。常识纳税人是一个非营利、独立性的组织，其资金来源于基金会以及个人。常识纳税人致力于在无党派原则的前提下，坚决抵制并消除政府浪费。该智库网址是：www.taxpayer.net。

（1）历史沿革

1995 年，常识纳税人成立，其定位是一个说明财政真相、分析政府支出、指出政府浪费的组织。在过去的 20 多年间，常识纳税人已经发展成一个有效的、无党派的预算监督机构，专注于削减政府浪费性支出和补贴，以推动形成负责任和高效的政府。

（2）组织机构

常识纳税人的研究团队在总裁史蒂夫·埃利斯带领下，由 13 位专家学者组成。常识纳税人的研究内容主要涉及 5 个领域，分别是：农业、预算与税收、能源与自然资源、基础设施、国家安全。

（3）研究产品

常识纳税人自成立以来累计发布了 8 200 余篇报告文章，共设计推出了 15 种研究产品，包括 3 种研究报告类产品、7 种评论专栏类产品、3 种新闻媒体类产品、1 种数据类产品、1 种活动类产品。"联邦预算监督机构"是智库推出的播客产品，主要讨论国家面临的预算、支出和税收问题。

184. 陶氏数字新闻中心

陶氏数字新闻中心（Tow Center for Digital Journalism），成立于 2010 年，由艾米莉·贝尔（Emily Bell）创立，位于美国纽约。陶氏数字新闻中心是哥伦比亚大学新闻学研究生院的附属机构，其资金来源于基金会以及个人。陶氏数字新闻中心致力于为记者提供引领数字新闻未来的技能和知识，并成为整个行业的研发中心。该智库网址是：towcenter.columbia.edu。

（1）历史沿革

2010 年，陶氏数字新闻中心作为哥伦比亚大学新闻研究生院的一个研究所成立。成立以来，陶氏数字新闻中心持续对数字新闻业的全行业经济趋势、文化变迁以及技术革新开展研究。

（2）组织机构

陶氏数字新闻中心的研究团队在艾米莉·贝尔主任的带领下，由 57 位研究人员组成。陶氏数字新闻中心设立了 98 个研究项目，比如黑色数字新闻机构如何打击与 COVID 相关的错误信息项目、如何重建互信项目等。

（3）研究产品

陶氏数字新闻中心自成立以来累计发布了 314 篇报告文章，共设计推出了 5 种产品，包括 1 种学术论文类产品、2 种新闻媒体类产品、1 种活动类产品、1 种评论专栏类产品。

185. 政府档案交流中心

政府档案交流中心（Transactional Records Access Clearinghouse，TRAC），成立于 1989 年，由美国雪城大学 S. I. 新城公共传播学院和马丁·惠特曼管理学院创立，位于美国华盛顿。政府档案交流中心是无党派大学附属机构，其资金来源于基金会、企业机构以及个人。政府档案交流中心致力于向美国人民、国会、新闻机构、公共利益团体、企业、学者和律师等监督方提供有关联邦政府人员日常开支和执法活动的全面信息。该智库网址是：trac.syr.edu。

（1）历史沿革

1989 年，政府档案交流中心由雪城大学 S. I. 新城公共传播学院和马丁·惠特曼管理学院共同赞助成立。它在华盛顿的雪城大学设有办事处，并在西海岸设有分公司。成立以来，政府档案交流中心得到了包括洛克菲勒家族基金会、卡内基基金会、福特基金会在内的众多基金会的支持。

（2）组织机构

政府档案交流中心的研究团队在研究中心主任苏珊带领下，由 10 位研究人员组成。该智库设立了 2 个研究计划，分别是：TRAC 研究员计划、移民项目计划。

（3）研究产品

政府档案交流中心自成立以来累计发布了 580 余篇报告文章，共设计推出了 5 种产品，包括 1 种研究报告类产品、1 种音频视频类产品、1 种活动类产品、1 种期刊书籍类产品、1 种博客类产品。

186. 杜鲁门中心

杜鲁门中心（Truman Center），成立于 2002 年，由不同的领导人创立，位于美国华盛顿。杜鲁门中心是一个非营利性机构，其资金来源于企业机构以及个人。杜鲁门中心致力于为紧迫的国家安全挑战提供及时、有原则、创新性的解决方案。该智库网址是：trumancenter.org。

（1）历史沿革

1981 年，杜鲁门国家政策中心成立，旨在促进世界各国的安全。2013 年，国家政策中心与杜鲁门国家政策中心合并，成为今天的杜鲁门中心。成立的 40 多年间，有多位政要担任过杜鲁门中心或国家政策中心的领导人，包括但不限于美国前国防部长莱昂·帕内塔、前国务卿玛德琳·奥尔布莱特、前国务卿塞勒斯·万斯、前国务卿埃德·马斯基、前副国务卿斯特林·贝茨等。

（2）组织机构

杜鲁门中心的研究团队在总裁珍娜·本·耶达的带领下由 89 名研究人员组成，其研究内容覆盖了 4 个领域，分别是：国防与情报、外交与联盟、发展与贸易、民主与法治。杜鲁门中心设立了 1 个研究计划，即旨在培育美国下一代国家安全领导者的"杜鲁门计划"。

（3）研究产品

杜鲁门中心自成立以来累计发布了 3 500 余篇报告文章，共设计推出了 4 种产品，包括 2 种活动类产品、2 种新闻媒体类产品。

187. 美国公共利益研究组织教育基金

美国公共利益研究组织教育基金（United States Public Interest Research Group Education Fund，PIRG），成立于 20 世纪 70 年代，位于美国丹佛。美国公共利益研究组织教育基金是一个独立的组织，其资金来源于个人。美国公共利益研究组织教育基金致力于通过研究、公共教育以及倡议，消除威胁人民健康、安全以及福祉的强大利益集团的负面影响。该智库网址是：uspirgedfund.org。

（1）历史沿革

20 世纪 70 年代，PIRG 出现在美国大学校园中。1971 年，唐纳德·罗斯帮助美国的学生在明尼苏达州建立了第一个公共利益研究组织分会，并于 1973 年成为纽约公共利益研究组织的主任。1984 年，各州公共利益研究组织创建了全美公共利益研究组织，以便在华盛顿特区开展全国游说活动。20 世纪 90 年代后期，PIRG 在美国 22 个州的 100 多所大学设有分会。2000 年，PIRG 成员达 100 万人。

（2）组织机构

美国公共利益研究组织教育基金的研究团队在主席兼执行董事道格拉斯·H. 菲尔普斯（Douglas H. Phelps）带领下，由 38 名研究人员组成。其研究内容覆盖了 14 个领域，分别是：COVID-19、停止滥用抗生素、零毒物、消费者提示、健康农场、健康家庭、消费者保护者、清除毒物、人民民主、交通转型、政府透明度、可持续城市、高价医疗、气候解决方案。

（3）研究产品

美国公共利益研究组织教育基金自成立以来累计发布了 3 600 余篇报告文章，共设计推出了 4 种产品，包括 2 种研究报告类产品、1 种新闻媒体类产品、1 种博客类产品。

188. 哥伦比亚大学韦瑟黑德东亚研究所

哥伦比亚大学韦瑟黑德东亚研究所（Weatherhead East Asian Institute, Columbia University, WEAI），成立于1949年，由哥伦比亚大学创立，位于美国纽约。哥伦比亚大学韦瑟黑德东亚研究所是一个非营利组织，其资金来源于政府、基金会、企业机构以及个人。哥伦比亚大学韦瑟黑德东亚研究所致力于促进大学和公众对东亚及东南亚的了解，培养学生了解东亚以及东南亚的风土人情，为他们未来的职业做好准备。该智库网址是：weai.columbia.edu。

（1）历史沿革

1949年，哥伦比亚大学建立了东亚研究所，1960年，哥伦比亚大学被指定为美国能源部东亚国家资源中心。1971年东亚研究所从肯特音乐厅搬到了新建成的国际事务大楼九楼的现址。1988年，韩国研究中心成立。1998年，东亚研究所推出了区域研究艺术硕士——东亚计划。1999年，研究所建立现代藏学研究计划。2003年，东亚研究所被命名为韦瑟黑德东亚研究所。2019年，韦瑟黑德东亚研究所迎来其成立70周年纪念日，推出了探索东亚和东南亚研究新方向的倡议和项目。

（2）组织机构

哥伦比亚大学韦瑟黑德东亚研究所的研究团队在主任尤格亚·莱恩（Eugenia Lean）带领下，由100位学者及工作人员组成。其研究内容覆盖了5个地区，分别是：大中华区、日本、韩国、中亚、东南亚。该智库设立了6个研究项目，比如韩国研究中心项目、丰田研究计划项目等。

（3）研究产品

哥伦比亚大学韦瑟黑德东亚研究所自成立以来累计发布了500余篇报告文章，共设计推出了5种研究产品，包括1种活动类产品、1种期刊书籍类产品、1种新闻媒体类产品、1种评论专栏类产品、1种研究报告类产品。

189. 劳·道格拉斯·怀尔德政府与公共事务学院

劳·道格拉斯·怀尔德政府与公共事务学院（L. Douglas Wilder School of Government and Public Affairs），成立于2013年，由劳·道格拉斯·怀尔德（L. Douglas Wilder）在弗吉尼亚联邦大学创立，位于美国弗吉尼亚州。劳·道格拉斯·怀尔德政府与公共事务学院是一个大学附属机构，其资金来源于企业机构以及个人。劳·道格拉斯·怀尔德政府与公共事务学院致力于成为公共安全、治理、经济以及社区发展领域的公共政策首要倡导者。该智库网址是：wilder.vcu.edu。

（1）历史沿革

怀尔德学院于2013年与人文与科学学院分离后，成为弗吉尼亚联邦大学的一所独立学院。怀尔德学院是以美国第一位黑人民选州长劳·道格拉斯·怀尔德命名的，怀尔德学院体现了怀尔德州长倡导的独立思考和公共服务的价值观。

（2）组织机构

劳·道格拉斯·怀尔德政府与公共事务学院的研究团队在劳·道格拉斯·怀尔德带领下，由112位专家及研究人员组成。该智库有1个研究中心，即公共政策中心。

（3）研究产品

劳·道格拉斯·怀尔德政府与公共事务学院自成立以来累计发布了660余篇报告文章，共设计推出了6种产品，包括3种活动类产品、2种研究报告类产品、1种期刊书籍类产品。

190. 威廉姆斯研究所

威廉姆斯研究所（Williams Institute），成立于 2001 年，由查尔斯·威廉姆斯（Charles Williams）、比尔·鲁宾斯坦（Bill Rubenstein）、布拉德·西尔斯（Brad Sears）以及加州大学洛杉矶分校的学者创立，位于洛杉矶。威廉姆斯研究所是一个大学附属机构，其资金来源于企业机构以及个人。威廉姆斯研究所致力于对性取向、性别认同法和公共政策进行严谨的独立研究。该智库网址是：williamsinstitute.law.ucla.edu。

（1）历史沿革

2001 年，查尔斯·威廉姆斯、比尔·鲁宾斯坦等人创立了"威廉姆斯计划"。2006 年，威廉姆斯计划与男女同性恋战略研究所（Gay & Lesbian Strategic Studies）合并，成为威廉姆斯研究所。威廉姆斯研究所从事与现实世界相关的研究。其报告对 LGBTQ 人群的权益产生了重要影响。

（2）组织机构

威廉姆斯研究所的研究团队在执行官布拉德·西尔斯带领下，由 25 名研究人员组成。其研究内容覆盖了 11 个领域，分别是：COVID-19、刑事定罪、数据收集、人口统计、歧视与暴力、经济与贫困、教育、健康与艾滋病、国际化、亲密关系和育儿、社会服务与儿童福利。威廉姆斯研究所设立了 8 个研究项目，比如：司法途径项目，性、健康与机会项目等。

（3）研究产品

威廉姆斯研究所自成立以来累计发布了 1 700 余篇报告文章，共设计推出了 11 种研究产品，包括 4 种研究报告类产品、3 种评论专栏类产品、2 种新闻媒体类产品、1 种数据类产品、1 种活动类产品。

191. 世界资源研究所

世界资源研究所（World Resources Institute，WRI），成立于 1982 年，由詹姆斯·古斯塔夫·斯佩思（James Gustave Speth）创立，位于美国华盛顿。世界资源研究所是一个非营利组织，其资金来源于政府、基金会、企业机构以及个人。世界资源研究所致力于推动人类社会以保护地球环境的方式生活，以确保后代能够健康生活。该智库网址是：www.wri.org。

（1）历史沿革

20 世纪 60 年代和 70 年代，森林砍伐、荒漠化和气候变化引起的环境问题带来了全球前所未有的政策和政治挑战。1982 年，詹姆斯·古斯塔夫·斯佩思创立了世界资源研究所，以期解决环境问题。此后，研究所对全球环境和资源问题及其与人类社会和发展的关系开展了一系列严密的政策研究和分析。

（2）组织机构

世界资源研究所的研究团队在主席兼首席执行官阿尼鲁达·达斯古普塔（Aniruddha Dasgupta）的带领下，由 1 089 名研究人员组成。其研究内容覆盖了 11 个领域，分别是：气候、能源、食物、森林、水、城市、海洋、商业、经济学、金融、治理。该智库共有 4 个研究中心，如商业中心、金融中心等。世界资源研究所开展了 136 个研究项目，比如埃塞俄比亚可持续发展用水项目、基于证据的企业可持续发展合作项目等。

（3）研究产品

世界资源研究所自成立以来累计发布了 7 800 余篇报告文章，共设计推出了 14 种研究产品，包括 4 种研究报告类产品、3 种评论专栏类产品、2 种新闻媒体类产品、3 种数据类产品、1 种音频视频类产品、1 种活动类产品。

（二）加拿大智库

192. 加拿大亚太基金会

加拿大亚太基金会（Asia Pacific Foundation of Canada，APF Canada）成立于 1985 年，总部位于温哥华。加拿大亚太基金会是一个非营利性组织，其资金来源于政府、企业机构以及个人。加拿大亚太基金会致力于成为加拿大与亚洲沟通交流的专业咨询机构。该智库网址是：www.asiapacific.ca。

（1）历史沿革

1984 年，加拿大亚太基金会依照加拿大国会法案正式成立，旨在研究加拿大与亚洲的关系。最初，加拿大联邦政府出资 5 000 万加元作为初始资本。此后，加拿大亚太基金会陆续获得其他联邦政府机构、地方政府机构的资助。亚太基金会每年 3 月 31 日向加拿大外交部呈报年度报告，外交部将报告转呈至国会各个部门。加拿大亚太基金会自 2004 年以来，一直在进行定期的全国民意调查，以评估加拿大民主对亚太国家的态度，以及他们对加亚关系的看法。

（2）组织机构

加拿大亚太基金会的研究团队在董事会主席皮埃尔·佩蒂格鲁（Pierre Pettigrew）的带领下，由 40 余位董事会及研究人员组成。加拿大亚太基金会的研究内容覆盖了 7 个领域：商业亚洲-贸易和投资、亚洲展望-调查和民意调查、亚洲战略-地区安全、数字亚洲-数字技术、参与亚洲-国内网络、亚洲可持续发展-可持续发展、亚洲能力-教育。该智库设立了 3 个研究中心，如亚洲商业领袖咨询委员会、亚太经合组织商业咨询委员会。加拿大亚太基金会开展了 1 个研究项目，即妇女的商业使命项目。

（3）研究产品

加拿大亚太基金会自成立以来累计发布了 550 余篇报告文章，共设计推出了 11 种研究产品，包括 4 种研究报告类产品、1 种评论专栏类产品、1 种新闻媒体类产品、4 种活动类产品、1 种数据类产品。

193. 大西洋省经济委员会

大西洋省经济委员会（Atlantic Provinces Economic Council）由一群商界人士于 1954 年创立，位于加拿大。大西洋省经济委员会是一个独立、非营利组织，其资金来源于政府、基金会、企业机构以及个人。大西洋省经济委员会致力于提供独立研究见解和想法，以支持健康、包容和可持续的大西洋四省经济。该智库网址是：www.apec-econ.ca。

（1）历史沿革

大西洋省经济委员会的成立源于《布雷克尼报告》（Blakeny Report）。该报告呼吁各省"减少对联邦政府援助的要求"，并更多地自我帮助。1951 年，在海洋省贸易委员会（Maritime Provinces Board of Trade）推动下，大西洋省经济委员会成立。1955 年，在渥太华颁布《大西洋省经济委员会宪章》后，该组织被要求向未来经济发展提供建议。大西洋省经济委员会的第一项研究主要是对加拿大大西洋沿岸的农业、林业和制造业进行盘点。20 世纪 60 年代中期，大西洋省经济委员会重心从研究转向宣传，开始扮演政策评论与倡导者的角色。20 世纪 90 年代，该委员会逐渐退出其倡导者的角色并回归研究本身。

（2）组织机构

大西洋省经济委员会的研究团队在总裁兼首席执行官戴维·尚迪（David Chaundy）的带领下，由 6 位研究人员组成。其研究内容覆盖了 13 个领域，例如：经济发展、贸易与投资、税收与财政政策、劳动力市场与教育、监管合作、数字技术、人口与城市化等。

（3）研究产品

大西洋省经济委员会自成立以来累计发布了 700 余篇报告文章，共设计推出了 10 种研究产品，包括 5 种研究报告类产品、1 种评论专栏类产品、1 种新闻媒体类产品、1 种期刊书籍类产品、2 种活动类产品。其中，大西洋省经济委员会的《大西洋季刊》是期刊类产品，通过对加拿大的经济展望和分析，对影响该地区经济表现的主题进行深入的、开创性的研究分析和建议。

194. 布罗德本特研究所

布罗德本特研究所（Broadbent Institute）由埃德·布罗德本特（Ed Broadbent）于 2011 年创立，位于加拿大，是一个非营利、独立的研究组织，其资金来源于企业机构以及个人。布罗德本特研究所致力于通过促进民主、平等、可持续性以及培训新一代领导人的方式来引领变革。该智库网址是：www.broadbentinstitute.ca。

（1）历史沿革

2011 年，埃德·布罗德本特创立了布罗德本特研究所。2013 年，布罗德本特研究所推出了新闻网站 PressProgress。同年，加拿大作家瑞克·史密斯当选布罗德本特研究所执行董事。

（2）组织机构

布罗德本特研究所的研究团队在总裁兼首席执行官埃德·布罗德本特的带领下，由 16 位研究人员组成。其研究内容覆盖了 3 个领域，分别是：绿色经济、收入差距、民主复兴。该智库主持了 7 个研究项目，如选举改革项目等。

（3）研究产品

布罗德本特研究所自成立以来累计发布了 1 000 余篇报告文章，共设计推出了 4 种研究产品，包括 1 种研究报告类产品、1 种博客类产品、1 种新闻媒体类产品、1 种活动类产品。

195. 贺维学会

贺维学会（C. D. Howe Institute），成立于 1961 年，由加拿大私人项目协会创立，位于加拿大。贺维学会是一个非营利、独立的组织，其资金来源于基金会、企业机构以及个人。贺维学会致力于通过制定经济上合理的公共政策来提高民众生活水平。该智库网址是：www.cdhowe.org。

（1）历史沿革

1958 年，一群杰出的工商界领袖组建了加拿大私人项目协会（Private Planning Association of Canada，PPAC），以提高人们对与公共经济政策有关的问题的认识。1973 年，PPAC 暂停运营，其资产并入 1961 年成立的贺维纪念基金会（C. D. Howe Memorial Foundation），合并后的组织重新命名为贺维研究所，以纪念已故的加拿大右翼政治家克莱伦斯·迪科塔尔·贺维（Clarence Decatur Howe）。1982 年，基金会和研究所再次分开运营。PPAC 沿用贺维学会的名称开展研究工作。

（2）组织机构

贺维学会的研究团队在总裁比尔·罗布森（Bill Robson）带领下，由 35 位研究人员组成。其研究内容覆盖了 14 个领域，例如：商业周期、财税政策、货币政策、公共投资和基础设施、贸易与国际政策、退休储蓄和收入、金融服务与监管、创新与业务增长、人口统计和移民、卫生政策等。该智库组建了 10 个研究部门，如财税竞争力委员会等。贺维学会开展了 1 个研究项目，即金融服务研究项目。

（3）研究产品

贺维学会自成立以来累计发布了 6 500 余篇报告文章，共设计推出了 7 种研究产品，包括 1 种研究报告类产品、2 种博客类产品、1 种评论专栏类产品、2 种音频视频类产品、1 种活动类产品。

196. 五月树基金会

五月树基金会（Maytree Foundation）由朱迪和艾伦·布罗德本特（Judy & Alan Broadbent）于 1982 年创立，位于加拿大。五月树基金会的资金来源于个人。五月树基金会致力于推动系统性地解决贫穷问题，并推动公民社区发展。该智库网址是：www.maytree.com。

（1）历史沿革

1982 年，五月树基金会由布罗德本特夫妇出资成立于加拿大。1986 年，五月树基金会开始研究成人文盲与贫困的相关性，并开始资助基于社区的成人扫盲计划。1991 年，五月树基金会通过向酷刑受害者中心和贵格会难民委员会提供资助开展难民问题的研究。1992 年，艾伦·布罗德本特和肯·博特共同创立了卡利登社会政策研究所（Caledon Social Policy Institute）。1993 年，五月树基金会通过向加拿大难民委员会提供资金专注研究难民政策。2014 年，五月树基金会与瑞尔森大学一起创建了瑞尔森五月树全球多元化和移民交流中心，以进一步促进加拿大和世界各地的移民和有色人种的融入。2017 年，卡利登社会政策研究所宣布结束独立运营并并入五月树基金会。

（2）组织机构

五月树基金会的研究团队在董事长兼创始人艾伦·布罗德本特带领下，由 20 位研究人员组成。其研究内容覆盖了 24 个领域，例如：收入保障、贫困和人权、受教育权、住房、城市与社区、公民参与、就业与劳动力、政府支出与税收等。五月树基金会目前设立了 1 个研究中心，即卡利登社会政策研究所。五月树基金会开展了 3 项研究项目，如公民素养项目等。

（3）研究产品

五月树基金会自成立以来累计发布了 1 000 余篇报告文章，共设计推出了 17 种研究产品，包括 6 种研究报告类产品、1 种博客类产品、4 种评论专栏类产品、3 种新闻媒体类产品、2 种音频视频类产品、1 种数据类产品。"五个好主意"播客是五月树的媒体类产品，主要邀请非营利组织或企业领域的专家就当今非营利组织面临的关键管理问题分享五个实用想法，该作品的发布频率为每年 5~6 次。

197. 加拿大 2020

加拿大 2020（Canada 2020）由托马斯·皮特菲尔德（Thomas Pitfield）于 2006 年和他人共同创立。加拿大 2020 是一个非营利、独立的组织，其资金来源于企业机构以及个人。加拿大 2020 致力于建立一个由进步人士组成的社区，以塑造更好的政府。该智库网址是：www.canada2020.ca。

（1）历史沿革

该智库未披露相关信息。

（2）组织机构

加拿大 2020 的研究团队在创始人托马斯·皮特菲尔德的带领下，由 28 位研究人员及顾问组成。加拿大 2020 设立了 2 个研究项目，分别是：复原项目、2020 年网络项目。

（3）研究产品

加拿大 2020 自成立以来累计发布了 650 余篇报告文章，共设计推出了 8 种研究产品，包括 1 种期刊书籍类产品、1 种博客类产品、1 种评论专栏类产品、1 种新闻媒体类产品、2 种音频视频类产品、1 种活动类产品、1 种学术论文类产品。加拿大 2020 主要基于进步思想和自由社会开展原创社会科学研究，研究并讨论加拿大的未来，提出战略性和前瞻性的建议为政府提供参考。

198. 加拿大西部基金会

加拿大西部基金会（Canada West Foundation），成立于 1970 年，由乔治·麦克斯韦尔·贝尔（George Maxwell Bell）、亚瑟·J. E. 基尔德（Arthur J. E. Child）、弗雷德里克·C. 曼尼克斯（Frederick C. Mannix）和议员詹姆斯·A. 理查森（James A. Richardson）创立，位于加拿大。加拿大西部基金会是一个独立的组织，其资金来源于政府、基金会、企业机构以及个人。加拿大西部基金会致力于为西部地区乃至整个加拿大政策出台出谋划策。该智库网址是：www.cwf.ca。

（1）历史沿革

加拿大西部基金会的创立可追溯到加拿大近代西方思想的出现。詹姆斯·A. 理查森（James A. Richardson）议员在 1970 年提出了建立一个致力于对西方关注的问题进行研究的组织的想法，加拿大西部基金会由此产生。第一届加拿大西部理事会于 1973 年 6 月选举产生。加拿大西部基金会已成为加拿大主要的研究和公共政策机构之一。它追求无党派、无障碍的研究，并召集公民社会就公共政策问题进行辩论，以改善西部地区民众的生活质量。

（2）组织机构

加拿大西部基金会的研究团队在基金会主席兼首席执行官加里·马尔（Gary Mar）的带领下，由 30 位研究人员组成。加拿大西部基金会的研究内容覆盖了 13 个领域，例如：贸易基础设施、贸易多元化、法规、加美关系、农业、教育培训、温室气体排放、技能素养、能源等。该智库共设立了 3 个研究中心，如贸易投资中心等。加拿大西部基金会开展了 5 个研究项目，如西方与最大贸易伙伴的关系项目等。

（3）研究产品

加拿大西部基金会自成立以来累计发布了 1 700 余篇报告文章，共设计推出了 8 种研究产品，包括 4 种研究报告类产品、1 种博客类产品、1 种评论专栏类产品、1 种新闻媒体类产品、1 种活动类产品。其中，加拿大西部基金会的政策简报围绕基金会的工作动态和相关活动展开，探索影响西部乃至整个加拿大的重大问题。

199. 加拿大政策选择中心

加拿大政策选择中心（Canadian Centre for Policy Alternatives, CCPA），成立于 1980 年，由卡尔顿大学的多位教授共同创立，位于加拿大。加拿大政策选择中心是一个独立的、非营利组织，其资金来源于基金会、企业机构以及个人。加拿大政策选择中心致力于关注社会、经济和环境问题。该智库网址是：www.policyalternatives.ca。

（1）历史沿革

1980 年，卡塔尔大学的多位教授和工会活动家在渥太华创立了加拿大政策选择中心，以对抗这一时期出现的新自由主义共识。成立后，加拿大政策选择中心开始组织会议、出版宣传册并发表报告。由于资金问题，加拿大政策选择中心在 20 世纪 80 年代后期陷入财务困境。90 年代初期，在工会和其他非政府组织的帮助下，加拿大政策选择中心的财务问题得以解决。1994 年，加拿大政策选择中心进一步扩张。2002 年，加拿大政策选择中心已在不列颠哥伦比亚省、马尼托巴省、新斯科舍省和萨斯喀彻温省设立办事处。

（2）组织机构

加拿大政策选择中心的研究团队在彼得·布雷利（Peter Bleyer）带领下，由 180 余位研究人员组成。其研究内容覆盖了 27 个领域，例如：替代预算、经济和经济指标、政府财政、税收和减税、国际贸易与投资、公司与企业全力、不平等与贫困、公共服务和私有化、老年人问题和养老金、就业与劳工等。该智库共设立了 6 个研究部门，如国家办公室部门等。加拿大政策选择中心开展了 14 个研究项目，如替代性联邦预算项目等。

（3）研究产品

加拿大政策选择中心自成立以来累计发布了 8 600 余篇报告文章，共设计推出了 10 种研究产品，包括 1 种研究报告类产品、2 种期刊书籍类产品、3 种博客类产品、1 种评论专栏类产品、1 种新闻媒体类产品、1 种音频视频类产品、1 种数据类产品。《监控器》是加拿大政策选择中心的政策和时事杂志双月刊，创办于 1994 年，涵盖对社会、经济和环境等问题的研究。

200. 加拿大全球事务研究所

加拿大全球事务研究所（Canadian Global Affairs Institute），成立于 2001 年，由注册慈善机构创立，位于加拿大。加拿大全球事务研究所是一个非营利性研究组织，其资金来源于基金会、企业机构以及个人。加拿大全球事务研究所致力于通过严格的战略和政策分析，确定加拿大的国际利益，促进更积极和有效的国际参与，并帮助加拿大民众了解国际事务与安全繁荣的加拿大之间的联系。该智库网址是：www.cgai.ca。

（1）历史沿革

加拿大全球事务研究所前身是加拿大国防和外交研究所（Canadian Defense & Foreign Affairs Institute），其目标是为加拿大在国际各大领域提供富有见地的分析和数据，并通过会议、出版物和媒体宣传等方式来实现这一目标。

（2）组织机构

加拿大全球事务研究所的研究团队在董事长伊恩·怀德（Ian Wild）带领下，由 77 位研究人员组成。其研究内容覆盖了 4 个领域，分别是：经济学、安全、防御、外交与全球治理。

（3）研究产品

加拿大全球事务研究所自成立以来累计发布了 7 700 篇报告文章，共发布了 12 种研究产品，包括 2 种研究报告类产品、1 种学术论文类产品、3 种期刊书籍类产品、2 种评论专栏类产品、1 种新闻媒体类产品、3 种音频视频类产品。其中，*The Global Exchange* 是加拿大全球事务研究所的季刊，刊登由研究员和其他资深专家撰写的专题文章。

201. 加拿大国际理事会

加拿大国际理事会（Canadian International Council，CIC），成立于 1928 年，由罗伯特·博登（Robert Borden）爵士创立，位于加拿大。加拿大国际理事会是一个独立的慈善组织，其资金来源于基金会、企业机构以及个人。加拿大国际理事会致力于让加拿大民众参与到提高加拿大国际地位的活动中。该智库网址是：www.thecic.org/en。

（1）历史沿革

加拿大国际理事会的前身是 1928 年成立的加拿大国际事务研究所（Canadian Institute of International Affairs，CIIA）。成立之初，加拿大国际事务研究所接受洛克菲勒基金会、福特基金会和卡内基公司的资助，推动了该组织的发展，扩大了研究和公共教育项目。2006 年 6 月，加拿大国际事务研究所与国际治理创新中心建立了合作伙伴关系，并成立了加拿大国际理事会，CIIA 的所有业务都并入加拿大国际理事会。加拿大国际理事会的最鲜明特征也许是其拥抱数字时代的能力，并认识到新技术的方式已经影响了国际关系的运作方式以及公共事务组织的运作方式。加拿大国际理事会创办了 OpenCanada.org 网络平台，该平台是加拿大外交政策对话的主要贡献者。

（2）组织机构

加拿大国际理事会的研究团队在本·罗斯威尔（Ben Rowswell）的带领下，由 16 位研究人员组成。其研究内容涉及加拿大的人权民主以及国际事务，并将历史、政治科学和经济学与人类学和其他社会科学相结合，以推动对具有全球意义的问题的研究和对话。加拿大国际理事会设立了 16 个研究分部门，如蒙特利尔分部等。加拿大国际理事会开展了 2 个研究项目，如全球民粹主义、贸易保护主义和两极分化项目等。

（3）研究产品

加拿大国际理事会自 1991 年以来累计发布了 380 余篇报告文章，共设计推出了 7 种产品，包括 2 种研究报告类产品、1 种期刊书籍类产品、1 种博客类产品、2 种新闻媒体类产品、1 种活动类产品。其中，《国际期刊》是一本学术出版物，旨在为加拿大提供有关国际事务的观点的平台。

202. 国际政策研究中心

国际政策研究中心（Center for International Policy Studies），成立于 2007 年，由渥太华大学创立，位于加拿大。国际政策研究中心是渥太华大学的附属组织，其资金来源于政府、基金会以及企业机构。国际政策研究中心致力于与世界各地的优秀学者合作，开展最高标准的研究。该智库网址是：www.cips-cepi.ca。

（1）历史沿革

2007 年，在渥太华大学的资助下，国际政策研究中心成立。通过专业招聘和开展新项目，渥太华大学建立了一支不断壮大的专业研究团队。在短短的几年内，国际政策研究中心已成为加拿大领导外交事务和国际事务辩论的领先者。

（2）组织机构

国际政策研究中心的研究团队在丽塔·亚伯拉罕森（Rita Abrahamsen）的带领下，由 50 位研究人员组成。国际政策研究中心的研究内容覆盖了 2 个领域，分别是：国际安全、全球治理。该智库共设立了6个研究部门，如亚洲研究网络等。国际政策研究中心开展了41个研究项目，如全球权力研究项目等。

（3）研究产品

国际政策研究中心自成立以来累计发布了1 300余篇报告文章，共设计推出了15种研究产品，包括6种研究报告类产品、2种学术论文类产品、2种期刊书籍类产品、2种博客类产品、1种音频视频类产品、2种活动类产品。其中《国际期刊特刊》是加拿大杰出的全球政策分析期刊。该期刊是跨学科的，将历史、政治学和经济学与人类学和其他社会科学相结合，以推进对具有全球意义的问题的研究和对话。

203. 加拿大咨议局

加拿大咨议局（The Conference Board of Canada），成立于1954年，位于加拿大。该智库是一个非营利组织，其资金来源于政府、基金会、企业机构以及个人。加拿大咨议局致力于通过值得信赖的研究和顺畅的沟通渠道，帮助领导人为加拿大民众打造更美好的未来。该智库网址是：www.conferenceboard.ca。

（1）历史沿革

加拿大咨议局成立于1954年，是美国国家工业会议委员会（现简称世界大型企业联合会）的一个部门。加拿大咨议局在1981年获得独立的法律身份。目前加拿大咨议局拥有200多名员工，其中大部分在渥太华的总部工作。加拿大咨议局目前已被注册为加拿大慈善组织，在加拿大各地都有业务，如在卡尔加里设有办事处，在魁北克设有分支机构。

（2）组织机构

加拿大咨议局的研究团队在苏珊·布莱克（Susan Black）的带领下，由200多名研究和工作人员组成。其研究内容覆盖了17个领域，例如：加拿大经济、可持续发展、气候变化、教育与技能、创新科技、人力资源、健康、包容性、领导力、人力资源等。该智库共设立了25个研究中心，如薪酬研究中心等。

（3）研究产品

加拿大咨议局1999年以来累计发布了6 000余篇报告文章，共设计推出了10种研究产品，包括2种研究报告类产品、1种评论专栏类产品、1种博客类产品、1种新闻媒体类产品、2种音频视频类产品、1种数据类产品、2种活动类产品。其中，《经济快报》是加拿大咨议局的研究报告类产品，帮助读者深入了解加拿大当前的问题，发表频率约为每月2次。

204. 生态财政委员会

生态财政委员会（Eco-Fiscal Commission），成立于2014年，由克里斯·拉根（Chris Ragan）创立，位于加拿大。生态财政委员会是一个独立的组织，其资金来源于基金会以及企业机构。生态财政委员会致力于为加拿大制定并推广切实可行的财政解决方案，以激发经济和环境繁荣所需的创新。该智库网址是：www.ecofiscal.ca。

（1）历史沿革

2014年11月4日，加拿大的生态财政委员会成立，这是一个由顶级经济学家推动、行业领袖和政治重量级人物支持的组织。它的目标是为加拿大的经济和环境推行更好的政策。加拿大的生态财政委员会由来自全国各地的经验丰富、有政策意识的经济学家组成。委员会的目标是就加拿大未来需要的生态财政改革进行批判性的讨论。

（2）组织机构

生态财政委员会的研究团队在创始人克里斯·拉根的带领下，由 33 位研究人员组成。其研究内容覆盖了 5 个领域，分别是：气候与能源、宜居城市、水资源、污染、技术与创新。

（3）研究产品

生态财政委员会自成立以来累计发布了 1 000 余篇报告文章，共设计推出了 9 种研究产品，包括 3 种研究报告类产品、1 种博客类产品、2 种评论专栏类产品、2 种新闻媒体类产品、1 种活动类产品。

205. 弗雷泽研究所

弗雷泽研究所（Fraser Institute），成立于 1974 年，由 T. 帕特里克·博伊尔（T. Patrick Boyle）和迈克尔·A. 沃克（Michael A. Walker）创立，位于加拿大温哥华。弗雷泽研究所是一个独立的研究和教育组织，其资金来源于基金会、企业机构以及个人。弗雷泽研究所致力于通过研究、评估和传播政府政策、企业家精神，提高加拿大民众及其后代的生活质量。该智库网址是：www.fraserinstitute.org。

（1）历史沿革

1974 年，弗雷泽研究所成立。同年 10 月，弗雷泽研究所取得了慈善机构认证，并于 1978 年获得美国慈善机构认证。1975 年，安东尼·费舍尔爵士被任命为代理所长。1988 年，弗雷泽研究所收入超过 100 万美元。2003 年，弗雷泽研究所的收入达到 600 万美元。

（2）组织机构

弗雷泽研究所的研究团队在尼尔斯·维尔德维斯（Niels Veldhuis）带领下，由 45 位研究人员组成。其研究内容覆盖了 24 个领域，例如：经济自由、贸易与美国关系、退休金与养老金、货币政策与银行、贫困与不平等、私有化、政府支出与税收、风险与监管、民主与治理、劳动政策等。该智库共设立了 1 个研究中心，即艾丁顿测量研究中心。弗雷泽研究所开展了 8 个研究项目，如经济自由项目等。

（3）研究产品

弗雷泽研究所自成立以来累计发布了 7 500 余篇报告文章，共设计推出了 6 种研究产品，包括 2 种研究报告类产品、1 种期刊书籍类产品、1 种博客类产品、1 种评论专栏类产品、1 种活动类产品。

206. 前沿公共政策中心

前沿公共政策中心（Frontier Centre for Public Policy，FCPP），成立于 1997 年，由彼得·霍勒（Peter Holle）创立，位于加拿大。前沿公共政策中心是一个独立机构，其资金来源于基金会、企业机构以及个人。前沿公共政策中心致力于分析时事和公共政策，并提出有效和有意义的想法，以帮助政府进行良好的治理和改革。该智库网址是：www.fcpp.org。

（1）历史沿革

该智库未披露相关信息。

（2）组织机构

前沿公共政策中心的研究团队在彼得·霍尔带领下，由 77 位研究人员组成，其中包括经验丰富的公共政策创新者和来自加拿大和世界各地的杰出学术专家。其研究内容覆盖了 10 个领域：公共财政与财政联邦制、公共部门核心改革、住房负担能力、文化战争、政策蓝图、移民与工作场所、卫生健康、运输、绿色智能、教育。

（3）研究产品

前沿公共政策中心自成立以来累计发布了 5 000 余篇报告文章，共设计推出了 16 种产品，包括 3 种研究报告类产品、3 种学术论文类产品、1 种期刊书籍类产品、4 种评论专栏类产品、1 种新闻媒体类产品、2 种音频视频类产品、1 种数据类产品、1 种活动类产品。其中，前沿公共政策中心的政策系列报告来自前沿的对话——对政策创新者的简短采访以及研究人员和政府官员的讲座和演讲。

207. 公共政策研究所

公共政策研究所（Institute for Research on Public Policy，IRPP），成立于 1972 年，由皮埃尔·埃利奥特·特鲁多（Pierre Elliot Trudeau）政府创立，总部位于加拿大。公共政策研究所是一个非营利、全国性的独立组织，其资金来源于政府、基金会、企业机构以及个人。公共政策研究所致力于通过就加拿大民众及政府当前所面临的政策问题开展研究、提供建议并组织辩论，从而改善加拿大的公共政策。该智库网址是：irpp.org。

（1）历史沿革

公共政策研究所成立的想法是由皮埃尔·埃利奥特·特鲁多领导的联邦政府提出的，联邦政府与省政府一起注入种子资金建立公共政策研究所。自 1972 年以来，公共政策研究所一直是影响国家的政策辩论的核心。今天，公共政策研究所的研究重点是养老金改革、老年人护理、移民经济等问题。

（2）组织机构

公共政策研究所的研究团队在格雷厄姆·福克斯（Graham Fox）带领下，由 18 位研究人员组成。其研究内容覆盖了 12 个领域，例如：经济、全球事务、教育、政策制定、科技、社会政策、健康、法律、媒体与文化、政治等。该智库共主持了 22 项研究项目，如收入不平等项目等。

（3）研究产品

公共政策研究所自成立以来累计发布了 500 余篇报告文章，共设计推出了 6 种产品，包括 1 种研究报告类产品、1 种评论专栏类产品、1 种活动类产品、1 种音频视频类产品、1 种新闻媒体类产品、1 种博客类产品。其中，公共政策研究所的政策意见产品主要就影响国家和社会的核心问题提出观点并给出政策建议。

208. 国际可持续发展研究所

国际可持续发展研究所（International Institute for Sustainable Development，IISD）由加拿大前总理加里·费尔蒙（Gary Filmon）于 1990 年在加拿大成立，是一个独立的慈善组织，其资金来源于政府、基金会以及企业机构。国际可持续发展研究所致力于创造一个人类和地球繁荣发展的世界。该智库网址是：www.iisd.org。

（1）历史沿革

国际可持续发展研究所自成立以来一直试图挑战环境与发展有关的传统思维，并努力成为创新政策领导者。国际可持续发展研究所一直吸引着充满活力、热情的思想家和领导人，以寻求人、经济和环境之间更平衡和健康的关系。当其他机构陷入有关贸易与环境的激烈辩论中时，国际可持续发展研究所是最早指明贸易与可持续发展之间重要关系的机构之一。

（2）组织机构

国际可持续发展研究所的研究团队在理查德·弗洛里宗（Richard Florizone）带领下，由141位研究及工作人员组成。其研究内容覆盖了5个领域，分别是：气候、资源、经济、可持续发展行动、可持续发展一致性。该智库设立了2个研究中心，即知识中心和报告服务中心。国际可持续发展研究所开展了123个研究项目，如经济法律与政策项目等。

（3）研究产品

国际可持续发展研究所自成立以来累计发布了5 500余篇报告文章，共设计推出了18种研究产品，包括7种研究报告类产品、1种期刊书籍类产品、1种博客类产品、3种评论专栏类产品、1种新闻媒体类产品、1种音频视频类产品、1种活动类产品、3种数据类产品。其中，《地球谈判公报》是关于联合国环境与发展谈判的报告，它是国际可持续发展研究所的重要出版物。

209. 麦克唐纳-劳里埃研究所

麦克唐纳-劳里埃研究所（Macdonald-Laurier Institute），成立于2010年，由布莱恩·李·克劳利（Brian Lee Crowley）创立，位于加拿大。麦克唐纳-劳里埃研究所是一个独立的组织，其资金来源于基金会、企业机构以及个人。麦克唐纳-劳里埃研究所致力于通过独立的研究和评论，帮助加拿大领导者提高公共政策的成效。该智库网址是：www.macdonaldlaurier.ca。

（1）历史沿革

麦克唐纳-劳里埃研究所成立于2010年。在成立的前十年，许多专家针对国家问题提供了周到、实用、独立的分析和建议，帮助研究所履行其职责。研究所的早期工作涵盖了医疗保健的可持续性、土著人民对自然资源经济的参与以及加拿大人之间的贸易壁垒。麦克唐纳-劳里埃研究所的工作在不断发展，目前涉及加拿大民众面临的各种公共政策问题。多年来，麦克唐纳-劳里埃研究所吸引了加拿大和世界上一些最优秀的专家加入。

（2）组织机构

麦克唐纳-劳里埃研究所的研究团队在创始人布莱恩·李·克劳利带领下，由47位研究人员组成。其研究内容覆盖了12个领域，例如：经济政策、外交事务、社会问题、农业和农业食品、能源、安全研究与反恐、国防安全、医疗健康、正义等。该智库共设立了1个研究中心，即促进加拿大海外利益中心。麦克唐纳-劳里埃研究所开展了12个研究项目，如加拿大世纪计划项目等。

（3）研究产品

麦克唐纳-劳里埃研究所自成立以来累计发布了5 100余篇报告文章，共设计推出了16种产品，包括1种研究报告类产品、1种学术论文类产品、2种期刊书籍类产品、2种博客类产品、3种评论专栏类产品、4种新闻媒体类产品、1种音频视频类产品、1种活动类产品、1种数据类产品。其中，内部政策杂志是研究所的期刊类产品，内容涉及研究所的各研究领域，发布频率每年约为4次。

210. 蒙特利尔经济研究所

蒙特利尔经济研究所（Montreal Economic Institute，MEI）成立于1987年，由魁北克的知识分子和商人成立，位于加拿大蒙特利尔，是巴黎经济研究所的延续。蒙特利尔经济研究所是一个独立的公共政策组织，其资金来源于基金会、企业机构以及个人。蒙特利尔经济研究所致力于以其他领域的成功改革为参考，为公共政策问题提出创新性解决方案。该智库网址是：www.iedm.org。

（1）历史沿革

1987 年，蒙特利尔经济研究所成立。随着米歇尔·加格农被提名为执行董事，蒙特利尔研究所在 20 世纪 90 年代后期开展了大量活动，并吸引了诸多顶尖学者加入。1998 年，蒙特利尔经济研究所担负起了传播市场原则和企业家精神的使命。2016 年，蒙特利尔经济研究所聘请了加拿大财政部原部长乔·奥利弗作为"杰出高级研究员"。

（2）组织机构

蒙特利尔经济研究所的研究团队在米歇尔·凯利-加格农（Michel Kelly-Gagnon）带领下，由 11 位研究人员组成。其研究内容覆盖了 13 个领域，例如：奥地利经济学、税收、公共部门改革、市场自由化、社会服务、农业、环境、法规、能源政策、卫生保健等。

（3）研究产品

蒙特利尔经济研究所自 2000 年以来累计发布了 4 000 余篇报告文章，共设计推出了 15 种研究产品，包括 3 种研究报告类产品、1 种期刊书籍类产品、4 种评论专栏类产品、1 种新闻媒体类产品、5 种音频视频类产品、1 种活动类产品。《加拿大能源概况》是蒙特利尔经济研究所的研究报告类产品，列举了民众对加拿大能源部门提出的 40 个基本问题，并给出了相对简短、真实、易于理解并有官方支持的答案。

211. 莫瓦特中心

莫瓦特中心（Mowat Center）成立于 2009 年，由多伦多大学公共政策与管理学院创立，位于加拿大。该智库是一个独立的大学下属研究机构，其资金来源于政府。莫瓦特中心致力于协作开展应用政策研究，提出以研究为导向的创新建议，并就加拿大重要的国家问题展开讨论。该智库网址是：munkschool.utoronto.ca/mowatcentre。

（1）历史沿革

2009 年，莫瓦特中心在安大略省政府的支持下成立。2010 年，莫瓦特中心发布了第一份报告。2019 年 6 月 30 日，由于安大略省政府的资助协议取消，莫瓦特中心正式结束运营。

（2）组织机构

莫瓦特中心的研究团队在安德鲁·帕金（Andrew Parkin）带领下，由 40 余位研究人员及顾问组成。其研究内容覆盖了 2 个领域，分别是：政府间的经济与社会政策、政府转型。该智库共设立了 2 个研究中心，即莫瓦特非营利部门中心和莫瓦特能源研究中心。莫瓦特中心开展了 4 个研究项目，如教育与技能研究计划等。

（3）研究产品

莫瓦特中心自成立以来累计发布了 700 余篇报告文章，共设计推出了 7 种研究产品，包括 1 种研究报告类产品、2 种评论专栏类产品、2 种新闻媒体类产品、1 种音频视频类产品、1 种活动类产品。

212. 彭比纳研究所

彭比纳研究所（Pembina Institute），成立于 1984 年，由罗布·麦金托什（Rob Macintosh）和沃

利·海因里希斯（Wally Heinrichs）创立，位于加拿大。彭比纳研究所是一家非营利性组织，其资金来源于政府、基金会、企业机构以及个人。彭比纳研究所致力于通过协作、提供循证决策和解决方案的方式，维护健康的环境、稳定的气候以及繁荣的社区，该智库网址是：www.pembina.org。

（1）历史沿革

1982年，加拿大阿尔伯塔省的酸性气井发生泄漏，造成严重污染，但是企业和政府的应急响应不力，未能有效地保护居民。200多位当地居民组成了彭比纳地区酸性气体暴露委员会，并开展了相关研究调查工作。1984年，该项调查产生的80余项建议被加拿大能源资源委员会以及多个政府部门和行业机构所采纳。受此影响，罗布·麦金托什和沃利·海因里希斯创建了彭比纳研究所。研究所成立早期主要以环境保护方面的研究为主，协助政府制定相关法律。20世纪90年代，研究所在绿色经济、气候变化以及核能方面展开了新的研究工作。在21世纪，彭比纳研究所的影响力迅速扩大。研究所积极与社区、各级政府在提高能效和可再生能源方面开展合作，同时还为工业界提供高质量的生命周期研究和可持续能源解决方案。2019年1月1日，根据《加拿大非营利公司法》，彭比纳研究所和彭比纳环境研究与教育基金会合并为一个组织。

（2）组织机构

彭比纳研究所的研究团队在琳达·科迪（Linda Coady）领导下，由50余位研究人员组成。其研究内容覆盖了5个领域，分别是：气候政策、绿色建筑、清洁电力、油气、清洁运输。该智库共开展了8个研究项目，如新能源经济项目等。

（3）研究产品

彭比纳研究所自成立以来累计发布了3 900余篇报告文章，共设计推出了5种研究产品，包括1种博客类产品、1种活动类产品、1种新闻媒体类产品、1种研究报告类产品、1种期刊书籍类产品。

213. 公共政策论坛

公共政策论坛（Public Policy Forum，PPF），成立于1987年，由一群公共和私营部门的领导人创立，位于加拿大。公共政策论坛是一个独立、非营利性机构，其资金来源于企业机构以及个人。公共政策论坛致力于为决策过程中的不同参与者提供沟通的平台，以审查问题、促进思维碰撞并为政策提供新思路。该智库网址是：ppforum.ca。

（1）历史沿革

公共政策论坛之所以诞生，是因为相信私营部门和公共部门领导人之间的对话可以带来更好的政策。公共政策论坛为这些领导人提供了一个独立的空间，以定期开会讨论公共政策。自那时以来，公共政策论坛的会员已涵盖来自商业、联邦、省和地区政府、学术机构、工会和非营利组织的约200个组织。公共政策论坛召集了150多个为国内外公共政策做出卓越贡献的杰出人士提供观点，以推动更好的加拿大政策出台。

（2）组织机构

公共政策论坛的研究团队在杰里·泰勒（Jerry Taylor）带领下，由27位研究人员组成。其研究内容覆盖5个领域，例如善政和健康的民主、土著增长和治理等。该智库共开展了56个研究项目，如大流行病后世界的技能项目等。

（3）研究产品

公共政策论坛2012年以来累计发布了300余篇报告文章，共设计推出了4种研究产品，包括1

种研究报告类产品、2 种博客类产品、1 种活动类产品。

214. 加拿大社会发展委员会

加拿大社会发展委员会（Canadian Council on Social Development, CCSD）成立于 1920 年，位于加拿大。加拿大社会发展委员会是一个中立、非政府、独立、非营利组织，其资金来源于政府。加拿大社会发展委员会致力于与所有部门（包括非营利组织、慈善机构、政府和企业）以及社区合作，以推动解决当今最严峻的社会问题。该智库网址是：www.ccsd.ca/index.php。

（1）历史沿革

自 1920 年以来，加拿大社会发展委员会一直在召集非营利组织、慈善家、政府和私营部门来改善加拿大的社会福祉。每过十年加拿大社会发展委员会都会迎来不同的挑战和机遇。加拿大社会发展委员会一直处在提出非常规解决方案的最前沿，这些解决方案帮助塑造了加拿大社会格局。20世纪 20 年代，加拿大社会发展委员会帮助制定了第一个老年养老金计划。30 年代，加拿大社会发展委员会提出了就业保险的概念。80 年代，加拿大社会发展委员会将焦点放在土著儿童的困境上。

（2）组织机构

加拿大社会发展委员会的研究内容覆盖了 2 个领域，分别是：数量上的力量、邻里财务健康指数。该智库设立了 13 个研究项目，比如社区数据计划项目、渥太华设计合作社项目等。

（3）研究产品

加拿大社会发展委员会累计发布了 100 余篇报告文章，共设计推出了 3 种研究产品，包括 2 种活动类产品、1 种音频视频类产品。

第二节　欧洲财经智库

（一）英国智库

215. 亚当·斯密研究所

亚当·斯密研究所（Adam Smith Institute, ASI），成立于 1977 年，由邓肯·麦德森·皮里（Duncan Madsen Pirie）和艾蒙·巴特勒（Emmonn Butler）创立，位于英国。亚当·斯密研究所是一个独立、非营利的组织，其资金来源于企业机构以及个人。亚当·斯密研究所致力于向公众普及关于自由市场和经济政策的知识，并为公众辩论提供合理的思想。该智库网址是：www.adamsmith.org。

（1）历史沿革

亚当·斯密研究所成立于 20 世纪 70 年代，当时正值社会主义达到高潮。其目的是向公众普及自由市场知识和经济政策，并为公众辩论提供合理的思想。亚当·斯密研究所一直是一个实用的智库，而不是一个学术组织。该研究所在成立之初就在私有化、放松管制和税制改革方面进行了开拓性工作。如今，亚当·斯密研究所被誉为英国领先的智库之一。

（2）组织机构

亚当·斯密研究所的研究团队在所长邓肯·麦德森·皮里带领下，由 27 名研究人员组成。亚当·斯密研究所的研究内容覆盖了 15 个领域，分别是：银行业、社会福利、公民自由与司法、经济与税收、教育、环境与运输、欧洲、政府与政治、健康、住房、移民、生活方式、媒体与文化、法规与行业、私有化。

（3）研究产品

亚当·斯密研究所自成立以来累计发布了 20 000 余篇报告文章，共设计推出了 8 种研究产品，包括 2 种研究报告类产品、2 种博客类产品、1 种新闻媒体类产品、1 种音频视频类产品、1 种数据类产品、1 种活动类产品。"税务自由日"是智库的数据类产品，每年，亚当·斯密研究所都会计算"普通"人为了缴税而不得不工作的天数，以衡量人们税收负担的真实规模。

216. 非洲研究所

非洲研究所（Africa Research Institute，ARI）成立于 2007 年，位于英国。非洲研究所是一个独立组织，其资金来源于基金会。非洲研究所致力于促进民众和领导者对非洲大陆全面、深入的了解。该智库网址是：www.africaresearchinstitute.org/newsite/。

（1）历史沿革

非洲研究所成立于 2007 年 2 月。非洲研究所的第一份出版物《穆加贝之后的第二天：津巴布韦的变革前景》收集了来自各个政治派别的分析和评论。该书被《观察家报》评选为" 2007 年度最佳图书"之一，并被《旁观者》杂志评鉴。此后，该研究所发表了许多简报、文章、论文和播客。非洲研究所的研究成果在非洲和其他地方广泛传播。非洲研究所还与伦敦和非洲的演讲者定期举办互动活动。

（2）组织机构

非洲研究所的研究团队在爱德华·佩斯（Edward Paice）带领下，由 3 名研究人员组成。其研究内容覆盖了 8 个领域，例如：农业与土地、城市、文化、经济与金融、大选、治理等。

（3）研究产品

非洲研究所自成立以来累计发布了 250 余篇报告文章，共设计推出了 4 种研究产品，包括 1 种研究报告类产品、1 种博客类产品、1 种新闻媒体类产品、1 种活动类产品。

217. 弓箭集团

弓箭集团（Bow Group），成立于 1951 年，由阿伯拉冯的巴隆·豪威勋爵（Baron Howe）创立，位于英国。弓箭集团是世界上最古老的保守派智库之一，其资金来源于企业机构以及个人。弓箭集团致力于参与英国政府的决策过程，推动、影响和监督更广泛的保守运动。该智库网址是：www.bowgroup.org。

（1）历史沿革

弓箭集团成立于 1951 年 2 月，最初是由一群奉行保守主义的毕业生组成的协会。弓箭集团最初在东伦敦的弓箭镇组建，并因此得名。杰弗里·豪威（Geoffrey Howe），威廉·里斯-莫格（William Rees-Mogg）和诺曼·圣·约翰·斯图瓦斯（Norman St John Stevas）参加了第一次会议。成立之初，该集团就吸引了顶尖的毕业生，并迅速引起了许多政府部长级官员的关注，尤其是哈罗德·麦克米伦（Harold Macmillan）。迈克尔·霍华德（Michael Howard）、诺曼·拉蒙特（Norman Lamont）和彼得·利利（Peter Lilley）均曾担任弓箭集团董事长。1969 年，英国电信现任董事长克里斯托弗·布兰德（Christopher Bland）担任弓箭集团董事长。自成立以来，弓箭集团一直是政策思想的重要来源，其许多论文对政府政策有着直接影响。弓箭集团在20世纪50年代末提出了"世界难民年"概念。在60年代，该集团对非殖民化的讨论引起了极大的争议。在70年代，自由理念成为弓箭集团主要推行的主张。弓箭集团的专家组在90年代发表了90余份政策文件，涉及抚恤金、慈善部门、股东民主、残疾人、政府机构的改革等多项主题。2005年，该集团还出版了《人人享有选择和自由》一书。弓箭集团始终处于保守派运动的最前沿。

（2）组织机构

弓箭集团的研究团队在本·哈里斯-奎尼（Ben Harris-Quinney）的带领下，由12名研究人员组成。其研究内容覆盖了9个领域，分别是：文化、媒体和体育，民主，经济，能源与交通，外交事务与安全，健康，内政，社会，可持续发展与环境。

（3）研究产品

弓箭集团自成立以来累计发布报告文章1 000余篇，共设计推出了6种研究产品，包括2种研究报告类产品、1种期刊书籍类产品、1种新闻媒体类产品、1种音频视频类产品、1种活动类产品。

218. 欧盟品牌

欧盟品牌（Brand EU），成立于2014年，由尼古拉斯·德·桑蒂斯（Nicolas de Santis）创立，位于英国伦敦。欧盟品牌是一个独立组织，其资金来源于基金会以及企业机构。欧盟品牌致力于建立一个充满活力和具有远见的欧洲品牌，以增强欧洲民众的组织认同感，并激励欧洲人民建立一个创新的欧盟和一个可持续发展的世界。该智库网址是：www.brandeu.eu。

（1）历史沿革

该智库未披露相关信息。

（2）组织机构

欧盟品牌的研究团队由国际金银水星公司主席兼欧盟品牌中心创始人尼古拉斯·德·桑蒂斯领导。欧盟品牌的研究内容覆盖了9个领域，分别是：欧盟公民和权力、多元化和援助、经济、消费者和基础设施、教育和工作、创新与科学、自然与可持续性、文化娱乐、旅游和美食。该智库组建了8个研究中心，如欧盟公投与英国退欧中心等。英国品牌开展了5个研究项目，如重塑欧盟品牌项目等。

（3）研究产品

欧盟品牌自成立以来累计发布了170余篇报告文章，共设计推出了4种研究产品，包括2种研究报告类产品、1种新闻媒体类产品、1种活动类产品。

219. CANZUK 国际

CANZUK国际（CANZUK International），成立于2015年，由詹姆斯·斯金纳（James Skinner）创立，位于英国伦敦。CANZUK国际是一个非营利组织，其资金来源个人。CANZUK国际致力于倡导加拿大、澳大利亚、新西兰和英国之间的自由行动、自由贸易、协调的外交政策和宪法对话。该智库网址是：www.canzukinternational.com。

（1）历史沿革

CANZUK国际成立于2015年1月，是全球领先的非营利组织，主张加拿大、澳大利亚、新西兰和英国（"CANZUK"国家）这四个国家之间进行更紧密的合作，以便它们可以在现有的经济、外交关系基础上，建立具有真正全球视野的民族国家的凝聚力联盟。CANZUK 国际的建议不仅帮助加拿大、澳大利亚、新西兰和英国维持经济繁荣和生活质量，而且为每个公民提供更便捷的旅行和就业机会。

（2）组织机构

CANZUK 国际的研究团队在詹姆斯·斯金纳带领下，由 18 名研究人员组成。其研究内容覆盖了 3 个领域，分别是自由贸易、对外政策以及宪法事务。

（3）研究产品

CANZUK 国际自成立以来累计发布了 138 篇报告文章，共设计推出了 2 种研究产品，包括 1 种研究报告类产品、1 种新闻媒体类产品。

220. 城市中心

城市中心（Centre for Cities），成立于 2005 年，由图尔维尔的塞恩斯伯里（Sainsbury）勋爵创立，位于英国。城市中心是一个独立的研究组织，其资金来源于政府、基金会以及企业机构。城市中心致力于帮助英国最大的城市群发挥其经济潜力。该智库网址是：www.centreforcities.org。

（1）历史沿革

城市中心与政府官员、白金汉宫和企业紧密合作，以确保智库的工作对城市和政策制定者而言是紧密相关的且具有实际价值的。智库努力了解英国和国际上的城市如何以及为何发生经济增长和变化，并广泛宣传这些调查结果，以帮助英国城市改善其经济和公共利益。

（2）组织机构

城市中心的研究团队在安德鲁·卡特（Andrew Carter）的带领下，由 18 名研究人员组成。其研究内容覆盖了 12 个主题，分别是：空气质量、紧缩、英国脱欧、权力下放、主要街道、住房、升级、本地产业策略、市长、生产率、未来的工作、城镇。城市中心组建了 1 个研究中心，即地方经济增长办法研究中心。

（3）研究产品

城市中心自成立以来累计发布了 2 500 余篇报告文章，共设计推出了 11 种研究产品，包括 4 种研究报告类产品、1 种博客类产品、1 种新闻媒体类产品、1 种音频视频类产品、3 种数据类产品、1 种活动类产品。城市中心的数据工具产品主要包含了英国 63 个最大城市和城镇的最新可用数据，从人口到企业甚至是初创企业，全部容纳在内。另外，智库的互动数据是一个庞大的数据库，主要包含了各个城市 10 年的税收数据，能够将英国城市数据与 300 多个欧洲城市数据进行比较。《城市展望》及《Cffies 事实手册》每年对英国城市现行政策的执行情况提供深入的见解，是英国城市经济状况的权威指南。

221. 学习与工作研究所

学习与工作研究所（Learning and Work Institute），2016 年由国家成人继续教育研究所（National Institute of Adult Continuing Education，NIACE）和经济与社会融合中心（Centre for Economic & Social Inclusion，CESI）合并成立，位于英国。学习与工作研究所是一个独立的组织，其资金来源于政府、企业机构以及个人。学习与工作研究所致力于建立一个繁荣、公平的社会。该智库网址是：www.learningandwork.org.uk。

（1）历史沿革

国家成人继续教育研究所（NIACE）的历史可以追溯到第一次世界大战结束时，即1918—1919年，由工人教育协会创始人阿尔伯特·曼斯布里奇博士（Dr Albert Mansbridge）等组成的一个团体在伦敦成立了世界成人教育协会（World Association for Adult Education，WAAE）。WAAE在很大程度上是英国会员制，其国际影响力主要来自前大英帝国的统治。它举办会议，出版了《世界成人教育协会杂志》，在伦敦成立了中央信息局（关于成人教育）。全国成人教育基金会成立于1946年，是提供成人教育的组织之间进行协商的论坛。1949年，它与英国教育学会合并，成为国家成人教育学会，并于1983年更名为国家成人继续教育研究所。

1997年，麦克·斯图尔特（Mike Stewart）和戴夫·西蒙兹（Dave Simmonds）成立了社会融合中心（Centre for Social Inclusion，CSI），这是一家社会企业，旨在为工党提供政策和实践支持。2001年，失业部门和青年援助组织与社会融合中心共同组成了经济与社会融合中心，该组织成为评估英国就业服务的领先独立研究组织之一。2016年，经过一段时间的战略合作，国家成人继续教育研究所和经济与社会融合中心合并成立了学习与工作研究所。

（2）组织机构

学习与工作研究所的研究团队在斯蒂芬·埃文斯的带领下，由46名研究人员组成。其研究内容覆盖了7个领域，分别是：终身学习、就业与社会保障、基本生活技能、薪酬、进步和安全、学徒和技术教育、社会公正与包容。该智库设立了9个研究项目，如欧洲生活技能项目、学徒前计划项目等。

（3）研究产品

学习与工作研究所自成立以来累计发布报告文章410余篇，共设计推出了12种研究产品，包括4种研究报告类产品、1种博客类产品、1种评论专栏类产品、1种新闻媒体类产品、2种音频视频类产品、1种数据类产品、2种活动类产品。学习与工作研究所每年都会发布一系列报告，对关键的学习、技能和就业问题进行分析，并在当地开展发展和创新项目。

222. 经济政策研究中心

经济政策研究中心（Centre for Economic Policy Research，CEPR），成立于1983年，由理查德·波特斯（Richard Portes）创立，位于英国。经济政策研究中心是一个独立、非营利的组织，其资金来源于政府、基金会、企业机构以及个人。经济政策研究中心致力于通过开展高质量的、与政策相关的经济研究，将其传播给公共和私营部门的决策者，以提高欧洲及其他地区经济决策的质量。该智库网址是：cepr.org。

（1）历史沿革

CEPR基于一种新的组织模式"思维网"而成立。"思维网"是一个由经济学家组成的分布式网络，这些经济学家隶属于CEPR，但未受经济政策研究中心聘用，通过中心开展与政策相关的研究项目和参与各项活动。经济政策研究中心成立之际，许多优秀的研究人员居住分散，几乎没有互动的机会。经济政策研究中心通过组建一个活跃的社区，为欧洲经济学创建了一个虚拟的"卓越中心"，这些经济学家跨越国别共同努力，发表高质量的研究成果，供政策界和私营部门使用。

（2）组织机构

经济政策研究中心的研究团队在主席比阿特丽斯·韦德·迪·毛罗（Beatrice Weder di Mauro）

带领下，由 11 名各领域研究项目主任以及 1 600 余名不同领域研究人员组成。其研究内容覆盖了 11 个经济学细分研究领域，分别是：发展经济学、经济史、金融经济学、产业组织、国际宏观经济与金融、货币经济学与波动、宏观经济与增长、国际贸易与区域经济学、劳动经济学、公共经济学、组织经济学。CEPR 还组建了 7 个研究中心，如欧洲中央银行网络中心、贸易政策研究网络中心等。经济政策研究中心开展了 21 个研究项目，如发展中国家的政策设计与评估研究项目、银行同业流动性项目等。

（3）研究产品

经济政策研究中心自成立以来累计发布了 40 000 余篇报告文章，共设计推出了 12 种研究产品，包括 5 种研究报告类产品、1 种学术论文类产品、2 种期刊书籍类产品、1 种新闻媒体类产品、2 种数据类产品、1 种活动类产品。EuroCOIN 是该智库推出的欧元区商业周期的同步指标。该项数据使用创新的计量经济学方法从实体经济、金融部门以及商业和消费者情绪调查中提取信息，是衡量欧元区商业周期的主要指标。

223. 伦敦中心

伦敦中心（Centre for London）成立于 2011 年，由本·罗杰斯（Ben Rogers）创立，位于英国伦敦。伦敦中心是一个独立的、非营利组织，其资金来源于企业机构以及个人。伦敦中心致力于为伦敦面临的严峻挑战制订新的解决方案，并倡导建立一个公平而繁荣的全球城市。该智库网址是：www.centreforlondon.org。

（1）历史沿革

伦敦中心成立于 2011 年，旨在帮助国家和伦敦的决策者在下次选举之后进行思考，并为未来制订计划。伦敦中心对维护基础设施、公共服务、文化和凝聚力的挑战有着独特的理解。伦敦中心是一家独立的慈善机构，而不是代表自身利益的会员制组织，这使伦敦中心在伦敦和各国领导人中具有独特的影响力。保守派领导人和工党市长以及中央政府都采纳过伦敦中心的建议。在过去的 10 余年，伦敦中心发布了 50 多项政策报告，举办了 100 多次公共活动、5 次大型活动和 8 次高级别会议。通过这项工作，伦敦中心已经使伦敦的数千名利益相关者参与进来。

（2）组织机构

伦敦中心的研究团队在前伦敦市长政策主任尼克·鲍斯（Nick Bowes）带领下，由 22 名研究人员组成。其研究内容覆盖了 15 个主题，分别是：脱欧、城市与民族、新型冠状病毒、权力下放、教育、就业机会、环境、健康、住房、生活水平、地方政府、规划、公共领域、社会流动、运输。伦敦中心开展了 51 个研究项目，如伦敦、英国及世界项目和新型冠状病毒项目等。

（3）研究产品

伦敦中心自成立以来累计发布了 1 480 余篇报告文章，共设计推出了 10 种研究产品，包括 4 种研究报告类产品、1 种期刊书籍类产品、1 种博客类产品、1 种评论专栏类产品、1 种新闻媒体类产品、2 种活动类产品。"伦敦会议"是伦敦中心举办的旗舰活动，这是一年中伦敦各地的领导人聚集在一起讨论首都面临的重大挑战的一次活动。

224. 地方经济策略中心

地方经济策略中心（Center for Local Economic Strategies，CLES），成立于 1986 年，由迈克尔·

沃德（Michael Ward）创立，位于英国。CLES 是一个国家地方经济组织，其资金来源于政府、基金会、企业机构以及个人。地方经济策略中心致力于发展地方经济，造福人类和地球的未来。该智库网址是：cles.org.uk。

（1）历史沿革

地方经济策略中心通过思考和行动，实现社会公正和有效的公共服务。地方经济策略中心的创造性思维和政策活动是由其实践所决定的。地方经济策略中心是一个由思想家和实干家组成的全球网络的一部分，其正在推进实施一个新的、社会公正的主流经济和社会政策。

（2）组织机构

地方经济策略中心的研究团队在中心主任尼尔·麦金罗伊（Neil McInroy）的带领下，由 27 名研究人员组成。其研究内容覆盖了 5 个领域，分别是：供给经济、深化民主、创造良好且有弹性的场所、完善公共服务、应对气候紧急情况。该智库组建了 1 个研究中心，即社区财富建设卓越中心。地方经济策略中心开展了 1 个研究项目，即社区财富研究项目。

（3）研究产品

地方经济策略中心自成立以来累计发布了 300 余篇报告文章，共设计推出了 4 种研究产品，包括 1 种研究报告类产品、1 种博客类产品、1 种新闻媒体类产品、1 种活动类产品。

225. 政策研究中心

政策研究中心（Center for Policy Studies，CPS），成立于 1974 年，由基思·约瑟夫（Keith Joseph）爵士和玛格丽特·撒切尔（Margaret Thatcher）夫人创立，位于英国。政策研究中心是一个独立的、非营利性组织，其资金来源于企业机构以及个人。政策研究中心致力于发展新一代的保守思想，优化企业所有权，促进社会繁荣。该智库网址是：www.cps.org.uk。

（1）历史沿革

政策研究中心是英国领先的中右翼智库，由基思·约瑟夫爵士和撒切尔夫人于 1974 年成立，负责制定被称为撒切尔主义的大部分政策议程。撒切尔说，CPS 是"我们保守主义革命的开始"。自成立以来，CPS 参与制定了很多使英国变得更富裕的政策，如抑制通货膨胀、遏制工会的力量、私有化革命以及英国政府对企业家精神的扶持等各个方面。今天的 CPS 已成为知识分子辩论的核心。ComRes 的最新议会调查发现，CPS 是英国最具影响力的智库。

（2）组织机构

政策研究中心的研究团队在罗伯特·科维尔的带领下，由 16 名研究人员组成。其研究内容覆盖 5 个领域，分别是：税收和生活费用、商业和企业、住房与规划、福利、新一代。该智库设立了 2 个研究项目，即新一代项目和企业合作计划项目。

（3）研究产品

政策研究中心自成立以来累计发布了 2 000 余篇报告文章，共设计推出了 5 种研究产品，包括 1 种研究报告类产品、2 种新闻媒体类产品、2 种活动类产品。玛格丽特·撒切尔会议是政策研究中心的年度旗舰活动，旨在为高级政客、企业代表和专家提供一个平台，在高层受众面前讨论国际议题。

226. 进步政策中心

进步政策中心（Centre for Progressive Policy，CPP），成立于 2017 年，位于英国。进步政策中心

是一个非营利组织，其资金来源于政府以及个人。进步政策中心致力于设计有效、务实的政策解决方案，以提高英国及其他地区的生产力，实现共同繁荣。该智库网址是：www.progressive-policy.net。

（1）历史沿革

进步政策中心正在开展关于包容性增长的概念性辩论，并在实地验证。不同于传统的智库，进步政策中心会与当地合作伙伴合作设计和实施为当地量身定制的包容性增长战略。作为包容性增长全党议会小组的研究伙伴，进步政策中心扩大了其在整个议会以及国际组织（包括经合组织）中的影响力。总理特蕾莎·梅（Theresa May）在 2019 年全国住房联合会（National Housing Federation）会议上的讲话中引用了进步政策中心的分析。

（2）组织机构

进步政策中心的研究团队在主任夏洛特·奥尔德里特（Charlotte Alldritt）带领下，由 2 名研究人员组成。其研究内容覆盖了 4 个领域，分别是：公共服务、福利与技能，可持续投资，战略经济基础设施，贸易与竞争力。进步政策中心设有 1 个研究中心，即包容性增长全党议会小组。进步政策中心开展了 3 个研究项目，分别是：英国卫生与社会保健研究项目、包容性增长技能项目以及释放英格兰的住房供应潜力项目。

（3）研究产品

进步政策中心自成立以来累计发布了 390 余篇报告文章，共设计推出了 11 种研究产品，包括 3 种研究报告类产品、1 种学术论文类产品、1 种期刊书籍类产品、1 种博客类产品、1 种评论专栏类产品、2 种新闻媒体类产品、2 种活动类产品。

227. 战略研究与分析中心

战略研究与分析中心（Centre for Strategic Research and Analysis，CESRAN），成立于 2008 年，由奥兹古尔·图菲克西（Ozgur Tufekci）等学者创立，位于英国。战略研究与分析中心是一个无党派的非营利组织，其资金来源于企业机构以及个人。战略研究与分析中心致力于成为战略和外交研究方面的领先智库。该智库网址是：cesran.org。

（1）历史沿革

战略研究与分析中心创立的根本动机是缩小学生的国际关系理论学习和政策实践之间的鸿沟。战略研究与分析中心聚集了不同背景和观点的学者、专家和政策分析人士，以便在全球化世界开展国际关系研讨时提出新的和有启发性的见解。在一个全球化世界中，任何事物都可能对世界政治产生重大影响，因此战略研究与分析中心与学术界以及决策者保持着密切联系，并不断提出明确而广泛的政策建议。

（2）机构组织

战略研究与分析中心的研究团队在奥兹古尔·图菲克西的带领下，由 6 名研究人员组成。其研究内容覆盖了 5 个领域，分别是：国防与安全、能源与环境、治理、国际经济学、政治。

（3）研究产品

战略研究与分析中心自成立以来累计发布了 140 余篇报告文章，共设计推出了 10 种研究产品，包括 2 种研究报告类产品、1 种学术论文类产品、4 种期刊书籍类产品、1 种博客类产品、1 种新闻媒体类产品、1 种活动类产品。《其余：政治与发展》杂志是战略研究与分析中心的旗舰学术期刊，主要是关于全球治理、当代世界政治、全球政治经济等领域的理论、概念和经验分析。

228. 教育经济学中心

教育经济学中心（Center for the Economics of Education，CEE），成立于 2000 年，由伦敦政治经济学院创立，位于英国伦敦。教育经济学中心是大学附属的研究机构，其资金来源于企业机构。教育经济学中心致力于通过运用最新的经验分析技术，在教育经济学领域进行系统性和创新性的研究。该智库网址是：cee.lse.ac.uk。

（1）历史沿革

教育经济学中心成立于 2000 年 3 月，并获得了教育部和商业、创新与技能部的核心资助（至 2010 年）。在过去 10 年中，教育经济学中心建立了广泛的研究网络。教育经济学中心是一个多学科中心，拥有三个合作伙伴，即伦敦政治经济学院经济绩效中心、财政研究所和教育学院。

（2）组织机构

教育经济学中心的研究团队在教育经济学专家、现任伦敦大学学院经济学教授的史蒂芬·马钦（Stephen Machin）的领导下，由 47 名研究人员组成。教育经济学中心设立了 10 个研究项目，如政策评估-学校支出的影响项目等。

（3）研究产品

教育经济学中心自成立以来共发布了 4 种研究产品，包括 1 种学术论文类产品、1 种新闻媒体类产品、2 种活动类产品。

229. 查塔姆学会

查塔姆学会（Chatham House，又译为皇家国际事务研究所），成立于 1920 年，由莱昂内尔·柯蒂斯（Lionel Curtis）创立，位于英国伦敦。该智库是一个非营利组织，其资金来源于政府、基金会、企业机构以及个人。查塔姆学会致力于帮助建立一个可持续的安全、繁荣、公正的世界。该智库网址是：www.chathamhouse.org。

（1）历史沿革

在巴黎和会期间，英国外交官莱昂内尔·柯蒂斯主张建立一个研究国际事务的研究所。他的愿景是促进国家之间的相互理解，并使该研究所为世界面临的最大挑战提出解决方案。基于这个想法，诞生了两个组织，即英国伦敦的皇家国际事务研究所（后来被称为查塔姆学会）和美国纽约的美国外交关系协会。1920 年，查塔姆学会成立大会召开，由国际联盟的缔造者之一罗伯特·塞西尔（Robert Cecil）勋爵主持。1922 年，历史学家和作家阿诺德·汤因比（Arnold Toynbee）成为研究所首任主任，其创立了国际事务年度调查方法，被誉为"学术方法和模式的先驱"。1926 年，英国乔治五世国王（King George V）授予该研究所《皇家宪章》，以保持该组织的独立性、公正性。当时的主要思想家利用研究所的资源来发展他们的思想。约翰·梅纳德·凯恩斯领导的研究小组建立了许多体制机制，这些机制在第二次世界大战后为保持国际金融稳定发挥了核心作用。

研究所主任阿诺德·汤因比以及包括诺贝尔奖获得者罗伯特·塞西尔和诺曼·安吉尔（Norman Angell）在内的其他人，倡导的理念促使联合国得以成立，他们坚信基于规则体系的国际合作可以最好地通向全球和平与繁荣的道路。

《查塔姆学会守则》于 1927 年制定，如今已在全球通用。该研究所迅速吸引了包括甘地和温斯顿·丘吉尔在内的主要政界人士。此后，《查塔姆学会守则》的措辞随着政治和社会的发展出现微妙的变化，但其精神却始终如一：在当今最重要的问题上促进开放包容的对话。一百多年来，查塔姆学会通过辩论、对话和独立分析，坚持为增进国家之间的相互了解出谋划策。随着国际辩论从少数高层决策者扩展到广大公众，查塔姆学会也开始采取行动，通过新技术直接与不同的全球受众互动。

（2）机构组织

查塔姆学会的研究团队在罗宾·尼布莱特的带领下，由470名研究人员组成。其研究内容覆盖了9个领域，例如：国防和安全、经济和贸易、环境、健康、机构、大国权力、政治与法律、社会以及技术等。该智库组建了2个研究中心，分别是：霍夫曼可持续资源经济中心和伊丽莎白二世女王国际事务领导学院。查塔姆学会共设立了12个研究大项目，并在项目下设146个研究子项目，如全球经济与金融-二十国集团框架与全球经济治理项目等。

（3）研究产品

查塔姆学会自成立以来累计发布了14 800余篇报告文章，共设计推出了20种研究产品，包括6种研究报告类产品、2种学术论文类产品、5种期刊书籍类产品、1种评论专栏类产品、2种音频视频类产品、4种活动类产品。《今日世界》是查塔姆学会出版的著名期刊，在全球80多个国家和地区发行。而《国际事务》是该智库于1922年开始出版的国际领先学术双月刊，以研究国际关系为主。《网络政策期刊》则是查塔姆学会于2016年推出的学术季刊，主要提供关于网络安全和政策问题的严谨分析。

230. 发展倡议组织

发展倡议组织（Development Initiatives，DI）成立于1993年，由朱迪思·兰德尔（Judith Randel）和托尼·德曼（Tony German）创立，位于英国。发展倡议组织是一个独立的组织，其资金来源于政府、基金会以及企业机构。发展倡议组织致力于提供严格的信息，以支持更好的决策，进而消除贫困。该智库网址是：devinit.org。

（1）历史沿革

1993年，基于"如果没有更好的贫困人口数据和可以帮助他们的资源，就不可能可持续地消除贫困"的共识，发展倡议组织在英国成立。从那时起，发展倡议组织就不懈地提高数据质量、透明度、可访问性和使用率。

在1993年建立援助项目之后，发展倡议组织在1994年发布了该系列的第一份报告。该报告包含来自20个经合组织国家的章节，并对全球发展援助支出进行了独立审查。2000年，发展倡议组织成为长期贫困研究中心的合作伙伴，并发表了第一份全球人道主义援助报告。此后，发展倡议组织在2008年国际援助透明度倡议（International Aid Transparency Initiative）的提出中发挥了作用。

（2）机构组织

发展倡议组织的研究团队在哈彭德·科拉科特（Harpinder Collacott）的带领下，由98名研究人员组成。其研究内容覆盖6个领域，分别是：衡量最贫困人口的进步、统计人数和包容性数据、人道主义援助和危机融资、发展金融、国内资源、支持合作伙伴使用数据产生影响。该智库设立了10个研究项目，如跟踪最贫困人口的进展情况项目和地方对于人力资本的投资项目等。

（3）研究产品

发展倡议组织自成立以来累计发布了555篇报告文章，共设计推出了8种研究产品，包括4种研究报告类产品、1种博客类产品、1种新闻媒体类产品、1种数据类产品、1种活动类产品。

231. 经济学人智库

经济学人智库（Economist Intelligence Unit, EIU），成立于1946年，由经济学人集团创立，位于英国。经济学人智库是一家私营组织，其资金来源于企业机构。经济学人智库致力于提供经过严格检查的独立、公正的研究，以确保最高水平的准确性。该智库网址是：www.eiu.com。

（1）历史沿革

詹姆斯·威尔逊（James Wilson）在1843年创立了《经济学人》杂志。1946年成立了经济学人智库，为杂志提供服务并为其他公司提供商业情报。1987年，国际商业集团与经济学人智库合并。在1997年，经济学人智库收购了Pyramid Research，后者成为电信研究的供应商。在2012年，经济学人智库收购了两家医疗保健信息公司，即Clearstate（这是一家总部位于新加坡、专注于亚洲业务的企业）和Bazian。2015年，经济学人智库收购了消费者需求的预测分析咨询公司Canback & Company。经济学人智库在2018年收购了数据信息情报有限公司，这是一家领先的医疗咨询和市场研究提供商，专注于诊断、医疗设备和成像市场。

（2）组织机构

经济学人智库的研究团队在罗宾·比由（Robin Bew）的带领下，由85名研究人员组成。其研究内容覆盖了5个领域，分别是：金融服务、企业法人、政府、学术机构、医疗保健。

（3）研究产品

经济学人智库自2019年以来累计发布了500余篇报告文章，共设计推出了11种研究产品，包括6种研究报告类产品、4种数据类产品、1种活动类产品。

232. 外交政策中心

外交政策中心（Foreign Policy Center, FPC），成立于1998年，由英国首相托尼·布莱尔（Tony Blair）和前外交大臣罗宾·库克（Robin Cook）创立，位于英国。外交政策中心是一个非营利组织，其资金来源于政府、基金会、企业机构以及个人。外交政策中心致力于为世界各地的专家、学者和激进主义者提供一个开放的空间，以便全球公民和决策者可以听到他们的声音，从而寻找应对当今国际挑战的解决方案。该智库网址是：fpc.org.uk。

（1）历史沿革

外交政策中心制定了独特的研究议程，以探讨解决跨越国界的问题所需的战略解决方案，议程的重点是合法性和政策效力。外交政策中心已经出版主要思想家的一系列成果，内容涉及世界秩序、非国家行为者在决策中的作用、欧洲的未来、国际安全和特性。

（2）组织机构

外交政策中心的研究团队在主任亚当·休（Adam Hug）带领下，由37名研究人员组成。其研究内容覆盖了11个领域，分别是：脱欧，公民社会，冲突解决与安全，COVID-19，民主与选举，侨民，能源、环境与资源，善政与体制改革，人权，国际发展，国际关系与地缘政治。外交政策中心成立了5个研究项目，如欧洲的未来项目和处于危机中的结构项目等。

（3）研究产品

外交政策中心自成立以来累计发布了1 200余篇报告文章，共设计推出了5种研究产品，包括2种研究报告类产品、3种活动类产品。该中心的《全球思维》杂志是有关外交政策问题新思维的定期出版物。

233. 财政研究所

财政研究所（Institute for Fiscal Studies，IFS），成立于 1969 年，由迪克·塔夫纳（Dick Taverne）、威尔·霍珀（Will Hopper）、约翰·钱恩（John Chown）和鲍勃·布伊斯特（Bob Buist）创立，位于英国。财政研究所是一个非营利组织，其资金来源于政府、基金会、企业机构以及个人。财政研究所致力于更好地为公众提供有关经济学的辩论，以促进制定有效的财政政策。该智库网址是：www.ifs.org.uk。

（1）历史沿革

通过严格的独立研究，例如 IFS 绿色预算和后预算分析，IFS 成功地向更广泛的受众开放了有关公共政策的辩论，并对政策的制定产生了影响。如今，IFS 是英国领先的独立微观经济研究所。它的研究范围是公共政策分析中最广泛的研究范围之一，涵盖了从税收和福利到教育政策、从劳动力供应到公司税收的主题。这项研究不仅对决策者、智库和从业者产生影响，还因其严谨的学术成就享誉全球，并为学术奖学金的发展做出了贡献。

（2）组织机构

财政研究所的研究团队在保罗·约翰逊的带领下由 96 名研究人员组成，其研究内容覆盖了 13 个领域，分别是：英国脱欧，权力下放与地方政府，消费者行为和间接税，教育技能和人力资本，就业与薪酬，健康与保健，不平等、贫困和生活水平，国际发展，生产力和创新，方式方法，公共支出和财政，养老金和财富，税收和福利制度。该智库共组建了 6 个研究中心，如公共政策微观经济分析中心和微数据方法与实践中心等。

（3）研究产品

财政研究所自成立以来累计发布了 7 700 余篇报告文章，共设计推出了 16 种研究产品，包括 5 种研究报告类产品、3 种学术论文类产品、2 种评论专栏类产品、1 种新闻媒体类产品、1 种音频视频类产品、2 种数据类产品、2 种活动类产品。《绿色预算》是 IFS 旗舰年刊，主要是智库研究人员对英国政府的财政状况进行持续评估。在每次秋季声明、预算和支出审查之后，财政研究所都会发布对财政大臣的建议和改革的分析以及对公共财政的审查。

234. 政府研究所

政府研究所（Institute for Government），成立于 2008 年，位于英国伦敦。政府研究所是一个独立的无党派组织，其资金来源于政府、基金会和组织机构。政府研究所致力于提高政府效率。该智库网址是：www.instituteforgovernment.org.uk。

（1）历史沿革

该智库未披露相关信息。

（2）组织机构

政府研究所的研究团队在布朗文·马多克斯（Bronwen Maddox）的带领下，由 56 名研究人员组成。政府研究所的研究内容覆盖 8 个领域，分别是：白厅、政策制定、脱欧、议会、公共服务、权力下放、冠状病毒、专业发展。该智库开展了 41 个研究项目，如现代政府问责制项目、改善数字政府项目等。

（3）研究产品

政府研究所自成立以来共设计推出了 7 种研究产品，包括 1 种研究报告类产品、1 种评论专栏类产品、1 种音频视频类产品、1 种数据类产品、3 种活动类产品。"内部简报播客"是智库的音频类产品，主要内容是由主任布朗文·马多克斯与专家及特别嘉宾就政府运作的要素进行自由讨论。

235. 战略对话研究所

战略对话研究所（Institute for Strategic Dialogue，ISD），成立于 2006 年，由已故出版商乔治·温登菲尔德（George Weidenfeld）勋爵和萨沙·哈夫利切克（Sasha Havlicek）创立，位于英国。战略对话研究所是一个独立的组织，其资金来源于政府、企业机构以及个人。战略对话研究所致力于维护人权，扭转全球两极分化、极端主义以及虚假信息上升的趋势。该智库网址是：www.isdglobal.org。

（1）历史沿革

战略对话研究所起源于三人俱乐部，该俱乐部由乔治·温登菲尔德勋爵于 1996 年与德国总理赫尔穆特·科尔等人共同成立。在过去的十多年中，不断变化的全球环境促使该组织更加专注于应对极端主义、两极分化和虚假信息的威胁。

自成立以来，战略对话研究所率先采取措施打击极端主义和虚假信息。战略对话研究所是最早认识到城市和地方当局应在社区复原力方面发挥核心作用的智库之一，于 2015 年在联合国启动了城市网络。战略对话研究所带头关注科技公司应对极端主义的重要性。2007 年，在战略对话研究所支持下，政策规划者网络成立，这是第一个西方反极端主义政策负责人的政府间网络。

（2）组织机构

战略对话研究所的研究团队在萨沙·哈夫利切克的带领下，由 50 名研究人员组成。其研究内容覆盖了 4 个领域，分别是：极右翼、伊斯兰极端主义、虚假信息、两极分化。该智库组建了 3 个研究中心，分别是：基础研究和数据中心、数字分析单元中心以及监测与评估中心。战略对话研究所设立了 15 个研究项目，如反对暴力极端主义项目和数字弹性项目等。

（3）研究产品

战略对话研究所自成立以来累计发布了 123 篇报告文章，共设计推出了 3 种研究产品，包括 1 种研究报告类产品、1 种新闻媒体类产品、1 种活动类产品。

236. 发展研究所

发展研究所（Institute of Development Studies，IDS），成立于 1966 年，由苏塞克斯大学创立，位于英国。发展研究所是一个独立的组织，其资金来源于政府、基金会以及企业机构。发展研究所致力于在地方和全球范围内构建平等和可持续的社会。该智库网址是：www.ids.ac.uk。

（1）历史沿革

该智库未披露相关信息。

（2）组织机构

发展研究所的研究团队在梅利莎·利奇（Melissa Leach）的带领下，由 200 名研究人员组成。其研究内容覆盖了 7 个领域，分别是：冲突与暴力，政策和实践证据，治理、权力和参与，健康，包容性经济，不平等与贫困，可持续发展。发展研究所组建了 7 个研究中心，如商业与发展中心、新兴力量与全球发展中心等。该智库还设立了 27 个研究项目，如国际发展计划中的新兴力量项目、"童工：南亚和东南亚的行动研究创新项目"等。

（3）研究产品

发展研究所自成立以来累计发布了 14 700 余篇报告文章，共设计推出了 14 种研究产品，包括 3 种研究报告类产品、2 种学术论文类产品、5 种期刊书籍类产品、1 种评论专栏类产品、2 种新闻媒体类产品、1 种活动类产品。《IDS 公告》是该智库的领先期刊，重点关注国际发展，自 1968 年以来持续出版并享有盛誉。

237. 经济事务研究所

经济事务研究所（Institute of Economic Affairs，IEA），成立于 1955 年，由安东尼·费舍尔（Antony Fisher）和拉尔夫·哈里斯（Ralph Harris）勋爵创立，位于英国。经济事务研究所是一家独立的研究所，其资金来源于基金会、企业机构以及个人。经济事务研究所致力于通过分析和阐述市场在解决经济和社会问题中的作用，来增进对自由社会基本制度的理解。该智库网址是：iea.org.uk。

（1）历史沿革

经济事务研究所是英国最早的自由市场智库，其历史可以追溯到 1945 年。1945 年 4 月，经济事务研究所创始人安东尼·费舍尔深受哈耶克（F. A. Hayek）《农奴之路》一书的启发。同年次月，安东尼·费舍尔在伦敦证券交易所当面获得哈耶克的中肯建议，即"避免直接参与政治，而是以合理的主题与知识分子合作，建立能够扩大其观点影响力的组织"。1955 年，安东尼·费舍尔与拉尔夫·哈里斯勋爵讨论研究所的成立事宜，并任命拉尔夫·哈里斯为 IEA 首任所长。1957 年，拉尔夫·哈里斯任命塞尔登（Seldon）为经济事务研究所总编辑，其在 1959 年为经济学家提供了一系列论文，以探讨当今问题的市场解决方法，并最终组成了著名的"霍巴特论文"。成立至今，IEA 合作的作者中有多位经济学家获得诺贝尔奖，如米尔顿·弗里德曼和詹姆斯·布坎南等。

（2）组织机构

经济事务研究所的研究团队在马克·利特伍德（Mark Littlewood）的带领下，由 50 名研究人员组成。其研究内容覆盖了 15 个领域，分别是：经济理论，教育，能源与环境，政府和机构，卫生保健，房屋与规划，劳动力市场，生活方式经济学，市场与道德，货币政策，法规，社会与文化，税收和财政政策，贸易、发展和移民，运输。经济事务研究所开展了 4 个研究项目，如影子货币政策委员会项目、国际贸易与竞争项目等。

（3）研究产品

经济事务研究所自成立以来累计发布了 7 470 篇报告文章，共设计推出了 9 种研究产品，包括 2 种研究报告类产品、2 种期刊书籍类产品、3 种新闻媒体类产品、1 种音频视频类产品、1 种活动类产品。

238. 国际战略研究所

国际战略研究所（International Institute for Strategic Studies，IISS），成立于 1958 年，由迈克尔·艾略特·霍华德（Michael Eliot Howard）爵士创立，位于英格兰和威尔士。国际战略研究所既是一家注册慈善机构，也是一家担保有限责任公司，其资金来源于政府、基金会、企业机构以及个人。

国际战略研究所致力于收集政策相关的事实数据，就战略问题发表清晰准确的分析并在区域战略领域发挥其影响力。该智库网址是：www.iiss.org。

（1）历史沿革

60多年来，国际战略研究所一直在帮助世界各国政府、企业、媒体和专家制定战略议程。国际战略研究所提供独立的、与政策相关的数据。国际战略研究所的分析人员不断收集和验证173个国家的国防数据，并使用先进的分析工具来了解国防趋势。

成立的几十年间，国际战略研究所评估了欧洲战略自主权的成本、"一带一路"倡议的经济轨迹、亚洲扩大的可再生能源的政治和商业影响，提供了从苏丹到叙利亚的冲突的最新动态，评估了伊朗在整个中东地区的影响力，并考察了东南亚国家的国内政治对外交政策的影响情况。

国际战略研究所通过召集国家元首、政府部长和专家参加智库享誉世界的香格里拉对话和麦纳麦对话，为政府政策制定提供信息，并形成公共辩论。这些对话为年度公共政策声明以及政府官员之间的私人双边和多边会议提供了平台。

（2）组织机构

国际战略研究所的研究团队在约翰·奇普曼（John Chipman）的带领下，由92名研究人员组成。其研究内容覆盖了10个领域，分别是：冲突、防御、环境与气候变化、地缘经济学、全球政治、防扩散与裁军、恐怖主义与安全、"一带一路"倡议、国防科技、伊朗。国际战略研究所设立了13个研究项目，如国防与军事分析项目和地缘经济学、地缘政治与战略项目等。

（3）研究产品

国际战略研究所自成立以来累计发布了10 000余篇报告文章，共设计推出了20种研究产品，包括7种研究报告类产品、1种学术论文类产品、4种期刊书籍类产品、3种博客类产品、1种评论专栏类产品、1种音频视频类产品、2种数据类产品、1种活动类产品。"IISS香格里拉对话"和"IISS麦纳麦对话"是智库的两项久负盛名的年度论坛活动，其参与嘉宾包括新加坡总理李显龙以及中、美国防部长等。

239. 约瑟夫·朗特里基金会

约瑟夫·朗特里基金会（Joseph Rowntree Foundation，JRF），成立于1904年，由约瑟夫·朗特里（Joseph Rowntree）创立，位于英国。约瑟夫·朗特里基金会是一个独立的社会变革组织，其资金来源于基金会以及企业机构。约瑟夫·朗特里基金会致力于促进行动和变革，以创建一个没有贫困的繁荣的英国。该智库网址是：www.jrf.org.uk。

（1）历史沿革

约瑟夫·朗特里基金会成立于1904年，旨在为社区提供住房并了解社会问题的根本原因。约瑟夫·朗特里是一位富有远见的贵格会商人和社会改革家。他在约克建立了新耳朵维克（New Earswick）模范村庄，使工人和低收入者能够以负担得起的租金获得体面的房屋。他致力于探究贫困和不利条件的根源，以建立一个更好的社会。他的儿子西博姆·朗特里是一位开拓性的社会研究者，开展了该国最早的贫困调查。

（2）组织机构

约瑟夫·朗特里基金会的研究团队在保罗·基萨克（Paul Kissack）带领下，由31名研究人员组成。其研究内容覆盖了6个领域，分别是：城市、城镇和社区、住房、收入与收益、社会、工作。该智库设立了 2 个研究项目，即谈论贫困项目和苏格兰收入补充项目。

（3）研究产品

约瑟夫·朗特里基金会自成立以来共发布了 7 种研究产品，包括 1 种研究报告类产品、1 种博客类产品、2 种新闻媒体类产品、2 种数据类产品、1 种活动类产品。"英国贫困统计"是智库数据产品，主要统计了英国最新的贫困数据。

240. 列格坦研究所

列格坦研究所（Legatum Institute），成立于 2007 年，由列格坦集团创立，位于英国。列格坦研究所是一个独立的组织，其资金来源于基金会、企业机构以及个人。列格坦研究所致力于推出一项全球性的运动，以使社会从贫困走向繁荣。该智库网址是：li.com。

（1）历史沿革

成立的十多年来，列格坦研究所的专家分析了影响世界各地个人、社区和国家福祉的因素。列格坦研究所的列格坦繁荣指数用以衡量世界各地经济和社会福祉的发展情况。该指数于 2007 年首次发布，现已成为领导者制定转型议程的工具。

（2）组织机构

列格坦研究所的研究团队在菲利帕·斯特劳德（Philippa Stroud）的带领下，由 48 名研究人员组成。列格坦研究所设立了 1 个研究中心，即度量中心。列格坦研究所开展了 14 个研究项目，如全球经济开发指数项目等。

（3）研究产品

列格坦研究所自成立以来累计发布了 252 篇报告文章，共设计推出了 6 种研究产品，包括 1 种研究报告类产品、1 种评论专栏类产品、1 种新闻媒体类产品、1 种数据类产品、2 种活动类产品。

241. 地方主义

地方主义（Localis）由汉宁菲尔德勋爵、科林·巴罗（Colin Barrow）和保罗·贝蒂森于 2001 年在英国成立。地方主义是一个非营利性的独立组织，其资金来源于政府、基金会以及企业机构。地方主义致力于通过研究、活动和评论来传播新本地主义思想。该智库网址是：localis.org.uk。

（1）历史沿革

该智库未披露相关信息。

（2）组织机构

地方主义智库的研究团队在乔纳森·沃兰（Jonathan Werran）的带领下，由 7 位研究人员组成。其研究内容覆盖了 7 个领域，分别是：分权政治经济，增强地方领导能力，扩大当地的民事权利，改进公共服务，重塑经济，改善家庭生活，文化、传统与美。地方主义智库创建了 5 个研究项目，如在 COVID 时代建立区域经济弹性项目等。

（3）研究产品

地方主义智库自成立以来累计发布了 1 600 篇报告文章，共设计推出了 4 种研究产品，包括 2 种研究报告类产品、1 种新闻媒体类产品、1 种活动类产品。

242. LSE IDEAS

LSE IDEAS，成立于 2008 年，由迈克尔·考克斯（Michael Cox）和阿内·韦斯塔德（Arne

Westad）创立于伦敦政治经济学院（LSE），位于英国。LSE IDEAS 是一家非营利大学附属研究组织，其资金来源于基金会、企业机构以及个人。LSE IDEAS 致力于提供一个论坛，从而为政策辩论提供信息，并将学术研究与外交和战略实践联系起来。该智库网址是：www.lse.ac.uk/ideas。

（1）历史沿革

LSE IDEAS 的历史最早可以追溯到 2004 年，迈克尔·考克斯和阿内·韦斯塔德共同创立了 LSE 冷战研究中心（Cold War Studies Centre）。2007 年，为了进一步扩大研究范围，LSE 决定在冷战研究中心的基础上，成立 LSE IDEAS 中心，以帮助培训未来的领导人如何思考国际问题，同时为学者和高级从业人员提供一个论坛，用来一起分析和讨论当前和未来的国际问题。

（2）组织机构

LSE IDEAS 的研究团队在克里斯·阿尔登（Chris Alden）教授的带领下，由 100 名研究人员组成。其研究内容覆盖了 5 个领域，分别是：战略、外交、国际事务、动力转换、英国脱欧。该智库设立了 10 个研究项目，如冷战研究项目、经济外交委员会项目等。

（3）研究产品

LSE IDEAS 自成立以来累计发布了 200 余篇报告文章，共设计推出了 10 种研究产品，包括 1 种研究报告类产品、6 种期刊书籍类产品、1 种新闻媒体类产品、1 种音频视频类产品、1 种活动类产品。《国际政治》是该智库出版的针对全球问题的同行评审期刊。

243. 国家经济社会研究所

国家经济社会研究所（National Institute of Economic and Social Research，NIESR）成立于 1938 年，总部位于英国。国家经济社会研究所是一个独立组织，其资金来源于政府、基金会以及企业机构。国家经济社会研究所致力于对影响人们生活的经济和社会力量进行研究，并增进人们对这些力量以及政策带来变革的方式的理解。该智库网址是：www.niesr.ac.uk。

（1）历史沿革

国家经济社会研究所著名的季度经济预测结果是使用其全球计量经济模型 NiGEM 生成的，许多欧洲中央银行和国际组织（如 OECD）也使用了该模型。该模型在这些组织中的使用扩大了 NIESR 的影响力，并使其不仅对英国，还对全球的政策决策产生了影响。国家经济社会研究所还是 EUROFRAME 网络的组成部分，该网络是欧洲联盟改进预报和宏观经济分析的一项举措。EURO-FRAME 网络由九个独立的欧洲研究机构于 1998 年底建立，可为欧盟和国家决策者提供定量分析、预测和政策建议。

（2）组织机构

国家经济社会研究所的研究团队在贾吉特·查达（Jagjit Chadha）带领下，由 94 名研究人员组成。其研究内容覆盖 6 个领域，分别是：英国与金融，教育与劳动，就业与社会政策，脱欧后的英国，宏观经济学，贸易、投资和生产力。该智库组建了 4 个研究中心，如宏观经济学研究中心和经济统计卓越中心等。国家经济社会研究所开展了 134 个研究项目，如评估贸易和投资援助对英国经济的影响项目等。

（3）研究产品

国家经济社会研究所自成立以来累计发布了 4 700 余篇报告文章，共设计推出了 23 种研究产品，包括 6 种研究报告类产品、2 种学术论文类产品、2 种期刊书籍类产品、1 种博客类产品、1 种评论专栏类产品、2 种新闻媒体类产品、6 种数据类产品、3 种活动类产品。"经济预测"是 NIESR 重要的数据产品，包括英国和全球经济的季度预测、月度 GDP 指数跟踪、月度工资追踪、月度 CPI 指数跟踪等一系列数据。

244. 独立投资管理倡议

独立投资管理倡议（Independent Investment Management Initiative, IIMI），成立于 2010 年，由丹尼尔·平托（Daniel Pinto）创立，位于英国伦敦。该智库是一个独立的组织，其资金来源于企业机构以及个人。独立投资管理倡议致力于在未来有关金融监管的辩论中提供独立、专业的意见。该智库网址是：theiimi.org。

（1）历史沿革

2010 年 3 月，Stanhope 资本公司的丹尼尔·平托及其他 24 名成员共同创建了新城市倡议（New City Initiative），该组织成员包括伦敦金融城和欧洲大陆一些领先的独立资产管理公司。2015 年，新城市倡议与开放欧洲智库联合发布了《欧洲资产管理报告》，为欧洲的改革带来了积极的影响。2021 年 3 月，新城市倡议正式更名为独立投资管理倡议。

（2）组织机构

独立投资管理倡议的研究团队在丹尼尔·平托的带领下由 12 名研究人员组成，其研究聚焦于金融领域。

（3）研究产品

独立投资管理倡议自成立以来累计发布了 57 篇报告文章，共设计推出了 5 种研究产品，包括 1 种研究报告类产品、1 种学术论文类产品、1 种博客类产品、2 种新闻媒体类产品。

245. 新经济学基金会

新经济学基金会（New Economics Foundation, NEF），成立于 1986 年，由另一个经济峰会（The Other Economic Summit, TOES）的领导人创立，位于英国。新经济基金会是一个独立的组织，其资金来源于基金会、企业机构以及个人。新经济基金会致力于创造一种符合环境要求的、为人类服务的新经济。该智库网址是：neweconomics.org。

（1）历史沿革

新经济学基金会是由另一个经济峰会的领导人创立的，该会议将国际债务等问题列为八国集团峰会议程。新经济学基金会开展了一系列活动，包括千禧年 2000 债务运动、道德贸易倡议、问责制、英国时间银行、伦敦重建协会、社区发展金融协会和新经济组织网络等。

（2）组织机构

新经济学基金会的研究团队在米塔·法恩布雷（Miatta Fahnbulleh）的带领下由 38 名研究人员组成。新经济学基金会的研究内容覆盖了 15 个领域，分别是：银行与金融、气候变化、民主与参与、环境、渔业与农业、卫生与社会保健、房屋及土地、不平等、当地经济、宏观经济学、所有权、公共服务、社会保障、技术、工作与薪酬。新经济学基金会设立了 11 个研究项目，如建设幸福经济项目等。

（3）研究产品

新经济学基金会自成立以来累计发布了 1 539 篇报告文章，共设计推出了 6 种研究产品，包括

2 种研究报告类产品、1 种新闻媒体类产品、2 种音频视频类产品、1 种活动类产品。

246. 新政策研究所

新政策研究所（New Policy Institute，NPI）成立于 1996 年，由彼得·肯威（Peter Kenway）博士等人共同创立，位于英国。新政策研究所是一家英国研究机构，其资金来源于基金会以及企业机构。新政策研究所致力于对包括贫困、社会保障、住房在内的一系列经济和社会政策问题进行研究。该智库网址是：www.npi.org.uk。

（1）历史沿革

该智库网站未披露相关信息。

（2）组织机构

新政策研究所的研究团队在创始人彼得·肯威博士的带领下，由 7 名研究人员组成。其研究内容覆盖了 9 个领域，分别是：收入与贫困、住房和无家可归者、社会保障与福利改革、经济政策、议会税、服务、儿童和青少年、地方政府、工作和工资。

（3）研究产品

新政策研究所自成立以来累计发布了 450 余篇报告文章，共推出 2 种研究产品，包括 1 种研究报告类产品和 1 种博客类产品。

247. 海外发展研究所

海外发展研究所（Overseas Development Institute，ODI），成立于 1960 年，位于英格兰和威尔士。海外发展研究所是一个独立的、非营利性组织，其资金来源于政府、基金会、企业机构以及个人。海外发展研究所致力于通过改善世界上最贫穷的人们的生活，来促进全球进步和繁荣。该智库网址是：www.odi.org。

（1）历史沿革

该智库未在官网披露相关信息。

（2）组织机构

海外发展研究所的研究团队在首席执行官萨拉·潘图利亚诺（Sara Pantuliano）带领下，由 330 名研究人员组成。其研究内容覆盖了 6 个领域，例如：气候正义、阿富汗问题等。该智库组建了 18 个研究中心，如公共财政与机构中心和性别平等与社会包容中心等。海外发展研究所成立以来共开展了 1 180 余个项目，如新气候经济项目、促进规范学习和创新项目等。

（3）研究产品

海外发展研究所自成立以来累计发布了 12 500 余篇报告文章，共推出了 17 种研究产品，包括 4 种研究报告类产品、2 种学术论文类产品、1 种期刊书籍类产品、1 种博客类产品、2 种评论专栏类产品、3 种新闻媒体类产品、1 种音频视频类产品、2 种数据类产品、1 种活动类产品。

248. 极地研究与政策倡议组织

极地研究与政策倡议组织（Polar Research and Policy Initiative，PRPI），成立于 2016 年，由德韦恩·瑞安·梅内泽斯（Dwayne Ryan Menezes）创立，位于英国，其资金来源于企业机构。极地研究与政策倡议组织是国际独立智库，致力于研究北极、北欧、北大西洋、北太平洋和南极事务。该智库网址是：polarconnection.org。

（1）历史沿革

极地研究与政策倡议组织总部位于英国，业务遍及北美、欧洲和亚太地区，主要在国际领域开展业务，并致力于通过多方利益相关者、多部门和多国对话与合作来支持可持续的区域发展。每年，极地研究与政策倡议组织都会在全球范围内召开 50~60 次高级别政策对话，召集决策者、企业高管、民间社会领袖和思想领袖，就共同关心的话题交换意见，建立联系并确定合作途径。此外，它还通过在其数字平台、基地联系、各种国家和国际媒体上发表的分析和评论，以及通过政策报告、简报和向议会提供书面或口头证据，增进对其重点地区的了解。

（2）组织机构

极地研究与政策倡议组织的研究团队在创始人德韦恩·瑞安·梅内泽斯博士的带领下，由 46 名研究人员组成。其研究内容覆盖了 7 个领域，分别是：自然环境、海洋环境、建设环境、土著居民、艺术、文化和遗产、地缘政治和安全。极地研究与政策倡议组织共开展了 8 个研究项目，如"冠状病毒观察站：追踪北极和南极的疫情项目"等。

（3）研究产品

极地研究与政策倡议组织自成立以来累计发布了 460 篇报告文章，共设计推出了 7 种研究产品，包括 2 种研究报告类产品、1 种评论专栏类产品、2 种新闻媒体类产品、1 种音频视频类产品、1 种活动类产品。《来自冷锋的快讯》是该智库的广播节目，分享来自整个北极地区的最新政策。

249. 政策连接

政策连接（Policy Connect），成立于 1995 年，由哈德斯菲尔德议会的工党和合作社成员巴里·谢尔曼（Barry Sheerman）创立，位于英国。政策连接是一个会员制、非营利性组织，其资金来源于基金会、企业机构以及个人。政策连接致力于通过提供证据和促进协作，来引领新政策思想的发展。该智库网址是：www.policyconnect.org.uk。

（1）历史沿革

该智库未披露相关信息。

（2）组织机构

政策连接的研究团队在首席执行官乔纳森·肖（Jonathan Shaw）的带领下，由 21 名研究人员组成。其研究内容覆盖了 4 个领域，分别是：教育与技能，可持续发展，健康与可行性，工业、技术与创新。政策连接组建了 16 个研究中心，如全党议会技能与就业小组中心等。

（3）研究产品

政策连接自成立以来累计发布了 1 900 余篇报告文章，共设计推出了 4 种研究产品，包括 1 种研究报告类产品、1 种博客类产品、1 种新闻媒体类产品、1 种活动类产品。

250. 政策交流

政策交流（Policy Exchange），成立于 2002 年，由英国议员尼克·鲍尔斯（Nick Boles）创立，位于英国。政策交流是一个独立的教育组织，其资金来源于基金会、企业机构以及个人。政策交流致力于发展和推广新的政策构想，以提供更好的公共服务、建立更强大的社会和更活跃的经济。该智库网址是：policyexchange.org.uk。

（1）历史沿革

该智库未披露相关信息。

（2）组织机构

政策交流的研究团队在迪恩·戈德森（Dean Godson）带领下，由 49 名研究人员组成。其研究内容覆盖了 14 个领域，分别是：犯罪与司法、人口统计、移民与融合、太空部门、经济与社会政策、教育、环境与能源、外交政策与安全、政府与政治、健康和社会保健、房屋与规划、产业战略、国际贸易、安全与极端主义。政策交流智库还设立了 5 个研究项目，如宜居伦敦项目等。

（3）研究产品

政策交流智库自成立以来累计发布了 2 000 余篇报告文章，共设计推出了 6 种研究产品，包括 1 种研究报告类产品、1 种博客类产品、1 种新闻媒体类产品、2 种音频视频类产品、1 种活动类产品。

251. 政策研究所

政策研究所（Policy Studies Institute，PSI），成立于 1931 年，由威斯敏斯特大学创立，位于英国伦敦。政策研究所是一个政治中立组织，其资金来源于政府、基金会以及企业机构。政策研究所致力于为其资助者、用户和决策者提供有见地的高质量研究成果，推动对环境和可持续发展研究、政策和实践产生影响。该智库网址是：www.psi.org.uk。

（1）历史沿革

政策研究所的成立最早可以追溯至 1931 年的政治和经济计划。1978 年该计划与与社会政策研究中心合并成为政策研究所。第一任主任马克斯·尼科尔森（Max Nicholson）召集了一批进步的思想家，为英国制订了一系列国家计划，其中许多建议在接下来的 10 年里都被纳入政策中。在 1950 年代，政治和经济计划几乎垄断了对共同市场的严肃研究，并在有关加入欧盟的辩论中保持活跃。1978 年，政策研究所成立后，开始对劳资关系进行深入研究，为理解工会和雇主关系的变化以及这些变化对工业和劳工的影响提供了独特的观点。在整个 1990 年代和 2000 年代，政策研究所对不利条件和债务、家庭贫困和单亲、福利和工作激励的研究推翻了传统思维，为税收抵免成为工作福利政策的主要支柱之一开辟了道路。

（2）组织机构

政策研究所的研究团队在本·肖（Ben Shaw）的带领下，由 10 名研究人员组成。其研究内容覆盖了 29 个领域，例如：信息与公民权、文化学习、工会与劳资关系、教育培训、就业与劳动力市场、能源、环境与交通、种族平等与多样性、财务与家庭预算、政府和公共服务等。政策研究所设立了 2 个研究项目，分别是：环境与可持续发展项目和工作和社会政策项目。

（3）研究产品

政策研究所自成立以来共发布了 6 种研究产品，包括 2 种学术论文类产品、2 种期刊书籍类产品、1 种博客类产品、1 种新闻媒体类产品。《政策研究》是政策研究所的一本同行评议较好的季刊。

252. 理想国

理想国（Politeia）由英国历史学家希拉·劳勒（Sheila Lawlor）创立于 1995 年，总部位于英国。理想国是一个非营利组织，其资金来源于企业机构以及个人。理想国致力于鼓励政府制定最佳政策，以建立法治下的自由社会和基于自由市场的繁荣经济。该智库网址是：www.politeia.co.uk。

（1）历史沿革

理想国成立于 1995 年，是一个讨论经济、宪法和社会政策的论坛。它关注的是国家在人们生活中的作用。成立多年来，理想国积极与来自英国国内和国外的权威机构合作，共同发布权威的研究分析文章，提出可作为政府政策依据的建议，其中涉及经济、贸易、医疗领域的很多建议都被英国政府采纳。

（2）组织机构

理想国的研究团队在希拉·劳勒的带领下，由 5 人组成。其研究内容覆盖了 6 个领域，分别是：经济，法律与宪法，英国脱欧与欧洲，教育与医疗，养老金、福利和储蓄，能源、铁路和运输。理想国目前共设立了 4 个研究项目，如退休与社会保障项目等。

（3）研究产品

理想国自成立以来累计发布了 780 余篇报告文章，共设计推出了 5 种研究产品，包括 2 种研究报告类产品、1 种博客类产品、1 种新闻媒体类产品、1 种活动类产品。

253. 进步的英国

进步的英国（Progressive Britain，曾用名为 Progress）智库是由两个英国中左翼智库于 2021 年合并而成，位于英国伦敦。进步的英国智库是一个独立的组织，其资金来源于企业机构以及个人。进步的英国致力于促进 21 世纪英国政治的进步。该智库网址是：progressivebritain.org。

（1）历史沿革

进步的英国智库的前身是由英国工党进步人士于 1996 年创办的 Progress 智库。Progress 智库于 2021 年 5 月正式与中左翼英国智库 Policy Network 合并，更名为进步的英国。进步的英国智库延续了 Progress 智库在英国工党中的角色，通过深入研究帮助英国工党获得胜利。

（2）组织机构

进步的英国智库的研究团队由 16 名研究人员组成。其研究内容覆盖 6 个领域，例如：经济、本国政策、国际事务等。

（3）研究产品

进步的英国自成立以来累计发布了 700 余篇报告文章，共设计推出了 6 种研究产品，包括 1 种研究报告类产品、1 种学术论文类产品、1 种博客类产品、1 种新闻媒体类产品、1 种音频视频类产品、1 种活动类产品。

254. 改革

改革（Reform），成立于 2002 年，由尼克·赫伯特（Nick Herbert）和安德鲁·哈尔登比（Andrew Haldenby）共同创立，位于英国。改革是一个独立的组织，其资金来源于企业机构以及个人。改革智库致力于提出先进理念，从根本上改进国家的运作。该智库网址是：Reform.uk。

（1）历史沿革

在 2001 年英国大选之后，改革智库的第一任主任尼克·赫伯特和安德鲁·哈尔登比寻求资金支持以建立一个独立的智库。2001 年 12 月，二人收到第一笔捐款，正式建立了改革智库。2002

年，改革智库首先出版了《未经改革的支出》以讨论当时的英国政府财政项目。2018 年 1 月，智库发表了关于人工智能如何为患者提供更准确的结果的报告，并成为当年最受读者关注的报告。如今，改革智库将继续努力，推动公共政策辩论向前发展，为所有人提供更好、更智能的公共服务。

（2）组织机构

改革智库的研究团队在夏洛特·皮克尔斯（Charlotte Pickles）的带领下，由 4 名研究人员组成。其研究内容覆盖了 6 个领域，分别是：数字公共服务、教育、健康和社会保障、内政与司法、公共服务设计与交付、工作和养老金。

（3）研究产品

改革智库自成立以来累计发布了 980 余篇报告文章，共设计推出了 4 种研究产品，包括 1 种期刊书籍类产品、1 种博客类产品、1 种新闻媒体类产品、1 种活动类产品。

255. 科学政策研究组

科学政策研究组（Science Policy Research Unit，SPRU）由克里斯托弗·弗里曼（Christopher Freeman）于 1966 年在英国成立，其资金来源于政府以及企业机构。科学政策研究组致力于通过建立更好的大学打造更美好的世界。该智库网址是：www.sussex.ac.uk/spru。

（1）历史沿革

科学政策研究组由经济学家克里斯托弗·弗里曼于 1966 年创立，是世界上最早的科学技术政策领域的跨学科研究中心之一。科学政策研究组接受来自国内外的资助，吸引了来自世界各地的许多领先的研究人员和思想家。

成立的五十多年间，科学政策研究组的多学科研究已帮助决策者解决了大量现实问题。科学政策研究组团队采取的创新和协作方法在理论和实践上都做出了贡献，也激发了无数研究人员和学生的兴趣。自 20 世纪 80 年代初正式开办硕士和博士课程以来，科学政策研究组一直致力于在该领域进行开创性的教学和监督，目前研究组已成为世界上最大的研究科学、技术和创新的学术机构之一。

（2）组织机构

科学政策研究组的研究团队由 50 名研究人员组成，其研究内容覆盖了 8 个领域，分别是：科学、政治与决策、能源、可持续发展、基础设施研究、核研究、创新与产业政策经济学、技术与创新管理。科学政策研究组共成立了 8 个研究中心，如国家基础设施期货中心等。科学政策研究组共开展了 34 个研究项目，如融资创新项目等。

（3）研究产品

科学政策研究组自成立以来累计发布了 9 000 余篇报告文章，共设计推出了 5 种研究产品，包括 1 种研究报告类产品、1 种新闻媒体类产品、3 种活动类产品。

256. 社会市场基金会

社会市场基金会（Social Market Foundation，SMF），成立于 1989 年，由丹尼尔·芬克尔斯坦（Daniel Finkelstein）创立，位于英国。社会市场基金会是一个独立的组织，其资金来源于基金会以及企业机构。社会市场基金会致力于促进公众对经济、社会和政治科学的教育。该智库网址是：www.smf.co.uk。

（1）历史沿革

该智库未披露相关信息。

（2）组织机构

社会市场基金会的研究团队在詹姆斯·柯库普（James Kirkup）的带领下，由13名研究人员组成。其研究内容覆盖了5个领域，分别是：工作技能与教育，公平市场，公共服务，环境与能源，人、地方和民主。

（3）研究产品

社会市场基金会自成立以来共发布了6种研究产品，包括1种研究报告类产品、1种博客类产品、1种评论专栏类产品、1种新闻媒体类产品、1种音频视频类产品、1种活动类产品。"询问专家"是社会市场基金会最受欢迎的午餐时间系列讲座，该系列内容与政府和议会关注的主题紧密结合，举办频率约为每年5次。

257. 纳税人联盟

纳税人联盟（Tax Payers' Alliance，TPA），成立于2004年，由马修·埃利奥特（Matthew Elliott）和安德鲁·阿勒姆（Andrew Allum）共同创立，位于英国。纳税人联盟是一个独立的组织，它的资金来源于个人。纳税人联盟致力于建立一个繁荣的英国，以更低、更简单的税收支持更高效的公共服务。该智库网址是：www.taxpayersalliance.com。

（1）历史沿革

纳税人联盟于2004年年初发起，旨在关注普通纳税人权益。当时几乎没有一个政党支持纳税人，大多数政客感兴趣的是更大的政府、更高的支出和秘密交易，纳税人联盟试图挑战这种现状。美国、德国、法国和意大利都有专门致力于捍卫纳税人免遭新税的损害、揭露并限制政府浪费税款行为的团体。设立纳税人联盟是为了确保英国政治家不再忽略英国纳税人。

2008—2009年的金融危机将人们的注意力集中在政府如何使用纳税人的钱上。政客们被迫面对多年来无限制的公共开支和无法持续的债务水平所带来的后果。纳税人联盟的许多政策建议都得到了执行，包括冻结公共部门的工资、废除许多公民团体、结束地方政府支持的游说活动以及广泛的福利改革。

（2）组织机构

纳税人联盟的研究团队在英国前财政部经济学家麦克·丹纳姆（Mike Denham）的带领下，由20名研究人员组成。其研究重点是税收。纳税人联盟设立了2个研究项目，分别是：单一所得税项目和消费项目。

（3）研究产品

纳税人联盟自成立以来累计发布了5 800余篇报告文章，共设计推出了5种研究产品，包括1种研究报告类产品、1种学术论文类产品、1种博客类产品、1种新闻媒体类产品、1种活动类产品。

258. 跨境研究中心

跨境研究中心（Centre for Cross Border Studies，CCBS），成立于1999年，由都柏林城市大学和贝尔法斯特女王大学联合创立，位于爱尔兰。跨境研究中心是一个大学附属研究机构，其资金来源于企业机构。跨境研究中心致力于促进爱尔兰岛的社会、经济发展，增强地区凝聚力。该智库网址是：crossborder.ie。

（1）历史沿革

该智库未披露相关信息。

（2）组织机构

跨境研究中心的研究团队由 2 名研究人员组成。其研究工作聚焦于公共政策领域。该智库设立了 22 个研究项目，例如：在和平与下放政府的新时代振兴边境地区经济项目等。

（3）研究产品

跨境研究中心自成立以来共发布了 12 种研究产品，包括 6 种研究报告类产品、2 种期刊书籍类产品、2 种新闻媒体类产品、1 种数据类产品、1 种活动类产品。

259. 科布登中心

科布登中心（The Cobden Centre），成立于 2010 年，由托比·巴森代尔（Toby Baxendale）和安东尼·J. 埃文斯（Anthony J. Evans）共同创立，位于英国。科布登中心是一个独立的教育慈善组织，其资金来源于个人。科布登中心致力于在稳定、可持续的经济基础上建立一个和平、开放和自由的社会。该智库网址是：www.cobdencentre.org。

（1）历史沿革

科布登中心是一个独立的教育慈善机构，正式成立的目的是进行经济和政治科学研究，传播研究成果，并促进公众的经济和政治科学教育。

理查德·科布登（Richard Cobden，1804—1865）是一位企业家和政治家，主张诚实的金钱观，倡导自由贸易与和平，反对战争。科布登在 1846 年废除《玉米法》中发挥了领导作用，为工人带来了普遍利益。理查德·科布登相信，自由贸易将使整体福利最大化，并在国家之间建立和平纽带。他被公认为是欧洲政治家模范。

（2）组织机构

科布登中心的研究团队在创始人安东尼·埃文斯的带领下，由 11 名研究人员组成。其研究内容覆盖了 8 个领域，分别是：经济学、伦理、自由贸易、法律、金钱、和平、政治、社会。

（3）研究产品

科布登中心自成立以来累计发布了 3 300 余篇报告文章，共设计推出了 8 种研究产品，包括 3 种研究报告类产品、2 种评论专栏类产品、1 种新闻媒体类产品、1 种音频视频类产品、1 种活动类产品。

260. 英国联合国协会

英国联合国协会（United Nations Association-UK，UNA-UK），成立于 1945 年，由塞西尔勋爵（Lord Cecil）创立，位于英国。该智库是一个独立的组织，其资金来源于基金会、企业机构以及个人。英国联合国协会致力于为一个有效的联合国提供支持。该智库网址是：www.una.org.uk。

（1）历史沿革

英国联合国协会是一个成立于 1945 年的民间社会组织。自成立以来，它一直是联合国的主要倡导者。实际上，该协会成立早于联合国。作为国际联盟的成员，它在《联合国宪章》定稿之前举行了首次会议。作为英国对联合国进行独立分析的智库,英国联合国协会试图更好地分析世界所面临的挑战。

(2)组织机构

英国联合国协会的研究团队在安菲尔德·伍德勋爵的带领下,由40余位研究人员组成。其研究内容覆盖了4个领域,分别是:气候与发展、核裁军与不扩散、人权与保护责任、英国外交政策。英国联合国协会设立了7个研究项目,如保持英国全球化项目等。

(3)研究产品

英国联合国协会自成立以来累计发布了1 000余篇报告文章,共推出了4种研究产品,包括1种研究报告类产品、1种期刊书籍类产品、1种新闻媒体类产品、1种活动类产品。

261. Z/Yen

Z/Yen,成立于1994年,由迈克尔·迈内利(Michael Mainelli)和伊恩·哈里斯(Ian Harris)创立,位于英国伦敦。Z/Yen是一个独立的组织,其资金来源于企业机构以及个人。Z/Yen致力于通过发展更好的金融和技术来促进社会进步。该智库网址是:www.zyen.com。

(1)历史沿革

1994年,Z/Yen开始运营。1995年Z/Yen获得一项主要任务——为英国防卫评估与研究公司(DERA,现为QinetiQ)制订公司发展计划。该计划获得了国防部和英国财政部的批准。1996年,Z/Yen成立了一个耗资190万英镑的金融实验室,它是BZW(现巴克莱资本)、皇家太阳联合保险集团、伦敦证券交易所等多家知名企业机构的合资企业。2002年,Z/Yen收购了Aspect咨询公司。2004年,Z/Yen为伦敦金融城公司设计并发布了全球金融中心指数。2005年,Z/Yen孵化了现在资本超过3亿英镑的Sirius Minerals plc。同年,Z/Yen发布推出了世界上最大的环境、社会和治理分析报告的开放访问库"伦敦协议"(London Accord)。在伦敦协议的基础上,Z/Yen推出了Long Finance项目,致力于研究建立更可持续的金融体系创新方法。2019年1月,Z/Yen接管金融服务俱乐部。

(2)组织机构

Z/Yen的研究团队在创始人兼董事长迈克尔·雷蒙德·迈纳利的带领下,由30名研究人员组成。其研究内容覆盖了12个领域,分别是:行为、智能中心、金融体系、智能账本与新技术、治理、衡量、货币体系、监管、风险缓解、结构、可持续发展、数据分析。该智库组建了4个研究中心,如金融服务中心等。Z/Yen开展了2个研究项目,如长期金融项目等。

(3)研究产品

Z/Yen自成立以来累计发布了5 000余篇报告文章,共设计推出15种研究产品,包括2种研究报告类产品、1种学术论文类产品、1种期刊书籍类产品、2种博客类产品、2种新闻媒体类产品、1种音频视频类产品、4种数据类产品、2种活动类产品。"全球金融中心指数"(Global Financial Centres Index)是Z/Yen集团的数据类产品,2007年以来每年发布两次。它是衡量和评估现有金融中心竞争力的指数。"全球知识产权指数"(Global Intellectual Property Index)是Z/Yen与国际知名律师事务所泰乐信共同发布的产品,该指数对全球43个主要经济体的知识产权保护和执法情况进行了统计比较,并对保护专利、商标和版权的每个司法管辖区进行了评级。

262. 亮蓝研究所

亮蓝研究所（Bright Blue）由著名作家、思想家瑞安·肖特豪斯（Ryan Shorthouse）和其他政策制定者、活动家共同创立，总部设在英国。亮蓝研究所是一个独立的非营利组织，其资金来源于企业机构以及个人。亮蓝研究所致力于运用自由保守的思想和见解来解决当今的重大经济和社会问题。该智库网址是：brightblue.org.uk。

（1）历史沿革

该智库未披露相关信息。

（2）组织机构

亮蓝研究所的研究团队在瑞安·肖特豪斯的带领下，由20余位研究人员组成。亮蓝研究所的研究内容覆盖了7个领域，分别是：富余经济、清洁环境、美好生活、奖励性工作、赋予政府权力、公正的机构、互联社区。该智库共开发了6个研究项目，如2020年的税制改革项目和在家工作的不平等项目等。

（3）研究产品

亮蓝研究所自成立以来累计发布了200余篇报告文章，共设计推出了9种研究产品，包括2种研究报告类产品、2种新闻媒体类产品、1种评论专栏类产品、1种期刊书籍类产品、1种活动类产品、1种博客类产品、1种音频视频类产品。

263. 英国外交政策小组

英国外交政策小组（British Foreign Policy Group，BFPG）成立于2016年，由汤姆·嘉吉（Tom Cargill）在英国成立。英国外交政策小组是一个独立的无党派智库，其资金来源于政府、基金会、企业机构以及个人。英国外交政策小组致力于通过研究、组织活动和搭建网络，加强英国的国际参与，增进政府对21世纪全球事务的理解。该智库网址是：bfpg.co.uk。

（1）历史沿革

英国外交政策小组开展了开创性的社会研究，对影响公众对外交政策态度的社会趋势和英国在世界上的作用提供了一个全面的了解。其年度民意调查已经成为英国关于外交事务和英国在世界上的作用的主要定量研究项目。

（2）组织机构

英国外交政策小组的研究团队在索菲亚·加斯顿的带领下，由3名研究人员组成。其研究主要围绕英国的外交事务展开。英国外交政策小组共开发了6个研究项目，如英国的全球关系项目、英国的全球调整项目等。

（3）研究产品

英国外交政策小组自成立以来累计发布了150余篇报告文章，共设计推出了5种研究产品，包括1种研究报告类产品、1种评论专栏类产品、1种期刊书籍类产品、1种新闻媒体类产品、1种活动类产品。

264. 布鲁日研究所

布鲁日研究所（Bruges Group）由英国经济学家拉尔夫·哈里斯（Ralph Harris）于1989年在英

国创立。布鲁日研究所是一个独立的研究组织，其资金来源于企业机构以及个人。布鲁日研究所致力于促进关于欧盟的讨论，并加强对公众在欧洲事务方面的教育。该智库网址是：www.brugesgroup.com。

（1）历史沿革

布鲁日研究所成立于1989年2月，源于英国前首相撒切尔夫人1988年的布鲁日讲话。布鲁日研究所通过其开创性的出版物和广泛的讨论，率先发起了反对欧洲日益紧密的联盟的呼吁，并将继续反对欧洲进一步一体化，尤其是反对英国卷入其中。

（2）组织机构

布鲁日研究所的研究团队在保守党政治家罗伯特·乌兹（Robert Oulds）的带领下，由20余位研究人员组成。其研究内容覆盖了17个领域，分别是：重新谈判、保守党、运动、宣传、移民、医疗保健、外事、金融服务、欧元和经济、扩大、民主、国防、腐败、气候变化、公民自由、欧盟的替代品、税收。

（3）研究产品

布鲁日研究所自成立以来累计发布了400余篇研究，共设计推出了8种研究产品，包括1种研究报告类产品、1种学术论文类产品、1种博客类产品、3种评论专栏类产品、1种新闻媒体类产品、1种活动类产品。

265. 剑桥环境能源与自然资源治理中心

剑桥环境能源与自然资源治理中心（Cambridge Centre for Environment, Energy and Natural Resource Governance, C-EENRG）成立于2014年，由剑桥大学土地经济系在英国成立。剑桥环境能源与自然资源治理中心是大学附属智库机构，其资金来源于基金会以及企业机构。剑桥环境能源与自然资源治理中心致力于根据大学在能源保护、全球粮食安全和公共政策方面的战略研究计划，对环境转型治理进行综合研究，并填补当前政策研究中的空白。该智库网址是：www.ceenrg.landecon.cam.ac.uk。

（1）历史沿革

剑桥大学的研究小组长期以来从事与环境、能源和自然资源有关的问题的研究，但直到2014年，还没有一个中心对环境转型治理进行系统性研究。根据该大学在能源保护、全球粮食安全和公共政策方面的战略研究倡议，剑桥环境能源与自然资源治理中心在2014年正式成立。

（2）组织机构

剑桥环境能源与自然资源治理中心的研究团队在剑桥大学气候变化政策教授劳拉·迪亚兹·阿纳登（Laura Diaz Anadon）的带领下，由77位研究人员组成。其研究内容覆盖了3个领域，分别是：气候变化与能源政策、保护与生物多样性政策、环境法与治理。剑桥环境能源与自然资源治理中心目前共有17个研究项目，如治理能源转型项目、欧洲低碳转型的创新途径项目等。

（3）研究产品

剑桥环境能源与自然资源治理中心自成立以来累计发布了130余篇报告文章，共设计推出了7种研究产品，包括2种研究报告类产品、1种学术论文类产品、1种期刊书籍类产品、1种音频视频类产品、2种活动类产品。

266. CDP 全球

CDP 全球（CDP Global）由保罗·迪金森（Paul Dickinson）于 2000 年在英国成立。CDP 全球是一个非营利组织，其资金来源于政府、基金会、企业机构以及个人。CDP 全球致力于打造一个长期为人类和地球服务的繁荣经济。该智库网址是：www.cdp.net/en。

（1）历史沿革

CDP 是碳排放披露项目的缩写（Carbon Disclosure Project），该机构是第一个将环境完整性与受托责任联系在一起的平台。CDP 全球拥有全球最大、最全面的环境行动数据集，帮助投资者、企业、国家和地区政府做出正确的选择。CDP 全球是一个非营利组织，在巴西、中国、印度和日本都拥有业务。

（2）组织机构

CDP 全球的研究团队在保罗·迪金森的带领下由 10 余位研究人员组成。其研究内容覆盖了 3 个领域，分别是：气候、水、森林。

（3）研究产品

CDP 全球自成立以来累计发布了 400 余篇报告文章，共设计推出了 8 种研究产品，包括 3 种研究报告类产品、2 种新闻媒体类产品、1 种音频视频类产品、1 种数据类产品、1 种活动类产品。CDP 全球拥有世界上最全面的自我报告环境数据收集系统，即全球披露系统。

267. 气候变化经济与政策中心

气候变化经济与政策中心（Centre for Climate Change Economics and Policy, CCCEP）成立于 2008 年，由利兹大学和伦敦政治经济学院创立，位于英国。气候变化经济与政策中心是一个非营利性的大学附属组织，其资金来源于英国经济和社会研究委员会。气候变化经济与政策中心致力于通过严谨、创新的研究，推动公众和个人在气候变化问题上的行动。该智库网址是：www.cccep.ac.uk。

（1）历史沿革

该智库未披露相关信息。

（2）组织机构

气候变化经济与政策中心的研究团队在前世界银行首席经济学家、高级副行长尼古拉斯·斯特恩的带领下，由 300 余位研究人员组成。研究内容覆盖了 15 个领域，分别是：农业和粮食安全、碳定价和市场、气候兼容发展、气候正义和伦理、气候科学、不确定性和风险、竞争力、贸易和经济增长、脱碳能源、国际谈判和协议、低碳和韧性城市、低碳事业、低碳创新科技、脆弱性、适应和复原力。该智库共开展了 45 个研究项目，如气候融资的多层次治理项目和可持续基础设施融资项目等。

（3）研究产品

气候变化经济与政策中心自成立以来累计发布了 1 720 篇报告文章，共设计推出了 12 种研究产品，包括 3 种研究报告类产品、2 种学术论文类产品、2 种期刊书籍类产品、1 种评论专栏类产品、2 种新闻媒体类产品、1 种数据类产品、1 种活动类产品。

268. 企业家中心

企业家中心（Center for Entrepreneurs）由著名的商业领袖卢克·约翰逊（Luke Johnson）创立，总部设在英格兰和威尔士。企业家中心是一个慈善组织，其资金来源于基金会、企业机构以及个人。企业家中心致力于使英国的企业家精神得到发扬。该智库网址是：centerforentrepreneurs.org。

（1）历史沿革

企业家中心培养了 300 多位年轻的初创企业领导者。超过 40% 的 NEF+项目的校友成为创始人，共同筹集了超过 1.4 亿英镑的资金并创造了 2 600 个工作岗位。这些初创企业涵盖的行业包括卫生技术、人工智能、消费品、食品和饮料等。

（2）组织机构

企业家中心的研究团队在英国金融科技企业家尼塔·帕特尔（Neeta Patel）的带领下，由 10 余位研究人员组成。其研究内容覆盖了金融和商业等相关领域。该智库设立了 2 个研究中心，即"孵化器和加速器网络"和"难民创业网络"。企业家中心开展了 3 个研究项目，如 NEF+项目、难民创业试点项目等。

（3）研究产品

企业家中心自成立以来累计发布了 100 余篇报告文章，共设计推出了 4 种研究产品，包括 1 种研究报告类产品、1 种活动类产品、2 种新闻媒体类产品。

269. 欧洲改革中心

欧洲改革中心（Center for European Reform）由查尔斯·格兰特（Charles Grant）于 1998 年在英国伦敦成立。欧洲改革中心是一个独立的、非营利组织，其资金来源于企业机构以及个人。欧洲改革中心致力于提高欧盟的工作效率，帮助欧盟在世界上发挥应有的作用。该智库网址是：www.cer.eu。

（1）历史沿革

1988 年，欧洲改革中心在英国成立。2017 年 1 月，欧洲改革中心在布鲁塞尔开设办事处。2018 年 10 月，欧洲改革中心在柏林开设办事处，优化了其在欧洲的研究网络。中心的研究人员具备多元化视角和专业化，其中一半来自欧盟 27 个国家，有助于提高对欧洲政治、经济和外交政策分析的质量和广度。欧洲改革中心的受众范围从欧洲政治家和官员到希望更多了解欧盟及其活动的记者和广大公众。欧洲改革中心认为，在政治现实允许的情况下，建立最密切的经济和政治关系符合欧盟和英国的长期利益。

（2）组织机构

欧洲改革中心的研究团队在智库创始人、经济学家查尔斯·格兰特的带领下，由 10 余位研究人员和 40 余位咨询委员会成员组成。其研究内容覆盖了 9 个领域，分别是：脱欧和欧盟的地缘政治、司法与民政、移民与申根、英国及其他成员国、单一市场竞争与贸易、宏观经济学与欧元、欧盟机构与条约、能源与气候、外交政策与国防。

（3）研究产品

欧洲改革中心自成立以来累计发布了 7 380 篇报告文章，共设计推出了 6 种研究产品，包括 1 种研究报告类产品、2 种评论专栏类产品、1 种新闻媒体类产品、1 种音频视频类产品、1 种活动类产品。

270. 金融创新研究中心

金融创新研究中心（Center for the Study of Financial Innovation，CSFI）成立于 1993 年，由安德鲁·希尔顿（Andrew Hilton）和大卫·拉塞尔斯（David Lascelles）共同创立，总部位于英国。金融创新研究中心是一个独立的非营利组织，其资金来源于企业机构。金融创新研究中心致力于为金融专业人士提供应对和分享金融行业面临的挑战和机遇的交流平台。该智库网址是：www.csfi.org。

（1）历史沿革

1993 年成立以来，金融创新研究中心就秉持着不受竞争限制或党派议程束缚的自由讨论原则。金融创新研究中心曾一度因进行结构改革暂停运营，但已于 2022 年 9 月重新开始运营。

（2）组织机构

金融创新研究中心的研究团队在前世界银行经济学家、智库联合创始人安德鲁·希尔顿的带领下，由 6 名研究人员组成。金融创新研究中心的研究内容覆盖了 5 个领域，分别是：技术、可持续金融、为老龄化社会筹集资金、英国和欧洲、金融包容性。金融创新研究中心在美国纽约设立了分部，即 CSFI 纽约中心。

（3）研究产品

金融创新研究中心自成立以来累计发布了 200 余篇报告文章，共设计推出了 9 种研究产品，包括 2 种研究报告类产品、1 种学术论文类产品、1 种期刊书籍类产品、3 种评论专栏类产品、1 种音频视频类产品、1 种活动类产品。

271. 公民社会研究所

公民社会研究所（Civitas）由大卫·格林（David Green）创建于 2000 年，总部位于英国。公民社会研究所是一个独立的组织，其资金来源于基金会、企业机构以及个人。公民社会研究所致力于通过独立研究、合理论证、清晰解释和公开讨论来促进公众辩论。该智库网址是：www.civitas.org.uk。

（1）历史沿革

该智库未披露相关信息。

（2）组织机构

公民社会研究所的研究团队在创始人大卫·格林的带领下，由 21 名全职和兼职研究人员组成。其研究内容覆盖了 10 个领域，分别是：犯罪、宪法、经济、教育、欧洲、家庭、健康、住房、移民、福利与平等。

（3）研究产品

公民社会研究所自成立以来累计发布了 1 800 余篇报告文章，共设计推出了 4 种研究产品，包括 1 种研究报告类产品、1 种博客类产品、1 种新闻媒体类产品、1 种期刊书籍类产品。

272. 公共福利

公共福利（Common Weal），位于苏格兰。公共福利是一个以人为本的组织，资金来源于个人。公共福利致力于在广泛的社会、经济和文化领域促进思考与实践活动。该智库网址是：commonweal.scot。

（1）历史沿革

该智库未披露相关信息。

（2）组织机构

公共福利的研究团队在临时董事阿曼达·伯高尔（Amanda Burgauer）带领下，由 9 人组成。公共福利的研究内容覆盖了 6 个领域，分别是：基础设施、银行业、交通、能源、绿色交易、租金管制。公共福利开展了 15 个研究项目，如苏格兰的投资主导型经济发展框架项目、苏格兰国家投资银行项目等。

（3）研究产品

公共福利自成立以来累计发布了 223 篇报告文章，共设计推出了 5 种研究产品，包括 2 种研究报告类产品、1 种新闻媒体类产品、1 种音频视频类产品、1 种评论专栏类产品。

273. 科尔多瓦基金会

科尔多瓦基金会（The Cordoba Foundation，TCF），成立于 2005 年，由阿纳斯·阿尔蒂克里蒂（Anas Al-Tikriti）创立，位于英国。科尔多瓦基金会是一个非营利性独立组织，其资金来源于基金会、企业机构以及个人。科尔多瓦基金会致力于促进英国、欧洲、美国及其他地区的理解和包容，特别是寻求伊斯兰国家和西方国家之间的理解。该智库网址是：www.thecordobafoundation.com。

（1）历史沿革

科尔多瓦基金会成立于 2005 年，由英国前穆斯林协会主席阿纳斯·阿尔蒂克里蒂创立。成立的十几年间，科尔多瓦基金会一直在努力促进不同文化、思想之间的理解与包容。

（2）组织机构

科尔多瓦基金会未详细披露其研究团队的组成情况。其研究内容覆盖了 3 个领域，分别是：世界主义（公民、身份以及融合）、社会正义、文化和睦。

（3）研究产品

科尔多瓦基金会自成立以来累计发布了 100 余篇报告文章，共设计推出了 11 种研究产品，包括 2 种研究报告类产品、2 种学术论文类产品、2 种期刊书籍类产品、1 种评论专栏类产品、2 种新闻媒体类产品、1 种数据类产品、1 种活动类产品。

274. 科沙姆研究所

科沙姆研究所（Corsham Institute）成立于 2015 年，总部位于英国。科沙姆研究所是一个研究和创新组织，其资金来源于政府。科沙姆研究所致力于为围绕数字经济的问题寻找解决方案，并了解采用数字技术可以在哪些方面提供公共利益。该智库网址是：www.corshaminstitute.org。

（1）历史沿革

自 2015 年以来，科沙姆研究所与众多合作伙伴合作，在数字社会中探索、开发和推广技能。在过去的几年中，该智库与 IBM 和 SalvemyJob 合作，为英国国防部退伍军人和其他退伍军人提供网络安全课程。

（2）组织机构

科沙姆研究所并未披露其研究团队构成以及涉及的研究领域。该智库自成立以来共建立了 14 个研究项目，例如：数字生活项目、"个人数据：人们知道或关心多少项目"和信任与道德项目等。

（3）研究产品

科沙姆研究所自成立以来累计发布了14篇研究报告，未设计推出其他研究产品类型。

275. E3G

E3G 成立于2004年，由尼克·马比（Nick Mabey）、汤姆·伯克（Tom Burke）和约翰·阿什顿（John Ashton）共同创立，位于英国。E3G 是一个具有全球视野但聚焦气候变化的独立智库，其资金来源于政府、基金会以及企业机构。E3G 致力于将气候政治、经济和政策转化为实际行动。该智库网址是：www.e3g.org。

（1）历史沿革

E3G 代表第三代环保主义（Third Generation Environmentalism）。第一代环保主义者专注于物种和栖息地的保护。第二代将范围扩大到污染和自然资源。第三代环保主义者在此基础上，致力于制订解决方案。

E3G 自2004年成立以来，一直在推动气候安全行动。主要成就包括：协助创建首家公共绿色投资银行、建立和开展有影响力的联盟和活动。如推动建立煤炭联盟、开展能源法案革命和伦敦气候行动等。

（2）组织机构

E3G 的研究团队在其创始人尼可·马比带领下，由105名研究人员组成。该智库的研究内容覆盖了7个领域，分别是：政治经济与治理、化石燃料转型、清洁经济、可持续金融、地缘政治、外交和安全、风险和弹性。

（3）研究产品

E3G 自成立以来累计发布了1 600篇报告文章，共设计推出了6种研究产品，包括1种研究报告类产品、1种博客类产品、1种评论专栏类产品、1种新闻媒体类产品、1种活动类产品、1种音频视频类产品。

276. 经济研究理事会

经济研究理事会（Economic Research Council，ERC）成立于1943年，由爱德华·霍洛威（Edward Holloway）创立，位于英国。经济研究理事会是一个独立组织，其资金来源于企业机构以及个人。该智库致力于扩大经济教育、辩论和领导的范围。该智库网址是：ercouncil.org。

（1）历史沿革

经济研究理事会是英国历史最悠久的经济学智库之一。它的起源要追溯到20世纪30年代，当时人们对于严重的财富不平等感到担忧，他们开始质疑英国当时使用的货币体系，这种货币体系曾使整个国家陷入危机。在20世纪30年代初成立的时候，ERC 就主张把经济学作为一门学科来研究，对教育的承诺从那时起就一直存在。ERC 寻求建立一个由知情公民组成的国家，其职责是理解和审查经济和预算决策的实际方面，并促进公民社会对全球金融格局的理解。

（2）组织机构

经济研究理事会的研究团队在前保守党议员、英国财政大臣拉蒙特勋爵带领下由21人组成。该智库的研究着眼于当下亟待解决的经济问题，例如："大数据和人工智能：隐私的终结是否伴随着行业内垄断的加剧""平台公司的崛起：国家是否应该监管日益分散的劳动力市场""个人负债接近历史顶峰：这种现象是否完全是负面的”以及英国是否真的存在生产力危机等问题。

（3）研究产品

经济研究理事会自成立以来累计发布了 800 余篇报告文章，共设计推出了 10 种研究产品，包括 1 种学术论文类产品、3 种期刊书籍类产品、1 种博客类产品、1 种新闻媒体类产品、1 种数据类产品、3 种活动类产品。ERC 举办的年度“泰坦之战”（Clash of the Titans）活动邀请了来自英国前三大经济研究机构（牛津、剑桥和伦敦证交所）的学者和著名校友对英国经济的未来做出预测。

277. 埃克莱西亚

埃克莱西亚（Ekklesia），成立于 2001 年，由乔纳森·巴特利（Jonathan Bartley）创立，位于苏格兰。埃克莱西亚是一个独立的非营利组织，其资金来源于基金会和个人。该智库致力于将积极的信念和道德与政治联系起来。该智库网址是：www.ekklesia.co.uk。

（1）历史沿革

埃克莱西亚智库最初起源于 2001 年乔纳森·巴特利的想法并由其团队在次年以虚拟运营的方式建立。埃克莱西亚是英国第一个从进步、价值驱动、变革导向的角度专门研究和报道公共生活中的政治和信仰的独立智库。2016 年，埃克莱西亚智库建立了埃克莱西亚出版社，出版社已出版了 10 本书。

（2）组织机构

埃克莱西亚的研究团队在作家、评论员西蒙·巴罗的带领下，由 9 名研究人员组成。其研究领域覆盖了 8 个主题，例如：在公共生活中讲真话、情商政治、谈判正义未来、探索机构变革、激活“思想剧场”等。该智库还开展了 14 个研究项目，如关于残疾和社会保障问题项目等。

（3）研究产品

埃克莱西亚自成立以来累计发布了 160 余篇报告文章，共设计推出了 11 种研究产品，包括 2 种研究报告类产品、2 种学术论文类产品、2 种期刊书籍类产品、1 种评论专栏类产品、1 种新闻媒体类产品、2 种音频视频类产品、1 种活动类产品。埃克莱西亚计划制作系列播客，包括以“变革”为主题的播客。

278. 欧洲对外关系委员会

欧洲对外关系委员会（European Council on Foreign Relations，ECFR）由马克·伦纳德（Mark Leonard）于 2007 年创立，总部位于柏林、伦敦、马德里、巴黎、罗马、华沙和索菲亚。欧洲对外关系委员会是一个屡获殊荣的国际组织，其资金来源于政府、基金会、企业机构以及个人。欧洲对外关系委员会致力于对欧洲外交和安全政策进行前沿的独立研究，并为决策者、活动家和影响者提供安全的交流平台，以分享想法。该智库网址是：www.ecfr.eu。

（1）历史沿革

欧洲对外关系委员会自 2007 年创立以来，汇集了一批杰出的政策企业家，将前沿研究与实用的泛欧政策结合起来。同时，欧洲对外关系委员会还是欧洲少数能够在多个国家建立研究分支机构的智库，独特的组织架构使得该智库能够及时了解各欧盟国家的政策意向。欧洲对外关系委员会的理事会由现任欧洲各国外交部长、前任总理、议会成员、欧盟委员、前北约理事长、记者、学者以及商界领袖共同组成，在欧洲范围内具有广泛的影响力。

（2）组织机构

欧洲对外关系委员会的研究团队在其创始人马克·伦纳德的带领下，由 90 余位研究人员组成。其研究内容覆盖了 6 个领域，分别是：气候与地缘政治、德国大选、欧洲主权、健康与 COVID-19、新大西洋主义、安全契约。该智库根据地域分布设计了 5 个不同的研究项目，即非洲项目、亚洲项目、欧洲强国项目、中东和北非项目以及更广泛的欧洲项目。

（3）研究产品

欧洲对外关系委员会自成立以来累计发布了 5 400 篇报告文章等产品，共设计推出了 6 种研究产品，包括 2 种研究报告类产品、1 种评论专栏类产品、2 种音频视频类产品、1 种活动类产品。

279. 欧洲政策论坛

欧洲政策论坛（European Policy Forum）成立于 1992 年，总部设在英国。欧洲政策论坛是一个非营利组织，其资金来源于政府。欧洲政策论坛致力于制定更好的监管议程，并进行开创性的研究，以促进影响评估的设计、效用和后续审计。该智库网址是：www.epfltd.org。

（1）历史沿革

自 1992 年以来，欧洲政策论坛一直致力于提高英国和欧盟政策理念的质量。该智库因其在金融、能源、电信和其他受监管部门的专业知识而备受推崇。它肩负着制定更好的监管议程的特殊使命，并开展了开拓性研究，促进影响评估的设计、有效利用和随后的审计。欧洲政策论坛吸引了国际、欧洲和国家层面最高级别决策者，专门负责召集决策者、监管者和市场参与者进行建设性对话。论坛经常举行专题圆桌会议，就一些重要问题进行分析、做观点和政策意见交流，支持更好的决策、更好的监管和更好的立法。

（2）组织机构

欧洲政策论坛的研究团队在英国前议员图根达特勋爵带领下，由 10 余位研究人员组成。该智库设有四个分支部门，即"欧洲政策论坛""基础设施论坛""欧洲金融论坛"以及"监管最佳实践小组"。智库的研究重点是外交与国际政治、宏观经济、国际安全和国际关系、法律法规等领域。

（3）研究产品

欧洲政策论坛自成立以来累计发布了 40 余篇报告文章，共设计了 2 种研究产品，包括 1 种研究报告类产品、1 种评论专栏类产品。

280. 费边社

费边社（Fabian Society）成立于 1884 年，总部位于英国。费边社是一个独立但偏左翼的研究组织，其资金来源于个人。费边社致力于促进权力、财富和机会更加平等，提升集体行动和公共服务的价值，倡导负责任、宽容和积极的民主，增强公民权、自由和人权，推进可持续发展以及发展多边国际合作。该智库网址是：fabians.org.uk。

（1）历史沿革

费边社是英国最古老的财经智库之一，成立 130 多年来一直处于发展左翼政治思想和公共政策的最前沿。费边社的名字来源于罗马将军昆图斯·费边（Quintus Fabius）。

费边社在 1884 年作为英国新"左倾"政治组织的一个分支出现，很快吸引了维多利亚时代晚期一些著名的左翼思想家加入。19 世纪 80 年代，英国出现了社会主义活动的高潮，而费边社是其中大部分活动的核心组织。在"卖火柴女孩"罢工和1889年伦敦码头罢工的背景下，具有里程碑意义的《费边文集》出版，收录了乔治·萧伯纳（George Bernard Shaw）、格雷厄姆·沃尔斯（Graham Walls）、西德尼·韦伯（Sidney Webb）、悉尼·奥利维尔（Sydney Olivier）和安妮·贝赞特（Annie Besant）的文章。所有的贡献者都团结在一起，他们反对以暴力作为改革的方法，而更愿意利用地方政府和工会主义的力量来改造社会。

费边社在1900年工党成立过程中发挥的作用突显了早期费边人对非暴力政治变革的承诺，费边思想至今仍是该协会特色研究方法。该协会的早期人物——阿特丽斯和西德尼·韦伯，两位杰出的作家撰写了大量关于广泛主题的文章，比如阿特丽斯1909年提交给济贫法委员会的少数派报告是费边社最重要的贡献之一。这份具有里程碑意义的报告为大部分现代福利国家政策奠定了基石。

韦伯夫妇的另外两个突出贡献是创办了《新政治家》杂志、建立了伦敦政治经济学院。时至今日，费边社与伦敦经济学院仍持续保持合作。伦敦经济学院保存着费边社的原始档案，包括费边社活动的大量信件和早期照片。

（2）组织机构

费边社的研究团队在英国工党活动家安德鲁·哈罗普（Andrew Harrop）带领下，由18位研究人员组成，该智库设立了6个研究中心以及15个研究项目，如工人和技术委员会项目、社会保障解决方案项目等。智库的研究重点是外交与国际政治、社会发展、国际关系、法律法规、国家治理等领域。

（3）研究产品

费边社自成立以来累计发布了2 500篇报告文章，共设计推出了7种研究产品，包括1种期刊书籍类产品、1种评论专栏类产品、2种新闻媒体类产品、3种活动类产品。费边社的旗舰季刊《费边评论》创建于2007年，以英国工党政客、知名专家和新兴学者的敏锐政治写作和分析为特色。

281. 金汞国际

金汞国际（Gold Mercury International）成立于1961年，由爱德华多·德·桑蒂斯（Eduardo de Santis）创立，位于英国。金汞国际是一个独立的国际组织，其资金来源于政府和企业机构。金汞国际致力于在国家行为体和非国家行为体之间制定治理框架，以促进和平、合作和可持续发展。该智库的网址是：goldmercuryaward.org。

（1）历史沿革

创始人爱德华多·德·桑蒂斯是一位对意大利、美国和欧洲感兴趣的意大利电影制片人和商业企业家。其于1961年根据创始章程成立了独立智库——金汞国际，组织国际会议将世界领导人、企业和政府聚集在一起，讨论更好的治理实践、政策和促进经济贸易。

为了表彰良好的全球治理成效和可持续发展理念，爱德华多·德·桑蒂斯创立了金汞国际奖。1961年11月，在意大利总统朱塞佩·萨拉加特（Giuseppe Saragat）的主持下，首届金汞国际奖在罗马举行，为表彰政府和公司为促进和平与合作、善政和国际贸易而采取的举措。金汞国际奖作为一个有远见的治理和领导的象征，已经获得了全球的认可。多年来，金汞国际奖受到了美国总统里根、西班牙国王胡安·卡洛斯一世、埃及总统安瓦尔·萨达特（Anwar Sadat）、联合国秘书长布特罗斯·加利博士、意大利总统乔瓦尼·利昂等世界各国领导人和历史人物的赞助。

（2）组织机构

尼古拉斯·德·桑蒂斯带领金汞国际团队开发了"GLOGO®"，即全球治理监测系统，这是一个了解和重新设计可持续发展世界的框架。"GLOGO®"用以监测和评估影响全球化和可持续性的趋势和挑战。

（3）研究产品

金汞国际以组织和举办活动为主要工作。多年来，已在世界各地举办了数百场颁奖典礼和峰会。

282. 绿色联盟

绿色联盟（Green Alliance）成立于1979年，由来自不同专业领域的知名人士共同创立，位于英国。绿色联盟是一个独立的无党派组织，其资金来源于基金会、公司机构以及个人。绿色联盟致力于通过确保环境成为决策的核心促进可持续发展。该智库网址是：www.green-alliance.org.uk。

（1）历史沿革

绿色联盟在历史上创造了许多次"第一"。1984年，绿色联盟影响了英国主要政党，使其首次就环境问题发表政策声明。20世纪80年代中期，绿色联盟率先阐明了企业界和环保主义者之间的共同议程。1987年，绿色联盟是英国第一个提出基因改造问题的环境组织。1989年，绿色联盟主办了第一次环境会议，把东欧和西欧的组织聚集在一起。1990年，绿色联盟的联合运动推出了有史以来第一部关于环境的白皮书。该智库在1995年组织了英国前首先托尼·布莱尔的第一次绿色演讲。2001年，超过一半的英国废物行业签署了绿色联盟制定的新绩效指标。2004年，绿色联盟影响了规划政策，首次要求在新开发项目中使用现场可再生能源。

（2）组织机构

绿色联盟的研究团队在前欧洲议会议员的肖恩·斯皮尔斯（Shaun Spiers）的带领下，由26名研究人员组成，其研究内容覆盖了4个领域，分别是：绿色经济、低碳未来、自然环境、资源管理。该智库设立了47个研究项目，如：英国如何引领电动汽车革命项目、绿色更新项目等。

（3）研究产品

绿色联盟自成立以来累计发布了370篇报告文章，共设计推出了6种研究产品，包括1种期刊书籍类产品、2种音频视频类产品、1种新闻媒体类产品、1种博客类产品、1种活动类产品。

283. 就业研究所

就业研究所（Institute for Employment Studies，IES）成立于1968年，由一群实业家在英国创立。就业研究所是一个独立的非营利组织，其资金来源于政府、基金会、企业机构以及个人。就业研究所致力于帮助就业政策的实施和人力资源管理的可持续改进。该智库网址是：www.employment-studies.co.uk。

（1）历史沿革

20世纪60年代后期，由彼得·艾伦（Peter Allen）爵士领导的英国工业企业家认为需要一个独立的研究中心来研究人力规划和劳动力市场的实践问题，因此建立了人力研究所。成立后，该研究所坐落于英国萨塞克斯大学校园，它为研究机构创造了一个"科学园"的环境。1994年，该研究所庆祝成立25周年，并更名为就业研究所，以更好地反映现在所涉及的更广泛的主题。

（2）组织机构

就业研究所的研究团队在所长托尼·威尔逊（Tony Wilson）的带领下，由38名研究人员组成，其研究内容覆盖了16个不同的主题，例如：教育和就业之路、员工关系和雇佣条件、员工敬业度、平等和多样性等。该智库成立以来共设立了20个研究项目，如：制订新的就业方案项目、了解未来的工作项目等。

（3）研究产品

就业研究所自成立以来累计发布了2 700余篇研究报告和文章，共设计推出了4种研究产品，包括1种研究报告类产品、1种新闻媒体类产品、1种博客类产品、1种期刊书籍类产品。

284. 威尔士事务研究所

威尔士事务研究所（Institute of Welsh Affairs，IWA）成立于1987年，由杰兰特·塔尔凡·戴维斯（Geraint Talfan Davies）、基思·詹姆斯（Keith James）和大卫·沃特斯通（David Waterstone）共同创立，位于英国。威尔士事务研究所是一个独立的智库和慈善机构，其资金来源于基金会、企业机构以及个人。威尔士事务研究所致力于让威尔士变得更好。该智库网址是：www.iwa.wales。

（1）历史沿革

威尔士事务研究所起源于威尔士在1979年公投中拒绝民主权力下放以及1984—1985年矿工罢工的创伤后面临的工业和政治危机。1986年，电视台执行官杰兰特·塔尔凡·戴维斯和卡迪夫律师基思·詹姆斯发表的一篇论文提出了一个观点，即"一个机构可以对威尔士生活和行政管理中影响工业和经济表现的所有领域的现行实践提出定期的智力支持"。威尔士发展署首席执行官大卫·沃特斯通提供了最初的5万英镑捐赠款，该研究所于1987年7月22日成立，是第一个以会员制模式为基础发展起来的智库。

成立以来，威尔士事务研究所为创建威尔士议会提供智力支持。该智库成功地发起了威尔士学士学位课程改革运动，为16~19岁的学生重新设计课程，提高教育标准，提高教育成绩。威尔士事务研究所还通过出版物和公众辩论提出采用城市地区概念的建议，这一概念现在是威尔士政府政策的一个关键部分。

（2）组织机构

威尔士事务研究所的研究团队在奥里奥尔·米勒主任的带领下，由10名研究人员组成，其研究内容覆盖了7个主题，分别是：民主、公共服务、经济、政治与政策、人和地方、文化、民意。该智库设立了1个研究项目，即了解威尔士项目。

（3）研究产品

威尔士事务研究所自成立以来累计发布了300余篇报告文章，共设计推出了5种研究产品，包括1种研究报告类产品、1种期刊书籍类产品、1种活动类产品、2种音频视频类产品。

285. 代际基金会

代际基金会（Intergenerational Foundation，IF）成立于2011年，总部位于英国。代际基金会是一个无党派的独立组织，其资金来源于基金会、企业机构以及个人。代际基金会致力于在所有政策领域促进代际公平并保护年轻一代和后代的利益。该智库网址是：www.if.org.uk。

（1）历史沿革

代际公平（或不公平）被视为社会公正的有效衡量标准，这一点在政治领域发生了巨大变化。

2011 年，代际公平就被一些人视为新自由主义的象征，用来为右翼大幅削减开支辩护。左派的观点是，阶级不平等更甚于任何其他形式的不公平，但仅凭阶级分析并不能解释社会中出现的代际不平等。

代际基金会倡导用代际公平来解释过去 30 年来不同时代所发生的前所未有的变化。该智库的工作有助于突出一些代际不公平现象特别严重的领域，包括：按年龄划分的住房财富增长不均、按年龄划分的财富分配变化、福利从年轻人而不是老年人那里取消、老年人和年轻人之间在养老金结算方面的差距、高等教育体系对年轻人收费过高而对老年人收费过低的不公。

（2）组织机构

代际基金会的研究团队在利兹·埃莫森（Liz Emerson）的带领下由 6 名研究人员组成。其主要关注卫生、教育、住房、就业、税收、养老金、民主和气候等方面。该智库共开发了 20 余个研究项目。

（3）研究产品

代际基金会自成立以来累计发布了 1 600 余份报告文章，共设计推出了 6 种研究产品，包括 2 种研究报告类产品、1 种学术论文类产品、1 种博客类产品、1 种音频视频类产品、1 种期刊书籍类产品。《代际正义评论》是该智库的学术期刊，主要讨论代际公正研究的现状。

286. 国际环境与发展研究所

国际环境与发展研究所（International Institute for Environment and Development，IIED）成立于 1973 年，由芭芭拉·沃德（Barbara Ward）创立，位于英国。国际环境与发展研究所是一个独立的研究和慈善机构，其资金来源于政府、基金会和企业机构。国际环境与发展研究所致力于通过证据、行动和影响力，与其他部门合作，建设一个更公平、更可持续的世界。该智库的网址是：www. iied.org。

（1）历史沿革

20 世纪 70 年代初期，经济学家芭芭拉·沃德提出了一个新概念：人类和地球的利益密不可分。如今，她的主张已成为公认的事实。当芭芭拉·沃德成为国际环境事务研究所所长时，她在智库使命中加入了社会正义的目标，并于 1973 年将国际环境事务研究所更名为国际环境与发展研究所。

1972 年，国际环境事务研究所帮助制定了联合国人类环境会议（也称为斯德哥尔摩会议）的议程，从而促成了联合国环境规划署（UNEP）的成立。芭芭拉·沃德的书《只有一个地球》是该会议代表的关键文本，芭芭拉·沃德向全球观众介绍了"可持续发展"一词，并强调了环境与人类福祉之间的联系。

（2）组织机构

国际环境与发展研究所的研究团队在前世界银行首席社会科学家安德鲁·诺顿（Andrew Norton）的带领下，由 145 名研究人员组成。其研究内容聚焦于 21 个领域，例如：生物多样性、气候变化、旱地和畜牧业、经济、绿色经济、土地收购和权利、监测、评估和学习、自然资源管理、政策和规划、可持续市场等。该智库共成立了 4 个研究组，分别是：气候变化研究组、人类居住研究组、自然资源研究组以及塑造可持续市场研究组。智库正在开展的研究项目高达 150 余项，例如非洲农业社会与环境权衡项目等。

（3）研究产品

国际环境与发展研究所自成立以来累计发布了 7 000 余篇报告文章，共设计推出了 7 种研究产品，包括 1 种研究报告类产品、1 种学术论文类产品、1 种博客类产品、1 种期刊书籍类产品、2 种新闻媒体类产品、1 种活动类产品。

287. 曼彻斯特创新研究院

曼彻斯特创新研究院（Manchester Institute of Innovation Research，MIOIR）成立于 1965 年，由曼彻斯特大学曼彻斯特商学院创立，位于英国。曼彻斯特创新研究所是创新研究领域的卓越中心，建立在曼彻斯特 50 年的创新和科学研究传统之上，其资金来源于政府和企业机构。曼彻斯特创新研究院致力于通过与英国、欧洲甚至更远地区的主要决策者合作，为科学和创新政策提供信息。该智库网址是：www.mioir.manchester.ac.uk。

（1）历史沿革

曼彻斯特创新研究院通过独特的整体研究组合分析科学知识、技术和创新是如何产生的，以及它们如何为经济和人类福祉做出贡献。该组合结合了创新研究中的四个相互关联的观点，即科技创新政策、创新管理、商业模式和生态系统、新兴技术。

（2）组织机构

曼彻斯特创新研究院的研究团队在曼彻斯特大学教授兼研究所主任乔纳森·平克瑟（Jonatan Pinkse）的带领下，由 38 名学者组成。其研究主要围绕创新管理展开，研究主题如：创新管理与竞争力、商业模式创新、创新生态系统、服务业和文化创意产业创新、可持续性转型和多层次视角、可持续发展的商业模式、伙伴关系和联盟、科学、技术和创新政策、需求驱动的创新政策和公共采购、大学和公共政策等。该智库还成立了创新合作实验室进行开创性研究，并开发了 18 个研究项目，如"预测变革性创新及其影响：加拿大的人工智能创新战略项目"等。

（3）研究产品

曼彻斯特创新研究院自成立以来累计发布了 344 篇报告文章，共设计推出了 7 种研究产品，包括 1 种研究报告类产品、1 种学术论文类产品、1 种活动类产品、1 种博客类产品、1 种新闻媒体类产品、1 种数据类产品、1 种期刊书籍类产品。

288. 金钱与心理健康

金钱与心理健康（Money and Mental Health）智库成立于 2016 年，由马丁·刘易斯（Martin Lewis）创立，位于英国。金钱与心理健康智库是一个独立组织，其资金来源于基金会、企业机构以及个人。金钱与心理健康智库致力于打破经济困难与心理健康问题之间的联系，并通过研究制订切实可行的政策解决方案，同时与提供服务者和使用服务者合作，寻找真正有效的方法。该智库网址是：www.moneyandmentalhealth.org。

（1）历史沿革

金钱与心理健康智库成立之后推出了有史以来第一个心理健康无障碍标准，帮助基本服务公司让有心理健康问题的人更容易使用他们的服务。2018 年，金钱与心理健康智库获得了政府的承诺，将其"喘息空间债务纾缓计划"扩展至精神健康危机人群。同年，该智库获得了政府的承诺，为精神健康状况不佳的人制定全行业最低准入标准。2020 年，英国金融行为监管局宣布计划改变其对"脆弱性"的定义，智库认为这可能使处于不利地位的人群产生心理健康问题。因此，其通过与一些慈善机构的合作，成功说服了英国金融行为监管局对这些建议进行回溯。

（2）组织机构

金钱与心理健康智库的研究团队在其创始人马丁·刘易斯的带领下由 12 人组成，其研究重点集中于心理健康等方面。该智库成立了心理健康和收入委员会，研究人们的心理健康如何影响他们通过工作、福利和其他来源获得的收入。同时，智库还开展了无障碍心理健康等研究项目。

（3）研究产品

金钱与心理健康智库自成立以来累计发布了 551 篇报告文章，共设计推出了 7 种研究产品，包括 2 种研究报告类产品、1 种学术论文类产品、1 种期刊书籍类产品、1 种博客类产品、1 种新闻媒体类产品、1 种活动类产品。

289. 世界共同信赖组织

世界共同信赖组织（One World Trust，OWT）由世界政府议会小组成员于 1951 年在英国建立。世界共同信赖组织是一个无党派组织，其资金来源于基金会、企业机构以及个人。世界共同信赖组织致力于推动全球治理变革的教育和研究，这将有助于结束贫困和冲突，并增进国际融合。该智库网址是：www.oneworldtrust.org。

（1）历史沿革

世界共同信赖组织成立于 1951 年，由世界政府议会小组成员发起，成员包括英国多任总理克莱门特·艾德礼（Clement Attlee）、温斯顿·丘吉尔（Winston Churchill）和哈罗德·麦克米伦（Harold MacMillan）。其首要任务是建立一个世界研究项目，在英国内伦敦教育局的支持下，为历史教师开设课程，还组织了一个世界性的考试大纲竞赛，并被伦敦大学委员会作为现代世界历史使用。

世界共同信赖组织还积极参与了两次政策改革倡议活动。第一次是支持建立一个常设国际刑事法院，该法院于 2002 年 1 月 1 日开始运作。第二次是支持《全球民主宪章》第 99 宪章的出台，该宪章呼吁国际问责制、平等、正义、可持续发展和民主。在《全球民主宪章》第 99 宪章的责任信息基础上，OWT 在福特基金会的资助下推出了一项关于全球责任的重大新计划，建立了评估全球组织问责制的新方法，随后在三年内评估了 90 个主要国际机构，其中包括跨国公司、政府间组织和国际非政府组织。研究成果衍生了一系列相关项目，包括全球问责制项目框架、国际金融机构和多边开发银行的问责制工作以及研究、创新和宣传的问责制等。

（2）组织机构

世界共同信赖组织的研究团队在受托人主席罗伯特·惠特菲尔德（Robert Whitfield）的带领下，由 6 人组成。其研究内容覆盖了 4 个领域：人工智能、风险、全球治理、问责制。该智库共开发了 4 个研究项目，如全球问责制项目和人工智能的全球治理项目等。

（3）研究产品

世界共同信赖组织自成立以来累计发布了 47 篇报告文章，共设计推出了 3 种研究产品，包括 1 种研究报告类产品、1 种博客类产品、1 种活动类产品。

290. 议会街

议会街（Parliament Street）成立于 2012 年，由帕特里克·沙利文（Patrick Sullivan）创立，总部位于英国。议会街是一个创新的年轻智库，其资金来源暂未披露。议会街致力于创建一个思想社区。该智库网址是：parliamentstreet.org。

（1）历史沿革

该智库未披露相关信息。

（2）组织机构

议会街的研究团队在其创始人帕特里克·沙利文的带领下工作，主要围绕着 2 个研究项目展开，分别是：智慧政府项目和赋能数据素养社会项目。

（3）研究产品

议会街自成立以来累计发布了 802 篇报告文章，共设计推出了 6 种研究产品，包括 2 种研究报告类产品、1 种博客类产品、1 种音频视频类产品、1 种活动类产品、1 种新闻媒体类产品。

291. 改革苏格兰

改革苏格兰（Reform Scotland）智库成立于 2008 年，总部位于英国苏格兰。改革苏格兰智库是一个无党派的公共政策组织，其资金来源于基金会、企业机构以及个人。改革苏格兰智库致力于促进经济繁荣、提高公共服务效率以及增加所有苏格兰人的机会。该智库网址是：www.reformscotland.com。

（1）历史沿革

该智库未披露相关信息。

（2）组织机构

改革苏格兰智库的研究团队在主任克里斯·迪林（Chris Deerin）的带领下，由 3 位研究人员组成。其研究内容覆盖了 5 个领域，分别是：健康、教育、经济、政府与宪法、正义。该智库还成立了学校改革委员会，以研究苏格兰的学校系统是否满足年轻人现在和未来的需求。

（3）研究产品

改革苏格兰智库自成立以来累计发布了 543 篇报告文章，共设计推出了 5 种研究产品，包括 2 种研究报告类产品、1 种活动类产品、1 种博客类产品、1 种新闻媒体类产品。

292. 决议基金会

决议基金会（Resolution Foundation）成立于 2005 年，由克莱夫·考德里（Clive Cowdery）创立，位于英国。决议基金会是独立机构，其资金来源于企业机构。决议基金会致力于进行高质量的研究和分析，以提高对中低收入人群所面临挑战的认识，并针对这些问题制订政策解决方案。该智库网址是：resolutionfoundation.org。

（1）历史沿革

从 2005 年到 2010 年，决议基金会就填补低收入和中等收入家庭独立财务咨询缺口的必要性达成共识，并确保政府承诺增加提供通用财务咨询。从 2011 年到 2015 年，决议基金会的工作重点是关注中低收入群体的基本生活水平，尤其是就业市场。在此期间，它主持了备受瞩目的生活标准委员会和贝恩对未来最低工资的审查。2016 年至 2018 年，决议基金会成立了代际委员会。该委员会汇集了来自商界、学术界和决策层面的领导者，以设计一种修复代际社会契约的方法。自 2018 年以来，决议基金会制定了实际生活工资标准——一种基于家庭生活需要的小时工资标准。

（2）组织机构

决议基金会的研究团队在前英国工党政策主管托斯滕·贝尔（Torsten Bell）的带领下，由 28

位研究人员组成。其研究内容覆盖了经济和公共财政、劳动力市场、财务与资产以及税收等42个领域。决议基金会成立了2个研究中心，即代际中心和宏观经济政策研究部，并与伦敦政治经济学院合作成立了1个研究项目，即2030年经济调查项目。

（3）研究产品

决议基金会自成立以来累计发布了3 000余篇报告文章，共设计推出了13种研究产品，包括1种研究报告类产品、7种期刊书籍类产品、2种评论专栏类产品、1种新闻媒体类产品、1种数据类产品、1种活动类产品。《生活标准审计》《生活水平展望》《盈利展望》《低薪英国》《预算分析》和《代际审计》是决议基金会持续发布的六份年度期刊。

293. 公共事务

公共事务（Respublica）智库由菲利普·布朗德（Phillip Blond）于2009年在英国创立。该智库是一个独立的、无党派的组织，其资金来源于基金会、企业机构以及个人。公共事务致力于为英国制订一个新的经济、社会和文化解决方案。该智库网址是：www.respublica.org.uk。

（1）历史沿革

该智库未披露相关信息。

（2）组织机构

公共事务智库的研究团队在其创始人菲利普·布朗德的带领下，由4人组成。其研究内容覆盖了3个主题，即：社会、繁荣、美德。智库自成立以来共建立了16个研究项目，如区域制造与产业战略项目和民间社会和社会福利项目等。

（3）研究产品

公共事务智库自成立以来累计发布了90篇报告文章，共设计推出了4种研究产品，包括2种研究报告类产品、1种博客类产品、1种活动类产品。

294. Ember 智库

Ember智库（曾用名为Sandbag Climate Campaign）由布莱尼·沃辛顿（Bryony Worthington）于2008年在英国创立。Ember智库是一个独立的非营利组织，其资金来源于基金会和企业机构。Ember智库致力于利用数据支持的研究观点将世界能源从煤炭能源加速转向清洁能力。该智库网址是：ember-climate.org。

（1）历史沿革

Ember智库的起源可以追溯至2008年，当时的布莱尼·沃辛顿认识到迫切需要揭露欧盟碳市场失灵的情况，因此组织成立了"沙袋气候运动"，采取针对气候变化的实际行动。成立后，该智库组织了"销毁碳"运动，使公众能够购买和移除欧盟排放交易系统中多余的碳排放配额。很快，智库发现巨额盈余不是个人能够解决的问题，而是需要政策改革。同时，该智库从欧洲11 000个发电站和工厂收集的大量数据中看到了机会，并迅速制定了数据驱动的政策以解决这些系统性问题，帮助政府实现了真正的政策改革，使欧盟的碳价格从2欧元提升至30欧元。这一改变显著减少了电力部门的排放，并开始对工业产生影响。该智库在2020年3月起正式更名为Ember，标志着智库新的全球影响力和专注于加速从煤炭到清洁电力的转型。

（2）组织机构

Ember智库的研究团队在创始人布莱尼·沃辛顿的带领下，由22余位研究人员组成。该智库有

11 个研究领域，分别是：生物量、碳定价、碳捕获和储存、气候治理、煤炭、环境和社会责任、排放交易系统、能源、工业、甲烷、太阳能。

（3）研究产品

Ember 智库自成立以来累计发布了 700 余篇报告文章，共设计推出了 5 种研究产品，包括 1 种评论专栏类产品、1 种新闻媒体类产品、3 种数据类产品。其中，该智库还使用欧盟排放交易系统数据设计了交互式工具，共包含欧盟电力进口数据、碳价格查看器、欧盟排放交易体系三种可视化数据。

295. 苏格兰未来论坛

苏格兰未来论坛（Scotland's Futures Forum）由苏格兰议会于 2005 年在苏格兰创立。该论坛是一个无党派组织，其资金来源于政府。苏格兰未来论坛致力于向议会和其他人提供信息，并使他们能够考虑今天做出的决定对苏格兰未来的影响。该智库网址是：www.scotlandfutureforum.org。

（1）历史沿革

苏格兰未来论坛于 2005 年 8 月启动，第一次会议由主席乔治·里德（George Reid）主持。论坛启动时，议会网址上的论坛网页包括与另外两个公司游说团体的链接，这两个团体是国际期货论坛和全球商业网，在论坛的设立过程中发挥了重要作用。

（2）组织机构

苏格兰未来论坛的研究团队在苏格兰议会议长艾莉森·约翰斯顿（Alison Johnstone）的带领下，由 3 人组成。该智库涉及 2 个研究领域，分别是教育与学习、健康与社会。智库自成立以来共建立了 9 个研究项目，如"苏格兰 2030：对我们未来的积极看法项目"和应对苏格兰未来十年的挑战需要"正面观点"项目等。

（3）研究产品

苏格兰未来论坛自成立以来累计发布了 120 篇报告文章，共设计推出了 4 种研究产品，包括 1 种研究报告类产品、1 种博客类产品、1 种新闻媒体类产品、1 种活动类产品。

296. 史密斯研究所

史密斯研究所（The Smith Institute）成立于 1996 年，总部设在英国伦敦。史密斯研究所是一个非营利性公共政策智库，其资金来源于政府、基金会和企业机构。史密斯研究所致力于提供信息、制定和促进政策，帮助建立一个富有成效和繁荣的社会，同时以强烈的社会正义和公平意识分享财富和权力。该智库网址是：www.smith-institute.org.uk。

（1）历史沿革

史密斯研究所成立于 1996 年，旨在纪念已故英国工党前领导人约翰·史密斯（John Smith）议员——他是社会正义的主要支持者，受到广泛尊重。本着已故约翰·史密斯的精神，该研究所将工作重点放在推进思想和政策上，以确保每个人都享有一个更好的、更可持续和公平的社会。研究所不仅对创新和新思想感兴趣，而且对如何将政策转化为实践感兴趣。研究所还偶尔从事国际工作，并与外国智库和大学有联系。

（2）组织机构

史密斯研究所的研究团队在曾任英国首相顾问的保罗·哈克特（Paul Hackett）带领下，由 6 名研究人员组成。该智库有 8 个研究领域，分别是：经济和地方增长、工作世界、住房、福利、贫困和不平等、公共服务、政府和政治、可持续性。研究所目前成立了经济适用住房委员会和信贷与租金拖欠的变化两个项目组进行深入研究。

（3）研究产品

史密斯研究所自成立以来累计发布了 331 篇报告文章，共设计推出了 3 种研究产品，包括 1 种新闻媒体类产品、1 种研究报告类产品、1 种活动类产品。

297. 南方政策中心

南方政策中心（Southern Policy Centre）由约翰·德纳姆（John Denham）于 2014 年在英国创立。南方政策中心是一个独立的组织，其资金来源于企业机构和个人。南方政策中心致力于就如何改善经济、环境和社区提出想法并鼓励辩论。该智库网址是：southernpolicycentre.co.uk。

（1）历史沿革

南方政策中心是英格兰中南部唯一的独立智库和政策论坛。该智库重点关注的区域是从英国多塞特郡到西萨塞克斯郡以及从怀特岛到牛津郡的地区。该地区面临着不同于伦敦和其他地区的挑战。该地区的人均公共支出很低，环境非常复杂，而且人口老龄化速度很快。虽然，该地区平均收入高于全国平均水平，但生活成本很高。快速增长的人口是有争议的问题的背景，例如需要开发更多住房，同时保持对自然环境的敏感性。南方政策中心的第一个主要工作是围绕权力下放政策，与"英国东南战略领袖"等团体合作，签订一项适用于英国南方的权力下放协议。

（2）组织机构

南方政策中心的研究团队在创始人约翰·德纳姆的带领下，由 3 名研究人员组成。其研究领域涉及 9 个主题，分别是："权力下放：中南战略"、明天的市中心、"中南部复苏：合作促进增长"、健康和社会保健、农村社区、高等教育、移民、地方政府、"贫困：南方的贫困"。南方政策中心还创建了商业和绿色复苏项目以及智慧南方项目等四个研究项目。

（3）研究产品

南方政策中心自成立以来累计发布了 140 篇报告文章，共设计推出了 5 种研究产品，包括 1 种研究报告类产品、2 种新闻媒体类产品、1 种博客类产品、1 种活动类产品。

298. 气候组织

气候组织（The Climate Group）由史蒂夫·霍华德（Steve Howard）、吉姆·沃克（Jim Walker）和艾莉森·卢卡斯（Alison Lucas）于 2003 年在英国伦敦共同创立，并在纽约和新德里设有办事处。气候组织是一个国际非营利组织，其资金来源于政府、基金会、企业机构以及个人。气候组织致力于加快推动气候行动，力争在 2050 年实现净零排放。该智库网址是：www.theclimategroup.org。

（1）历史沿革

气候组织成立至今，其网络已经发展到包括全球 140 个市场的 300 多家跨国企业。该智库成为全美和全球减碳合作联盟（Under2 Coalition）的秘书处，该联盟由全球 220 多个国家的政府组成，代表超过 13 亿多人，总量占全球经济的 43% 以上。气候组织还主办了"纽约气候周"，每年都有来自商界、政府和民间社会的声音聚集在一起，讨论和实施气候行动。

（2）组织机构

气候组织的研究团队在海伦·克拉克森（Helen Clarkson）的带领下，由 26 名研究人员组成。

其研究聚焦于能源、运输、建设环境和工业 4 个主题。成立以来，该智库共成立了 8 个研究项目，如针对全球企业可再生能源研究的 RE100 项目等。

（3）研究产品

气候组织自成立以来累计发布了 500 余篇报告文章，共设计推出了 4 种研究产品，包括 1 种研究报告类产品、2 种新闻媒体类产品、1 种活动类产品。

299. 西奥斯智库

西奥斯智库（Theos Think Tank）成立于 2006 年，位于英国。西奥斯智库是一个独立组织，其资金来源于基金会、企业机构以及个人。西奥斯智库致力于就当代世界政治和社会之间的关系进行研究，发表报告，举办辩论、研讨会和讲座。该智库网址是：www.theosthinktank.co.uk。

（1）历史沿革

该智库未披露相关信息。

（2）组织机构

西奥斯智库的研究团队在西恩·麦克唐纳德（Chine McDonald）的带领下，由 15 名研究人员组成。其研究内容围绕当代世界政治和社会的交叉点展开。

（3）研究产品

西奥斯智库自成立以来累计发布了 3 400 余篇报告文章，共设计推出了 9 种研究产品，包括 1 种研究报告类产品、1 种期刊书籍类产品、1 种活动类产品、3 种评论专栏类产品、1 种音频视频类产品、2 种新闻媒体类产品。

300. 威尔士治理中心

威尔士治理中心（Wales Governance Centre）由卡迪夫大学法律与政治学院于 1999 年在英国成立。威尔士治理中心是一个大学附属组织，其资金来源于政府、基金会以及个人。威尔士治理中心致力于对威尔士的法律、政治、政府和政治经济的各个方面以及更广泛的英国和欧洲领土治理背景进行创新研究。该智库网址是：www.cardiff.ac.uk/wales-governance-centre。

（1）历史沿革

威尔士治理中心是为了响应威尔士国民议会相关权力下放政策而成立的。在成立的前十年中，该中心举办了许多活动，并对威尔士权力下放的研究做出了贡献。

（2）组织机构

威尔士治理中心的研究团队在卡迪夫大学威尔士治理部主任和公共事务主任理查德·温·琼斯（Richard Wyn Jones）的带领下，由 23 名研究人员组成。其研究围绕以下四个主题展开：政治经济、政治和政府、威尔士和英国脱欧、威尔士法律。该中心还开展了 7 个研究项目，如威尔士财政分析项目和威尔士政府支出和收入项目等。

（3）研究产品

威尔士治理中心自成立以来累计发布了 262 篇报告文章，共设计推出了 4 种研究产品，包括 1 种研究报告类产品、1 种期刊书籍类产品、1 种活动类产品、1 种新闻媒体类产品。

301. 威尔士社会经济研究与数据研究所

威尔士社会经济研究与数据研究所（Wales Institute of Social and Economic Research and Data,

WISERD）于 2008 年由卡迪夫大学、斯旺西大学、阿伯里斯特威斯大学、班戈大学和南威尔士大学共同创立，总部设在英国。威尔士社会经济研究与数据研究所是一个全国性的跨学科社会科学研究组织，被威尔士政府指定为国家研究中心，其资金来源于政府和企业机构。威尔士社会经济研究与数据研究所致力于提高威尔士及其他地区社会科学研究的质量和数量，并通过研究影响政府部门的政策。该智库网址是：wiserd.ac.uk。

（1）历史沿革

该智库未披露相关信息。

（2）组织机构

威尔士社会经济研究与数据研究所的研究团队在莎莉·鲍尔（Sally Power）的带领下，由 52 人组成。其研究集中于以下 8 个主题展开：文明社会，数据和方法，教育，健康、福利和社会关怀，不平等，地区，研究网络，工作和劳动力市场。成立以来，该智库共建立了 6 个研究中心，如"威尔士政治与社会中心"等，开发完成了 143 个研究项目。

（3）研究产品

威尔士社会经济研究与数据研究所自成立以来累计发布了 1 700 篇报告文章，共设计推出了 9 种研究产品，包括 2 种研究报告类产品、3 种期刊书籍类产品、1 种博客类产品、2 种新闻媒体类产品、1 种活动类产品。《WISERD 新闻杂志》是一份年度出版物，其中包含展示智库研究人员参与发布的博客和新闻等。

302. 威尔士国际事务中心

威尔士国际事务中心（Welsh Centre for International Affairs，WCIA）由威尔士国际联盟于 1973 年在英国成立。威尔士国际事务中心是一个慈善法人组织，其资金来源于基金会、企业机构和个人。威尔士国际事务中心致力于建立一个世界性的威尔士，让这里的每个人都为创造一个更公平、更和平的世界做出贡献。该智库网址是：www.wcia.org.uk。

（1）历史沿革

威尔士国际事务中心于 1973 年作为慈善信托机构成立，但其起源可以追溯到第一次世界大战时威尔士国家联盟的成立——1918 年由威尔士国际主义的主要思想家大卫·戴维斯（David Davies）提出。成立之初，威尔士国际事务中心在 20 世纪 70 年代负责英国摆脱饥饿运动，管理印度和非洲的重大项目，这些项目促进了当今许多知名国际非政府组织的发展，例如乐施会和救助儿童会。

（2）组织机构

威尔士国际事务中心的研究团队在苏西·菲尔德的带领下，由 8 名工作人员组成，其主要通过 3 个项目激励人们学习和应对全球问题：全球学习、全球行动、全球伙伴关系。

（3）研究产品

威尔士国际事务中心自成立以来共发布了 1 000 余篇报告文章，设计推出了 3 种研究产品，包括 1 种研究报告类产品、1 种博客类产品、1 种新闻媒体类产品。

303. 国际增长中心

国际增长中心（International Growth Centre，IGC）由伦敦经济学院（London School of Economics）创立，2008 年与牛津大学布拉瓦尼克政府学院（University of Oxford's Blavatnik School of

Government）合作运营，总部设在英国。国际增长中心是大学附属组织，其资金来源于政府、基金会和企业机构。国际增长中心致力于通过前沿研究提供需求导向的政策建议来促进发展中国家的可持续增长。该智库网址是：www.theigc.org。

（1）历史沿革

国际增长中心创新地采用"协同创作"（co-generation）方法，即使政策制定者和研究人员能够共同制定研究议程并随着研究的进展进行协作。"嵌入式"国家团队与政策制定者合作，确定关键的增长挑战并确定国家优先事项。这些需求成为 IGC 全球研究议程的支柱，该议程侧重于 4 个关键的增长驱动因素：国家效率、生产性企业、宜居城市和可靠的能源获取。

国际增长中心从一开始就让政策利益相关者参与进来，确保以需求为导向的研究直接影响决策。热电联产承认决策者不仅作为决策者和实施者，而且作为知识创造者的重要性。这种方法的指导原则是：当地政策处于酝酿阶段时，该研究可以很好地为政策决策提供信息。

（2）组织机构

国际增长中心的研究团队由执行董事乔纳森·利普带领 200 余名研究人员组成。该智库涉及 4 个研究领域，分别是：国家、企业、城市、能源。该智库自成立以来共主持开展了 650 余个研究项目，比如发展中国家的疫情、女性政治家与经济增长、来自印度州选举的证据等。

（3）研究产品

国际增长中心自成立以来共发布了 7 000 余篇报告文章，共设计推出了 12 种研究产品，包括 6 种研究报告类产品、1 种新闻媒体类产品、1 种活动类产品、1 种博客类产品、2 种音频视频类产品、1 种数据类产品。

（二）德国智库

304. 大西洋共同体

大西洋共同体（Atlantic Community）成立于 2007 年，由约翰尼斯·博恩（Johannes Bohnen）博士和扬-弗里德里希·卡尔莫根（Jan-Friedrich Kallmorgen）共同创立，位于德国。该智库是一个非营利、独立、无党派组织，其资金来源于基金会、企业机构以及个人。大西洋共同体致力于鼓励就欧洲和北美面临的挑战进行公开和民主的对话。该智库网址是：atlantic-community.org。

（1）历史沿革

大西洋共同体是第一个在线外交政策智库，其鼓励并推动了关于各种议题的激烈辩论——从北约峰会到跨大西洋贸易与投资伙伴协议和气候变化。迄今为止，大西洋共同体有影响力的备忘录被总结为《大西洋备忘录》，受到广泛传播，并为决策者提供参考。成立以来，大西洋共同体也见证了一个在过去百年中以前所未有的速度变化着的世界。全球化和数字化正在彻底改变世界各地的经济关系和社会。因此，长期存在的全球权力不断受到挑战，产生了非国家行为体。在一个多极化的世界，谁将定义未来的技术标准及其道德、规范和规则？大西洋共同体与其合作伙伴进行公开辩论来提出解决方案。

（2）组织机构

大西洋共同体的研究团队在现任主席菲利普·穆尔（Philipp Mühl）领导下，由 8 位研究人员组成。大西洋共同体鼓励就跨大西洋合作伙伴面临的共同挑战进行广泛、开放和以解决方案为导向的对话。其研究内容覆盖了9个领域，分别是：欧洲安全与英国脱欧、北极期货、经济、中国的全球角色、北非的政治风险、社区、安全、俄罗斯2030、全球视野。该智库共设立了4个研究项目，如大西洋倡议项目等。

（3）研究产品

大西洋共同体自成立以来累计发布了1 000余篇报告文章，共设计推出了2种研究产品，包括博客类产品和活动类产品。其中，博客主要是智库研究者通过民间社会参与者之间务实、多样化和诚实的对话，为大西洋共同体的全球挑战问题发表观点。

305. 莱布尼兹欧洲经济研究中心

莱布尼兹欧洲经济研究中心（Leibniz Centre for European Economic Research，德文名为 Leibniz-Zentrum für Europäische Wirtschaftsforschung，ZEW），成立于1990年，由德国巴登－符腾堡州政府与曼海姆大学联合创立，位于德国。莱布尼兹欧洲经济研究中心是一个独立的非营利性组织，其资金来源于政府、基金会以及企业机构。莱布尼兹欧洲经济研究中心致力于进行研究以造福社会。该智库网址是：www.zew.de/en/。

（1）历史沿革

莱布尼兹欧洲经济研究中心是德国领先的经济研究机构之一，在整个欧洲享有盛誉，它是莱布尼兹协会的成员。该智库的两大研究核心是经济政策研究以及循证政策建议。ZEW 金融市场调查和 ZEW 经济景气指标是莱布尼兹欧洲经济研究中心的重要研究产品，自1991年以来，每月都有超过300名来自欧洲银行、保险机构以及特定公司财务部门的专家接受智库的采访，对重要的国际金融市场数据进行评估和预测。参与者被问及他们6个月内对欧元区、德国、日本、美国、英国、法国和意大利的经济、通货膨胀率、利率、股票市场和汇率的预期以及他们对油价的预期。智库两项指标结果定期更新并通过路透社等媒体发布。

（2）组织机构

莱布尼兹欧洲经济研究中心的研究团队在总裁阿奇姆·旺巴赫（Achim Wambach）的领导下，由206位研究人员组成。其研究内容覆盖了8个领域：劳动力市场与人力资源，创新经济学和产业动力学，数字经济，国际金融与财务管理，环境与资源经济学、环境管理，公司税收与公共财政，社会政策与再分配，市场设计。该智库共设立了5个研究部门，如研究数据中心，以及两个研究项目：增强欧洲知识经济体的效率与竞争力项目和曼海姆税收项目。

（3）研究产品

莱布尼兹欧洲经济研究中心自成立以来累计发布了11 700篇报告文章，共设计推出了24种研究产品，包括16种研究报告类产品、2种学术论文类产品、2种期刊书籍类产品、1种评论专栏类产品、1种新闻媒体类产品、2种数据类产品。其中，讨论文件论文集是莱布尼兹欧洲经济研究中心的学术论文类产品，主要记录有关研究领域的系列论文，包括对德国在内的欧洲发生的事项以及面临的重大问题发表研究观点，其中许多研究成果被发表在推荐的期刊上。

306. 欧洲政策中心

欧洲政策中心（Centre for European Policy，CEP）成立于2006年，由罗曼·赫尔佐格（Roman Herzog）教授创立，位于德国。欧洲政策中心是一个非营利组织，其资金来源于基金会、企业机构以及个人。欧洲政策中心致力于根据自由市场标准评估欧盟的法律和立法草案。该智库网址是：www.cep.eu。

（1）历史沿革

欧洲政策中心是秩序政策基金（Stiftung Ordnungspolitik）在欧洲政策领域支持成立的智库。秩序政策基金会致力于在德国、欧洲和世界其他地区建立一个自由、民主、以市场为基础的制度原则。欧洲政策中心以自由主义的学术进步为基础，制定了可行的政策，并向欧洲公众和欧洲议会传播自由主义思想。

（2）组织机构

欧洲政策中心的研究团队在总裁吕德·格肯教授（Lüder Gerken）领导下，由21位研究人员组成。其研究内容覆盖了14个领域，例如：经济财政政策、单一市场与竞争、就业与社会事务、金融市场、民法与程序法、交通运输、消费者与健康、信息技术、能源、数字经济等。

（3）研究产品

欧洲政策中心自成立以来累计发布了800余篇报告文章，共设计推出了10种研究产品，包括2种研究报告类产品、2种评论专栏类产品、2种新闻媒体类产品、4种活动类产品。"CEP政策简介"是智库的研究报告类产品，该作品的发布频率约为每周1次，是对欧盟提案简明扼要的解读（内容包括摘要以及经济和法律评估）。

307. 全球合作研究中心

全球合作研究中心（Centre for Global Cooperation Research），成立于2012年，由德国联邦教育与研究部创立，位于德国。全球合作研究中心是一个大学附属智库，其资金来源于政府、基金会和企业机构。全球合作研究中心致力于提升德国人文科学、文明研究和社会科学研究项目的国际知名度，并更好地了解全球合作在复杂多中心的治理环境中如何开展和进行。该智库网址是：www.gcr21.org。

（1）历史沿革

2007年，德国联邦教育与研究部发起了其资助计划"人文研究自由"，旨在通过国家和国际两级加强人文领域的成就和认可。"德国发展研究所""发展与和平研究所"和"人文学科高级研究所"共同向联邦教育与研究部提交了该项目建议书。该提案规划了"全球合作研究中心"的成立初衷。

（2）组织机构

全球合作研究中心的研究团队在克劳斯·莱格维（Claus Leggewie）领导下，由59位研究及工作人员组成。其研究内容覆盖了4个领域：全球气候变化治理、建设和平的全球治理、全球治理或移民、互联网的全球治理。该智库共设立了4个研究中心（如全球合作的途径和机制中心）以及28个研究项目（如跨国治理的途径项目等）。

（3）研究产品

全球合作研究中心自成立以来累计发布了1 000余篇报告文章，包括报告、新闻报道、评论对话、期刊书籍等产品，共设计推出了10种研究产品，包括2种研究报告类产品、5种期刊书籍类产品、1种评论专栏类产品、2种活动类产品。《Routledge全球合作系列》是全球合作研究中心的期刊书籍类产品，该丛书开发了创新的方法来理解、解释和回答这个时代最紧迫的问题之一：在一个拥有 90 亿人口的多元文化世界中，如何成功合作。

308. 杜塞尔多夫竞争经济学研究所

杜塞尔多夫竞争经济学研究所（Düsseldorf Institute for Competition Economics，DICE），成立于 2009 年，由企业家家族施瓦兹·舒特（Schwarz-Schütte）及其施瓦兹·舒特·费德斯蒂夫基金会创立，位于德国。杜塞尔多夫竞争经济研究所是一个大学附属智库组织，其资金来源于基金会、企业机构以及个人。杜塞尔多夫竞争经济研究所是区域、国家和欧洲层面经济政策辩论的重要贡献者，致力于将知识广泛传播给专家和公众。该智库网址是：www.dice.hhu.de/en.html。

（1）历史沿革

杜塞尔多夫竞争经济学研究所是杜塞尔多夫海因里希-海涅大学的研究所。自 2009 年成立以来，研究所一直是商业与经济学院的一部分，在研究和教学方面一直表现卓越。施瓦兹·舒特家族建立杜塞尔多夫竞争经济学研究所旨在减少整个德国和欧洲对竞争理论和政策缺乏充分依据的分析。施瓦兹·舒特·费德斯蒂夫与杜塞尔多夫海因里希-海涅大学之间的合同为杜塞尔多夫竞争经济学研究所的开发和维护提供了支持。

（2）组织机构

杜塞尔多夫竞争经济学研究所的研究团队在朱斯特斯·豪卡普（Justus Haucap）领导下，由 60 余位研究人员组成。该智库共设立了 1 个研究中心——DICE 实验室中心，开展了 17 个研究项目（如更快更公平的增长项目等）。

（3）研究产品

杜塞尔多夫竞争经济学研究所自成立以来累计发布了 800 余篇报告文章，共设计推出了 10 种研究产品，包括 4 种研究报告类产品、1 种学术论文类产品、1 种活动类产品、2 种期刊书籍类产品、2 种新闻媒体类产品。其间，杜塞尔多夫竞争经济学研究所还举办会议和研讨会，定期为其科学家和国际宾客提供机会，介绍和讨论当前竞争经济的问题。

309. 德国对外关系委员会

德国对外关系委员会（German Council on Foreign Relations，德语是 Die Deutsche Gesellschaft für Auswärtige Politik，DGAP），成立于 1955 年，由赫尔曼·约瑟夫·阿布斯（Hermann Josef Abs）和罗伯特·普费尔蒙格（Robert Pferdmenges）创立，位于德国柏林。德国对外关系委员会是一个独立的无党派组织，其资金来源于政府、基金会、企业机构以及个人。德国对外关系委员会致力于在德国和欧洲层面上推动外交和安全政策的发展，以促进民主、和平与法治。该智库网址是：dgap.org/en/。

（1）历史沿革

德国对外关系委员会于 1955 年 3 月 29 日在波恩大学成立。阿诺德·伯格斯特（Arnold Berg-straesser）当选为研究所的第一任理事。德国对外关系委员会的总部最初位于法兰克福。随着越来越多的挑战改变德国的外交政策，德国对外关系委员会进行了改革，并重新组织了其管理结构，通过调整方向来更好地发挥跨项目的协同作用。

（2）组织机构

德国对外关系委员会的研究团队在丹妮拉·施瓦泽（Daniela Schwarzer）的领导下，由 65 位研究人员组成。其研究内容覆盖了 6 个领域：地理经济学、国际秩序与民主、移民、安全、欧盟、技术与数字化。该智库共设立了 2 个研究中心——图书情报中心、欧洲政策研究中心，开展了 22 个研究项目（如全球化与世界经济计划等）。

（3）研究产品

德国对外关系委员会自成立以来累计发布了 4 000 余篇报告文章，共设计推出了 10 种研究产品，包括 3 种研究报告类产品、2 种期刊书籍类产品、2 种评论专栏类产品、1 种新闻媒体类产品、2 种活动类产品。《国际政策》（*International Policy*）是智库出版的德、英双语双月刊，其对复杂的外交政策问题提供了清晰的分析和详细的背景信息。

310. 德国发展研究所

德国发展研究所（German Development Institute，德文名为 Deutsche Institut für Entwicklungspolitik，DIE），成立于 1964 年，由德意志联邦共和国和北莱茵-威斯特法伦州创立，位于德国。德国发展研究所是一个非营利组织，其资金来源于政府。德国发展研究所致力于通过提供跨学科研究、政策咨询和国际化培训服务，支持具有可持续发展概念的全球公共福利政策。该智库网址是：www.die-gdi.de。

（1）历史沿革

德国发展研究所于 1964 年在柏林成立，是一家非营利性有限责任公司。当时公司的股东是德意志联邦共和国和柏林州政府。根据合作伙伴关系的条款约定，德国发展研究所着力于提供研究生培训，保障专业人员具备从事发展合作业务的资格。多年来，德国发展研究所的核心业务已从培训转变为研究和咨询，并已成为发展政策和全球发展方面的全球领先智库之一。

（2）组织机构

德国发展研究所的研究团队在安娜-卡萨琳娜·霍尼奇（Anna-Katharina Hornidge）的领导下，由 106 位研究人员组成。其研究内容覆盖了 4 个领域：经济和社会制度的转型、跨国合作、环境治理与向可持续发展的转变、"政治秩序的转变：制度、价值与和平"。该智库共主持了 44 项研究项目，如国际和跨国合作研究项目等。

（3）研究产品

德国发展研究所自成立以来累计发布了 8 100 余篇报告文章，共设计推出了 17 种研究产品，包括 3 种研究报告类产品、5 种期刊书籍类产品、3 种评论专栏类产品、3 种新闻媒体类产品、1 种音频视频类产品、1 种活动类产品、1 种博客类产品。

311. 德国经济研究所

德国经济研究所（German Institute for Economic Research，德文名为 Deutsche Institut für Wirtschaftsforschung，DIW），成立于 1925 年，位于德国柏林。德国经济研究所是一个独立机构，其资金来源于政府、基金会、企业机构以及个人。德国经济研究所致力于通过其卓越的研究能力提供具有研究证据支持的政策咨询，提高搭建研究基础设施以及培养年轻科学家的能力。该智库网址是：www.diw.de。

（1）历史沿革

德国经济研究所历史悠久，它成立于 1925 年，当时名为商业周期研究所。成立两年后，它推出了第一份研究产品——《DIW 周报》。从此，德国经济研究所的主要工作就是开展商业研究并定期出版研究刊物。成立以来，德国国家社会主义、战争、东德与西德之间的分裂与统一给研究所带来了很大的影响。该研究所见证了德国经济史的所有重要事件：从 1929 年的经济危机到德国经济奇迹再到 21 世纪初的石油危机、全球金融危机等。1984 年，德国经济研究所组织成立了全球规模最大、持续时间最长的多学科家庭调查机构之一——社会经济研究组（Socio-Economic Panel，SOEP）。每年，约有 15 000 个家庭中的 30 000 人接受来自 SOEP 的调查。SOEP 同时也是全球社会和行为科学领域最重要的研究数据基础设施之一。1990 年 6 月在"柏林墙"倒塌之后，SOEP 将其研究范围扩展到前东德区域居民。2016 年，在数十万难民抵达德国之后，SOEP 项目组再次扩展研究范围，启动了针对难民的系列调查。

（2）组织机构

德国经济研究所的研究团队在马塞尔·弗拉兹舍（Marcel Fratzscher）领导下，由 293 位研究人员组成。其研究内容覆盖了 9 个领域，分别是：宏观经济学，经济政策，世界经济，能源、交通、环境，气候政策，公司和市场，国家，教育和家庭，社会经济小组。该智库共设立了 12 个研究部门（如预测经济政策部门），开展了 263 个研究项目（如财富税研究项目等）。

（3）研究产品

德国经济研究所 1995 年以来累计发布了 40 000 余篇报告文章，共设计推出了 11 种研究产品，包括 5 种研究报告类产品、1 种学术论文类产品、2 种期刊书籍类产品、1 种博客类产品、2 种数据类产品。《经济研究季刊》是德国经济研究所最早的出版物，它于 1926 年第一次出版。《经济研究季刊》主要精选并讨论当前的经济政策主题，定期披露德国经济研究所的最新观点、专家看法和全局观念。

312. 海因里希·伯尔基金会

海因里希·伯尔基金会（Heinrich Böll Foundation），成立于 1997 年，由德国绿党创立，位于德国。海因里希·伯尔基金会是支持德国绿党的智库，其资金来源于政府。海因里希·伯尔基金会致力于在德国国内以及海外地区进行政治教育，以促进实现民主意愿、社会政治承诺，增进国际理解。该智库网址是：www.boell.de。

（1）历史沿革

20 世纪 80 年代后期，德国三个不同的全国性基金会成立，分别是：女权主义者弗劳南斯蒂夫基金会、区域基金会的邦斯蒂夫联合会以及设在科隆的海因里希·伯尔基金会。1996 年 3 月，德国绿党大会要求将三个独立基金会合并为一个，并以绝大多数票通过了议案。大会同时为新基金会起草了法规，规定该基金会重点关注领域是与两性民主、移徙和多样性有关的问题。经过多方决策，合并后的新基金会命名为海因里希·伯尔基金会。

（2）组织机构

海因里希·伯尔基金会的研究团队在斯特芬·海兹曼（Steffen Heizmann）领导下，由 180 余位研究人员组成。其研究内容覆盖了 20 个领域，例如：教育与科学、社会政策、经济与金融、地方自治与城市发展、共享空间、生态与可持续发展、外交与安全政策、促进民主、政治研究、国际农业政策等。该智库与全球 60 个国家和地区的 100 多个合作伙伴项目合作，在 33 个国家和地区设有办事处。

（3）研究产品

海因里希·伯尔基金会 2004 年以来累计发布了 1 000 余篇报告文章，共设计推出了 10 种研究产品，包括 2 种研究报告类产品、2 种期刊书籍类产品、1 种博客类产品、1 种音频视频类产品、2 种新闻媒体类产品、1 种数据类产品、1 种活动类产品。

313. 伊弗经济研究所

伊弗经济研究所（Ifo Institute）成立于 1949 年，位于德国。伊弗经济研究所是一个非营利性研究所，其资金来源于政府、基金会、企业机构以及个人。伊弗经济研究所致力于将卓越的经济研究与相关经济政策结合，为塑造德国乃至整个欧洲的经济繁荣贡献力量。该智库网址是：www.Ifo.de。

（1）历史沿革

伊弗经济研究所的历史可以追溯到 1942 年。反对法西斯主义的德国经济学家路德维希·艾哈德（Ludwig Erhard）在部分德国企业家的支持下建立了工业研究所，旨在研究第二次世界大战后德国的工业和经济重建问题。1945 年，为了进一步扩大研究服务范围，路德维希·艾哈德将该研究所更名为南德经济研究所。1949 年，已经升任为德国西部占领区经济管理委员会主席的路德维希·艾哈德再次主导，将南德经济研究所与经济观察和信息研究中心合并，成立了伊弗经济研究所。

（2）组织机构

伊弗经济研究所的研究团队在克莱门斯·富斯特（Clemens Fuest）领导下，由 229 位研究人员组成。其研究内容覆盖了 6 个领域，分别是：经济增长与可持续性、机会均等与融合、经济数字化、公共部门职能与税收、全球化与系统间竞争、欧洲的未来。该智库共设立了 8 个研究中心（如 Ifo 国际经济中心），开展了 227 个研究项目（如收益与发展项目等）。

（3）研究产品

伊弗经济研究所 1982 年以来累计发布了 18 000 余篇报告文章，共设计推出了 18 种研究产品，包括 5 种研究报告类产品、1 种学术论文类产品、6 种期刊书籍类产品、2 种评论专栏类产品、1 种新闻媒体类产品、1 种音频视频类产品、1 种数据类产品、1 种活动类产品。《Ifo 经济展望》是智库的旗舰季刊，其商业调查结果以图表和经济报告的形式通过该期刊发布。

314. 生态经济研究所

生态经济研究所（Institute for Ecological Economy Research，IÖW）成立于 1985 年，总部位于德国。生态经济研究所是一个非营利性的独立组织，其资金来源于基金会和企业机构。生态经济研究所致力于追求使经济更加可持续的目标。该智库网址是：www.ioew.de。

（1）历史沿革

生态经济研究所是德国跨学科可持续性研究的先驱机构之一。通过科学工作，发起、监测和加强可持续发展的社会变革。同时也为进一步发展科学知识和方法做出了贡献。生态经济研究所建立了概念基础并制订实际解决方案，帮助将生态和社会目标更牢固地根植于社会行为中。生态经济研究所不仅进行可持续性研究，还努力使工作尽可能地具有可持续性，即将工作环境破坏降至最低，同时考虑其员工的社会关切。2011 年，生态经济研究所成为德国首批发布有关自身可持续性信息的研究机构之一。生态经济研究所将可持续发展管理进一步制度化，通过详细的可持续性计划为自己设定了具体目标。

（2）组织机构

生态经济研究所的研究团队在托马斯·科本（Thomas Korbun）领导下，由65位研究人员组成。其研究内容覆盖了11个领域，分别是：可再生能源创造的当地增值和就业、后增长社会-寻找新的生活方式和经济框架、可持续企业管理、环境政策与治理、气候与能源、产品与消费、数字化转型、创新科技、参与交流、水土管理、评估。该智库共主持开展了600余个研究项目，如"沿价值链减少塑料废弃物的商业模式：零售业的创新趋势项目"等。

（3）研究产品

生态经济研究所自成立以来累计发布了1 840余篇报告文章，共设计推出了5种研究产品，包括1种研究报告类产品、2种期刊书籍类产品、1种新闻媒体类产品、1种活动类产品。其中，生态经济杂志是研究所的期刊类产品。自1986年起，生态经济研究所与生态经济研究协会合作出版了《生态经济》季刊，该杂志将新的研究方法与政治和商业的实践经验联系起来。在经济、生态和社会交叉领域，为可持续商业提出了新想法。

315. 劳动经济学研究所

劳动经济学研究所（Institute of Labor Economics，IZA），成立于1998年，由德国邮政基金会创立，位于德国。劳动经济学研究所是一个非营利性研究组织，其资金来源于政府、机构以及基金会。劳动经济学研究所致力于为国内外的劳动经济学研究搭建桥梁，开展基础研究、提供科学政策建议并积极促进知识转化，以实现缩小科学与社会的距离为目标，帮助所有人创造一个更美好的未来。该智库网址是：www.iza.org。

（1）历史沿革

劳动经济学研究所由德国邮政基金会及其总裁克劳斯·祖姆温克尔（Klaus Zumwinkel）发起，他同时担任IZA总裁。德国邮政基金会旨在促进研究、科学和教育，20多年来一直为IZA提供大量资金，从而确保其财务和知识独立。在20世纪90年代末德国劳动力市场危机期间，IZA创始人致力于建立一个新的独立研究机构，能够完全专注于劳动力市场研究和循证政策建议。IZA不受委托研究和其他依赖的限制，负责为未来的工作提供可持续的概念。德国邮政基金会的这一举措在德国具有开创性，其不仅为IZA作为一家非营利性研究机构创造了理想的工作条件，还推动了德国劳动力市场研究，使其整体上具有更大的独立性和国际竞争力。

（2）组织机构

劳动经济学研究所的研究团队在希尔玛·施耐德（Hilmar Schneider）领导下，由74位研究人员组成。其研究内容覆盖了7个领域，分别是：数字化转型、个性化劳动政策、技能形成、政策挑战、结构性政策评估、劳动力市场政策、新冠疫情与劳动力市场。该智库共设立了1个中心（数据研究中心），开展了24个研究项目（如劳动力市场评估项目等）。

（3）研究产品

劳动经济学研究所2008年以来累计发布了15 000余篇报告文章，共设计推出了11种研究产品，包括2种研究报告类产品、2种学术论文类产品、3种期刊书籍类产品、1种评论专栏类产品、1种新闻媒体类产品、2种活动类产品。其中，《开放获取期刊》是劳动经济学研究所的期刊类产品，包括劳动经济学期刊、劳动政策期刊和发展与移民期刊，发表新的同行评议研究成果，所有经过同行评审的文章均可免费下载。

316. 基尔世界经济研究所

基尔世界经济研究所（Kiel Institute for the World Economy，德文名为 Institut für Weltwirtschaft，IfW）由伯恩哈德·哈姆斯（Bernhard Harms）于 1913 年在德国成立。基尔世界经济研究所是一个非营利的独立组织，其资金来源于政府。基尔世界经济研究所将自身定位为德国研究全球化问题的顶级智库，其致力于识别最新的全球经济挑战，并制订与开放市场和竞争相适应的实用解决方案。该智库网址是：www.ifw-kiel.de。

（1）历史沿革

基尔世界经济研究所的历史最早可以追溯到 1914 年 2 月，伯恩哈德·哈姆斯建立了基尔大学皇家航运和世界经济研究所，致力于向君主制德国提供关于交战各方实力的大量材料，以就与军事战争相关的问题进行磋商。随着第一次世界大战的结束，伯恩哈德·哈姆斯重新设定了研究所的方向，建立世界经济统计研究和国际商业周期研究部门，该部门在商业周期研究方面享有国际声誉。第二次世界大战结束后，在研究所主任弗里茨·巴德和埃里希·施奈德的努力下，研究所恢复了声誉并成为许多大学教学事业的发源地。此间，研究所开始将以机构结构变化、全球贸易自由化和欧洲一体化逐步深化为特征的世界经济环境纳入其研究范围。

（2）组织机构

基尔世界经济研究所的研究团队在加布里埃尔·费伯迈尔（Gabriel Felbermayr）领导下，由 102 位研究人员组成。其研究内容覆盖了 38 个领域，例如：德国经济政策、经济展望、行为经济学、税收政策、国际贸易、货币政策、财政政策与国家预算、新兴市场和发展中国家、经济和金融危机、欧盟和欧元等。该智库共设立了 9 个中心（如国际金融与全球治理研究中心），开展了 54 个研究项目（如德国的生产力测量和驱动因素项目等）。

（3）研究产品

基尔世界经济研究所 1984 年以来累计发布了 4 500 余篇报告文章，共设计推出了 12 种产品，包括 3 种期刊书籍类产品、1 种评论专栏类产品、1 种新闻媒体类产品、3 种研究报告类产品、4 种活动类产品。《基尔经济展望》系列涵盖了基尔世界经济研究所对常规宏观经济预测的全面评估，包括世界经济和德国的季度展望以及欧元区的半年度展望和德国的中期预测。

317. 宏观经济政策研究所

宏观经济政策研究所（Macroeconomic Policy Institute，德文名称为 Institut für Makroökonomie und Konjunkturforschung，IMK）成立于 2005 年，位于德国，由汉斯-博克勒（Hans-Böckler）基金会创立。宏观经济政策研究所是一个独立的组织，其资金来源于基金会。宏观经济政策研究所致力于在经济研究和经济政策辩论中坚持宏观经济观点。该智库网址是：www.imk-boeckler.de/de/index.htm。

（1）历史沿革

宏观经济政策研究所成立于 2005 年年初，旨在从经济研究和经济政策辩论中坚持宏观经济观点。宏观经济政策研究所在连贯的宏观经济建模框架基础上分析了商业周期，研究所的研究人员依靠现代凯恩斯主义经济理论以及先进的计量经济学方法进行实证研究。为了确保高质量的学术成果，研究所与德国和外国大学紧密合作，并且其工作由独立的科学理事会定期进行评估。宏观经济政策研究所从多个角度参与了经济政策的咨询，为联邦各部委准备研究，与其他研究机构合作，对德国、欧洲和世界其他地区进行了全面的预测，每年为政府决策者提供政策建议。

（2）组织机构

宏观经济政策研究所的研究团队在塞巴斯蒂安·杜利安（Sebastian Dullien）领导下，由20余位研究人员组成。其研究内容覆盖了4个领域，分别是：业务周期分析和预测，经济政策分析，全球化世界中的劳动力市场、收入及其分配，欧洲和欧元区。

（3）研究产品

宏观经济政策研究所自成立以来累计发布了700余篇报告文章，共设计推出了6种研究产品，包括4种研究报告类产品、1种学术论文类产品、1种活动类产品。其中，《经济预测研究》是该智库定期发布的研究产品，主要是对当前经济发展和经济政策的简要分析。

318. 新责任基金会

新责任基金会（Stiftung Neue Verantwortung，SNV）成立于2008年，由德国科学院和工程学院、德国工业联合会、德国科学院和人文科学联盟、德国体育联合会以及国际高管猎头公司亿康先达共同创立，位于德国。新责任基金会是一个非营利、无党派和独立的组织，其资金来源于政府、基金会以及企业机构。新责任基金会致力于就政治如何塑造社会、经济和国家的技术变革提出具体的想法。该智库网址是：www.stiftung-nv.de。

（1）历史沿革

新责任基金会于2008年在经济危机的背景下成立，其目的是提高年轻专业人员的敏感性，使他们能够对紧迫的社会挑战承担责任。因此，基金会的成立为商界、行政界、学术界和民间社会的年轻代表可以跨部门就与社会未来有关的问题交换意见搭建了一个平台。

（2）组织机构

新责任基金会的研究团队在迈克尔·瓦西利亚迪斯（Michael Vassiliadis）的带领下，由19位研究人员组成。其研究内容覆盖了7个领域，分别是：数字化，数字经济，数字权利、监管和民主，人工智能和外交政策，网络安全，数字和公共领域，技术和地缘政治。该智库共设立了3个研究项目，如欧洲情报监督网项目等。

（3）研究产品

新责任基金会自成立以来累计发布了1 900余篇报告文章等，共设计推出了5种研究产品，包括1种活动类产品、2种研究报告类产品、1种评论专栏类产品、1种新闻媒体类产品。

319. 瓦尔特·欧根研究所

瓦尔特·欧根研究所（Walter Eucken Institute）由瓦尔特·欧根（Walter Eucken）的朋友和学生于1954年在德国成立。瓦尔特·欧根研究所是一个独立的组织，其资金来源于企业机构和个人。瓦尔特·欧根研究所致力于将新的经济思想和道德思想带入学术界以及其他部门的辩论中。该智库网址是：www.eucken.de。

（1）历史沿革

瓦尔特·欧根研究所于1954年在时任德国经济事务部长路德维希·埃哈德（Ludwig Erhard）的支持下建立，致力于让更多的公众了解秩序自由主义思想。1964—1992年，诺贝尔经济学奖得主弗里德里希·冯·哈耶克曾任该研究所董事会成员以及名誉院长。2003年以来，同样是诺贝尔经济学奖得主的詹姆斯·M.布坎南（James M. Buchanan）成为该研究所名誉院长。

瓦尔特·欧根研究所通过系统性地综合弗莱堡奥数主义思想、哈耶克进化社会经济理论和布坎南现代宪政政治经济学的研究，为当前的政治辩论做出贡献，并衍生发展了维持社会市场经济的思想。现代宪政经济学不仅被认为是德国的国家政策基础，同时也被称为对新制度经济学、公共选择和欧洲乃至全球金融经验基础的宝贵贡献。

（2）组织机构

瓦尔特·欧根研究所的研究团队在拉尔斯·P.费尔德（Lars P. Feld）领导下，由16名研究人员组成。其研究内容覆盖了4个领域：微观经济学、劳动经济学和行为经济学、宏观经济与金融、经济思想史。该智库共主持开展了10个研究项目，如关于联邦财政平衡中的不当刺激的实证研究项目等。

（3）研究产品

瓦尔特·欧根研究所1998年以来累计发布了300余篇报告文章，共设计推出了6种研究产品，包括1种研究报告类产品、1种评论专栏类产品、1种新闻媒体类产品、1种音频视频类产品、2种活动类产品。瓦尔特·欧根研究所多数文章报告所采用的语言为德语。

（三）法国智库

320. 国际研究中心

国际研究中心（Center for International Studies，法文名称为 Centre d'Etudes et de Recherches Internationales，CERI）成立于1952年，由让-巴蒂斯特·杜罗塞林（Jean-Baptiste Durosellein）和让·梅里亚特（Jean Meyriat）在巴黎政治学院共同创立，位于法国。国际研究中心是大学的附属组织，其资金来源于基金会、企业机构以及个人。国际研究中心致力于从事跨国关系研究和区域研究。该智库网址是：www.sciencespo.fr/ceri/en.html。

（1）历史沿革

外交历史学教授让-巴蒂斯特·杜罗塞林和法国信息与传播科学的先驱让·梅里亚特1952年在巴黎政治学院创立了国际关系研究中心。2015年，智库更名为"国际研究中心"。该智库汇集了来自多个社会科学学科的学者，其中政治学领域汇集了顶尖专家，其他专家还分布在社会学、人类学、历史和经济学领域。在区域研究方面，该中心在北非和中东、拉丁美洲、远东、南亚、西非和非洲大湖区等区域研究基础深厚。该中心的区域研究方法强调实地考察、经验和比较方法，以及对少数语言的研究。

（2）组织机构

国际研究中心的研究团队在阿兰·迪克霍夫（Alain Dieckhoff）领导下，由51位研究人员组成。其研究内容覆盖了5个领域：世界政治中的参与者和监管水平、政治参与和动员、国家及其改革、暴力与危险管理、身份与政治。该智库共设立了15个研究部门（如多边主义行动研究小组），开展了31个研究项目（如关于核时代的政治脆弱性项目等）。

（3）研究产品

国际研究中心自成立以来累计发布了6 000余篇报告文章，共设计推出了9种研究产品，包括5种期刊书籍类产品、1种活动类产品、1种学术论文类产品、2种研究报告类产品。

321. 国际展望与信息中心

国际展望与信息中心（Centre d'Etudes Prospectives et d'Informations Internationales，CEPII）成立于 1978 年，由时任法国总理雷蒙德·巴雷（Raymond Barre）宣布成立，位于法国。国际展望与信息中心是一个独立机构，其资金来源于政府和企业机构。国际展望与信息中心致力于通过对国际贸易、移民、宏观经济和金融进行独立深入分析，为法国决策做出贡献。该智库网址是：www.cepii.fr。

（1）历史沿革

国际展望与信息中心是在经济管理现代化的背景下创建的。时任法国总理的雷蒙德·巴雷有足够的远见，认识到全球化将彻底改变法国和欧洲经济的方式，并需要新的工具和新的专业知识。1978 年 3 月 20 日，雷蒙德·巴雷总理宣布成立前瞻性研究和国际信息中心，"其使命是收集信息并开展有关全球经济、国际贸易和外国经济的前瞻性研究。"20 世纪 80 年代中期，国际展望与信息中心推出了研究工作论文系列，并开始系统地在国际期刊上发表研究成果。今天，国际展望与信息中心是世界领先的国际问题应用研究中心之一。

（2）组织机构

国际展望与信息中心的研究团队在塞巴斯蒂安·让（Sébastien Jean）领导下，由 36 位研究人员组成。国际展望与信息中心的研究内容覆盖了 8 个领域：竞争力和增长、经济政策、货币和金融、贸易与全球化、欧洲、移民、新兴国家、环境与自然资源。该智库共开展了 4 个研究项目，如国际宏观经济与金融项目等。

（3）研究产品

国际展望与信息中心自成立以来累计发布了 5 000 余篇报告文章，共设计推出了 17 种研究产品，包括 4 种研究报告类产品、2 种学术论文类产品、2 种期刊书籍类产品、1 种博客类产品、3 种评论专栏类产品、1 种新闻媒体类产品、1 种音频视频类产品、1 种数据类产品、2 种活动类产品。"CEPII 博客"是智库的法英双语博客，从 2011 年至今共发布了 740 余篇博文，主要是经济学家针对经济方面的热点新闻进行解读。

322. 战略研究基金会

战略研究基金会（Foundation for Strategic Research，法文名为 Fondation pour la Recherche Strategique，FRS）成立于 1992 年，位于法国。战略研究基金会是一个无党派、非营利、独立的组织，其资金来源于政府、基金会和企业机构。战略研究基金会致力于分析战略和国际安全问题，特别是军事和国防问题，为法国的战略辩论以及增强法国思想在国外的影响力做出贡献。该智库网址是：www.frstrategie.org。

（1）历史沿革
智库未披露相关内容。

（2）组织机构

战略研究基金会的研究团队在泽维尔·帕斯科（Xavier Pasco）领导下，由 32 位研究人员组成。其研究内容覆盖了 4 个领域：区域问题、战略、防御、安全。该智库共设立了 1 个研究中心——纪录片中心，开展了 17 个研究项目（如欧盟防扩散联盟项目）。

（3）研究产品

战略研究基金会 2012 年以来累计发布了 4 300 余篇报告文章，共设计推出了 9 种研究产品，包括 2 种研究报告类产品、2 种学术论文类产品、2 种期刊书籍类产品、1 种新闻媒体类产品、1 种音频视频类产品、1 种活动类产品。

323. 国际发展研究基金会

国际发展研究基金会（Foundation for Studies and Research on International Development，法文是 Fondation pour les Études et Recherches sur le Dévelopmment Internationale，FERDI）成立于 2003 年，由帕特里克·吉劳蒙特（Patrick Guillaumont）创立，位于法国。国际发展研究基金会是一个独立的非营利组织，其资金来源于政府和企业机构。国际发展研究基金会致力于组织国际发展领域的专家，共同就发展经济学的关键问题提供创新性建议。该智库网址是：www.ferdi.fr。

（1）历史沿革

2003 年，国际发展研究基金会在国际发展研究中心（Center for Studies and Research on International Development，CERDI）的倡议下成立。CERDI 是法国领先的发展问题研究机构，同时也是 FERDI 的重要学术合作伙伴。FERDI 成立以来分别在法国巴黎以及美国华盛顿特区设有分支机构。

（2）组织机构

国际发展研究基金会的研究团队在创始人帕特里克·吉劳蒙特领导下，由 24 位研究人员组成。其研究内容覆盖了 10 个领域：国际发展融资，国家发展融资，区域和国际一体化，气候、可持续能源和发展，人力资本，农业和发展，语言学、文化、媒体与发展，萨赫勒地区的和平，安全与发展，2030 年议程和最不发达国家。该智库共主持了 13 个研究项目，如低收入国家的金融波动、宏观调控和经济增长项目等。

（3）研究产品

国际发展研究基金会自成立以来累计发布了 1 500 余篇报告文章，共推出了 11 种研究产品，包括 2 种研究报告类产品、3 种学术论文类产品、1 种期刊书籍类产品、1 种活动类产品、1 种音频视频类产品、1 种博客类产品、1 种数据类产品、1 种新闻媒体类产品。

324. 法国国际关系研究所

法国国际关系研究所（French Institute of International Relations，IFRI）成立于 1979 年，由蒂埃里·德蒙布里亚尔（Thierry de Montbrial）创立，位于法国。法国国际关系研究所是一个独立的非营利组织，其资金来源于政府、基金会、企业机构以及个人。法国国际关系研究所致力于通过其辩论和出版物促进有关国际问题的讨论。该智库网址是：www.ifri.org。

（1）历史沿革

自成立以来，法国国际关系研究所一直由固定的研究人员小组和一批经常执行实地任务的相关研究人员组成。这种结构，加上以区域和专题方法相结合为基础的方法，保证了法国国际关系研究所工作的规律性和质量。一直以来，法国国际关系研究所将找到高层与公共和私人决策者的联系，继续在全球范围内建立联系，并将其相互支持的研究和辩论活动结合起来。作为将法国战略思想传播到国外的工具，法国国际关系研究所还将继续阐明国际问题，确定重要趋势并为其合作伙伴和支持者探究关键问题。通过这种方式，法国国际关系研究所参与了法国在国际舞台上的立场确认和国际思想辩论。

（2）组织机构

法国国际关系研究所的研究团队在埃里·德蒙布里亚尔领导下，由 67 位研究人员组成。其研究内容覆盖了 7 个领域：经济、能源与气候、技术地缘政治、移民与公民身份、安全与防御、健康、空间。该智库共设立了 9 个研究中心，如亚洲研究中心。

（3）研究产品

法国国际关系研究所自成立以来累计发布了 3 600 余篇报告文章，共设计推出了 15 种研究产品，包括 2 种研究报告类产品、3 种期刊书籍类产品、3 种评论专栏类产品、2 种新闻媒体类产品、2 种音频视频类产品、3 种活动类产品。其中，《政治日报》是法国国际关系研究所的期刊类产品，是一本讨论和分析重大国际问题的杂志，该作品的发布频率约为每月 3 次。

325. 舒瓦瑟尔研究所

舒瓦瑟尔研究所（Institut Choiseul）成立于 1996 年，位于法国巴黎。舒瓦瑟尔研究所是一个独立智库，其资金来源于企业机构和个人。舒瓦瑟尔研究所致力于分析当代战略问题和国际经济问题。该智库网址是：www.choiseul.info。

（1）历史沿革

该智库未披露相关信息。

（2）组织机构

舒瓦瑟尔研究所的研究团队在帕斯卡·洛罗（Pascal Lorot）领导下，由 30 余位研究人员组成。该智库在法国、俄罗斯和非洲建立了分支机构，并主持开展了 4 个研究项目，如舒瓦瑟尔非洲商业论坛项目等。

（3）研究产品

舒瓦瑟尔研究所自成立以来累计发布了 100 余篇报告文章，共设计推出了 4 种研究产品，包括 1 种研究报告类产品、1 种新闻媒体类产品、1 种期刊书籍类产品、1 种数据类产品。

326. 蒙田研究所

蒙田研究所（Institut Montaigne）成立于 2000 年，由克劳德·巴贝尔（Claude Bébéar）创立，位于法国。蒙田研究所是一个非营利性的独立机构，其资金来源于企业机构和个人。蒙田研究所致力于通过起草公共政策提案，影响法国和欧洲的政治辩论和决策。该智库网址是：www.institutmontaigne.org。

（1）历史沿革

2000 年，安盛集团（AXA Claude）创始人、前董事长兼首席执行官克劳德·巴贝尔提出了一个清晰的愿景，即建立一个全心全意为民主和公共利益服务的组织——蒙田研究所。蒙田研究所汇集了法国最好的专家进行深入的分析，并提出具体的政策建议。它开始涵盖法国面临的主要挑战：多样性、教育、福利国家、能源等。蒙田研究所通过与众多国际智库的合作，以及来自世界各地的专家网络，将其专业知识扩展到法国以外的地区。在过去的 20 年里，蒙田研究所聚集了来自私营部门、民间社会和学术界的众多人士，并在数字和卫生部门、经济和金融、社会、就业等领域发展了专业知识。

（2）组织机构

蒙田研究所的研究团队在所长洛朗·比格涅（Laurent Bigorgne）领导下，由 36 位研究人员组成。智库还主持了 21 项研究项目，如人工智能目标项目等。

（3）研究产品

蒙田研究所自成立以来累计发布了 3 000 余篇报告文章，共设计推出了 8 种研究产品，包括 3 种研究报告类产品、1 种数据类产品、2 种活动类产品、1 种音频视频类产品、1 种博客类产品。

327. 经济和财政问题研究所

经济和财政问题研究所（Institute for Research in Economic and Fiscal Issues，IREF），成立于 2002 年，由来自学术界和商业界的民间社会代表创立，位于法国。经济和财政问题研究所是一个独立的非营利组织，其资金来源于个人。经济和财政问题研究所致力于建立一个有效的平台，从自由市场的角度调查财政和税收问题。该智库网址是：en.irefeurope.org。

（1）历史沿革

经济和财政问题研究所成立于 2002 年，由来自学术界和商业界的民间社会代表创立，旨在建立一个有效的平台来调查财政和税收问题。IREF 的创始成员认为，系统和完整地探究税收问题具有必要性。同时，税收研究也具有紧急性，因为全球化进程加剧了税收竞争的程度。成立至今，IREF 的研究范围不断拓宽：从税收到教育、从公共支出到住房、从医疗保健到退休。IREF 认为目前政策制定者处于两种相互对立的压力之下：一方面是集权和协调，另一方面是权力下放和竞争以及全球化。IREF 致力于从经济学、统计学、法律以及政治交叉领域，寻求为各种经济政策提供合理依据。

（2）组织机构

经济和财政问题研究所的研究团队在让-菲利普·德尔索（Jean-Philippe Delsol）领导下，由 36 位研究人员组成。其研究内容覆盖了 8 个领域：收入和税收、公共开支、政府和行政部门、公司法规、住房、退休、教育与卫生、就业与失业。

（3）研究产品

经济和财政问题研究所自成立以来累计发布了 630 余篇报告文章，共设计推出了 7 种研究产品，包括 2 种研究报告类产品、1 种学术论文类产品、1 种期刊书籍类产品、1 种新闻媒体类产品、1 种评论专栏类产品、1 种活动类产品。其中，工作论文系列主要发表研究所的经济研究文章，涵盖各个领域最深入、最新的研究成果，每篇文章还提供了摘要。

328. 可持续发展与国际关系研究所

可持续发展与国际关系研究所（Institute for Sustainable Development and International Relations，IDDRI）成立于 2001 年，总部位于法国巴黎。该智库是一个独立机构，其资金来源于政府、基金会以及企业机构。可持续发展和国际关系研究所致力于将可持续发展置于国际关系和公共及私人政策的核心。该智库网址是：www.iddri.org/en。

（1）历史沿革

该智库未披露相关信息。

（2）组织机构

可持续发展与国际关系研究所的研究团队在塞巴斯蒂安·特雷耶（Sébastien Treyer）领导下，

由40余位研究人员组成。其研究内容覆盖了4个领域：可持续发展治理、生物多样性和生态系统、气候、海洋。该智库共主持开展了41个研究项目，如深度脱碳途径项目等。

（3）研究产品

可持续发展与国际关系研究所自成立以来累计发布了3 500余篇报告文章等，共设计推出了11种研究产品，包括3种研究报告类产品、2种学术论文类产品、1种期刊书籍类产品、1种博客类产品、1种评论专栏类产品、3种活动类产品。其中，《舒瓦瑟尔杂志》是可持续发展与国际关系研究所的期刊类产品，基于领先的跨学科研究，提供对可持续发展问题的分析。

329. 雅克·德洛尔研究所

雅克·德洛尔研究所（Jacques Delors Institute），成立于1996年，由雅克·德洛尔（Jacques Delors）创立，位于法国。雅克·德洛尔研究所是一个独立机构，其资金来源于政府、基金会、企业机构以及个人。雅克·德洛尔研究所致力于针对欧洲决策者和更广泛的受众提出分析和建议，并为欧盟的辩论做出贡献。该智库网址是：www.institutdelors.eu。

（1）历史沿革

该智库未披露相关信息。

（2）组织机构

雅克·德洛尔研究所的研究团队在恩里科·莱塔（Enrico Letta）领导下，由24位研究人员组成。其研究内容覆盖了6个领域：经济与金融、能源与环境、法律与机构、劳动与社会事务、欧洲之于世界、民主与公民权。该智库共设立了1个中心——能源中心，开展了5个研究项目（如全球贸易系列项目等）。

（3）研究产品

雅克·德洛尔研究所自成立以来累计发布了1 200余篇报告文章，共设计推出了6种研究产品，包括2种研究报告类产品、1种学术论文类产品、1种博客类产品、1种新闻媒体类产品、1种活动类产品。其中，报告及论文主要发表雅克·德洛尔研究所在各个领域最深入、最新的研究成果，针对欧洲决策者和更广泛的受众关注点进行分析并给予建议。

（四）俄罗斯智库

330. 俄罗斯联邦政府分析中心

俄罗斯联邦政府分析中心（Analytical Center for the Government of the Russian Federation）成立于1959年，由苏联部长理事会创立，位于俄罗斯。俄罗斯联邦政府分析中心是一个非营利组织，其资金来源于政府。俄罗斯联邦政府分析中心致力于就国家社会经济发展的关键问题进行研究，并向俄罗斯联邦政府提供信息分析和专家支持。该智库网址是：ac.gov.ru/en。

（1）历史沿革

俄罗斯联邦政府分析中心成立于1959年，从苏联国家计划委员会的主要计算中心发展而来。1959—1963年，为苏联国家计划委员会计算中心；1963—1991年，为苏联国家计划委员会计算机中心；1991年，为苏联经济与预测部下属的主要计算机中心；1991—2005年，为俄罗斯联邦政府领导下的经济改革工作中心；从2005年至今，正式更名为俄罗斯联邦政府分析中心。

（2）组织机构

俄罗斯联邦政府分析中心的研究团队在负责人康斯坦丁·卡里宁带领下由 250 余名研究和工作人员组成，其研究内容覆盖了 15 个领域，分别是：金融、工业政策、能源、农业、运输、能源效率、环境保护、战略规划、项目管理、区域发展、社会和劳动关系、教育、医疗保健、创新、信息技术。该智库设立了 3 个研究项目，比如控制监督改革项目、数字经济计划的实施项目等。

（3）研究产品

俄罗斯联邦政府分析中心自成立以来共发布了 5 000 余篇报告文章，共设计推出了 14 种研究产品，包括 12 种研究报告类产品、1 种评论专栏类产品、1 种新闻媒体类产品。

331. 财政政策中心

财政政策中心（Center for Fiscal Policy，CFP）成立于 2008 年，总部位于俄罗斯。财政政策中心是一个独立机构，其资金来源于政府和企业机构。财政政策中心致力于协助政府变得公平、负责和高效。该智库网址是：english.fpcenter.ru。

（1）历史沿革

财政政策中心成立十余年来已经从一个专家小组发展为俄罗斯著名的独立智库机构，为俄罗斯和国外各级政府提供政策建议。成立以来，俄罗斯在解决公共财政管理和政府间财政关系问题方面取得了重大进展，CFP 在这一进程中发挥了关键作用。CFP 一直是俄罗斯联邦政府立法和行政部门解决上述问题的核心资源。

（2）组织机构

财政政策中心的研究领域涵盖公共财务管理的各个方面，包括：制定预算策略、政府间财政关系、公益物资分配、公共服务质量管理、投资债务政策、公私合营、公共资产管理。该智库设立了 50 个研究项目，比如：为州计划"2008—2010 年萨拉托夫州区域金融改革"提供咨询和支持、阿斯特拉罕州国家权力机构的管理成本优化等。

（3）研究产品

财政政策中心自成立以来共发布了 200 余篇报告文章，共设计推出了 2 种研究产品，包括 1 种新闻媒体类产品、1 种数据类产品。

332. 战略研究中心

战略研究中心（Center for Strategic Research，CSR），成立于 1999 年，由俄罗斯联邦经济发展部成立，位于俄罗斯。战略研究中心是一个非营利性的独立组织，其资金来源于政府。战略研究中心致力于为所有能够推动俄罗斯实现可持续、公平和长期经济增长的关键举措贡献专业知识和智力。该智库网址是：www.csr.ru/en/。

（1）历史沿革

战略研究中心在弗拉基米尔·普京的倡议下于 1999 年成立，旨在为俄罗斯制定 2000—2010 年的发展战略。2016 年 4 月，俄罗斯总统普京委托阿列克谢·库德林领导改组 CSR，旨在起草一项至 2024 年俄罗斯经济发展的战略。2017 年 5 月，CSR 向普京总统提交了一份战略草案，为 2018—2024 年国家发展制定了战略目标。

（2）组织机构

战略研究中心的研究团队在研究中心主任弗拉迪斯拉夫·奥尼先科带领下，由 28 名研究人员组成。其研究内容覆盖了 12 个领域，分别是：税收政策、法律发展、战略沟通、空间发展、合同管理、垄断经济、数字化发展、基础设施产业经济、非资源部门经济、经济和社会发展、燃料和能源部门的经济性、气候与绿色能源。CSR 设立了投资分析和宏观经济研究中心、社会经济研究中心等 6 个研究中心。

（3）研究产品

战略研究中心自成立以来发布了 1 000 余篇报告文章，共设计推出了 2 种研究产品，包括 1 种研究报告类产品、1 种新闻媒体类产品和 1 种博客类产品。

333. 盖达尔经济政策研究所

盖达尔经济政策研究所（Gaidar Institute for Economic Policy，IEP），成立于 1990 年，由叶戈尔·盖达尔创立，总部在俄罗斯。盖达尔经济政策研究所是一个非营利组织，其资金来源于政府和企业机构。盖达尔经济政策研究所专注于经济领域的学术和应用研究，受到政府当局、国内外专家团体的高度评价。该智库网址是：www.iep.ru/en。

（1）历史沿革

盖达尔经济政策研究所由曾担任俄罗斯代理总理的叶戈尔·盖达尔于 1990 年创立，当时的名称是"国民经济研究院和苏联科学院的经济政策研究所"。1992 年，该研究所更名为"转型期经济问题研究所"，1999 年 1 月更名为"转型期经济研究所"。2010 年，根据俄罗斯联邦总统 2010 年 5 月 14 日颁布的第 601 号行政命令，该研究所正式更名为叶特盖达尔经济政策研究所（简称盖达尔经济政策研究所）。

（2）组织机构

盖达尔经济政策研究所的研究团队在现任研究所学术主管穆里列夫·谢尔盖的带领下，由 63 位研究人员组成。盖达尔经济政策研究所的研究内容覆盖了以下 6 个领域：税收和预算政策、财政联邦制、公司治理、社会政策和养老金改革、海关法典、农业改革和农业经济政策。该智库设有 5 个研究中心，如制度发展及所有权和公司治理中心、法律研究中心等；共开展了 165 个研究项目，目前在研的是为俄罗斯联邦经济发展部实施俄罗斯联邦"信息社会"国家计划提供专家支持项目等 4 个项目。

（3）研究产品

盖达尔经济政策研究所累计发布了 3 500 余篇报告文章，共设计推出了 9 种研究产品，包括 6 种期刊书籍类产品、1 种评论专栏类产品、1 种新闻媒体类产品、1 种活动类产品。

334. 城市经济学研究所

城市经济学研究所（Institute for Urban Economics，IUE）成立于 1995 年，由亚历山大·S. 普赞诺夫（Aleksander S. Puzanov）等人共同创立，位于俄罗斯莫斯科。城市经济学研究所是一个非营利性的独立机构，其资金来源于政府、基金会以及企业机构。城市经济学研究所致力于为俄罗斯城市和地区的社会和经济发展提供分析与援助。该智库网址是：www.urbaneconomics.ru/en/。

（1）历史沿革

该智库未披露相关信息。

（2）组织机构

城市经济学研究所的研究团队由研究所在所长纳德兹达·科萨列娃带领下，由 15 名专家学者组成。研究工作聚焦于两个领域。该智库组建了 4 个研究中心，比如 IUE 房地产市场部、IUE 城市经济部等。

（3）研究产品

城市经济学研究所自成立以来共发布了 150 余篇报告文章，共设计推出了 5 种研究产品，包括 2 种研究报告类产品、2 种期刊书籍类产品、1 种音频视频类产品。

335. 美国和加拿大研究所

美国和加拿大研究所（Institute for US and Canadian Studies）成立于 1967 年，由格奥尔基·阿尔巴托夫创立，位于俄罗斯。美国和加拿大研究所是一个非营利机构，其资金来源于政府和企业机构。该智库网址是：iskran.ru/en/。

（1）历史沿革

俄罗斯科学院的美国和加拿大研究所起初是根据苏联科学院主席团 1967 年 12 月 8 日第 925 号法令成立的苏联科学院美利坚合众国研究所。它的第一任主任是苏联科学院院士格奥尔基·阿尔巴托夫。1974 年，该研究所更名为"苏联科学院美国和加拿大研究所"。1991 年 11 月，根据俄罗斯联邦总统令第 228 号"关于俄罗斯科学院的组织"，该研究所并入俄罗斯科学院。2011 年，该智库并入俄罗斯联邦国家预算研究所，并于 2018 年由俄罗斯科学和高等教育部管理。

（2）组织机构

美国和加拿大研究所的研究团队在俄罗斯政治科学家、科学院院士谢尔盖·罗戈夫的带领下，由 155 位研究人员组成。其研究内容覆盖了 6 个领域，分别是：经济与国际事务、科学与技术、对外政策、信息管理、国际关系、军事政治。该智库设立了 13 个研究中心，比如加拿大中心、能源安全问题中心等。

（3）研究产品

美国和加拿大研究所自成立以来共发布了 4 500 余篇报告文章，共设计推出了 7 种研究产品，包括 1 种学术论文类产品、3 种期刊书籍类产品、1 种新闻媒体类产品、2 种活动类产品。《美国和加拿大》杂志向读者介绍美国和加拿大的国内和外交政策的各个方面，以及当前国际政策、世界经济关系、世界不同国家的发展理论和实践。

336. 俄罗斯科学院经济研究所

俄罗斯科学院经济研究所（Institute of Economics, Russian Academy of Sciences, RAS）于 1930 年 6 月在俄罗斯成立。俄罗斯科学院经济研究所是一个非营利性的独立组织，其资金来源于政府和企业机构。俄罗斯科学院经济研究所致力于对社会经济发展的各种问题进行基础和应用研究，以及培养高素质的科学人才。该智库网址是：en.inecon.org。

（1）历史沿革

俄罗斯科学院经济研究所成立于 1930 年 6 月，是国家经济思想的领先中心。20 世纪 60 年代，为经济科学的发展和改革的实施做出了重大贡献。1980 年，该研究所被授予俄罗斯劳动红旗勋章。2005 年 6 月，俄罗斯科学院主席团决定改组经济研究所和国际经济与政治研究所，将它们合并为一个科学组织——"俄罗斯科学院经济研究所"。该研究所的工作涉及经济理论，战略规划，对俄罗斯实施的财政、货币、工业和社会政策的评估，俄罗斯经济改革的问题，后社会主义国家经济转型过程的比较分析，参与的整合过程，分析俄罗斯联邦制模式、俄罗斯经济史等经济问题。

（2）组织机构

俄罗斯科学院经济研究所的研究团队在执行董事埃琳娜·伦克带领下，由 170 余位研究人员组成。其研究内容覆盖了 4 个领域，分别是：理论经济、经济政策、现代经济与创新发展机构、国际经济与政治研究。俄罗斯科学院经济研究所有 12 个研究中心，如理论经济学研究中心、国际经济与政治研究中心等。

（3）研究产品

俄罗斯科学院经济研究所自成立以来共发布了 2 800 余篇报告文章，共设计推出了 20 种研究产品，包括 4 种研究报告类产品、9 种期刊书籍类产品、5 种新闻媒体类产品、1 种学术论文类产品、1 种活动类产品。《俄罗斯科学院经济研究所公报》《经济问题》《新经济协会会刊》《俄罗斯与现代世界》《理论经济学问题》和《变化的世界》是智库目前正在发行的学术期刊。

337. 莫斯科国立国际关系学院

莫斯科国立国际关系学院（Moscow State Institute of International Relations，MGIMO）成立于 1944 年，由罗蒙诺索夫在莫斯科国立大学国际关系学院的基础上创立，位于莫斯科。莫斯科国立国际关系学院是一家教育机构，其资金来源于政府、基金会以及企业机构。莫斯科国立国际关系学院是俄罗斯国内顶尖外交关系教育机构以及顶级智库，为俄罗斯外交政策提供有力支持。该智库网址是：english.mgimo.ru。

（1）历史沿革

1944 年，根据苏联政府的一项特别法令，洛蒙诺索夫莫斯科国立大学在国际关系学院的基础上成立了莫斯科国立国际关系学院。MGIMO 由三个学院组成：历史与国际关系学院、国际法学院、国际经济关系学院。1955 年，莫斯科东方研究所并入 MGIMO。2005 年，俄罗斯–欧盟峰会决定在 MGIMO 建立欧洲研究所。

（2）组织机构

莫斯科国立国际关系学院的研究团队在校长安纳托利·托库诺夫带领下，由 135 位研究人员组成。该智库组建了 16 个研究中心，比如国际研究学院、国际趋势分析实验室等。

（3）研究产品

莫斯科国立国际关系学院自成立以来共发布了 18 400 余篇报告文章，共设计推出了 14 种研究产品，包括 2 种研究报告类产品、9 种期刊书籍类产品、1 种评论专栏类产品、1 种新闻媒体类产品、1 种音频视频类产品。《MGIMO 杂志》是 MGIMO 校友和学生企业出版物，自 2005 年开始出版。该杂志刊载有关该研究所在政府和企业中担任重要职务的著名毕业生资料。

338. 普里马科夫世界经济与国际关系研究所

普里马科夫世界经济与国际关系研究所（Primakov Institute of World Economy and International Relations，IMEMO），成立于 1956 年，由俄罗斯科学院创立，位于俄罗斯。普里马科夫世界经济与国际关系研究所是一个非营利性机构，其资金来源于政府和企业机构。普里马科夫世界经济与国际关系研究所致力于为政治决策提供可靠的分析。该智库网址是：www.imemo.ru/en/。

（1）历史沿革

普里马科夫世界经济与国际关系研究所成立于 1956 年，其前身是 1925 年至 1948 年存续的

"苏联世界经济与国际事务研究所"。2015 年 8 月，该研究所更名为普里马科夫世界经济与国际关系研究所，以纪念其前所长叶夫根尼·普里马科夫院士。

（2）组织机构

普里马科夫世界经济与国际关系研究所的研究团队在所长亚历山大·丹金的带领下，由 364 位研究人员组成。该智库组建了 20 个研究中心（如科学与创新系、比较社会经济和政治研究中心等），并设立开展了 7 个研究项目（如欧盟-俄罗斯第七届欧盟框架项目、欧洲大西洋安全倡议等）。

（3）研究产品

普里马科夫世界经济与国际关系研究所从 1990 年至今共发布了 2 264 篇报告文章，共设计推出了 23 种研究产品，包括 8 种研究报告类产品、6 种期刊书籍类产品、1 种学术论文类产品、1 种评论专栏类产品、1 种新闻媒体类产品、1 种音频视频类产品、4 种活动类产品、1 种数据类产品。《世界经济与国际关系》是智库的旗舰月刊，创刊于 1956 年，当前是俄罗斯关于国际政策、世界经济关系的理论和实践问题研究的多学科期刊。

339. 俄罗斯国际事务委员会

俄罗斯国际事务委员会（Russia International Affairs Council, RIAC）成立于 2011 年，由俄罗斯联邦外交部、俄罗斯联邦教育和科学部、俄罗斯科学院、俄罗斯工业家和企业家联盟以及国际文传电讯国际信息小组共同创办，位于俄罗斯。俄罗斯国际事务委员会是一个非营利性的学术和外交智库，其资金来源于政府和企业机构。俄罗斯国际事务委员会致力于促进俄罗斯和平融入国际社会、组织俄罗斯科学机构和外国机构在国际关系等重大问题上加强合作。该智库网址是：russiancouncil.ru。

（1）历史沿革

俄罗斯国际事务委员会是根据 2010 年 2 月 2 日"关于建立非营利性伙伴关系俄罗斯国际事务委员会"的第 59-rp 号总统令通过的决议成立的。

（2）组织机构

俄罗斯国际事务委员会的研究团队在理事会主席伊戈尔·伊万诺夫的带领下，由 36 名研究人员组成。俄罗斯国际事务委员会的研究内容覆盖了 13 个领域，分别是：分析与评述、亚太、国际安全、俄罗斯外交政策、全球治理、百年世界、多极世界、教育与科学、社会与文化、技术、生态、经济、能源。该智库开展了 20 个研究项目，比如网络安全的国际层面项目、"俄罗斯和印度：迈向新的双边议程项目"等。

（3）研究产品

俄罗斯国际事务委员会自成立以来共发布了 7 800 余篇报告文章，共设计推出了 13 种研究产品，包括 5 种研究报告类产品、2 种学术论文类产品、1 种博客类产品、3 种评论专栏类产品、1 种新闻媒体类产品、1 种数据类产品。

340. 瓦尔代讨论俱乐部

瓦尔代讨论俱乐部（Valdai Discussion Club），成立于 2004 年，由俄罗斯国际事务委员会、高等经济学院、莫斯科国家国际关系学院和外交与国防政策委员会共同创立，位于俄罗斯。瓦尔代讨论俱乐部是一个非营利组织，其资金来源于基金会和企业机构。瓦尔代讨论俱乐部致力于促进全球知识精英之间的对话，以找到应对国际制度危机的解决方案。该智库网址是：valdaiclub.com。

（1）历史沿革

瓦尔代讨论俱乐部是以俄罗斯瓦尔代湖命名的。该智库每年都邀请来自71个国家的1 000多名国际学术界代表参加智库活动。俄罗斯总统普京自智库成立以来每年都会与瓦尔代讨论俱乐部年会的参与者会面。

（2）组织机构

瓦尔代讨论俱乐部的研究团队在俱乐部董事会主席安德烈·比斯特里斯基的带领下，由13位专家学者组成。该智库设立了5个研究项目，比如全球民主和国际治理、国际冲突和政治领导等。

（3）研究产品

瓦尔代讨论俱乐部自成立以来共发布了7 400余篇报告文章，共设计推出了10种研究产品，包括4种研究报告类产品、2种学术论文类产品、1种期刊书籍类产品、1种音频视频类产品、1种数据类产品、1种活动类产品。

（五）比利时智库

341. 布鲁盖尔研究所

布鲁盖尔研究所（Bruegel）成立于2005年，由让·皮萨尼-费里（Jean Pisani-Ferry）、尼古拉斯·维隆（Nicolas Véron）和马里奥·蒙蒂（Mario Monti）创立，位于比利时。该智库是一个非营利的独立机构，其资金来源于政府、基金会和企业机构。布鲁盖尔研究所致力于在开放性和事实研究、分析和辩论的基础上提高经济政策的质量。该智库网址是：www.bruegel.org。

（1）历史沿革

布鲁盖尔研究所的概念最初来源于两位法国经济学家——让·皮萨尼-费里和尼古拉斯·维隆的创想，他们在2002年的秋天共同创立了布鲁盖尔研究所。2003年1月22日，法国总统雅克·希拉克（Jacques Chirac）和德国总理格哈德·施罗德（Gerhard Schröder）在巴黎发表联合声明，纪念《戴高乐-阿登纳爱丽舍条约》（De Gaulle-Adenauer Elysée Treaty）签订40周年，并正式提出建立布鲁盖尔研究所。

（2）组织机构

布鲁盖尔研究所的研究团队在所长冈特拉姆·沃尔夫（Guntram Wolff）的带领下，由50名研究人员组成。其研究内容覆盖了5个领域，分别是：欧洲宏观经济与治理、全球经济与治理、金融与金融监管、创新与竞争、能源与气候。该智库自2006年起每年开展10~20个研究项目，如2021年的研究项目：大流行病的宏观经济应用项目、欧洲财政和宏观经济政策项目等。

（3）研究产品

布鲁盖尔研究所自成立以来共发布8 400余篇报告文章，共推出了10种研究产品，包括2种研究报告类产品、1种学术论文类产品、1种博客类产品、1种评论专栏类产品、1种新闻媒体类产品、2种音频视频类产品、1种数据类产品、1种活动类产品。布鲁盖尔数据集是面向公众公开的数据产品，其来源多为研究所从研究项目角度出发收集的数据，例如"欧元区的Divisia货币总量"和"应对新冠病毒经济影响的财政政策梳理"等。

342. 欧洲政策研究中心

欧洲政策研究中心（Centre for European Policy Studies，CEPS）成立于 1983 年，总部位于比利时布鲁塞尔。欧洲政策研究中心是一个独立机构，其资金来源于政府、基金会和企业机构。欧洲政策研究中心致力于进行合理的政策研究，从而为欧洲面临的挑战提供建设性的解决方案。该智库网址是：www.ceps.eu。

（1）历史沿革

欧洲政策研究中心是领先的智库和欧盟事务辩论论坛，在非美国十大智库中排名第一。欧洲政策研究中心拥有非常强大的内部研究能力和遍布全球的合作机构网络，充分展示了其预测趋势的能力，在政策问题成为一般性讨论主题之前就对其进行分析。

（2）组织机构

欧洲政策研究中心的研究团队在首席执行官卡雷尔·兰诺（Karel Lannoo）的带领下，由 109 名研究人员组成。其研究内容覆盖了 24 个领域，如：农业与农村发展、银行和其他金融服务、更好的监管和产业竞争力、边界与安全、预算与公共投资、循环经济、气候与环境、经济与欧元、教育和培训、就业与社会事务、能源等。该智库组建了 14 个研究中心，比如经济政策研究中心、金融市场和机构研究中心等，还开展了 253 个研究项目，如网络安全@CEPS 以及关于欧盟全球战略中阐明的"综合方法"的合作研究项目等。

（3）研究团队

欧洲政策研究中心自 2009 年以来累计发布了 5 400 余篇报告文章，共设计推出了 11 种研究产品，包括 5 种研究报告类产品、1 种期刊书籍类产品、1 种新闻媒体类产品、1 种音频视频类产品、3 种活动类产品。

343. 埃格蒙特皇家国际关系研究所

埃格蒙特皇家国际关系研究所（EGMONT – The Royal Institute for International Relations）是由多位杰出的比利时政治家于 1947 年共同创立的，总部设在比利时布鲁塞尔。EGMONT 是一个独立的非营利组织，其资金来源于政府、基金会、企业机构以及个人。埃格蒙特皇家国际关系研究所致力于提供旨在尽可能运作的分析和政策选择。该智库网址是：www.egmontinstitute.be。

（1）历史沿革

1947 年，研究所由一些著名的比利时政治家创立。2006 年，在成立 60 周年之际，该研究所更名为"埃格蒙特皇家国际关系研究所"。

（2）组织机构

埃格蒙特皇家国际关系研究所的研究团队在曾担任比利时驻非洲联盟大使的研究所主任休格·钱特里（Hugues Chantry）带领下，由 52 位研究人员组成。埃格蒙特皇家国际关系研究所的研究内容覆盖了 13 个领域，分别是：中非、中东/北非、其他非洲地区、亚太、拉美、恐怖主义、比利时外交、欧盟与战略伙伴、欧盟经济事务、欧盟机构事务、欧盟战略与外交政策、欧洲国防/北约、欧盟内部政策。该智库设立了 45 个研究项目，如"中东和北非区域架构：绘制地缘政治变化项目"、区域秩序和国内转型项目等。

（3）研究产品

埃格蒙特皇家国际关系研究所自 2002 年以来累计发布了 2 000 余篇报告文章，共设计推出了 10

种研究产品，包括5种研究报告类产品、1种学术论文类产品、1种期刊书籍类产品、1种评论专栏类产品、1种新闻媒体类产品、1种活动类产品。

344. 埃格蒙特集团

埃格蒙特集团（Egmont Group）成立于1995年，总部位于比利时。埃格蒙特集团是一个国际联合组织，其资金来源于政府。埃格蒙特集团致力于为金融情报机构提供安全交换信息和金融情报的平台，以打击"洗钱"和恐怖融资活动。该智库网址是：www.egmontgroup.org/en。

（1）历史沿革

认识到国际合作在打击"洗钱"和资助恐怖主义方面的重要性，一些金融情报机构负责人在比利时布鲁塞尔的埃格蒙特阿伦堡宫会面，并决定建立一个非正式的金融情报机构网络，以加强国际合作。埃格蒙特集团是一个由167个金融情报机构组成的联合体。

（2）组织机构

埃格蒙特集团的研究团队在亨尼·韦贝克·库斯特的带领下，由20余名研究人员组成。该智库组建了5个研究部门，比如ML/TF信息交换工作组、成员及支持和合规工作组等。

（3）研究产品

埃格蒙特集团自2012年以来共发布了270余篇报告文章，共设计推出了3种研究产品，包括1种新闻媒体类产品、1种研究报告类产品、1种活动类产品。

345. 欧洲国际政治经济中心

欧洲国际政治经济中心（European Centre for International Political Economy，ECIPE），成立于2006年，由弗雷德里克·埃里克森（Fredrik Erixon）和拉辛·萨利（Razeen Sally）创立，位于比利时。欧洲国际政治经济中心是一个独立的非营利组织，其资金来源于基金会和企业机构。欧洲国际政治经济中心致力于解决对欧洲重要的国际贸易、法规、数字化和其他国际经济政策问题。该智库网址是：ecipe.org。

（1）历史沿革

该智库未披露相关信息。

（2）组织机构

欧洲国际政治经济中心的研究团队在中心主任和联合创始人弗雷德里克·埃里克森的带领下，由38位研究人员组成。其研究内容覆盖了5个主题，分别是：区域、欧盟、部门、WTO与全球化、数字经济。该智库开展了5个研究计划，比如数字贸易估算项目、英国贸易政策项目等。

（3）研究产品

欧洲国际政治经济中心2011年以来共发布了2 700余篇报告文章，共设计推出了5种研究产品，包括1种活动类产品、1种音频视频类产品、1种博客类产品、1种数据类产品、1种期刊书籍类产品。

346. 欧洲政策中心

欧洲政策中心（European Policy Centre，EPC）成立于1996年，总部位于比利时。欧洲政策中心是一个独立的非营利性、无党派组织，其资金来源于政府、基金会、企业机构以及个人。欧洲政策中心致力于通过分析和辩论来促进欧洲一体化、支持和挑战欧洲各级决策者，并为参与建设欧盟的伙伴国家、利益相关者和欧洲公民提供政策制定依据，发起关于欧洲未来的辩论。该智库网址是：www.epc.eu。

（1）历史沿革

该智库未披露相关信息。

（2）组织机构

欧洲政策中心的研究团队在欧洲理事会名誉主席、比利时前总理赫尔曼·范龙佩（Herman Van Rompuy）的带领下，由38位研究人员组成。其研究内容覆盖了18个领域，分别是：移民、气候与能源、单一市场、欧盟治理、欧盟扩大、数字化、未来工作、民粹主义、恐怖主义与激进化、产业政策、健康、邻里政策、循环经济和更明智地利用资源、欧洲社会、就业、公民参与、外交政策、环境。该智库开展了49个研究项目，比如欧洲政治与制度项目、欧洲移民与多样性项目等。

（3）研究产品

欧洲政策中心自成立以来共发布了4 000余篇报告文章，共设计推出了8种研究产品，包括2种研究报告类产品、2种期刊书籍类产品、1种评论专栏类产品、1种新闻媒体类产品、1种音频视频类产品、1种活动类产品。

347. 欧洲进步研究基金会

欧洲进步研究基金会（Foundation for European Progressive Studies，FEPS）成立于2008年，总部位于比利时。欧洲进步研究基金会是一个非营利组织，其资金来源于政府、基金会和个人。欧洲进步研究基金会致力于开展创新研究、提供政策建议、组织培训和辩论以激发和宣传整个欧洲的进步政治和政策。该智库网址是：www.feps-europe.eu。

（1）历史沿革

欧洲进步研究基金会与欧洲社会党和欧洲议会中社会党、民主党的进步联盟成员有关，但却独立于欧洲的政治基础。2017年8月，FEPS正式注册为欧洲政治基金会。2018年，FEPS被评为全球第五大最佳党派智库。2019年，FEPS获得了联合国经济及社会理事会的特别咨商地位，从而使其能够参与联合国的工作。

（2）组织机构

欧洲进步研究基金会的研究团队在葡萄牙前部长玛丽亚·若昂·罗德里格斯（Maria João Rodrigues）的带领下，由27位专家及研究人员组成。其研究内容覆盖了6个领域，比如未来的经济体、未来的环境等。该智库设立了10个研究项目，比如何为欧洲梦项目等。

（3）研究产品

欧洲进步研究基金会自成立以来共发布了16 800余篇报告文章，共设计推出了7种研究产品，包括2种期刊书籍类产品、2种新闻媒体类产品、1种音频视频类产品、2种活动类产品。

348. 欧洲之友

欧洲之友（Friends of Europe），成立于1999年，由吉尔斯·梅里特（Giles Merritt）和吉尔特·卡米（Geert Cami）创立，位于比利时。欧洲之友是一个独立的无党派组织，其资金来源于政府、企业机构和个人。欧洲之友致力于寻求振兴欧洲项目，建设一个更具包容性、可持续性和前瞻性的欧洲。该智库网址是：friendsofeurope.org。

（1）历史沿革

该智库未披露相关信息。

（2）组织机构

欧洲之友的研究团队在创始人吉尔特·卡米的带领下，由 46 名研究人员组成。其研究内容覆盖了 8 个领域，分别是：非洲、亚洲和新兴经济体、欧洲公民、气候与能源、健康、移徙与整合、和平及安全与防卫、数字及数据与转型。该智库设立了 11 个研究项目，比如非洲欧洲联盟项目、发展政策论坛项目等。

（3）研究产品

欧洲之友自成立以来共发布了 5 200 余篇报文章，共设计推出了 5 种研究产品，包括 2 种活动类产品、1 种音频视频类产品、1 种评论专栏类产品、1 种新闻媒体类产品。

349. 路线研究所

路线研究所（Itinera Institute）成立于 2006 年，位于比利时。路线研究所是一个独立组织，其资金来源于基金会、企业机构和个人。该智库致力于促进比利时当局的善政，以确保下一代的繁荣。该智库网址是：www.itinerainstitute.org/en/。

（1）历史沿革

该智库未披露相关信息。

（2）组织机构

路线研究所的研究团队在董事利奥·尼尔斯（Leo Neels）的带领下，由 27 位研究人员组成。其研究内容覆盖了 10 个领域，分别是：老龄化和养老金、经济与创新、教育、能源与环境、良好的治理、政府与税收、卫生保健、迁移与整合、贫困与不平等、就业。

（3）研究产品

路线研究所自成立以来共发布了 2 100 余篇报告文章，共设计推出了 9 种研究产品，包括 3 种研究报告类产品、1 种期刊书籍类产品、1 种评论专栏类产品、2 种新闻媒体类产品、1 种音频视频类产品、1 种活动类产品。

350. 里斯本经济竞争力和社会更新理事会

里斯本经济竞争力和社会更新理事会（Lisbon Council for Economic Competitiveness and Social Renewal），成立于 2003 年，由保罗·霍菲因茨（Paul Hofheinz）和特贾克·德兰格（Tjark de Lange）共同创立，位于比利时。里斯本经济竞争力和社会更新理事会是一个独立的非营利性无党派组织，其资金来源于政府、基金会和企业机构。里斯本经济竞争力和社会更新理事会致力于通过前沿研究并与政治领导人和广大公众进行有建设性的交流，就 21 世纪的经济和社会挑战做出积极贡献。该智库网址是：lisboncouncil.net。

（1）历史沿革

该智库未披露相关信息。

（2）组织机构

里斯本经济竞争力和社会更新理事会的研究团队在总裁兼联合创始人保罗·霍芬兹（Paul Hofheinz）的带领下，由 20 位研究人员组成。其研究内容覆盖了 6 个领域，分别是：政策数据、未来工作实验室、竞争经济学、数字政府、共同创造公共服务、数据经济与人工智能。

（3）研究产品

里斯本经济竞争力和社会更新理事会自成立以来共发布了 1 080 余篇报告文章，共设计推出了 6 种研究产品，包括 1 种研究报告类产品、1 种博客类产品、1 种评论专栏类产品、2 种新闻媒体类产品、1 种活动类产品。

（六）其他欧洲智库

351. 经济分析中心

经济分析中心（Center for Economic Analysis, CenEA）由斯德哥尔摩转型经济研究所于 2004 年创立，位于波兰。经济分析中心是一家独立的非营利性学术研究机构，其资金来源于企业机构。经济分析中心致力于针对波兰社会存在的经济和社会政策问题进行严肃分析。该智库的网址是：cenea.org.pl。

（1）历史沿革

经济分析中心由斯德哥尔摩转型经济研究所于 2004 年成立，最初名为"华沙社会经济研究所"，随后更名为"经济分析中心"，并于 2009 年 9 月迁至波兰什切青。

（2）组织机构

经济分析中心的研究团队在中心主任米恰尔·迈克（Michał Myck）的带领下，由 13 位研究人员组成。其研究内容覆盖了 7 个领域，分别是：发展与教育、就业与劳动力市场、两性不平等、治理与政治、健康与老龄化、税收与福利、转型与改革。

（3）研究产品

经济分析中心自 2007 年以来共发布了 370 余篇报告文章，共设计推出了 5 种研究产品，包括 3 种研究报告类产品、1 种期刊书籍类产品、1 种活动类产品。

352. 社会经济研究中心

社会经济研究中心（Center for Social and Economic Research, CASE）由 10 位参与波兰经济转型过程的经济学家于 1991 年共同创立，位于波兰。社会经济研究中心是一家独立的非营利性研究机构，其资金来源于政府、基金会、企业机构和个人。社会经济研究中心致力于关注欧洲一体化、后共产主义转型和全球经济等问题。该智库网址是：www.case-research.eu/en。

（1）历史沿革

社会经济研究中心成立于 1991 年 8 月，如今已被公认为中欧和东欧顶级智库。从 1998 年开始，CASE 开始在其他转型国家建立分支机构，并将其研究覆盖范围拓宽。2000 年 12 月，CASE 监督委员会做出了一项战略决定，将 CASE 转变为真正的国际智库。

（2）组织机构

社会经济研究中心的研究团队在管理委员会主席伊扎贝拉·斯泰琴斯卡（Izabela Styczynska）的带领下，由 77 位专家及研究人员组成。其研究内容聚焦于 4 个领域，分别是：增长与贸易、财政政策、人口统计 & 劳动与社会政策、创新 & 能源与气候。该智库设立了 20 个研究项目，比如波兰的机会项目、用于政策分析的农产品贸易模型项目等。

（3）研究产品

社会经济研究中心自1992年以来共发表了2 200余篇报告文章，共设计推出了6种研究产品，包括3种研究报告类产品、2种期刊书籍类产品、1种学术论文类产品。

353. 波兰东方研究中心

波兰东方研究中心（Centre for Eastern Studies，OSW），成立于1990年，由波兰总理塔德乌什·马佐维耶茨基的政府创立，位于波兰华沙。该智库是一个公共机构，其资金来源于政府。波兰东方研究中心致力于监测政治、社会和经济进程，向波兰政府提供最新的深入分析，并且参加波兰国内外专家和学术界的讨论。该智库网址是：www.osw.waw.pl/en。

（1）历史沿革

波兰东方研究中心是根据1991年1月对外经济合作部长的一项命令设立的。波兰东方研究中心的重点是监测苏联解体的过程，以满足国家行政管理的需要。随着时间的推移，研究领域也逐渐扩大，在2005年成立了研究德国的团队，之后又组建了研究土耳其和中国事务的专家团队。波兰东方研究中心是波兰最大的智库，也是欧洲最大的智库之一。2011年，下议院（波兰议会下院）通过了一项法案，授予其最高级别的官方地位。

（2）组织机构

波兰东方研究中心的研究团队在主任亚当·埃伯哈特博士（Adam Eberhardt）带领下，由40位研究人员组成。其研究内容覆盖了9个领域，分别是：俄罗斯、德国、中欧、东欧、东南欧、北欧—波罗的海地区、高加索和中亚、土耳其、中国。该智库设立了14个研究项目，比如欧亚大陆互联互通、波兰—斯洛伐克讨论论坛等。

（3）研究产品

波兰东方研究中心2001年以来共发布了2 600余篇报告文章，共设计推出了7种研究产品，包括2种研究报告类产品、1种学术论文类产品、2种评论专栏类产品、1种数据类产品、1种活动类产品。

354. 公民发展论坛基金会

公民发展论坛基金会（Fundacja Forum Obywatelskiego Rozwoju，FOR），成立于2007年，由莱斯克·巴尔索维奇（Leszek Balcerowicz）教授创立，位于波兰。该智库是一个独立组织，其资金来源于基金会和个人。公民发展论坛基金会致力于倡导社会对个人自由（特别是经济自由）的积极支持，同时加强国家的法治建设。该智库网址是：for.org.pl。

（1）历史沿革

公民发展论坛基金会成立于2007年。成立当年，该基金会担任非政府组织联盟的秘书处，负责成功举办"改变您的国家，参加投票"的公众意识活动。2008年，FOR与波兰人民党、营销传播协会和青年创业基金会合作，在波兰举办了"全球创业周"活动。2009年，FOR与其他组织合作的基金会共同鼓励波兰公民在"欧洲中心"运动中参加欧洲议会选举。

（2）组织机构

公民发展论坛基金会的研究团队在曾任波兰副总理兼财政部部长的莱斯克·巴尔索维奇的带

领下，由 10 位研究人员组成。该智库开展了 7 个研究项目，比如每日数字项目、公共债务时钟项目等。

（3）研究产品

公民发展论坛基金会自成立以来共发布了 240 余篇报告文章，共设计推出了 6 种研究产品，包括 3 种研究报告类产品、1 种活动类产品、1 种新闻媒体类产品、1 种评论专栏类产品。

355. 波兰经济研究所

波兰经济研究所（Polish Economic Institute），成立于 1928 年，由波兰著名经济学家爱德华·利平斯基（Edward Lipiński）教授创立，位于波兰。波兰经济研究所是一个公共组织，其资金来源于政府。波兰经济研究所致力于结合国际形势，为波兰经济和社会生活的关键领域提供报告、分析和建议。该智库网址是：pie.net.pl/en。

（1）历史沿革

波兰经济研究所成立于 1928 年，当时名为"经济周期和价格研究所"。第二次世界大战后，研究所花了很多年才重新建立起来。直到 1961 年，才建立了"经济周期和对外贸易价格研究中心"，回到了战前的传统。1969 年，该研究所改组为"经济周期和对外贸易价格研究所"。1983 年，研究所成立了"内部市场和消费研究所"。2007 年，研究所的"内部市场和消费研究所"与"经济周期和外贸价格研究所"合并后成立了"市场、消费和商业周期研究所"。2018 年 9 月 22 日，关于"波兰经济研究所"的法律生效，将"市场、消费和商业周期研究所"与"国家研究院"整合为"波兰经济研究所"。

（2）组织机构

波兰经济研究所的研究团队在研究所所长皮特·阿拉克（Piotr Arak）的带领下，由 19 位研究人员组成。其研究内容覆盖了 7 个领域，分别是：行为经济学、能源与气候、经济前瞻、数字经济、外贸、宏观经济学、战略领域。

（3）研究产品

波兰经济研究所 2018 年以来共发布了 1 000 余篇报告文章，共设计推出了 10 种研究产品，包括 3 种研究报告类产品、1 种学术论文类产品、1 种期刊书籍类产品、2 种评论专栏类产品、2 种新闻媒体类产品、1 种音频视频类产品。

356. 雅盖隆俱乐部分析中心

雅盖隆俱乐部分析中心（Jagiellonian Club's Centre of Analysis），成立于 1994 年，位于波兰。雅盖隆俱乐部分析中心是一个无党派组织，其资金来源于企业机构和个人。雅盖隆俱乐部分析中心致力于为人类整体发展寻求解决方案。该智库网址是：klubjagiellonski.pl/o-klubie-jagiellonskim。

（1）历史沿革

雅盖隆俱乐部分析中心最初是由一群当时没有正式登记姓名的雅盖隆大学学生于 1988 年 3 月发起的。1994 年 5 月 12 日，该俱乐部获得了法人资格，在 2006 年，智库研究范围扩大至教育计划和专业知识工作。自 2009 年以来，该俱乐部管理着波兰现代爱国主义学院，自 2015 年起覆盖了波兰所有 16 个省。2015 年 5 月 2 日的波兰国旗日，总统布罗尼斯瓦夫·科莫罗夫斯基向俱乐部授予国旗，以表彰为共和国利益而开展的活动。

（2）组织机构

雅盖隆俱乐部分析中心的研究团队在理事会主席雅库布·利平斯基带领下，由 43 名研究人员组成。其研究内容覆盖了 10 个主题，比如波兰的现代性、社会结构、绿色保守主义等。该智库设立了 5 个研究项目，如德国圆桌会议项目等。

（3）研究产品

雅盖隆俱乐部分析中心自成立以来共发布了 108 篇报告文章，共推出了 2 种研究产品，分别是期刊书籍类产品和研究报告类产品。*Pressje* 是该智库推出的季刊，致力于成为一本充满想象力的杂志，其集合了政治、经济、社会、文化、历史、文明等领域的故事。

357. 科斯库兹科研究所

科斯库兹科研究所（Kosciuszko Institute）成立于 2000 年，是在与波兰克拉科夫的贾吉略大学和华沙经济学院有关的个人团体的倡议下成立的，位于波兰。科斯库兹科研究所是独立的非营利组织，其资金来源于政府、基金会和企业机构。科斯库兹科研究所致力于为波兰的社会经济发展和安全而采取行动。该智库网址是：ik.org.pl/en。

（1）历史沿革

科斯库兹科研究所于 2000 年成立，曾用名为"欧洲一体化研究所"。2004 年和 2007 年，欧盟成员国进行了前所未有的扩大，研究所也为自己设定了新的目标，名称也变更为"科斯库兹科研究所"。

（2）组织机构

科斯库兹科研究所的研究团队在研究所主席伊莎贝拉·阿尔布雷希特（Izabela Albrycht）的带领下，由 40 余位专家、学者组成。其研究内容聚焦于 3 个领域，分别是：技术、网络空间、经济安全。该智库设立了 6 个研究项目，比如人工智能政策项目、三大数字海洋倡议等。

（3）研究产品

科斯库兹科研究所自成立以来共发布了 2 000 余篇报告文章，共设计推出了 5 种研究产品，包括 1 种研究报告类产品、1 种期刊书籍类产品、1 种新闻媒体类产品、1 种评论专栏类产品、1 种音频视频类产品。

358. 波兰国际事务研究所

波兰国际事务研究所（Polish Institute of International Affairs，PISM），成立于 1947 年，由波兰共和国议会创立，位于波兰。波兰国际事务研究所是一个独立的组织，其资金来源于政府。波兰国际事务研究所致力于推动波兰外交政策制定并发展国际关系。该智库网址是：www.pism.pl。

（1）历史沿革

1947 年，波兰国际事务研究所的前身由波兰共和国议会创立。1993 年，该研究所关闭，并在波兰外交部下设立了"国际研究办公室——国际事务研究所"。1996 年，该研究所恢复研究工作，并更名为"波兰国际事务研究所"。

（2）组织机构

波兰国际事务研究所的研究团队在研究所主任斯隆瓦涅·德比斯克（Sławomir Dębski）的带领下，由 50 位研究人员组成。其研究内容覆盖了 13 个领域，分别是：发展政策、经济与贸易、选举和政党、能源、欧盟、外交政策与外交、国际法、国际组织、移民、北约、新技术、安全与防御、社会文化政策。该智库设立了 14 个研究项目，比如危机后欧盟-欧洲培训网络的合法性项目、"迁移与发展：挪威和波兰之间的知识共享项目"等。

（3）研究产品

波兰国际事务研究所自成立以来共发布了 5 800 余篇报告文章，共设计发布了 13 种研究产品，包括 7 种研究报告类产品、2 种期刊书籍类产品、1 种评论专栏类产品、1 种新闻媒体类产品、1 种音频视频类产品、1 种活动类产品。

359. 卡西米尔·普拉斯基基金会

卡西米尔·普拉斯基基金会（Casimir Pulaski Foundation），成立于 2004 年，由兹比格涅·皮萨尔斯基（Zbigniew Pisarski）创立，位于波兰。卡西米尔·普拉斯基基金会是一个独立的无党派组织，其资金来源于基金会和企业机构。卡西米尔·普拉斯基基金会致力于加强波兰的安全，积极支持欧洲一体化，支持稳定和民主的价值观，并通过激励影响公众辩论和决策过程，促进建立和维护以尊重国际法为基础的国际秩序。该智库网址是：pulaski.pl。

（1）历史沿革

卡西米尔·普拉斯基于 1745 年 3 月 6 日出生在华沙，被认为是欧洲和美洲的英雄，常被称为"自由骑士"。他不顾波兰和美国民族的文化差异，在争取独立的斗争中实现了人类最宝贵的价值。卡西米尔·普拉斯基在美国被称为"美国骑兵之父"，是波兰和美国历史中的伟人。

（2）组织机构

卡西米尔·普拉斯基基金会的研究团队在曾任波兰国家安全战略审查顾问兹比格涅·皮萨尔斯基的带领下，由 18 位研究人员组成。其研究内容覆盖 2 个领域，分别是：跨大西洋关系、俄罗斯以及后苏联问题。该智库设立了 7 个研究项目，比如网络安全项目、国防与国际安全项目等。

（3）研究产品

卡西米尔·普拉斯基基金会自成立以来共发布了 960 余篇报告文章，共设计推出了 6 种研究产品，包括 2 种研究报告类产品、1 种评论专栏类产品、1 种新闻媒体类产品、2 种活动类产品。

360. 欧洲智者研究所

欧洲智者研究所（WiseEuropa Institute），位于波兰华沙，是一个独立的组织，其资金来源于政府、基金会和企业机构。欧洲智者研究所致力于通过促进使用周密的经济和体制分析、独立研究和循证方法进行影响评估，提高波兰和欧洲政策制定的质量以及整体商业水平。该智库网址是：www.wise-europa.eu/en/。

（1）历史沿革

该智库未披露相关信息。

（2）组织机构

欧洲智者研究所的研究团队在研究所的主席麦琪·布科夫斯基的带领下，由 29 位研究人员组成。该智库研究内容覆盖了 4 个领域，分别是：欧洲及全球政治和经济事务、国家宏观经济、数字经济与创新、社会和劳动力市场政策。该智库开展了 8 个研究项目，比如加强和促进欧盟-中亚关系项目等。

（3）研究产品

欧洲智者研究所自成立以来共发布了 400 余篇报告文章，共设计推出了 8 种研究产品，包括 5 种研究报告类产品、1 种博客类产品、1 种期刊书籍类产品、1 种新闻媒体类产品。

361. 布鲁诺·莱昂尼学院

布鲁诺·莱昂尼学院（Bruno Leoni Institute）成立于 2003 年，位于意大利。布鲁诺·莱昂尼学院是一个非营利性且无党派的独立机构，其资金来源于基金会、企业机构以及个人。布鲁诺·莱昂尼学院致力于推广"自由市场理念"。该智库网址是：www.brunoleoni.it。

（1）历史沿革

布鲁诺·莱昂尼（Bruno Leoni）是意大利最重要的自由主义学者之一。作为法学哲学家，他享有很高的国际声誉，他最重要的著作《自由与法律》写于 1961 年。布鲁诺·莱昂尼学院认为，布鲁诺·莱昂尼的思想可以为意大利和欧洲的政治辩论做出重要贡献。

（2）组织机构

布鲁诺·莱昂尼学院的研究团队在院长佛朗哥·德本尼迪蒂的带领下，由 35 名研究人员组成。其研究内容覆盖了 9 个领域，分别是：文化与社会、理论与社会科学、法律与宪法、自由化、经济与增长、州与公共财政、福利、基础设施和服务、环境与能源。

（3）研究产品

布鲁诺·莱昂尼学院自成立以来共发布了 2 100 余篇报告文章，共设计推出了 12 种研究产品，包括 4 种研究报告类产品、2 种期刊书籍类产品、1 种学术论文类产品、1 种博客类产品、2 种数据类产品、2 种活动类产品。

362. 欧洲之家——安布罗塞蒂

欧洲之家——安布罗塞蒂（European House – Ambrosetti）成立于 1965 年，总部位于意大利。欧洲之家——安布罗塞蒂是一个专业团体，它的资金来源于政府、基金会以及企业机构。欧洲之家——安布罗塞蒂致力于为意大利公司提供管理咨询服务。该智库网址是 www.ambrosetti.eu/en/。

（1）历史沿革

成立 50 多年来，智库一直与意大利企业合作，每年为大约 1 000 名客户提供咨询，包括针对意大利和欧洲机构和公司的 200 多个战略情景和研究，以及大约 120 项家族治理协议。同时，欧洲之家——安布罗塞蒂成立之初便开始组织"关于世界、欧洲和意大利的情报"论坛活动，就当前主要问题进行辩论。该智库还定期组织经济与金融论坛和国际峰会，以促进意大利和世界各地的公司、政府和机构之间的对话。

（2）组织机构

欧洲之家——安布罗塞蒂的研究团队在机构主席马可·格拉齐奥利的带领下，由 280 名研究人员组成。该智库组建了 1 个研究中心——安布罗塞蒂俱乐部，开展了 11 个研究计划（如方案和策略、工业、组织与发展项目等）。

（3）研究产品

欧洲之家——安布罗塞蒂自成立以来共发布了 10 000 余篇报告文章，共设计推出了 6 种研究产品，包括 1 种研究报告类产品、1 种期刊书籍类产品、4 种活动类产品。"经济和金融展望"是智库举办的久负盛名的学术研讨会之一，主要是研究和解释意大利、欧洲和世界的经济和金融现象。

363. 罗伯特·舒曼高级研究中心

罗伯特·舒曼高级研究中心（Robert Schuman Center for Advanced Studies，RSC），由罗伯特·舒曼（Robert Schuman）在欧洲大学研究所（European University Institute，EUI）创立，位于意大利。罗伯特·舒曼高级研究中心是一个无党派的大学附属机构，其资金来源于基金会和企业机构。罗伯特·舒曼高级研究中心致力于参与基础和政策研究、与欧洲和全球其他卓越中心合作、为年轻学者提供机会并促进与实业界的对话。该智库网址是：www.eui.eu/en/academic-units/robert-schuman-centre-for-advanced-studies。

（1）历史沿革

罗伯特·舒曼高级研究中心以欧洲共同体创始人之一罗伯特·舒曼的名字命名，是欧洲大学研究所一个核心的跨学科研究中心。它成立于1992年，目的是补充欧洲大学研究所的四个学科部门（经济、历史和文明、法律、政治和社会科学）。

（2）组织机构

罗伯特·舒曼高级研究中心的研究团队在主任布里吉德·拉凡的带领下，由250位研究人员组成。其研究内容覆盖了3个领域，分别是：治理和民主、规范市场和管理货币、21世纪的世界政治和欧洲。该智库组建了5个研究中心（如媒体多元化和媒体自由中心、移民政策中心等），还开展了50余个研究项目（如政策对话项目、全球治理项目等）。

（3）研究产品

罗伯特·舒曼高级研究中心自成立以来共发布了9 800余篇报告文章，共设计推出了11种研究产品，包括5种研究报告类产品、1种学术论文类产品、1种期刊书籍类产品、2种新闻媒体类产品、2种活动类产品。

364. 艾尼·恩里科·马泰基金会

艾尼·恩里科·马泰基金会（Fondazione Eni Enrico Mattei，FEEM）成立于1989年，由恩里科·马泰（Enrico Mattei）创立，位于意大利。FEEM是一个非营利性的国际组织，其资金来源于企业机构和个人。艾尼·恩里科·马泰基金会致力于通过分析研究、政策咨询、科学传播和高水平教育，提高公共领域和私人领域的决策质量。该智库网址是 www.feem.it/en。

（1）历史沿革

智库创始人恩里科·马泰是第二次世界大战期间意大利北部反法西斯抵抗运动的领导者之一，同时也是意大利战后国家工业体系和国际关系的经济领袖。马泰于1953年担任了意大利能源公司Eni的董事长，并重视培养商业思维。1989年，在意大利共和国总统的批准下，FEEM成立于意大利米兰。1998年，该智库组织举办了第一届世界环境与资源经济学家大会。

（2）组织机构

艾尼·恩里科·马泰基金会的研究团队在执行主管亚历山德罗·兰萨（Alessandro Lanza）的带领下，由163位研究人员组成。其研究内容覆盖了5个领域，分别是：气候变化、能源挑战、经济与社会、专注于非洲项目、地方项目。该智库开展了5个研究项目，如企业和城市向可持续发展过渡、未来能源计划等。

（3）研究产品

艾尼·恩里科·马泰基金会1997年至今共发布了7 800余篇报告文章，共设计推出了13种研究产品，包括1种研究报告类产品、2种学术论文类产品、4种期刊书籍类产品、2种评论专栏类产品、4种活动类产品。

365. 国际政治研究所

国际政治研究所（Institute for International Political Studies，ISPI）成立于1934年，由米兰大学和帕维亚大学的一群年轻学者成立，总部位于意大利米兰。国际政治研究所是一个独立的、无党派、非营利性组织，其资金来源于政府和机构组织。国际政治研究所致力于对国际体系的地缘政治、战略和经济动态进行严格和客观的分析，同时也为意大利政府官员、企业高管和广大公众提供可靠的策略。该智库网址是：www.ispionline.it/en。

（1）历史沿革

1934年，来自意大利米兰大学和帕维亚大学的年轻学者们，受到英国伦敦皇家国际事务研究所和美国纽约外交关系协会的启发，创建了意大利国际政治研究所。1935年，意大利企业倍耐力公司为ISPI提供了资金支持。1940年7月25日，意大利前总理墨索里尼（Mussolini）批准ISPI将其总部迁至帕莱佐·克莱里奇宫。1941年，由于军事占领和战后的不确定因素，ISPI中断了研究活动。20世纪70年代初研究所重回正轨，到1986年完全恢复研究工作。

（2）组织机构

国际政治研究所的研究团队在董事长皮耶罗·马索洛（Giampiero Massolo）的带领下，由120位研究人员组成。其研究内容覆盖了16个领域，例如：亚洲基础设施、欧洲与全球治理、全球城市、激进主义与国际恐怖主义、俄罗斯及高加索和中亚、非洲、网络安全、能源安全等。该智库组建了8个研究中心并开展了10余个研究项目。

（3）研究产品

国际政治研究所2000年以来共发布了9 800余篇报告文章，共设计推出了13种研究产品，包括4种研究报告类产品、1种学术论文类产品、1种期刊书籍类产品、1种博客类产品、3种评论专栏类产品、1种新闻媒体类产品、1种数据类产品、1种活动类产品。"地中海对话"是由意大利外交和国际合作部和ISPI在罗马发起的年度高级别项目，旨在重新思考该领域的传统方法，补充对当前挑战的新的想法和建议，并起草新的"积极议程"，以应对区域和国际层面的共同挑战。此项活动于2015年启动，已迅速成为就更广泛的地中海进行高级别对话的全球中心，地中海各国政府、企业、民间社会、媒体和学术界的知名领导人都参与其中。

366. 国际事务研究所

国际事务研究所（International Affairs Institute，IAI）成立于1965年，位于意大利。国际事务研究所是一个私人、独立的非营利性机构，其资金来源于政府、企业机构以及个人。国际事务研究所致力于提高决策者和公众对国际政治的认识，促进欧洲一体化和多边合作。该智库网址是：www.iai.it。

（1）历史沿革

国际事务研究所是1980年根据意大利共和国总统法令成立的一个文化协会，是一个实体机构。

截至 2017 年 5 月，IAI 进入了全新阶段，已经形成一个强大的国家和国际关系网，定期在国际层面与欧洲联盟委员会、欧洲对外行动署、欧洲国防局、北约和欧安组织合作，在国家层面与意大利外交和国际合作部、国防部、大学和研究部、议会和意大利银行合作。

（2）组织机构

国际事务研究所的研究团队在总裁费迪南多·内利·费罗西带领下，由 74 位研究人员组成。其研究内容覆盖了 13 个领域，分别是：非洲、亚洲、防御、欧盟 & 政治 & 机构、能源 & 气候 & 资源、国际政治经济学 & 全球治理、意大利的外交政策、地中海和中东、安全、技术与国际关系、土耳其 & 巴尔干 & 高加索 & 乌克兰、美国和美国人、青年。该智库主持了 5 个研究项目，比如安全与防御计划、"地中海的清洁分子：从北非向意大利和欧盟出口氢的前景"等。

（3）研究产品

国际事务研究所自成立以来共发布了 4 200 余篇报告文章，共设计推出了 11 种研究产品，包括 6 种研究报告类产品、1 种期刊书籍类产品、2 种学术论文类产品、2 种评论专栏类产品。

367. 国际经济研究所

国际经济研究所（Institute for International Economic Studies，IIES）成立于 1962 年，由斯德哥尔摩大学创立，位于瑞典。IIES 是一个学术研究机构，其资金来源于政府、基金会和企业机构。国际经济研究所致力于培养经济学家、开展前沿研究以及积极参与瑞典及其他地区的高级别公共政策讨论。该智库网址是：www.iies.su.se。

（1）历史沿革

国际经济研究所成立之初，由 20 世纪瑞典著名经济学家纲纳·缪达尔（Gunnar Myrdal）担任所长。纲纳·缪达尔于 1974 年获得诺贝尔经济科学奖，他对瑞典一代杰出的经济学家都有很大的影响。

1971 年，阿瑟·林德贝克（Assar Lindbeck）教授担任国际经济研究所所长。阿瑟·林德贝克在 IIES 的发展进程中起到了重要作用。他希望国际经济研究所成为未来杰出经济学家的"苗圃"，在"强大的研究环境"中工作，将给"研究人才提供蓬勃发展的机会"。

（2）组织机构

国际经济研究所的研究团队在所长基雅各布·斯文森的带领下，由 60 位研究人员组成。其研究内容覆盖了 8 个领域，分别是：发展中国家、气候变化、制度、经济增长、财政政策、政治经济学、公共经济学和劳动经济学。该研究所目前最主要的研究项目是新冠疫情研究项目。

（3）研究产品

国际经济研究所 2000 年以来共发布了 1 000 余篇报告文章，共设计推出了 6 种研究产品，包括 1 种期刊书籍类产品、1 种活动类产品、1 种研究报告类产品、3 种学术论文类产品。

368. 比率研究所

比率研究所（Ratio Institute），成立于 2002 年，由尼尔斯·卡尔森（Nils Karlson）创立，位于瑞典。比率研究所是一个非营利、无党派的独立组织，其资金来源于企业机构。比率研究所致力于研究如何发展和改善商业条件。该智库网址是：ratio.se。

（1）历史沿革

该智库未披露相关信息。

（2）组织机构

比率研究所的研究团队在首席执行官尼尔斯·卡尔森的带领下，由 34 名研究人员组成。其研究内容覆盖了 3 个领域，分别是：企业条件，市场经济、企业家精神和增长，如何实现政治变革。该智库开展了 89 个研究项目，如明天的劳动力市场项目、创新融资项目等。

（3）研究产品

比率研究所自成立以来共发布了 1 500 余篇报告文章，共设计推出了 10 种研究产品，包括 3 种研究报告类产品、1 种学术论文类产品、4 种活动类产品、1 种数据类产品、1 种期刊书籍类产品。

369. 克林根达尔荷兰国际关系研究所

克林根达尔荷兰国际关系研究所（Clingendael，Netherlands Institute of International Relations），成立于 1983 年，位于荷兰海牙。克林根达尔荷兰国际关系研究所是一个独立的组织，其资金来源于政府、基金会和企业机构。克林根达尔荷兰国际关系研究所致力于通过其分析、培训和公开辩论，为一个安全、可持续和公正的世界做出贡献。该智库网址是：www.clingendael.org。

（1）历史沿革

克林根达尔荷兰国际关系研究所成立于 1983 年，由活跃在国际关系领域的五个小型研究所合并而成。荷兰前国防部长约里斯·福尔胡弗（Joris Voorhoeve）曾担任该研究所所长职位。

（2）组织机构

克林根达尔荷兰国际关系研究所的研究团队在所长罗恩·顿的带领下，由 38 位学者、专家组成。其研究内容覆盖于 7 个领域，分别是：冲突与脆弱、世界上的欧洲、欧洲和欧盟、贸易与全球化、战略远见、移民、可持续发展。该智库组建了 5 个研究中心，如克林根达尔中国中心、克林根达尔俄罗斯与东欧中心等。该智库开展了 10 个研究项目，如移民与冲突、非洲之角等。

（3）研究产品

克林根达尔荷兰国际关系研究所 1996 年以来共发布了 4 000 余篇报告文章，共设计推出了 14 种研究产品，包括 5 种研究报告类产品、4 种学术论文类产品、1 种期刊书籍类产品、1 种新闻媒体类产品、2 种音频视频类产品、1 种活动类产品。《克林根达尔观察者》（Clingendael Spectator）是荷兰国际关系研究所的期刊，其与布鲁塞尔皇家国际关系研究所（Egmont）合作，致力于促进就广泛的国际问题交换意见和信息。

370. 欧洲发展政策管理中心

欧洲发展政策管理中心（European Centre for Development Policy Management，ECDPM），成立于 1986 年，位于荷兰。欧洲发展政策管理中心是一个独立组织，其资金来源于政府和企业机构。欧洲发展政策管理中心致力于促进欧洲和非洲的政策包容性和可持续发展。该智库网址是：ecdpm.org。

（1）历史沿革

该智库未披露相关信息。

（2）组织机构

欧洲发展政策管理中心的研究团队在管理中心主任卡尔·米切尔带领下由 76 位研究人员组成。其研究内容覆盖了 7 个领域，分别是：欧洲对外事务、非洲机构和区域动态、移民、安全与弹性、贸易＆投资＆金融、私营部门的参与、可持续粮食系统。该智库共开展了 3 个研究项目，如经济和农业转型项目、食品安全项目等。

（3）研究产品

欧洲发展政策管理中心 1995 年以来共发布了 8 100 余篇报告文章，共设计推出了 8 种研究产品，包括 1 种研究报告类产品、1 种学术论文类产品、2 种期刊书籍类产品、1 种博客类产品、2 种新闻媒体类产品、1 种活动类产品。

371. 荷兰经济政策分析局

荷兰经济政策分析局（Netherlands Bureau for Economic Policy Analysis，CPB），成立于 1945 年，由诺贝尔奖获得者扬·廷伯根（Jan Tinbergen）创立，位于荷兰。荷兰经济政策分析局是一个独立的组织，其资金来源于政府和企业机构。荷兰经济政策分析局致力于通过分析和预测开展经济科学研究，支持政策制定。该智库网址是：www.cpb.nl/en。

（1）历史沿革

1945 年 9 月 3 日，荷兰内阁根据社会事务部长威廉·德瑞斯（Willem Drees）的建议，统一成立荷兰经济政策分析局。1947 年 4 月 21 日，该智库在荷兰《关于制订中央经济计划的法律》中获得了法律认可。CPB 的经济发展预测工作是政府预算的官方基础，在荷兰国务委员会咨询司监督欧洲预算规则的框架下，CPB 与荷兰国务委员会合作完成相关预测发布工作。在每个大选周期开始时，CPB 都会发布涵盖四年的中期展望，为政党制定政策提供基本框架，并在大选后的联盟谈判中使用。

（2）组织机构

荷兰经济政策分析局的研究团队在所长彼得·哈斯坎普（Pieter Hasekamp）的带领下，由 148 位研究人员组成。其研究内容覆盖了 22 个领域，例如：竞争与监管、新冠 COVID-19、成本效益分析、数据科学、人口统计学与不平等、数字经济、教育与科学、大选、金融市场、全球化与地区差异等。该智库组建了 5 个研究部门，比如公共财政研究中心、宏观经济学研究中心等。

（3）研究产品

荷兰经济政策分析局 1985 年以来共发布了 3 200 余篇报告文章，共设计推出了 22 种研究产品，包括 8 种研究报告类产品、6 种学术论文类产品、2 种期刊书籍类产品、1 种评论专栏类产品、1 种新闻媒体类产品、4 种活动类产品。预测是 CPB 工作的重要组成部分。每年，分析局都会发布三个关于国家和全球经济发展的预测。最重要的预测是春季出版的《中央经济计划》（Central Economic Plan）和每年在国王演讲日和预算备忘录提交日发表的《宏观经济展望》（Macro Economic Outlook），以及每月更新的《经济政策报告》。

372. 经济与社会研究所

经济与社会研究所（Economic and Social Research Institute，ESRI），成立于 1960 年，由 T. K. 惠特克（T. K. Whitaker）博士带领一批高级公务员创立，位于爱尔兰。经济与社会研究所是一个非营利的独立组织，其资金来源于政府、基金会、企业机构以及个人。经济与社会研究所致力于为建设一个更好的爱尔兰提供明智的政策建议。该智库网址是：www.esri.ie。

（1）历史沿革

经济与社会研究所的起源可以追溯至成立于 1960 年 6 月 24 日的"爱尔兰经济研究所"，该研究所的初始资金由纽约福特基金会提供。1963 年，爱尔兰公共管理学院成立了社会研究委员会。该委员会由丹麦国家社会研究所所长汉宁·弗里斯（Henning Friis）主导，后者在报告中建议建立一个社会研究所，与现有的经济研究所合并成立"经济与社会研究所"。

（2）组织机构

经济与社会研究所的研究团队在首席执行官艾伦·巴雷特教授的带领下，由 100 余位研究人员组成。其研究内容覆盖了 11 个领域，分别是：行为科学、竞争力 & 贸易 & 外国直接投资、教育、能源 & 环境 & 基础设施、在爱尔兰成长、健康和生活质量、劳动力市场和技能、宏观经济学、迁移 & 融合 & 人口统计、社会包容性和平等、税收 & 福利 & 养老金。该智库开展了 1 个研究项目，即在爱尔兰成长。

（3）研究产品

经济与社会研究所自成立以来共发布了 6 200 余篇报告文章，共设计推出了 3 种研究产品，包括 1 种期刊书籍类产品、1 种活动类产品、1 种新闻媒体类产品。

373. 国际与欧洲事务研究所

国际与欧洲事务研究所（Institute of International and European Affairs，IIEA）成立于 1991 年，由布伦丹·哈利根（Brendan Halligan）创立，位于爱尔兰。国际与欧洲事务研究所是一个独立、非营利组织，其资金来源于企业机构和个人。国际与欧洲事务研究所致力于为所有对欧盟和国际事务感兴趣的民众提供辩论和讨论的平台，并评估和分享政策选择。该智库网址是：www.iiea.com。

（1）历史沿革

该智库未披露相关信息。

（2）组织机构

国际与欧洲事务研究所的研究团队在研究所创始人和主席布伦丹·哈利根的带领下，由 32 位研究人员组成。其研究内容覆盖了 9 个领域，分别是：英国脱欧、气候与发展、数字、经济学、能源、欧盟事务、地缘政治、司法和民政事务、安全与国防。该智库主持开展了 5 个研究项目，比如全球欧洲计划、EU27 未来项目等。

（3）研究产品

国际与欧洲事务研究所 2009 年以来通过官网发布了 490 篇报告文章，共设计推出了 6 种研究产品，包括 2 种研究报告类产品、1 种博客类产品、1 种新闻媒体类产品、2 种活动类产品。

374. 政治研究中心

政治研究中心（Centre for Political Studies，CEPOS），成立于 2004 年，由丹麦学术界、商业界、媒体界、艺术界的众多杰出代表共同创立，位于丹麦。CEPOS 智库是一个独立机构，其资金来源于基金会、企业机构以及个人。该智库不接受公共部门的资金捐助。政治研究中心致力于通过分析和研究提供有关社会结构的新知识、为政策制定提供解决方案并通过媒体、会议和出版物影响当前和未来的决策者。该智库网址是：cepos.dk。

（1）历史沿革

该智库未披露相关信息。

（2）组织机构

政治研究中心的研究团队在董事会主席佩尔·W. 哈格伦（Per W. Hallgren）的带领下，由 15

位专家学者组成。其研究内容覆盖了 7 个领域，分别是：劳动力市场、税费、不平等、气候、福利、公共部门、增长。

（3）研究产品

政治研究中心自成立以来共发布了 1 600 余篇报告文章，共设计推出了 11 种研究产品，包括 3 种研究报告类产品、2 种音频视频类产品、1 种数据类产品、1 种评论专栏类产品、4 种活动类产品。

375. 丹麦国际问题研究所

丹麦国际问题研究所（Danish Institute for International Studies，DIIS）由和平与冲突研究中心、发展研究中心、丹麦大屠杀灭绝种族中心和丹麦外交政策研究所于 2003 年合并而成，位于丹麦首都哥本哈根。丹麦国际问题研究所是一个独立的组织，其资金来源于政府。丹麦国际问题研究所致力于设定研究、政策和公开辩论的议程。该智库网址是：www.diis.dk。

（1）历史沿革

该智库未披露相关信息。

（2）组织机构

丹麦国际问题研究所的研究团队在所长克里斯蒂安·费舍尔的带领下，由 71 位研究人员组成。其研究内容覆盖了 7 个领域，分别是：国防与安全、对外政策、发展方针、和平与冲突、移民、全球经济、自然资源与环境。该智库组建了 5 个研究部门（如移民与全球秩序部门、全球安全部门等），开展了 21 个研究项目（如复杂危机中的侨民人道主义项目等）。

（3）研究产品

丹麦国际问题研究所自成立以来共发布了 5 600 余篇报告文章，共设计推出了 29 种研究产品，包括 8 种研究报告类产品、8 种学术论文类产品、6 种期刊书籍类产品、2 种评论专栏类产品、2 种新闻媒体类产品、2 种音频视频类产品、1 种活动类产品。

376. 哥本哈根未来研究所

哥本哈根未来研究所（Copenhagen Institute for Futures Studies，CIFS）成立于 1969 年，由索尔基·克里斯滕森（Thorkil Kristensen）教授创立，位于丹麦。哥本哈根未来研究所是一个非营利性的独立组织，其资金来源于基金会和企业机构。哥本哈根未来研究所致力于为社会的进步做出积极的贡献，尽可能改善人类生活。该智库网址是：www.cifs.dk。

（1）历史沿革

哥本哈根未来研究所由财政部前部长兼经合组织秘书长索尔基·克里斯滕森教授发起。该研究所于 1999 年出版的由罗尔夫·詹森（Rolf Jensen）撰写的《梦想社会》（The Dream Society）一书，成为该研究所的国际畅销书。

（2）组织机构

哥本哈根未来研究所的研究团队在首席执行官达里亚·克里维诺斯的带领下，由 52 位研究人员组成。其研究内容覆盖了 14 个领域，分别是：经营策略、城市 & 城市生活 & 出行、文化艺术、经济与地缘政治、教育、环境与资源、健康、媒体、零售与消费者、装运与运输、社会与人、体育与娱乐、技术、工作。该智库设立了 5 个研究项目，如 2030 北欧媒体的未来、未来驱动体育和娱乐创新中心等。

（3）研究产品

哥本哈根未来研究所共发布了 280 余篇需要付费的报告文章，共设计推出了 6 种研究产品，包括 1 种研究报告类产品、2 种学术论文类产品、2 种期刊书籍类产品、1 种活动类产品。《情景杂志》是智库的旗舰季刊，主要由研究所的未来学家与来自世界各地的作家、科学家、思想家和创意人士合作开发和编辑。该杂志以最广泛的方式关注未来，描绘在文化、社会、科学和技术的交叉点中不断形成的未来世界。

377. 芬兰国际事务研究所

芬兰国际事务研究所（Finnish Institute of International Affairs，FIIA）成立于 1961 年，由芬兰议会创立，位于芬兰。芬兰国际事务研究所是一个研究组织，其资金来源于政府和基金会。芬兰国际事务研究所致力于就国际关系和欧盟主题提供高质量的研究信息。该智库网址是：www.fiia.fi。

（1）历史沿革

芬兰国际事务研究所是在帕西基维学会的倡议下于 1961 年成立的。从成立至 2006 年，研究所保持独立于政府的机构形式，由芬兰外交政策基金会资助。2006 年，研究所的资助方由基金会转为芬兰议会。2007 年 1 月 1 日，根据《国际关系和欧盟事务研究所法》重建该研究所，但仍以芬兰国际事务研究所的名字命名。

（2）组织机构

芬兰国际事务研究所的研究团队在所长兼总编辑米卡·阿尔托拉（Mika Aaltola）的带领下，由 41 位研究人员组成。其研究内容覆盖了 3 个主题，分别是：欧盟、欧盟的东部邻国和俄罗斯、全球安全。该智库组建了 1 个研究中心，即美国政治与权力中心。智库开展了 17 个研究项目，比如芬兰外交与安全政策项目、COVID-19 作为国家和国际层面的政治挑战项目等。

（3）研究产品

芬兰国际事务研究所自成立以来共发布了 4 000 余篇报告文章，共设计推出了 13 种研究产品，包括 4 种研究报告类产品、2 种学术论文类产品、1 种期刊书籍类产品、1 种评论专栏类产品、2 种新闻媒体类产品、3 种音频视频类产品。

378. ETLA 经济研究所

ETLA 经济研究所（ETLA Economic Research，ETLA），成立于 1946 年，位于芬兰。ETLA 经济研究所是一个独立、非营利性的经济研究所，其资金来源于政府、基金会和企业机构。ETLA 经济研究所致力于为芬兰的良好运转做出贡献。该智库网址是：www.etla.fi。

（1）历史沿革

1946 年 6 月，包括芬兰工业协会、芬兰木工工业中央协会和芬兰雇主联合会在内的"芬兰中央生产组织"成立了芬兰经济研究所的前身，名为经济研究中心。该中心首要任务是提供关于工业社会活动的报告。同时，该中心还研究了加强劳动力供应以促进重建和战争赔偿的可能性。1971 年该研究所更名为"芬兰经济研究所"，后再次更名为"ETLA 经济研究所"。

（2）组织机构

ETLA 经济研究所的研究团队在研究总监兼首席执行官吉尔基·阿里·伊尔科的带领下，由 40

余位工作人员组成。其研究内容覆盖 2 个领域，即经济政策的影响和驱动力的影响。该智库组建了 5 个研究中心，如劳动力市场与教育中心等。

（3）研究产品

ETLA 经济研究所自成立以来共发布了 5 950 余篇报告文章，共设计推出了 10 种研究产品，包括 2 种研究报告类产品、1 种学术论文类产品、4 种期刊书籍类产品、1 种评论专栏类产品、1 种新闻媒体类产品、1 种数据类产品。"ETLAnow" 是智库的数据类产品，通过使用谷歌趋势数据库的实时数据和欧盟统计局的最新官方数据来预测每个欧盟国家的失业率，预测数据每日更新。

379. 挪威经济学院

挪威经济学院（Norwegian School of Economics，NHH）由哈康七世国王（King Haakon VII）于 1936 年成立，位于挪威。挪威经济学院是欧洲领先的商学院之一，其资金来源于政府、基金会和企业机构。挪威经济学院致力于共同创造可持续的价值。该智库网址是：www.nhh.no。

（1）历史沿革

该智库未披露相关信息。

（2）组织机构

挪威经济学院的研究团队在院长伊斯坦斯·托格森的带领下，由 51 名研究与工作人员组成。其研究内容覆盖了 6 个领域，分别是：会计 & 审计 & 法律、商业与管理科学、经济学、金融、专业和跨文化交流、战略与管理。该智库建立了 12 个研究中心，如可持续商业中心和资产管理中心等，其中公平、不平等和理性实验研究中心是该智库的前沿领先中心。智库还主持开展了 9 个研究项目，比如食品项目、自由职业者项目等。

（3）研究产品

挪威经济学院自成立以来共发布了 54 000 余篇报告文章，共设计推出了 12 种研究产品，包括 2 种研究报告类产品、1 种学术论文类产品、1 种期刊书籍类产品、1 种评论专栏类产品、1 种新闻媒体类产品、1 种数据类产品、5 种活动类产品。

380. 安全研究中心

安全研究中心（Center for Security Studies，CSS）成立于 1986 年，由库尔特·斯皮尔曼（Kurt Spillmann）博士创立，位于瑞士。CSS 是苏黎世联邦理工学院的附属研究机构，其资金来源于政府和企业机构。安全研究中心致力于在研究、教学和咨询活动中提供安全策略方面的专业知识。该智库网址是：css.ethz.ch。

（1）历史沿革

自 2004 年以来，安全研究中心一直与瑞士联邦国防、民防和体育部保持战略伙伴关系，并自 2012 年以来与瑞士联邦外交事务部建立了战略伙伴关系。

（2）组织机构

安全研究中心的研究团队在负责人安德烈亚斯·温格教授（Andreas Wenger）的带领下，由 64 名研究人员组成。安全研究中心的研究内容覆盖了 8 个领域，分别是：网络安全政治、人工智能与安全政治、欧亚大陆的贸易与安全、关于欧洲大西洋安全展望、调解与促进和平、军事理论与武器采购、社会技术复原力和防灾能力、冠状病毒危机对安全政策的影响。该智库组建了 4 个研究团队，比如瑞士和欧洲大西洋安全小组、全球安全团队等。智库开展了 26 个研究项目，比如停火项目、智慧和平项目等。

（3）研究产品

安全研究中心自成立以来共发布了 4 200 余篇报告文章，共设计推出了 19 种研究产品，包括 8 种研究报告类产品、1 种学术论文类产品、8 种期刊书籍类产品、1 种博客类产品、1 种评论专栏类产品。

381. 瑞士大道

瑞士大道（Avenir Suisse）成立于 1999 年，由 14 家最重要的瑞士跨国公司创立，位于瑞士。瑞士大道是一个非营利的独立组织，其资金来源于企业机构和个人。瑞士大道致力于通过推广自由市场理念研究助力瑞士的未来发展。该智库网址是：www.avenir-suisse.ch。

（1）历史沿革

该智库未披露相关信息。

（2）组织机构

瑞士大道的研究团队在董事彼得·格鲁南费尔德（Peter Grünenfelder）博士的带领下，由 35 名研究人员组成。其研究内容覆盖 5 个领域，分别是：开放瑞士、有效的基础设施和市场、可持续福利政策、智慧政府、机会平等社会。

（3）研究产品

瑞士大道自成立以来共发布了 2 700 余篇报告文章，共设计推出了 5 种研究产品，包括 1 种研究报告类产品、1 种期刊书籍类产品、1 种博客类产品、1 种新闻媒体类产品、1 种音频视频类产品。

382. FORAUS

FORAUS 成立于 2009 年，位于瑞士。是一个非营利性的独立组织，其资金来源于基金会、企业机构和个人。FORAUS 致力于倡导具有建设性的外交政策和信息充分的对话。该智库网址是：www.foraus.ch。

（1）历史沿革

瑞士外交政策智库 FORAUS 由瑞士苏黎世、日内瓦和伯尔尼的学生于 2009 年秋季成立，在瑞典各城市设有分支机构。2017 年，FORAUS 开始与柏林、伦敦、巴黎和维也纳的姐妹组织共同开展开放智库网络的工作。

（2）组织机构

FORAUS 的研究团队在主席安娜·斯廷兹（Anna Stünzi）带领下由 93 位研究与工作人员组成。其研究内容覆盖 13 个领域，例如：健康、亚洲、外交与国际参与者、发展政策、欧洲、和平与安全、移民、科学与技术等。该智库开展了 7 个研究项目，如外交政策项目等。

（3）研究产品

FORAUS 自成立以来共发布了 1 220 余篇报告文章，共设计推出了 5 种研究产品，包括 1 种研究报告类产品、1 种博客类产品、1 种期刊书籍类产品、1 种音频视频类产品、1 种新闻媒体类产品。

383. 经济研究所

经济研究所（Economics Institute）成立于 1947 年，由塞尔维亚共和国政府创立，位于塞尔维亚。经济研究所是一个科学研究和咨询组织，其资金来源于政府。经济研究所致力于为公共部门和私营部门提供改善经济环境和促进业务发展的宝贵解决方案。该智库网址是：www.ecinst.org.rs。

（1）历史沿革

经济研究所是第二次世界大战后在南斯拉夫成立的首批独立科研机构之一，也是该国历史最悠久的科研机构之一。1947 年，根据塞尔维亚政府第 13818 号决定，"经济研究所"于 1947 年 11 月 12 日成立。1959 年 3 月 27 日，根据塞尔维亚人民共和国执行委员会第 84 号决议，该研究所为"自筹资金机构，名称为塞尔维亚人民共和国经济研究所"。1959 年，"经济研究所"获得了独立科学机构的地位。1961 年，塞尔维亚共和国商会、贝尔格莱德大学经济学院和塞尔维亚议会执行委员会成立了"工业经济研究所"。1989 年，"经济研究所"和"工业经济研究所"合并为一个独特的科学研究所。1999 年，经济研究所改制成为股份制公司。

（2）组织机构

经济研究所的研究团队在所长德拉甘·萨戈夫诺维奇（Dragan Šagovnović）的带领下，由 36 位研究人员组成。其研究内容覆盖了 10 个领域，分别是：宏观经济分析和预测、经济发展和经济政策、欧盟一体化与制度建设、区域发展、行业研究与分析、公共行政改革与地方自治发展、改善投资环境和经济竞争力、知识产权的保护、改善企业经营活动、社会问题。

（3）研究产品

经济研究所自成立以来共发布了 7 840 余篇报告文章，共设计推出了 6 种研究产品，包括 3 种期刊书籍类产品、1 种活动类产品、1 种新闻媒体类产品、1 种数据类产品。经济研究所的两份重要刊物分别是塞尔维亚教育科学部支持的科学期刊《工业》以及经济科普类期刊《宏观经济分析与趋势》。

384. 国家战略研究所

国家战略研究所（National Institute for Strategic Studies，NISS）成立于 1992 年，由乌克兰政府创立，位于乌克兰。国家战略研究所是一家研究机构，其资金来源于政府。国家战略研究所致力于为乌克兰总统提供分析和预后支持。该智库网址是：niss.gov.ua/en。

（1）历史沿革

该智库未披露相关信息。

（2）组织机构

国家战略研究所的研究团队在所长奥列克桑德·利特维年科（Oleksandr Lytvynenko）的带领下，由 23 名研究人员组成。其研究内容覆盖了 9 个领域，分别是：经济学、社会政策、国际关系、区域发展、人道主义发展、信息战略、文明社会、国家安全、政治。该智库成立以来成立了 5 个研究中心，比如外交政策研究中心、经济和社会研究中心等。

（3）研究产品

国家战略研究所 2010 年以来共发布了 2 680 余篇报告文章，共设计推出了 10 种研究产品，包括 2 种研究报告类产品、3 种期刊书籍类产品、1 种新闻媒体类产品、3 种评论专栏类产品、1 种学术论文类产品。《战略重点》是国家战略研究所的学术和分析季刊。该季刊涵盖乌克兰政治、经济、社会和人类发展、外交事务、社会发展的区域问题，以及乌克兰国家安全和国防领域的研究结果。

385. 国际政策研究中心

国际政策研究中心（International Centre for Policy Studies，ICPS）成立于 1994 年，位于乌克兰。国际政策研究中心是一个独立机构，其资金来源于政府、基金会和企业机构。国际政策研究中心致力于促进乌克兰的改革、民主治理和社会变革。该智库网址是：www.icps.com.ua。

（1）历史沿革

国际政策研究中心是在布拉格开放社会研究所的倡议下于 1994 年成立的。当时，ICPS 是乌克兰第一个独立智库。它的任务是分析经济政策，为乌克兰政府和总统准备长期预测。

（2）组织机构

国际政策研究中心的研究团队由 17 名学者和专家组成，其研究内容覆盖 4 个领域，分别是：对外政策、内部政策、经济分析、社会政策与人权。该智库设立了 5 个研究项目，比如增强乌克兰主要公共机构的民主应变能力等。

（3）研究产品

国际政策研究中心自成立以来共发布了 300 余篇报告文章，共设计推出了 9 种研究产品，包括 5 种研究报告类产品、3 种期刊书籍类产品、1 种新闻媒体类产品。

386. 巴塞罗那国际事务中心

巴塞罗那国际事务中心（Barcelona Centre for International Affairs，CIDOB）成立于 1973 年，由约瑟夫·里贝拉（Joseph Ribera）创立，位于西班牙巴塞罗那。巴塞罗那国际事务中心是一个国际事务研究中心，其资金来源于企业机构和个人。巴塞罗那国际事务中心致力于分析影响国际、地方之间政治、社会和治理动态的全球性问题。该智库网址是：www.cidob.org。

（1）历史沿革

该智库未披露相关信息。

（2）组织机构

巴塞罗那国际事务中心的研究团队在主任波尔·莫里拉斯（Pol Morillas）的带领下，由 31 位研究和工作人员组成。其研究内容覆盖了 8 个领域，分别是：全球地缘政治与安全、移民、全球城市和大都市、可持续发展、欧洲、大地中海、拉丁美洲和大西洋空间、其他区域。该智库开展了 38 个研究项目，比如反思的时刻、创造欧洲-地中海债券等。

（3）研究产品

巴塞罗那国际事务中心自成立以来共发布了 11 300 余篇报告文章，共设计推出了 12 种研究产品，包括 6 种研究报告类产品、2 种学术论文类产品、1 种期刊书籍类产品、1 种评论专栏类产品、2 种数据类产品。

387. EuroMeSCo

EuroMeSCo 成立于 1996 年，由欧盟和欧洲地中海研究所（The European Institute of the Mediterranean）创立，位于西班牙巴塞罗那。EuroMeSCo 是一个非营利组织，其资金来源于政府和企业机构。EuroMeSCo 致力于通过联合研究计划，促进对欧洲地中海政治和政策基于证据和政策导向的分析，为来自地中海两岸的研究人员以及网络成员和主要利益相关者之间的对话提供平台，并且致力于倡导和提高智库和研究机构在决策中的作用，以加强欧洲与地中海的关系。该智库网址是：www.euromesco.net。

（1）历史沿革

EuroMeSCo 是欧洲-地中海地区研究中心和智库的主要网络。该网络于 1996 年在《巴塞罗那宣言》之后成立，目前由来自 29 个欧洲和地中海南部国家的 104 个研究所组成。

（2）组织机构

EuroMeSCo 的研究团队在主任阿德里亚（Emmanuel Cohen-Hadria）的带领下，由 16 位学者专家组成。其研究内容覆盖了 7 个领域，例如：欧盟地中海政策，安全政策，流动与迁移，区域一体化，经济、贸易、能源和气候。该智库设立了 1 个研究项目。

（3）研究产品

EuroMeSCo 自成立以来共发布了 1 800 余篇报告文章，共设计推出了 10 种研究产品，包括 3 种研究报告类产品、2 种学术论文类产品、1 种期刊书籍类产品、2 种新闻媒体类产品、2 种活动类产品。

388. 社会研究与分析基金会

社会研究与分析基金会（Foundation for Social Studies and Analysis，西班牙文是 Fundacion parael Analisis y los Estudios Sociales，FAES）成立于 2002 年，由米格尔·安格尔·科尔特斯（Miguel Ángel Cortés）创立，位于西班牙。社会研究与分析基金会是一个非营利组织，其资金来源于基金会、企业机构和个人。社会研究与分析基金会致力于传播基于政治、知识和经济自由的思想，并强化自由、民主和法治、自由市场经济的价值观。该智库网址是：fundacionfaes.org。

（1）历史沿革

该智库未披露相关信息。

（2）组织机构

社会研究与分析基金会的研究团队在主席何塞·玛丽亚·阿兹纳尔（José María Aznar）的带领下，由 20 名研究人员组成。其研究内容覆盖了 37 个主题，如：保护主义、领导力、自由、能源、就业、英国脱欧、改革、民粹主义、恐怖主义等。

（3）研究产品

社会研究与分析基金会自成立以来共发布了 2 200 余篇报告文章，共设计推出了 9 种研究产品，包括 4 种研究报告类产品、1 种学术论文类产品、3 种期刊书籍类产品、1 种活动类产品。

389. 埃尔卡诺皇家研究所

埃尔卡诺皇家研究所（Real Instituto Elcano）成立于 2001 年，由西班牙国王创立，位于西班牙。埃尔卡诺皇家研究所是一个私人的非营利组织，其资金来源于政府、基金会和企业机构。埃尔卡诺皇家研究所致力于在国际和战略关系的背景下成为能够帮助政治官员、公共机构和私营机构领导人做出合理决策并形成舆论观点的中心。该智库网址是：www.realinstitutoelcano.org。

（1）历史沿革

埃尔卡诺皇家研究所成立于 2001 年，是一个私人基金会，其最高管理机构是西班牙国王。埃尔卡诺皇家研究所的名字来源于航海家胡安·塞巴斯蒂安·德·埃尔卡诺（Juan Sebastián de Elca-

no），他于 1522 年完成了世界上第一次海上航行。

（2）组织机构

埃尔卡诺皇家研究所的研究团队在主席何塞·胡安·鲁伊斯（José Juan Ruiz）的带领下，由 108 位分析师及工作人员组成。其研究内容覆盖了 19 个领域，例如：气候变化、网络安全、人口统计学与国际移民、非法贩运和犯罪网络、国际合作与发展、国际经济学、安全与防御、西班牙的形象与舆论、西班牙外交政策等。该智库主持开展了 14 个研究项目，如应对北约南部社区不断出现的安全挑战等。

（3）研究产品

埃尔卡诺皇家研究所自成立以来共发布了 12 400 余篇报告文章，共设计推出了 22 种研究产品，包括 5 种研究报告类产品、1 种学术论文类产品、4 种期刊书籍类产品、1 种博客类产品、3 种评论专栏类产品、4 种新闻媒体类产品、2 种音频视频类产品、1 种数据类产品、1 种活动类产品。

390. 奥地利经济研究所

奥地利经济研究所（Austrian Institute of Economic Research，德文是 Österreichisches Institut für Wirtschaftsforschung，WIFO）成立于 1927 年，由弗里德里希·奥古斯特·冯·哈耶克（Friedrich August von Hayek）和路德维希·冯·米塞斯（Ludwig von Mises）共同创立，位于奥地利。奥地利经济研究所是独立的非营利组织，其资金来源于企业机构和个人。奥地利经济研究所致力于战胜社会经济挑战，通过在理论、经验事实和政策之间建立桥梁，支持循证决策。该智库网址是：www.wifo.ac.at。

（1）历史沿革

奥地利经济研究所是奥地利最早的财经智库。该研究所基于著名"奥地利经济学派"代表人物、诺贝尔奖获得者弗里德里希·冯·哈耶克和经济学家路德维希·冯·米塞斯分析商业周期的初衷而创立。1923 年弗里德里希·冯·哈耶克在出访美国期间，研究学习了美国的经济周期监测方法及措施，并引起了时任奥地利商务部长路德维希·冯·米塞斯的重视。1927 年，在奥地利政府的支持下成立了"奥地利商业周期研究所"。1938 年，当奥地利被德国吞并后，该研究所更名为"维也纳经济与商业周期研究所"，在不改变研究方法的前提下，研究对象由奥地利经济改为欧洲东南部经济。1945 年，第二次世界大战结束后该研究所更名为沿用至今的"奥地利经济研究所"，并成为奥地利顶尖的应用实证经济研究机构，致力于为商业和社会决策提供经济信息依据。

（2）组织机构

奥地利经济研究所的研究团队在所长克里斯托夫·巴德尔（Christoph Badelt）的带领下，由 140 余位研究人员组成。其研究内容覆盖了 9 个领域，分别是：宏观经济学和欧洲经济政策、劳动力市场、收入和社会保障、产业经济、创新、国际竞争、结构变化与区域发展、环境、农业和能源。智库主持开展了 150 余个研究项目，如布尔根兰休闲经济的经济效应计算和奥地利公司的生产力增长等。

（3）研究产品

奥地利经济研究所自成立以来共发布了 12 600 余篇报告文章，共设计推出了 10 种研究产品，包括 4 种研究报告类产品、1 种数据类产品、1 种评论专栏类产品、2 种新闻媒体类产品、2 种书籍期刊类产品。《WIFO 商业调查》是智库的月度研究报告产品，主要针对奥地利公司未来几个月的经济状况及其发展的月度调查。《WIFO 商业调查》有助于在早期可靠地评估奥地利的经济发展。该项调查研究 1954 年开始，自 1996 年以来一直是"欧盟商业和消费者调查联合协调计划"的一部分。

391. 计划与经济研究中心

计划与经济研究中心（Centre of Planning and Economic Research，KEPE）成立于 1959 年，位于希腊。计划与经济研究中心是一个独立的组织，其资金来源于政府。计划与经济研究中心致力于研究希腊经济所面临的挑战。该智库网址是：www.kepe.gr/index.php。

（1）历史沿革

计划与经济研究中心是希腊最大的经济科学研究所。2019 年 4 月，希腊政府正式决定由计划与经济研究中心担任希腊国家生产力委员会。

（2）组织机构

计划与经济研究中心的研究团队在董事会主席、伯罗奔尼撒大学教授帕纳吉欧斯·利亚戈瓦斯（Panagiois Liargovas）的带领下，由 29 位研究人员组成。其研究内容覆盖了 4 个领域，分别是：宏观经济分析与预测、财政和货币政策、人力资源与社会政策、发展政策与部门研究。

（3）研究产品

计划与经济研究中心自成立以来共发布了 3 780 余篇报告文章，共设计推出了 25 种研究产品，包括 7 种研究报告类产品、6 种学术论文类产品、4 种期刊书籍类产品、1 种评论专栏类产品、2 种数据类产品、5 种活动类产品。《经济发展》是计划与经济研究中心的科学季刊，主要发表智库研究人员撰写的关于经济的最新发展和前景的定期评论文章以及关于当前经济问题的分析文章。

392. 希腊欧洲和对外政策基金会

希腊欧洲和对外政策基金会（Hellenic Foundation for European and Foreign Policy，ELIAMEP）成立于 1988 年，由学者、前军事和外交官以及新闻工作者共同创立，位于希腊。希腊欧洲和对外政策基金会是一个独立的非营利组织，其资金来源于政府、基金会、企业机构和个人。希腊欧洲和对外政策基金会致力于进行政策导向的研究，为决策者、学术界和广大公众提供权威信息，并为制定应对欧洲和外交政策重大挑战的循证对策做出贡献。该智库网址是：www.eliamep.gr。

（1）历史沿革

1988 年，由塔诺斯·韦雷米斯（Thanos Veremis）、亚尼斯·瓦利纳基斯（Yannis Valinakis）和西奥多·德吉安尼斯（Theodore Degiannis）率领的一个由学者和记者组成的小组，连同前武装部队成员和外交官，成立了"希腊国防和外交政策基金会"。1993 年，"希腊国防和外交政策基金会"改名为"希腊欧洲和对外政策基金会"。

（2）组织机构

希腊欧洲和对外政策基金会的研究团队在总干事乔治·帕古拉托斯的带领下，由 65 位研究人员组成。其研究领域覆盖了 5 个领域，分别是：欧洲机构和政策，安全与外交政策，文化、身份和宗教，移民，可持续发展。该智库主持开展了 35 个研究项目，如东南欧计划、土耳其计划等。

（3）研究产品

希腊欧洲和对外政策基金会自成立以来共发布了 8 210 余篇报告文章，共设计推出了 8 种研究产品，包括 2 种研究报告类产品、2 种活动类产品、1 种新闻媒体类产品、1 种学术类产品、1 种评论专栏类产品、1 种期刊书籍类产品。

第三节　亚洲财经智库

（一）日本智库

393. 国立先进工业科学与技术研究所

国立先进工业科学与技术研究所（National Institute of Advanced Industrial Science and Technology，AIST）是由日本政府于 2001 年重新整合成立的研究机构，位于日本。AIST 是一个公共研究机构，其资金来源于政府。国立先进工业科学与技术研究所致力于通过引入先进技术来应对社会挑战和促进经济发展，从而实现社会的可持续发展。该智库网址是：www.aist.go.jp。

（1）历史沿革

国立先进工业科学与技术研究所是日本最大的国家研究机构，专注于对日本产业和社会有用技术的创新研发和转化应用，并致力于弥合创新技术想法和商业化之间的差距。AIST 是日本政府对国家科研机构实行独立行政法人制度的产物，其历史可追溯到 1882 年由农商省成立的日本地质勘探局。1952 年，陆续成立的部分国家研究机构共同组成了隶属于通商产业省的产业科学技术署（Agency of Industrial Science and Technology）。21 世纪后，为应对科技发展特征和创新模式的显著变化，克服国有科研机构体制机制的弊端，日本政府开始逐步推行国家科研机构独立法人制度。2001 年，产业科学技术署的 15 个国家研究机构以及计量研究所再次合并重组，组成了具有独立行政法人资格的国立先进工业科学与技术研究所。

（2）组织机构

国立先进工业科学与技术研究所的研究团队在董事长石村和彦的带领下，由 3 000 余名研究及工作人员组成。其研究领域涉及能源与环境、生命科学与生物技术、信息技术与人为因素、材料与化学、电子与制造、地质勘查、计量标准等多方面。AIST 共建立了 41 个研究中心，如可再生能源研究中心等，并主持开展了 2 500 余个研究项目。

（3）研究产品

国立先进工业科学与技术研究所自成立以来累计发布了 60 000 余篇报告文章，共设计推出了 6 种研究产品，包括 1 种研究报告类产品、1 种学术论文类产品、1 种期刊书籍类产品、1 种评论专栏类产品、1 种音频视频类产品、1 种活动类产品。

394. 亚太倡议组织

亚太倡议组织（Asia Pacific Initiative，API），成立于 2017 年，由丰桥洋一（Funabashi Yoichi）创立，位于日本。亚太倡议组织是一个非营利组织，其资金来源于个人、组织和基金会。亚太倡议组织致力于建立亚太自由国际秩序，以追求实现该地区的和平与繁荣的愿景。该智库网址是：apinitiative.org/en。

（1）历史沿革

亚太倡议组织成立于 2017 年 7 月。它是 2011 年日本大地震后成立的重建日本基金会在组织机构发展后的产物，是一个智库和论坛平台。亚太倡议组织的目标是在包括日本在内的地区建立一个知识社区，促进联合研究，创建提案平台，传播信息，以及与下一代领导人进行多领域合作。

（2）组织机构

亚太倡议组织在创始人丰桥洋一的带领下由 18 人组成。该智库共设立了 13 个研究项目，如日美经济联盟项目和危机管理项目等。

（3）研究产品

亚太倡议组织自成立以来累计发布了 600 余篇报告文章，共推出 5 种研究产品，包括 2 种研究报告类产品、1 种期刊书籍类产品、1 种新闻媒体类产品、1 种活动类产品。《API 地缘经济简报》提供亚太倡议组织专家的独特见解，以便确定在新型冠状病毒后疫情时期国际政治和经济中迅速发展的趋势，并研究其对日本国家利益和战略的影响。

395. 亚洲开发银行研究所

亚洲开发银行研究所（Asian Development Bank Institute，ADBI），成立于 1997 年，由亚洲开发银行成立，位于日本东京。该智库是一个政府附属组织，其资金来源于政府。亚洲开发银行研究所致力于确定有效的发展战略，提高从事亚行发展中成员发展工作的机构和组织的能力。该智库网址是：www.adb.org/adbi/main。

（1）历史沿革

亚洲开发银行研究所为亚行发展中成员的政策制定者提供研发资金，以此来推动对影响该地区的、具有战略意义的中长期发展问题的研究，以及通过建设和培训活动来促进亚行脱贫目标的达成。

亚洲开发银行研究所对政策研究有着重大影响，包括指导柬埔寨建立存款保险体系、努力应对泰国的家庭债务过剩、印度 IT 基础设施增长以及孟加拉国的土地信托发展。

（2）组织机构

亚洲开发银行研究所的研究团队在首席执行官圆部哲史（Dean Sonobe）的带领下，由 61 位研究人员及顾问组成。其研究内容覆盖了 6 个领域，分别是：消除剩余贫困和减少不平等现象、应对气候变化 & 增强对气候和灾难的抗灾能力并保持环境可持续性、使城市更宜居、促进农村发展与粮食安全、加强治理和机构能力、促进区域合作与一体化。ADBI 目前成立了两个研究中心（如 Think20），开展了 4 个研究项目（如 COVID-19 和相关政策对亚洲国家中小型企业的影响项目等）。

（3）研究产品

亚洲开发银行研究所自成立以来累计发布了 3 000 余篇报告文章，共推出了 9 种研究产品，包括 2 种研究报告类产品、1 种期刊书籍类产品、1 种评论专栏类产品、1 种新闻媒体类产品、1 种博客类产品、2 种音频视频类产品、1 种活动类产品。"亚洲发展中的未来"是智库的播客产品，主要帮助公众理解新兴的发展问题和政策问题以及其对亚太地区人民、社会和经济的影响，该系列更新频率约为每月 2 次。

396. 佳能全球研究所

佳能全球研究所（Canon Institute for Global Studies），成立于 2008 年，由三井藤夫（Fujio Mitarai）创立，位于日本。佳能全球研究所是一个独立的非营利性机构，其资金来源于企业机构。佳能全球研究所致力于从日本和世界各地获取知识，并继续在理论和实证研究的基础上进行研究，使其研究结果成为制定有效政策的建议的关键。该智库网址是：www.canon-igs.org/en。

（1）历史沿革

佳能全球研究所是一家私人非营利性智库，于 2008 年 12 月为纪念 2007 年佳能公司成立 70 周年而建立。该研究所根据佳能公司的共生（Kyosei）理念开展各种研究活动，即为共同利益而共同生活和工作，并为全球繁荣和人类福祉做出贡献。随着全球化速度的加快和经济不确定性的加大，日本面临越来越多的担忧，比如应对人口迅速老龄化和出生率下降的问题。在全球范围内，随着新兴市场经济的持续发展和生活水平的提高，世界面临着许多艰巨的问题，包括与粮食、水和环境有关的各种危机。佳能全球研究所成立后，致力于通过精确规划未来的方向和愿景、传播信息、提供路径和平台，为日本和世界其他地区的未来发展做出贡献。

（2）组织机构

佳能全球研究所的研究团队在曾任日本银行行长的福井俊彦（Toshihiko Fukui）的带领下由 51 名研究人员和顾问组成。其研究内容覆盖 5 个领域，分别是：全球经济、外交和国家安全、能源和环境、国际交流、金融和社会保障体系。研究所共开展了 35 个研究项目，如经济力量研究项目和对日本金融体系效率的历史评估项目等。

（3）研究产品

佳能全球研究所自成立以来累计发布了 10 000 余篇报告文章，共推出了 6 种研究产品，包括 1 种研究报告类产品、1 种活动类产品、4 种评论专栏类产品。

397. 大和研究所集团

大和研究所集团（Daiwa Institute of Research Group，DIR）由大和证券集团于 2008 年在日本创立。该集团是一个独立的组织，其资金来源于企业机构。大和研究所集团致力于通过在研究、咨询和系统解决方案领域提供先进的服务，提升客户的公司价值并为社会做出贡献。该智库网址是：www.dir.co.jp/english/index.html。

（1）历史沿革

作为大和证券集团的智库，大和研究所集团通过研究、咨询和系统解决方案三个方面的协作，致力于提供完善的服务。研究所利用多年的经验和知识，研究和分析从日本和全球经济到金融和资本市场的广泛领域，同时为大和证券集团内部和外部机构提供及时的信息。此外，该部门还通过与政府机构、英国皇家国际事务研究所和中国社会科学院等各种外部研究机构的合作，从中立的角度提出建议。近年来，智库的重点工作之一是提供区域经济的政策建议，这被认为是日本增长战略的关键部分。

（2）组织机构

大和研究所集团的研究团队在日本银行前副行长中岛弘一（Hiroshi Nakaso）的带领下由 35 人组成。其研究内容覆盖了 4 个领域，分别是：经济、金融、政策法规、法律和税收制度。大和研究所集团根据其不同职能共设立了研究、咨询和系统解决方案三个部门。

（3）研究产品

大和研究所集团自成立以来累计发布了 700 余篇报告文章，共设计推出了 10 种研究产品，包括 7 种研究报告类产品、1 种新闻媒体类产品、2 种数据类产品。"大和股票指数"是由大和证券股份有限公司和大和研究所有限公司开发的日本股票的绩效指数。"大和债券指数"是由大和研究所集团根据世界标准的计算方法计算并发布的每日债券指数。使用该指数，投资者可以及时监控债券市场的总体走势。

398. 经济及社会研究所

经济及社会研究所（Economic and Social Research Institute，ESRI）于 2001 年根据日本扩大经济计划局经济研究所的职能和范围成立，该机构位于日本。经济及社会研究所是日本内阁办公室的智库，其资金来源于政府。经济及社会研究所致力于进行与经济活动和政策、社会活动及其他问题相关的理论和实践研究。该智库网址是：www.esri.cao.go.jp/index.html。

（1）历史沿革

经济及社会研究所成立于 2001 年 1 月，前身是日本中央政府经济计划署经济研究所。作为内阁办公室的智库，经济及社会研究所在理论与政策之间架起了重要的桥梁。经济及社会研究所会在国民账户体系（SNA）中汇总国内生产总值（GDP）和其他统计数据的估算值。经济及社会研究所每年都会发布日本 GDP 季度估算和国民账户报告。

（2）组织机构

经济及社会研究所的研究团队在所长近藤先生（Yasuhisa Ino）的带领下开展工作，其研究内容覆盖了 5 个领域，分别是：改善 GDP 统计、宏观经济学、生产力研究、数字经济研究、区域经济研究。研究所设立了 3 个长期的研究项目，如泡沫经济与通货紧缩研究项目和国民账户体系研究项目等。

（3）研究产品

经济及社会研究所的研究产品主要分为日语和英语两种，累计发布了数万篇报告文章，推出了 13 种研究产品，包括 8 种研究报告类产品、1 种学术论文类产品、2 种活动类产品、2 种数据类产品。国民账户体系是研究所定期发布的数据类产品，该体系由一系列宏观经济指标组成，这些指标提供了国民经济的全面情况。经济及社会研究所利用广泛的经济统计数据进行调查和研究，以估算用于衡量日本经济规模和活动的指标，包括：收入、消费和投资以及 GDP 财政年度数字和 GDP 季度估算。

399. 东北亚经济研究所

东北亚经济研究所（Economic Research Institute for Northeast Asia，ERINA）成立于 1993 年，总部位于日本。东北亚经济研究所是一家半官方机构，其资金来源于政府、企业机构和个人。东北亚经济研究所致力于通过研究、收集和传播有关东北亚经济的信息，为东北亚经济区域一体化的建立和发展做出贡献。该智库网址是：www.erina.or.jp/en。

（1）历史沿革

东北亚经济研究所成立于 1993 年 10 月。随着苏联解体和冷战结束，许多东欧国家集团逐渐从社会主义经济向市场经济转变。在东北亚，中国已经在改革开放政策的推动下建立社会主义市场经济体制。国家之间通过开放的国际贸易和资本交易进行的经济交流已经扩大，预计将形成区域"经济区"。人们认为，除日本和韩国的资本和技术外，该区域内各经济体之间的互补关系源于俄罗斯远东和蒙古国的自然资源、朝鲜的劳动力，可能会出现多赢局面。在这样的时代背景下，ERINA 的成立对于日本环东北亚经济区的形成和发展具有重要作用。同时，ERINA 作为一个智库通过对区域

内各国经济进行研究，促进日本与该地区的经济交流。在过去的近30年中，ERINA一直是东北亚经济研究、经济交流和信息传播的基地，并且随着时间的推移巩固了其核心地位。

（2）组织机构

东北亚经济研究所的研究团队在川井正彦（Masahiro Kawai）的带领下由8人组成。其研究内容覆盖了9个主题，分别是：跨越边界的区域发展、环境与能源合作、东北亚经济伙伴关系、东北亚市场经济改革、中国经济、俄罗斯经济、蒙古国经济、韩国经济、朝鲜经济。ERINA设立了2个主要研究项目——东北亚结构改革与区域内合作项目和中国区域经济与区域政策项目，以及208个子项目。

（3）研究产品

东北亚经济研究所自成立以来共发布了4 000余篇报告文章，共设计推出了13种研究产品，包括1种学术论文类产品、5种研究报告类产品、2种期刊书籍类产品、1种新闻媒体类产品、1种数据类产品、3种活动类产品。《ERINA报告+》是ERINA的多学科专业信息双月期刊，其中包含东北亚的经济趋势、研究成果以及专家见解，该期刊从1994年出版至今共发行了157期。

400. 富士通研究所

富士通研究所（Fujitsu Research Institute，FRI），成立于1986年，由富士通公司创立，总部设在日本。富士通研究所是一个公司附属机构，其资金来源于企业机构。富士通研究所致力于为客户成长和社会发展做出贡献。该智库网址是：www.fujitsu.com/jp/group/fri。

（1）历史沿革

1986年6月"富士通系统研究公司"成立，开始研发系统的先进技术。1996年4月"经济研究所"成立。1997年4月经济研究论坛召开，6月"富士通系统研究公司"更名为"富士通研究所"。2007年4月，富士通的咨询功能整合到了"富士通研究所"。

（2）组织机构

富士通研究所的研究团队在石冢康成的带领下，由70名研究人员组成。其研究内容覆盖了2个领域，分别是：创新基础设施研究、可持续共生社会研究。该智库设立了2个研究项目，即实践智慧研究中心项目和世界智慧网项目。

（3）研究产品

富士通研究所自成立以来累计发布了71篇报告产品，共推出了4种研究产品，包括2种期刊书籍类产品、1种评论专栏类产品、1种活动类产品。

401. 日立综合计划研究所

日立综合计划研究所（Hitachi Research Institute，HRI）成立于1973年，由小井贤一郎（Kenichiro Komai）创立，位于日本。该智库是一个独立机构，其资金来源于企业机构。日立综合计划研究所致力于证实并确认世界和日本面临的基本挑战的事实、了解挑战的本质并寻求完整的解决方案。该智库网址是：www.hitachi-hri.com。

（1）历史沿革

日立综合计划研究所是在1973年由"罗马俱乐部"成员、时任日立株式会社会长的小井贤一郎先生提议创立的。当时，由于"尼克松冲击"和"第一次石油危机"引发的混乱，世界正开始建立新的秩序。而"罗马俱乐部"在《增长的极限》（1972 年发表）一书中敲响警钟，指出人类的发展因为人口增加、环境破坏和资源枯竭问题已经达到了极限。在当今的全球化社会中，人们对地球环境和资源问题等的关心日益密切，已经认识到必须积极采取对策。此外，新兴国家作为世界经济领头人，其存在感日益增强，世界正迎来一个巨大的转型期。在这样的转型期，智库所起的作用越来越重要。日立综合计划研究所以日立集团拥有的广泛技术能力和基于长年经验的知识为背景，将进行更高水准的研究，为企业的经营助一臂之力。

（2）组织机构

日立综合计划研究所的研究团队在岛田启一（Keiichi Shimada）的带领下由 6 名研究人员组成。研究内容覆盖了 8 个领域，分别是：经济、国际、能源和环境、产业、社会和生活、管理策略、财务策略、技术策略。

（3）研究产品

日立综合计划研究所自成立以来共发布了 4 种研究产品，包括 1 种研究报告类产品、1 种期刊书籍类产品、2 种评论专栏类产品。*Hitachi Souken* 杂志，是研究所自 2009 年以来发布的期刊产品，主要是分析重大社会和经济问题的研究文章。

402. 中曾根和平研究所

中曾根和平研究所（Nakasone Peace Institute，NPI），成立于 1988 年，由日本前首相中曾根康弘（Yasuhiro Nakasone）创立，位于东京。NPI 的资金来源于企业机构。中曾根和平研究所致力于制订涵盖国际政治、经济、安全、能源和环境领域的研究计划。该智库网址是：www.iips.org。

（1）历史沿革

中曾根和平研究所由日本前首相中曾根康弘于 1988 年 6 月成立。研究所研究人员大多是从日本各政府部门和企业借调来的，他们根据研究结果开展研究活动并提出政策建议，以应对当前和未来的全球局势。

NPI 在东京定期举行有关重要政治和经济问题的研讨会和座谈会，邀请来自世界各地的著名学者和杰出演讲者。NPI 与其他研究机构也开展了许多联合项目，例如伦敦的"皇家国际事务研究所"和美国的"战略与国际研究中心"。

（2）组织机构

中曾根和平研究所的研究团队在藤崎一郎（Ichiro Fujisaki）的带领下由 7 人组成。其研究内容覆盖了 7 个领域，分别是：国内政治、国际关系、国防、经济、社会老龄化、科学技术、环境能源。该智库设立了 9 个研究项目，例如日本科学技术的发展方向研究项目和经济研究项目等。

（3）研究产品

中曾根和平研究所自成立以来累计发布了 500 余篇报告文章，共设计推出了 12 种研究产品，包括 4 种研究报告类产品、3 种评论专栏类产品、2 种新闻媒体类产品、3 种活动类产品。

403. 国际社会经济研究所

国际社会经济研究所（Institute for International Socio-Economic Studies，IISE）成立于 2000 年，总部位于日本。国际社会经济研究所是一个公司附属组织，其资金来源于企业机构。国际社会经济研究所致力于对信息社会进行研究，并向企业领导人和决策者提供其成果，包括战略见解和面向未

来的建议，以帮助确保社会的可持续发展。该智库网址是：www.i-ise.com。

（1）历史沿革

2000 年 7 月国际社会经济研究所作为独立研究所成立。2009 年 4 月，IISE 与"NEC 研究所"合并，成为 NEC 集团的附属智库机构，致力于将研究分析成果反馈给 NEC 集团内部和外部。

（2）组织机构

国际社会经济研究所在所长玉永典男（Norio Taminaga）的带领下由 10 名研究人员组成。智库共开展了 53 个研究项目，如人工智能时代的国家身份与隐私研究项目和人工智能金融服务新趋势研究项目等。

（3）研究产品

国际社会经济研究所自成立以来累计发布了 200 余篇报告文章，共设计推出了 7 种研究产品，包括 2 种研究报告类产品、1 种评论专栏类产品、1 种博客类产品、1 种活动类产品、1 种期刊书籍类产品、1 种新闻媒体类产品。

404. 日本对外贸易组织发展经济研究所

日本对外贸易组织发展经济研究所（Institute of Developing Economies，Japan External Trade Organization，IDE-JETRO）由日本国际贸易和工业部于 1960 年成立，总部设在日本，是独立的研究机构，其资金来源于政府和企业机构。日本对外贸易组织发展经济研究所致力于成为发展中地区社会科学研究的领先中心，为世界做出贡献。该智库网址是：www.ide.go.jp/English。

（1）历史沿革

"发展经济研究所"（Institute of Developing Economies，IDE）成立于 1958 年。1960 年重组并归于日本国际贸易和工业部（现为经济、贸易和工业部），成为政府附属智库机构。研究所致力于对发展中国家和地区的经济、政治和社会问题进行基础和全面的研究，并通过实地调查和实证研究对亚洲、中东、非洲、拉丁美洲、大洋洲和东欧进行研究。除了传播调查和研究的结果外，研究所还收集了有关这些国家和地区的资料和信息，并在日本国内外向公众公开。自 1990 年以来，研究所一直参与发展中国家和地区经济和社会发展领域的学员培训。1998 年 7 月，"IDE"与"日本对外贸易组织"（Japan External Trade Organization，JETRO）合并，成为"日本对外贸易组织发展经济研究所"。2003 年 10 月，IDE-JETRO 改组成为独立的行政机构。

（2）组织机构

日本对外贸易组织发展经济研究所的研究团队在所长福冈京吉（Fukao Kyoji）带领下由 116 位研究人员组成。其研究内容覆盖了 4 个领域，分别是：经济学、社会、政治、法律。智库开展了 337 个研究项目，如"外国直接投资和产业集群在工业发展中的作用：泰国和印度的比较研究项目"和发展中国家数字经济的兴起与发展项目。

（3）研究产品

日本对外贸易组织发展经济研究所自成立以来累计发布了 3 400 余篇报告文章，共推出了 21 种研究产品，包括 10 种研究报告类产品、3 种学术论文类产品、5 种期刊书籍类产品、1 种新闻媒体类产品、2 种活动类产品。《发展中经济体》（*The Developing Economies*）是智库出版的多学科发展研究季刊，主要发表关于发展中国家、转型的和新兴经济体以及发达国家相关问题的原创研究文章。

405. 日本能源经济研究所

日本能源经济研究所（Institute of Energy Economics，Japan，IEEJ）成立于 1966 年，总部位于日本。日本能源经济研究所是一个非营利组织，其资金来源于基金会和企业机构。日本能源经济研究所致力于绘制未来能源地图，对能源和环境挑战进行独立、客观和突破性的分析，并向世界展示能反映日本和亚太地区观点的、合理且创新的解决方案。该智库网址是：eneken.ieej.or.jp/en。

（1）历史沿革

日本能源经济研究所成立于 1966 年 6 月，并于当年 9 月被国际贸易和工业部认证为注册基金会。其最初目的是从整个国民经济的角度专门开展能源领域的研究活动，以期为日本能源供应和能源消耗产业的健康发展以及日本能源产业的发展做出贡献，并通过客观地分析能源问题并提供制定政策所需的基本数据、信息和报告，改善该国人民的生活。

随着社会需求的多样化，IEEJ 扩大了研究活动的范围，包括诸如环境问题和与能源密切相关的国际合作等主题。到目前为止，作为一个由 100 多家成员公司资金资助的非营利组织，IEEJ 已经提供了与能源和环境有关的数据、信息和政策建议。它还披露了中东、亚太地区等的地缘政治局势。2012 年 4 月，IEEJ 转为普通法人基金会。

（2）组织机构

日本能源经济研究所的研究团队在寺泽达也的带领下由 61 名研究人员组成。其研究内容覆盖了 9 个领域，分别是：能源综合、节能减排、环境、石油、天然气、煤炭、电力、核能发电、新能源/可再生能源。IEEJ 目前共有四个分支机构，即 1981 年 8 月成立的石油信息中心、1984 年 10 月成立的能源数据与模型中心、1996 年 7 月成立的亚太能源研究中心以及 2005 年 4 月并入的中东研究中心。

（3）研究产品

日本能源经济研究所自成立以来累计发布了 4 700 余篇报告文章，共设计推出了 12 种研究产品，包括 3 种研究报告类产品、1 种期刊书籍类产品、2 种评论专栏类产品、1 种新闻媒体类产品、1 种音频视频类产品、1 种数据类产品、3 种活动类产品。《IEEJ 能源杂志》和《能源经济学》是智库的季刊产品，《EDMC 能源趋势》是智库的月刊产品。

406. 日本经济研究中心

日本经济研究中心（Japan Center for Economic Research，JCER）成立于 1963 年，由日本经济新闻公司（Nihon Keizai Shimbun，Inc.）创立，位于日本。日本经济研究中心是一家非营利性研究机构，其资金来源于政府、企业机构和个人。日本经济研究中心致力于宏观经济预测，并对经济、金融、工业、管理等领域进行研究，同时为国内和全球问题提供政策建议。该智库网址是：www.jcer.or.jp/en。

（1）历史沿革

日本经济研究中心成立于 1963 年，其第一任代理主席是日本经济新闻原社长圆城寺次郎（Jiro Enjoji），第一任主席是日本著名经济学家有泽宏美（Hiromi Arisawa），后来，担任日本政府外务大臣的佐竹武田先生被任命为董事长。1978 年开始，中心由现任名誉参赞（第三届副主席）金森久雄（Hisao Kanamori）领导，并开始采用渐进方法进行短期经济预测，这是日本私人经济预测的先驱。JCER 具有超过 50 年的经济预测经验，持续发布关于经济的长期、中期和短期预测报告。另外，JCER 还发布了关于亚洲经济的预测信息，因为其认为亚洲经济的发展正在推动世界经济的增长。

JCER 在宏观经济、金融、工业和管理等领域进行研究。2019 年，JCER 计划提交《2060 愿景》作为长期预测和政策建议。这是《2050 愿景》（2014）的修订版。《2050 愿景》描绘了日本如何保持一线国家地位的蓝图。作为项目的一部分，2016 年 9 月，JCER 成立了"日本未来社会与经济研究小组"，探讨如何充分利用人工智能、大数据和物联网技术克服日本在这个第四次工业革命时代所面临的问题。目前该智库已经发布了几份关于新经济价值、利用信息和通信技术服务的可能性和劳动生产率提高的报告。

（2）组织机构

日本经济研究中心的研究团队在日本央行前副行长岩田一正（Kazumasa Iwata）的带领下，由 49 名研究人员组成。其研究内容覆盖了 10 个主题，例如：日本金融研究、2060 年计划、2050 年愿景、日本的第四次工业革命、重新设计日本经济、全球经济政治等。

（3）研究产品

日本经济研究中心自成立以来累计发布了 2 000 余篇报告文章，共设计推出了 14 种研究产品，包括 9 种研究报告类产品、1 种期刊书籍类产品、1 种评论专栏类产品、3 种数据类产品。在宏观经济预测方面，JCER 每季度发布对日本经济的短期经济预测数据。JCER 的预测方法遵循"连续/顺序逼近（SA）"方法，即对最近一个季度的数据进行分析，以提供 18~24 个月的估计值。JCER 还发布了 2018—2030 年的中期经济预测报告，以及 2019—2060 年的长期经济预测报告。

407. 日本国际事务研究所

日本国际事务研究所（Japan Institute of International Affairs，JIIA），成立于 1959 年，由日本前首相吉田茂（Shigeru Yoshida）创立，位于日本。日本国际事务研究所是一个独立组织，其资金来源于企业机构和个人。日本国际事务研究所致力于进行国际事务研究，科学地审查日本的对外政策，并为制定这种政策提供建设性的框架；致力于传播有关国际事务的知识和信息，并鼓励整个日本的大学和研究小组进行有关国际事务的研究；致力于协助制造有利于日本的世界舆论，确保日本对外事务的健全管理；致力于为世界的和平与繁荣做出贡献。该智库网址是：www2.jiia.or.jp/en/。

（1）历史沿革

日本国际事务研究所是在前首相吉田茂的敦促下于 1959 年 12 月成立的一个全面的外交政策及安全智库，该机构以皇家国际事务学院（Chatham House）和其他机构为蓝本。吉田茂先生担任新成立的 JIIA 的主席，该研究所得到了来自执政党和反对党的政客、商界领袖以及学术界和媒体界知名专家的强大而广泛的支持。1960 年 9 月，JIIA 被批准为外交部下属的法人基金会，并于 1963 年 3 月获得了为公共利益做出特殊贡献的法人团体的认证，这一地位使它有资格获得某些税收优惠。继修订《一般社团法人协会和基金会法》后，JIIA 于 2012 年 3 月被认证为公益团体基金会，同年 4 月转为今天的公益团体基金会。2014 年，JIIA 与世界经济研究所合并。

（2）组织机构

日本国际事务研究所的研究团队在佐佐贤一郎（Kenichiro Sasae）的带领下由 69 名研究人员组成，其研究内容覆盖了 11 个主题，分别是：印度太平洋、朝鲜半岛、中国、亚太、东北亚、美洲、欧洲、俄罗斯和 CIS、中东与非洲、安全、经济与全球问题。智库组建了 4 个研究中心，如"日本信息中心"和"太平洋经济合作理事会"，还设立了 8 个研究项目，如"'开放的自由国际秩序'的复原力：美国、中国和欧洲的局势及其影响"。

（3）研究产品

日本国际事务研究所累计发布了 4 400 余篇报告文章，共设计推出了 12 种研究产品，包括 2 种研究报告类产品、1 种学术论文类产品、3 种期刊书籍类产品、3 种评论专栏类产品、1 种数据类产品、2 种活动类产品。《日本评论》是智库的英文季刊，主要提供与东亚外交政策问题相关的专业知识。

408. 三菱 UFJ 研究咨询公司

三菱 UFJ 研究咨询公司（Mitsubishi UFJ Research and Consulting）成立于 1985 年，由三菱日联金融集团创立，位于日本。该智库是一个独立的组织，其资金来源于企业机构。三菱 UFJ 研究咨询公司致力于成为基于知识创造价值的先驱，为客户的富裕和社会的发展做出贡献。该智库网址是：www.murc.jp。

（1）历史沿革

1985 年 10 月，智库前身"三和综合研究所"成立并发布了年刊《1990 年日本经济：趋势与预测》系列。2002 年 4 月，"三和综合研究所"与"东海综合研究所"（1988 年成立）合并为"UFJ 研究所有限公司"。2006 年 1 月，"UFJ 研究所"与"钻石商务咨询有限公司""东京研究国际有限公司"合并为"三菱 UFJ 研究咨询公司"，并于同年 10 月获得独立机构认证。2007 年 1 月，该公司推出《公共政策与管理研究》季刊，并在日本三大城市东京、名古屋和大阪设立分支机构。

（2）组织机构

三菱 UFJ 研究咨询公司的研究团队在总裁池田正和的带领下，由 351 名研究及工作人员组成。其研究工作主要围绕着日本国内经济以及国际经济的前景及预测分析展开。

（3）研究产品

三菱 UFJ 研究咨询公司自成立以来累计发布了 10 000 余篇报告文章，共设计推出了 6 种研究产品，包括 4 种研究报告类产品、1 种期刊书籍类产品、1 种新闻媒体类产品。《公共政策与管理研究》是三菱 UFJ 研究咨询公司的季刊产品，该期刊内容包括研究机构工作人员和专业顾问对当前话题的辩论、行业专家的建言以及切实并有价值的政策声明。

409. 瑞穗研究与技术有限公司

瑞穗研究与技术有限公司（Mizuho Research & Technologies Ltd），成立于 2002 年，由瑞穗金融集团创立，位于日本。瑞穗研究与技术有限公司是一家企业附属智库，其资金来源于企业机构。瑞穗研究与技术有限公司致力于提供宏观经济信息、政策建议和咨询服务，以解决中央政府、地方政府和私营企业的具体问题。该智库网址是：www.mizuho-ir.co.jp/index.html。

（1）历史沿革

2021 年 4 月"瑞穗信息与研究机构"和"瑞穗研究所"合并为"瑞穗研究与技术有限公司"，其致力于通过准确预测数字化和可持续发展的宏观趋势，利用两家机构拥有的知识和技术，为客户和社会面临的挑战提供真正的解决方案，超越了现有智库和 IT 系统开发公司的界限。

（2）组织机构

瑞穗研究与技术有限公司是日本领先的智库之一，设有研究部门、咨询部门和独特的企业会员服务部门。瑞穗研究与技术有限公司的专家具备先进的专业知识和深刻的见识。其研究范围主要涵盖以下五个方面：宏观经济分析与预测；金融和资本市场分析与预测；全球主要国家和地区的研究；经济、金融和社会趋势领域的政策和制度研究；针对国内和全球面临的各种挑战提供政策建议。

（3）研究产品

瑞穗研究与技术有限公司自成立以来累计发布了650余篇报告文章，共设计推出了6种研究产品，包括4种研究报告类产品、1种学术论文类产品、1种活动类产品。《瑞穗经济展望与分析》是该智库推出的季刊产品，每季度提供日本经济展望，并及时对经济问题进行深入分析。

410. 日本综合研究开发机构

日本综合研究开发机构（National Institute for Research Advancement，NIRA）成立于1974年，总部位于日本。该智库是一个半政府组织，其资金来源于政府。日本综合研究开发机构致力于提出大胆的政策建议，及时提供信息，以刺激政策讨论，并为决策过程做出更积极的贡献。该智库网址是：nira.or.jp。

（1）历史沿革

在日本工业、学术、劳工和地方政府的领导人的倡议下，"日本综合研究开发机构"（Nippon Institute for Research Advancement）于1974年3月成立，它是基于日本《综合研究开发机构法》成立的一个半政府组织。2007年，作为日本政府发起的行政改革举措的一部分，该研究所成为国家研究所。2011年，NIRA被政府认定为公益基金会，此后在新的框架下开展活动。2016年，NIRA更名为"National Institute for Research Advancement"。自成立以来，NIRA一直是一个独立的政策研究组织，从整体的视角来处理影响当代社会的各种复杂而相互关联的问题并提出建议，以期为制定政策做出积极的贡献。

（2）组织机构

日本综合研究开发机构的研究团队在金丸恭文的带领下由46名研究人员组成。其研究内容覆盖了6个领域，分别是：民主政治、经济政策、区域经济、数字技术、亚洲经济、金融。NIRA共披露其主持的研究项目29项，如日本预防性医疗措施对医疗费用和经济财政的影响分析以及未来经济金融预测研究等。

（3）研究产品

日本综合研究开发机构仅通过其网页发布了约200篇报告文章，共设计推出了6种研究产品，包括1种期刊书籍类产品、4种研究报告类产品、1种数据类产品。自1993年以来，NIRA出版了《NIRA世界智库目录》（*NIRA's World Directory of Think Tanks*，NWDTT），其对世界上最著名和最具创新性的公共政策研究机构或智库进行了系统介绍。NWDTT概述了众多智库的组织机构和研究活动，这些智库是全球智库网络的"软基础设施"。NWDTT数据库链接为：niradb.jp/search/nwdtt/。

411. 日生基础研究所

日生基础研究所（NLI Research Institute），成立于1988年，由日本生命保险公司创立，位于日本。日生基础研究所是一家公司下属智库，其资金来源于企业机构。日生基础研究所致力于从一个公正的角度进行基础的且面向解决方案的研究。该智库网址是：www.nli-research.co.jp。

（1）历史沿革

日生基础研究所成立于 1988 年 7 月，旨在纪念日本生命保险公司成立一周年。从那时起，日生基础研究所就参与了广泛的研究，涉及国内外经济与金融、投资管理、养老金、福利和就业、城市规划和国际合作等。

由于低生育率、人口老龄化和人口减少的持续恶化，日本经济和社会现在正面临前所未有的转折。日生基础研究所认为在社会多元化和变化的浪潮中，深入了解时代本质和以解决方案为导向的信息传播的研究变得越来越重要。作为日本生命保险集团的智库，日生基础研究所将利用网址、出版物、书籍和其他工具，通过迅速传播信息，为日本实现经济繁荣和安全的社会和生活做出贡献。

（2）组织机构

日生基础研究所的研究团队在所长手岛恒明的带领下，由 51 名研究人员组成。其研究内容覆盖了 9 个领域，分别是：经济学、金融和外汇、养老金、社会保障制度、保险、房地产、公司管理、生活、老年医学。智库设立了保险研究部、经济研究部等 7 个研究部门，并开展了超过 1 000 项各领域合同委托研究项目。

（3）研究产品

日生基础研究所 1995 年以来累计发布了 26 000 余篇报告文章，共推出了 6 种产品，包括 1 种研究报告类产品、2 种期刊书籍类产品、2 种评论专栏类产品、1 种新闻媒体类产品。

412. 野村综合研究所

野村综合研究所（Nomura Research Institute，NRI）成立于 1965 年，总部位于日本。野村综合研究所是一个独立机构，其资金来源于企业机构。野村综合研究所致力于采取适当的解决方案和"引领"，洞察社会和公司的未来发展方向，并为实现它应有的目的提出建议。该智库网址是：www.nri.com。

（1）历史沿革

野村综合研究所最早成立于 1965 年，是日本第一家民间智库。1967 年，NRI 在美国纽约建立分支机构。1988 年 NRI 合并了"野村计算机系统有限公司"（1966 年），后者在日本首次实现了电脑的商业应用。1972—2000 年，NRI 分别在伦敦、新加坡、中国香港和首尔等地建立分支机构。2001 年，NRI 在东京证券交易所第一板块上市，2002 年至今，NRI 在俄罗斯、中国、印度、印尼、泰国和澳大利亚陆续成立了分公司。2006 年，野村综合研究所并入"NRI 数据服务有限公司"。2015 年，NRI 收购了"Brierley +Partners 有限公司""志明软件有限公司"和"日本证券技术有限公司"。

（2）组织机构

野村综合研究所的研究团队在社长河本慎吾的带领下，由 128 名研究人员组成。其研究内容覆盖了 15 个领域，分别是：人工智能、物联网、云、创新、区块链、数字营销、工作方式改革、商业 IT、金融科技、大数据、高净值个人、网络安全、数据分析、市场分析、可持续发展。NRI 成立至今共组建了 39 个研究部门及分支机构，如提供信息安全解决方案的"NRI 安全技术公司"等。

（3）研究产品

野村综合研究所 2007 年以来共披露了 2 400 余篇报告文章，设计了 11 种研究产品，包括 6 种研究报告类产品、2 种期刊书籍类产品、1 种博客类产品、1 种新闻媒体类产品、1 种活动类产品。《资本市场与信息技术》(Lakyara) 是 NRI 的研究报告产品。金融机构在降低成本、提高运营效率、适应法规变化和发展业务方面承受着不断的压力。NRI 认为,将金融知识和信息技术相结合对行业的增长和发展至关重要。通过 Lakyara 报告,NRI 确定了影响其客户及其业务未来的资本市场和 IT 问题。

413. 经贸产业研究所

经贸产业研究所 (Research Institute of Economy, Trade and Industry, RIETI) 成立于 2001 年,总部位于日本。经贸产业研究所是一个独立的研究机构,其资金来源于政府和企业机构。经贸产业研究所致力于进行理论和实证研究,最大限度地发挥与决策者的协同作用,并根据这些研究活动得出的证据提出政策建议。该智库网址是:www.rieti.go.jp。

(1) 历史沿革

为进一步推进日本的经济结构改革和行政改革,建设一个充满活力的经济社会,不仅需要超越原有的行政、政策框架,还需要强化政策的企划立案能力,并在国际社会中呈现出积极的政策姿态。

为了强化政策立案和传播能力,需要建立一种新型论坛。它应该具有一定的独立性,不仅要为行政官员,还要为民间、学界的有识之士以及国外一流的研究人员提供切磋交流的场所,以中长期发展的战略眼光,开展国际水平的调查分析、政策研究和政策提案活动。

在此背景之下,RIETI 作为独立行政法人应运而生。它是为顺利贯彻人事制度和灵活执行预算、有效进行公共政策研究并确保成果的传播而设立的。

RIETI 从中长期经济体制改革的角度出发,针对目前政府尚未考虑到的或者尚未采用的新政策开展崭新的研究,以利于为改进或废除效果欠佳的政策和采取新政策提供理论分析的依据。此外,RIETI 还对制定政策具有影响力的评论或者有识之士之间的政策讨论具有一定的影响。

(2) 组织机构

经贸产业研究所的研究团队在矢野诚的带领下,由 96 名研究人员组成。其研究内容覆盖了 13 个领域,分别是:宏观经济与人口老龄化、国际贸易与投资、区域经济、创新、行业前沿、提高工业和企业生产率、人力资本、法律与经济、政策历史和政策评估、国际宏观经济学、技术与创新、新产业政策、社会保障 & 税收 & 公共财政。RIETI 共开展了 9 个研究项目,在各个研究项目主任的带领下展开了多项课题的研究。

(3) 研究产品

经贸产业研究所自成立以来累计发布了 15 000 余篇报告文章,共设计推出了 42 种研究产品,包括 10 种研究报告类产品、5 种学术论文类产品、7 种期刊书籍类产品、9 种评论专栏类产品、5 种数据类产品、6 种活动类产品。"政策分析论文系列"作为普及科研成果的研究产品,将研究所的研究成果中专业性较强的工作论文等,以概要的形式进行简明易懂的总结概括,以便政治当局和经济界的领导理解研究成果的政策性内涵。

414. 三井住友信托研究所

三井住友信托研究所 (Sumitomo Mitsui Trust Research Institute, SMTRI),成立于 1988 年,由三

井住友金融集团创立，位于日本。三井住友信托研究所是一家企业附属智库，其资金来源于企业机构。三井住友信托研究所致力于从事关于城市与地产的研究工作并给出合理的建议和咨询，为房地产投资市场和房地产金融的发展做出贡献。该智库网址是：www.smtri.jp.

（1）历史沿革

该智库未披露相关信息。

（2）组织机构

三井住友信托研究所的研究团队在神户俊之的带领下由 33 人组成，共组建了"全球房地产研究部"等 5 个研究部门。

（3）研究产品

三井住友信托研究所自 2003 年以来累计发布了 500 余篇报告文章，共设计推出了 7 种研究产品，包括 3 种研究报告类产品、1 种新闻媒体类产品、3 种数据类产品。日本房地产投资信托基金指数（SMTRI J-REIT）是智库的数据类产品，其发布频率为每月 1 次。三井住友信托研究所跟踪 J-REIT 领域的市场波动，并发布 SMTRI J-REIT 指数。该指数综合了所有发行的 J-REIT 股票，并计算自 2001 年 9 月 10 日以来的每日累积收益率。

415. 联合国大学

联合国大学（United Nations University，UNU），成立于 1973 年，由联合国创立，位于日本。联合国大学是一个独立的非营利组织，其资金来源于基金会、企业机构和个人。联合国大学致力于通过合作研究和教育，为解决联合国、联合国人民和成员国关心的人类生存、发展和福利等紧迫的全球问题做出贡献。该智库网址是：unu.edu。

（1）历史沿革

联合国大学是一家总部位于日本的全球智库和研究生教学组织。1969 年，联合国秘书长乌丹特在其提交联合国大会的年度报告中提议建立一所"真正具有国际性质并致力于实现《联合国宪章》和平与进步目标的联合国大学"。联合国大会下令进行可行性研究，并任命一个专家小组与教科文组织密切合作，研究建立这种机构的潜力。该小组于 1972 年 9 月向联合国经济及社会理事会提交了一份报告，并于 1972 年 12 月通过建立联合国大学的决定，正式建立了世界上第一所国际大学。然后，成立委员会起草了《大学章程》和《决议》草案，并于 1973 年 12 月获得大会批准。

正是由于日本政府的捐助，联合国大学得以在 1975 年 9 月开展学术工作，日本政府表示愿意在东京提供总部设施，并捐助 1 亿美元设立捐赠基金。联合国大学第一届理事会和大学第一任校长由詹姆斯·海斯特（James Hester）博士于 1974 年出任。1975 年 1 月 20 日在东京临时总部大楼举行了正式的大学成立典礼。自 1975 年正式开展学术活动以来，联合国大学通过建立与世界各地学术机构的伙伴关系，努力发挥其作为国际大学的作用。

（2）组织机构

联合国大学的研究团队在曾任加拿大发展研究中心主任的大卫·马龙（David Malone）博士的带领下，由 400 余名研究人员组成。其研究内容聚焦于 12 个领域，分别是：消除贫困、健康与幸福、两性平等、素质教育、清洁水与卫生、体面劳动与经济增长、产业 & 创新 & 基础设施、减少不平等、可持续城市与社区、负责任的生产与消费、气候行动、和平 & 正义 & 强大的机构。该智库组建了 14 个研究所，如"环境与人类安全研究所"和"马斯特里赫特创新技术经济社会研究所"等，智库还开展了生物外交项目等 400 余个研究项目。

（3）研究产品

联合国大学自 1997 年以来累计发布了 7 000 余篇报告文章，共设计推出了 15 种研究产品，包括 2 种研究报告类产品、1 种期刊书籍类产品、1 种评论专栏类产品、2 种新闻媒体类产品、9 种活动类产品。联合国大学"对话系列"是智库的活动类产品，其为有影响力的专家、世界领导人和受人尊敬的学者和作家提供一个独特的公共平台，以分享对当代全球事务、政治和媒体的个人见解。对话会在东京联合国大学总部举行，由联合国大学校长和联合国副秘书长大卫·马龙主持。举办以来，该系列活动共邀请了 60 多位著名演讲者参与其中，如联合国难民署高级专员绪方贞子等人。

（二）韩国智库

416. 峨山政策研究所

峨山政策研究所（Asan Institute for Policy Studies）成立于 2008 年，由郑梦准（Chung Mong Joon）博士创立，位于韩国。峨山政策研究所是一个独立、无党派组织，其资金来源于企业机构。峨山政策研究所致力于开展与政策相关的研究，以营造有利于朝鲜半岛和平与稳定的国内、区域和国际环境。该智库网址是：en.asaninst.org。

（1）历史沿革

峨山政策研究所的成立是为了纪念现代集团已故创始人、名誉董事长郑菊榕（Chung Ju-Yung），他为韩国现代化和朝韩和平交流做出了不可磨灭的贡献。郑梦准博士以郑菊榕的笔名"峨山"为名，于 2008 年 2 月 11 日成立了峨山政策研究所，峨山政策研究所由此成为反映韩国在世界舞台上地位的国际智库。

（2）组织机构

峨山政策研究所的研究团队在创始人和名誉主席郑梦准博士带领下，由 13 位专家及研究人员组成。其研究内容覆盖了 11 个领域，分别是：安全、外交关系、全球治理、科学和技术、国际法、经济、民主、核问题、文化与社会、能源、地区。

（3）研究产品

峨山政策研究所自成立以来共发布了 6 000 余篇报告文章，共设计推出了 12 种研究产品，包括 2 种研究报告类产品、2 种期刊书籍类产品、1 种博客类产品、1 种评论专栏类产品、2 种音频视频类产品、4 种活动类产品。

417. 韩国发展研究所

韩国发展研究所（Korea Development Institute，KDI）成立于 1971 年，位于韩国。韩国发展研究所是政府运营的研究机构，其资金来源于政府。韩国发展研究所致力于通过提供及时有效的政策建议，为政府和社会以及公共部门和私营部门做出实质性贡献。该智库网址是：www.kdi.re.kr。

（1）历史沿革

韩国发展研究所创建于 1971 年，初衷是认识到有必要建立一个从系统和适用的角度研究韩国经济政策问题的智库，并协助政府制定"经济发展 5 年计划"和相关政策。KDI 的研究人员不仅参与了 5 年计划的制订，还参与了 3 年滚动计划和年度经济管理计划的制订。在 20 世纪 80 年代，

KDI 的研究方向随着韩国社会和经济部门的转变而调整。经济力量加速向商业集团集中，其相关问题扩大为社会政治问题。KDI 的研究人员发现了当时社会存在的结构性问题并给出了适当的政策建议。这些努力构成了 1986 年修订《公平贸易法》的基础，该法旨在建立法律体系以减少和阻止经济集中。1992 年，在新政府的领导下，KDI 参与韩国第七个五年计划的制订。2000 年，KDI 不仅大力支持与韩国其他研究机构的合作研究，还大力支持与世界银行和经合组织等国际组织的合作研究，从而使研究工作进一步国际化。

（2）组织机构

韩国发展研究所的研究团队由现任韩国发展研究所第 15 届会长崔正杓带领研究人员组成，其研究内容覆盖了 7 个领域，分别是：经济政策与战略、知识经济、市场与机构、公共财政与社会政策、宏观经济分析与预测、朝鲜经济研究、全球经济。该智库组建了 10 个研究部门，比如经济政策与战略部、知识经济部等。

（3）研究产品

韩国发展研究所自成立以来共发布了 13 000 余篇报告文章，共设计推出了 16 种研究产品，包括 5 种研究报告类产品、3 种学术论文类产品、2 种期刊书籍类产品、2 种评论专栏类产品、1 种新闻媒体类产品、1 种音频视频类产品、2 种活动类产品。《KDI 经济政策期刊》是智库 1979 年开始出版的旗舰季刊。期刊文章主要覆盖经济学全领域的学术论文。该期刊重视实证分析，以及实际的政策影响。

418. 韩国经济研究所

韩国经济研究所（Korea Economic Research Institute，KERI）成立于 1981 年，总部设在韩国。韩国经济研究所是一个非政府的私人组织，其资金来源于基金会和企业机构。韩国经济研究所致力于通过建立有效的自由市场经济和培育健康成长的企业，为国民经济的增长和发展做出贡献。该智库网址是：www.keri.org。

（1）历史沿革

该智库未披露相关信息。

（2）组织机构

韩国经济研究所的研究团队由曾任总统秘书的权太新带领研究人员组成，其研究内容覆盖了 4 个领域，分别是：经济、产业和管理、社会和法规、外交和安全。

（3）研究产品

韩国经济研究所自成立以来共发布了 15 000 余篇报告文章，共设计推出了 13 种研究产品，包括 3 种研究报告类产品、1 种学术论文类产品、1 种期刊书籍类产品、1 种博客类产品、2 种评论专栏类产品、3 种数据类产品、2 种新闻媒体类产品。

419. 韩国产业经济与贸易研究所

韩国产业经济与贸易研究所（Korean Institute for Industrial Economics and Trade，KIET）成立于 1976 年，由政府创立，位于韩国。韩国产业经济与贸易研究所是国家级综合研究机构，其资金来源于政府。韩国产业经济与贸易研究所致力于成为韩国工业经济的智囊和世界领先的研究机构之一，并通过分析全球产业结构的变化来塑造未来韩国经济的愿景。该智库网址是：eng.kiet.re.kr。

（1）历史沿革

韩国产业经济与贸易研究所最初是作为国际经济公共研究机构成立的，以支持韩国经济的外向增长。1976年，该研究所在第一次全球石油危机后作为"韩国中东研究基金会"成立；1977年，合并全球经济问题和地区研究所，重组为"韩国国际经济研究所"；1982年，"韩国国际经济研究所"与"韩国科学技术信息中心"合并，重新成立"韩国产业经济技术研究所"，1984年更名为"韩国产业经济与贸易研究所"，并设立半自治的附属产业技术信息中心。1999年，该研究所由韩国国家经济、人文与社会科学研究委员会管理。

（2）组织机构

韩国产业经济与贸易研究所的研究团队由张智相总裁带领研究人员组成。其研究内容覆盖了5个领域，分别是：工业研究、公司研究、贸易和商业研究、区域研究、行业趋势和统计分析。该智库组建了9个研究中心，比如增长引擎产业中心、产业政策研究中心等。智库开展了20个研究项目，比如东欧可再生能源市场前景以及韩国小企业进入这些市场的策略、提高集群项目商业竞争力的机制和伤亡分析等。

（3）研究产品

韩国产业经济与贸易研究所自成立以来共发布了13 200余篇报告文章，共设计推出了9种研究产品，包括2种研究报告类产品、2种学术论文类产品、2种期刊书籍类产品、2种评论专栏类产品、1种活动类产品。《产业研究》是智库的学术半年期刊，致力于为韩国产业政策指出合理的方向，并为产业、贸易和商业相关的学术发展做出贡献。

420. 韩国国际经济政策研究所

韩国国际经济政策研究所（Korea Institute for International Economic Policy，KIEP）成立于1989年，位于韩国。韩国国际经济政策研究所是国家政策研究所，其资金来源于政府和机构组织。韩国国际经济政策研究所致力于通过调查、研究和分析与对外经济政策和全球经济相关的问题，为国家制定对外经济政策做出贡献。该智库网址是：www.kiep.go.kr。

（1）历史沿革

韩国国际经济政策研究所是一家国家政策研究所，是根据韩国政府特别法成立的，旨在对全球经济问题进行研究、调查和分析，指导国家制定有效的国际经济政策。

（2）组织机构

韩国国际经济政策研究所的研究团队由研究所所长金亨冲博士（Dr. Heungchong Kim）带领157名研究人员组成。该智库组建了7个研究部门，比如国际宏观经济与金融部、国际贸易部等，共主持开展了30个研究项目，比如数字化转型时代的数字贸易政策研究、分析主要经济体的竞争政策以及对包容性和创新性增长的政策影响等。

（3）研究产品

韩国国际经济政策研究所自成立以来共发布了7 620余篇报告文章，共设计推出了10种研究产品，包括4种研究报告类产品、2种学术论文类产品、2种期刊书籍类产品、1种新闻媒体类产品、1种活动类产品。《东亚经济评论》是智库的经济类期刊，旨在促进国际经济学的跨学科研究。该杂志由国际经济政策研究所每季出版，具有全球视角，涵盖理论和实证研究。

（三）印度智库

421. 发展中社会研究中心

发展中社会研究中心（Centre for the Study of Developing Societies，CSDS）由政治家拉杰尼·科塔里（Rajni Kothari）于 1963 年在印度建立。发展中社会研究中心是一个独立组织，其资金来源于基金会、企业机构和个人。发展中社会研究中心致力于建立社会科学与人文学科之间的联系，并通过印度语研究找到印度本土政治和伦理思想。该智库网址是：www.csds.in。

（1）历史沿革

在最初成立的十年中，发展中社会研究中心因其在印度政治方面开展的先锋性经验工作而逐渐闻名。其创始人——印度政治家拉杰尼·科塔里是首位对印度国家政治体系进行系统、全面研究的学者，得到了空前的国际赞誉。中心在对整个 20 世纪下半叶进行研究时，发现无法独立于邻国来构思或理解印度。该中心是印度为数不多的尝试与孟加拉国、斯里兰卡、巴基斯坦和尼泊尔的研究人员保持联系的机构之一。它在这一研究中的长期参与催生了 2007 年和 2017 年的两份关于南亚民主状况的报告。发展中社会研究中心孵化了"中国研究学院"，该学院在吉里·德辛卡（Giri Deshingkar）的领导下专注于了解中国文明和现代中国，这个由学者和其他中国专家组成的网络直到最近才成为独立机构。

（2）组织机构

发展中社会研究中心的研究团队在主任阿瓦德亨德拉·莎兰（Awadhendra Sharan）的带领下，由 20 余位研究人员组成。其研究内容覆盖了 7 个领域，分别是：民主与未来，思想文化，公共政策，印度社会科学，城市与社会治理，多样性、身份和暴力，城市转型。该智库开展了印度语言项目等 5 个研究项目。

（3）研究产品

发展中社会研究中心 2013 年以来累计发布了 500 余篇报告文章，共设计推出了 10 种研究产品，包括 2 种研究报告类产品、2 种期刊书籍类产品、2 种评论专栏类产品、1 种新闻媒体类产品、1 种音频视频类产品、1 种活动类产品、1 种数据类产品。

422. 德里政策集团

德里政策集团（Delhi Policy Group，DPG），成立于 1994 年，由尚卡·巴贝（K. S. Bajpai）和他人共同创立，位于印度。该智库是一个无党派组织，其资金来源于基金会。德里政策集团致力于促进印度的国家目标实现、保障印度人民的安全和经济繁荣、协助印度对全球公共利益做出贡献。该智库网址是：www.delhipolicygroup.org。

（1）历史沿革

德里政策集团是印度历史最悠久的智库之一，主要关注涉及国家重大利益的国际和战略问题。它是由杰出的外交官尚卡·巴贝与其他著名的公共知识分子基于智库在支持民主政府及蓬勃发展的公民社会中日益重要的作用而建立的。

DPG 今天被公认为印度和亚洲主要大国的顶级安全智库之一。它正在加强与外国同行的合作和知识共享。它与日本国际事务研究所（JIIA）共同举办了印度-日本-太平洋旗舰论坛，并与美国、俄罗斯、日本、法国、澳大利亚、印度尼西亚、伊朗、新加坡和斯里兰卡的主要智库伙伴进行机构对话和磋商。

（2）组织机构

德里政策集团的研究团队在印度前任外交官赫曼特·克里山·辛格大使的带领下，由 20 名研究人员组成。其研究内容覆盖了 3 个领域，分别是：战略和地缘政治问题、地缘经济问题、国防与安全问题。

（3）研究产品

德里政策集团 2016 年以来累计发布了 1 000 余篇报告文章，共设计推出了 23 种研究产品，包括 10 种研究报告类产品、2 种期刊书籍类产品、6 种评论专栏类产品、1 种音频视频类产品、4 种活动类产品。

423. 发展替代方案

发展替代方案（Development Alternatives，DA），成立于 1990 年，由阿肖克·科斯拉（Ashok Khosla）博士创立，位于印度新德里。发展替代方案是一个两党派的组织，其资金来源于政府、基金会、企业机构以及个人。发展替代方案致力于为广大成员创建可持续生计模式。该智库网址是：www.devalt.org。

（1）历史沿革

发展替代方案是世界上第一个关注可持续发展的社会实体，是一个研究和行动组织，致力于提供社会公平，以及对环境无害且在经济上可扩展的发展成果。DA 在居住、水、能源和废物管理方面的绿色技术创新满足了基本需求并形成了可持续的态势，在印度最落后的地区减少了贫困并恢复了自然生态系统的活力。

（2）组织机构

发展替代方案的研究团队在创始人的带领下由 10 余人组成。其研究内容覆盖了 5 个领域：社会行动、技术创新、环境管理、企业解决方案、政策研究。DA 组建了 11 个研究中心（如产品开发中心等），主持开展了 5 个研究项目（如清洁技术解决方案等）。

（3）研究产品

发展替代方案 2014 年以来累计发布了 800 余篇报告文章，共设计推出了 5 种研究产品，包括 1 种期刊书籍类产品、2 种音频视频类产品、1 种新闻媒体类产品、1 种活动类产品。

424. 民主改革基金会

民主改革基金会（Foundation for Democratic Reforms，FDR），成立于 1996 年，由贾耶普拉卡希·纳拉扬（Jayaprakash Narayan）创立，位于印度。民主改革基金会是一个独立机构，其资金来源于企业机构和个人。民主改革基金会致力于研究和推动政治、选举和治理领域以及国家政策关键领域的根本改革。该智库网址是：www.fdrindia.org。

（1）历史沿革

该智库未披露相关信息。

（2）组织机构

民主改革基金会的研究团队在贾耶普拉卡希·纳拉扬博士的带领下由 3 人组成。其研究内容覆盖9个领域：政治和选举改革、透明度和问责制、行政改革、地方治理、司法改革、教育、卫生保健、农业、合作社。

（3）研究产品

民主改革基金会自成立以来累计发布了1 000余篇报告文章，共设计推出了13种研究产品，包括3种研究报告类产品、1种期刊书籍类产品、1种博客类产品、1种评论专栏类产品、1种数据类产品、6种活动类产品。"FDR实习"是智库的活动类产品，也是印度最受欢迎的项目之一。每年夏天，该项目都会收到200多份来自法律、工程、管理、公共政策等领域的报告。从2012年至2018年，FDR接待了300多名实习生，他们参与研究、交流，向立法机构提交意见，在议会审议中提供立法支持，在活动管理等方面做出了杰出贡献。

425. 门户之家：印度全球关系理事会

"门户之家：印度全球关系理事会"（Gateway House：Indian Council on Global Relations）（简称"门户之家"），成立于2009年，由曼吉特·克里帕拉尼（Manjeet Kripalani）和尼勒姆·德奥（Neelam Deo）创立，位于印度。门户之家是一个独立、无党派、基于会员的组织，其资金来源于企业机构和个人。门户之家致力于促进印度公司、金融机构和个人参与有关印度外交政策的辩论和学术研究，并扩大印度在全球事务中的作用。该智库网址是：www.gatewayhouse.in。

（1）历史沿革

印度正准备在全球化和世界事务中发挥变革性作用，同时也面临着特殊的问题——恐怖主义、内部冲突、敌对的邻里关系、贫困和年轻人的雄心壮志。随着其全球影响力的不断扩大，印度企业已经主导了至少10年的外交活动，但无论是企业还是政府，都没有将其用于印度的优势。孟买是印度顶级企业的聚集地，但缺乏一个平台来宣传和影响新德里和世界各地的外交政策。设在孟买的一个研究所将成为商业和外交政策的重要"交汇点"。

门户之家的成立始于纽约外交关系委员会。曼吉特·克里帕拉尼是该委员会2006—2007年度的爱德华·R.默罗（Edward R. Murrow）新闻研究员，她受到了该委员会探索和学术能力的启发。印度尤其是孟买经济正在崛起，但又陷入地缘政治的泥潭，需要一个类似的机构来帮助公民和企业参与外交政策制定。十多年来，印度商界一直在主导外交，但从未利用过这种力量——印度政府也没有。2007年7月，曼吉特·克里帕拉尼回到孟买，手里拿着概念书，拜访了孟买的商人。她把目标锁定在出口额超过40%的公司，认为它们会对外交政策更感兴趣。

（2）组织机构

门户之家的研究团队在曼吉特·克里帕拉尼的带领下由16人组成。其研究内容覆盖了8个领域：地缘经济学、连通性和地缘政治、能源与环境、国际安全、科技创新、民主与民族建设、多边关系、孟买历史。

（3）研究产品

门户之家自成立以来累计发布了4 700余篇报告文章，共设计推出了14种研究产品，包括3种研究报告类产品、1种学术论文类产品、1种期刊书籍类产品、1种博客类产品、1种评论专栏类产品、1种新闻媒体类产品、1种音频视频类产品、1种数据类产品、4种活动类产品。

426. 印度国际经济关系研究理事会

印度国际经济关系研究理事会（India Council for Research on International Economic Relations,

ICRIER），成立于 1981 年，位于印度。印度国际经济关系研究理事会是一个独立、非营利的经济政策组织，资金来源于政府、企业机构和个人。印度国际经济关系研究理事会致力于通过开展分析性研究、提高决策的知识含量，为印度决策者提供信息，并加强与全球经济的联系。该智库网址是：icrier.org。

（1）历史沿革

该智库未披露相关信息。

（2）组织机构

印度国际经济关系研究理事会的研究团队在迪帕克·米什拉博士的带领下，由 99 名研究和工作人员组成。其研究工作聚焦于 8 个领域：宏观经济管理金融自由化与监管，印度经济的全球竞争力——农业，制造业和服务业，多边贸易谈判和 FTA，城市化的挑战和机遇，气候变化与可持续发展，有形和社会基础设施（包括电信、运输、能源和卫生），以南亚为重点的亚洲经济一体化，技能发展、创业和就业。该智库共开展了 38 个研究项目，如目前正在进行的数字经济、初创企业和创新项目以及增长就业和宏观经济项目等。

（3）研究产品

印度国际经济关系研究理事会自成立以来累计发布了 2 000 余篇报告文章，共设计推出了 21 种研究产品，包括 8 种研究报告类产品、2 种学术论文类产品、3 种期刊书籍类产品、1 种评论专栏类产品、2 种新闻媒体类产品、1 种数据类产品、4 种活动类产品。

427. 印度世界事务理事会

印度世界事务理事会（Indian Council of World Affairs, ICWA），成立于 1943 年，由一群印度知识分子创立，总部位于印度。印度世界事务理事会是一个非官方、非政治和非营利性组织，其资金来源于基金会、企业机构和个人。作为印度重点智库机构，印度世界事务理事会致力于促进对印度和国际事务的研究，改变对国际事务的见解，通过学习、研究、讨论、讲座、与印度国内外从事类似活动的其他组织交流思想和信息，促进印度与其他国家的关系，同时使理事会成为世界事务信息和知识的交流中心。智库网址是：www.icwa.in。

（1）历史沿革

根据 2001 年的一项议会法案，印度世界事务理事会被宣布为重要机构，印度副总统文凯亚·奈杜先生（Venkaiah Naidu）是 ICWA 的现任官方主席。该智库专门研究国际关系和外交事务，其举办了历史性的国际会议，如 1947 年由自由斗士萨罗基尼·奈杜（Sarojini Naidu）领导的"亚洲关系会议"和 1994 年的"联合国与新世界秩序"等，世界知名政要在这些会议上向知识分子的集会致辞。委员会在其名为"萨普鲁之家"（Sapru House）的建筑内组织了数十场会议和小组讨论。印度首任独立首相、已故的印度外交先驱潘迪特·J. 尼赫鲁（Pandit J. Nehru）经常来"萨普鲁之家"拜访，与著名学者、知识分子进行会谈。

2009 年，为纪念"亚洲关系会议"智库采取了主动行动，并组织了名为"新兴中国：亚洲伙伴关系的前景"的会议。来自 15 个国家和地区的 25 位学者发表了演讲，一些学者、外交官和政策制定者参加了会议。

（2）组织机构

印度世界事务理事会的研究团队在维杰·T. 辛格夫人（Vijay T. Singh）的带领下由 23 名研究

及工作人员组成。智库共组建了 2 个研究中心，主持了 2 个研究项目，如外交政策意识计划。

（3）研究产品

印度世界事务理事会自成立以来累计发布了 1 800 余篇报告文章，共设计推出了 16 种研究产品，包括 5 种研究报告类产品、1 种学术论文类产品、3 种期刊书籍类产品、2 种评论专栏类产品、2 种新闻媒体类产品、1 种音频视频类产品、2 种活动类产品。《印度季刊》是期刊书籍类产品，是一份同行评议的国际事务杂志。作为印度世界事务理事会的旗舰出版物，《印度季刊》旨在鼓励学者、新闻工作者和其他知识分子就有关国际关系和国家外交政策的问题发表原创文章。

428. 英迪拉·甘地发展研究所

英迪拉·甘地发展研究所（Indira Gandhi Institute of Development Research，IGIDR），成立于 1986 年，由印度储备银行创立，位于印度。英迪拉·甘地发展研究所是一个非营利性独立组织，其资金来源于基金会和企业机构。英迪拉·甘地发展研究所致力于从跨学科角度促进和开展有关发展问题的研究，以获得对发展过程和替代政策选择的知识，并进一步传播获得的知识。该智库网址是：www.igidr.ac.in。

（1）历史沿革

英迪拉·甘地发展研究所是由印度储备银行建立并资助的先进研究机构，从多学科角度开展发展问题研究。该研究所最初是一个纯粹的研究机构，但它在 1990 年启动了一个发展研究领域的博士项目，并随后迅速发展为一个成熟的教学和研究机构。博士课程的目标是培养具有不同学科背景的研究人员，让他们能够解决经济学、能源和环境政策方面的问题。

（2）组织机构

英迪拉·甘地发展研究所的研究团队在马赫德拉·戴夫教授的带领下，由 40 名研究人员组成。其研究内容主要覆盖了 12 个领域，例如：经济改革和宏观经济政策、公共经济学、国际贸易汇率、产业经济学、博弈论、金融业 & 银行业、农业经济学、农村发展、劳动经济学、经济史、能源与基础设施。IGIDR 的教职员工可以进入由国家和国际组织资助的项目，前提是这些项目符合研究所的目标。目前该智库已执行开发计划署、环境署、世界银行、加拿大国际开发署等国家和国际机构资助的研究项目 64 项，如"制造业事项：以就业为导向的工业化研究提案"。

（3）研究产品

英迪拉·甘地发展研究所自成立以来累计发布了 2 000 余篇报告文章，共设计推出了 10 种研究产品，包括 3 种研究报告类产品、2 种期刊书籍类产品、2 种学术论文类产品、1 种新闻媒体类产品、2 种活动类产品。

429. 公共企业研究所

公共企业研究所（Institute for Public Enterprise，IPE）成立于 1964 年，位于印度。公共企业研究所是一个非营利性组织，其资金来源于政府和企业机构。公共企业研究所致力于通过其在社会科学研究和管理教育方面的多学科能力，预测和满足政府、企业和社会部门的社会科学和管理研究的需求。该智库网址是：www.ipeindia.org。

（1）历史沿革

该智库未披露相关信息。

（2）组织机构

公共企业研究所的研究团队在内森·苏布拉马楠教授的带领下，由 30 名研究人员组成。其研究内容覆盖了 6 个领域：公共企业政策、国有企业改革与改制、企业和金融领域研究、印度国家级公共企业、案例研究、能源与技术。该智库组建了 7 个研究中心（如能源经济学中心等），开展了 1 个研究项目（即管理发展计划）。

（3）研究产品

公共企业研究所 2009 年以来累计发布了 1 800 余篇报告文章，共设计推出了 13 种研究产品，包括 3 种研究报告类产品、7 种期刊书籍类产品、1 种活动类产品、1 种数据类产品、1 种新闻媒体类产品。《公共企业研究所学报》是 IPE 旗舰期刊和经评审的季刊，致力于发布印度和世界各地公共部门企业以及公共系统政策和职能方面的专业和学术研究成果。对公共政策与企业的成长、工作、绩效、贡献、问题和替代模式的研究是《公共企业研究所学报》的核心内容。

430. 经济增长研究所

经济增长研究所（Institute of Economic Growth，IEG）由 V. K. R. V. Rao 教授于 1952 年在印度成立。经济增长研究所是一个多学科的独立组织，其资金来源于企业机构。经济增长研究所致力于进行理论上合理、方法上严格符合国际标准、与政策相关的研究。该智库网址是：iegindia.org。

（1）历史沿革

经济增长研究所的教员、董事会和董事会成员包括众多杰出的知识分子和决策者。几位前教职员工曾担任计划委员会成员或首相经济顾问团成员。前总理辛格（Manmohan Singh）与该研究所有着长期的合作关系，最初担任董事会主席（1972—1982 年），自 1992 年起担任经济增长研究所协会主席。

（2）组织机构

经济增长研究所的研究团队在阿吉特·米什拉教授的带领下，由 60 余位研究人员组成。其研究内容覆盖了 9 个领域：农业和农村发展、环境与自然资源、全球化与贸易、卫生经济学与政策、工业与发展、就业 & 劳工 & 非正式部门、宏观经济学分析与政策、人口与人力资源、社会变革与社会结构。该智库设立了 8 个研究部门，如农业经济部门等。

（3）研究产品

经济增长研究所自成立以来累计发布了 800 余篇报告文章，共设计推出了 13 种研究产品，包括 5 种研究报告类产品、1 种学术论文类产品、3 种期刊书籍类产品、1 种新闻媒体类产品、1 种音频视频类产品、2 种活动类产品。《印度社会学贡献》是 IEG 的同行评议期刊，在过去的 50 年里，它致力于南亚社会和文化方面的前沿学术研究。

431. 综合研究和发展促进行动研究所

综合研究和发展促进行动研究所（Integrated Research and Action for Development，IRADe）由乔蒂·帕里克（Jyoti Parikh）博士于 2002 年在印度新德里成立，是一家独立的非营利性研究机构，其资金来源于政府和基金会。该智库致力于增进彼此的理解，将多方利益相关者对发展问题的观点融为一体，通过对利益相关者和决策者之间有效政策的研究和分析来达成更广泛的共识。该智库网址是 www.irade.org。

（1）历史沿革

综合研究和发展促进行动研究所被印度政府城市发展部认定为"气候变化脆弱性和适应性"城市发展领域的卓越中心。自 2008 年 9 月 16 日起，综合研究和发展促进行动研究所被印度政府科学与工业研究部认定为"科学与工业研究组织"。

（2）组织机构

综合研究和发展促进行动研究所的研究团队在乔蒂·帕里克博士的带领下，由 20 余位研究人员组成。其研究内容覆盖了 5 个领域：能源和电力系统、可持续城市发展、气候变化与环境、扶贫与两性、粮食安全与农业。该智库设立了 1 个研究中心（即亚洲可持续发展中心），并开展了 88 个研究项目（如低碳发展的长期战略）。

（3）研究产品

综合研究和发展促进行动研究所自成立以来累计发布了 300 余篇报告文章，共推出了 3 种研究产品，包括 2 种研究报告类产品、1 种活动类产品。智库在出版的报告中主要发布其在各个领域的最新研究成果，提出重要观点，对面临的问题进行分析并给出政策建议。

432. 国家应用经济研究理事会

国家应用经济研究理事会（National Council of Applied Economic Research，NCAER）由 C. D. 德什穆克（C. D. Deshmukh）、J. R. D. 塔塔（J. R. D. Tata）、约翰·麦泰（John Mathai）和阿索卡·梅塔（Asoka Mehta）于 1956 年在印度创建。国家应用经济研究理事会是一个独立的非营利组织，其资金来源于政府、基金会和企业机构。国家应用经济研究理事会致力于提出有价值的问题、收集良好的证据、进行正确的分析并广泛分享结果。该智库网址是：www.ncaer.org。

（1）历史沿革

国家应用经济研究理事会的成立源于尼赫鲁（Nehru）总理早期的设想，即印度需要独立的智库机构作为政府和私营部门的代言人。国家应用经济研究理事会成立于 1956 年，是一家公私合营企业。理事会的第一任管理者是印度经济部长和私营部门的主要人物。福特基金会、印度财政部和塔塔父子公司在早期为国家应用经济研究理事会提供了强有力的财政支持。

（2）组织机构

国家应用经济研究理事会的研究团队在主席南丹·尼勒卡尼的带领下，由 50 余位研究人员组成。其研究内容覆盖了 4 个领域：贸易和宏观经济政策、投资环境、农业与农村发展、自然资源与环境。该智库设立了 1 个中心，即国家数据创新中心，开展了 2 个研究项目，分别是"权力下放、农村治理和包容性增长：联系与影响项目"和农业前景与粮食安全形势分析项目。

（3）研究产品

国家应用经济研究理事会 2001 年以来累计发布了 220 篇报告文章，共推出 11 种研究产品，包括 5 种研究报告类产品、1 种期刊书籍类产品、1 种新闻媒体类产品、1 种音频视频类产品、2 种数据类产品、1 种活动类产品。"机构数据"是智库的数据类产品。为了解部门在经济中的相互作用，NCAER 与机构合作，收集农业、渔业、手摇织机、住房、信息和通信技术和商业期望等多部门的数据。

433. 观察家研究基金会

观察家研究基金会（Observer Research Foundation，ORF）由睿时·库马尔·米沙拉（Rishi

Kumar Mishra）于 1990 年在印度成立，是一个独立的无党派组织，其资金来源于政府、基金会和企业机构。观察家研究基金会致力于进行深入研究，提供包容性平台，并培养现在和未来的思想领袖。该智库网址是：www.orfonline.org。

（1）历史沿革

观察家研究基金会的创建理念主要受实用主义的影响。在印度过渡到与国际经济秩序接轨的新阶段时，印度面临了一些挑战，因此需要建立一个独立的论坛，以严格调查印度面临的问题并帮助制定连贯的政策应对措施。因此，观察家研究基金会成立伊始便将印度主要的经济学家和决策者召集在一起，提出印度经济改革的议程。

观察家研究基金会成立 30 多年来，致力于讲好"印度故事"。从最初的内向发展和参与国内改革，到逐步建立全球伙伴关系，观察家研究基金会今天在达成印度与世界互动的政治和政策共识方面发挥着开创性的作用。随着印度在 21 世纪开始发挥更大的作用，观察家研究基金会继续突破规范界限，将新思想带入政策讨论，并为新一代思想家提供平台。

（2）组织机构

观察家研究基金会的研究团队在萨米尔·萨拉（Samir Sara）的带领下，由 100 余位研究人员组成。其研究内容覆盖了 11 个领域，如：国防安全、气候、环境经济与金融、能源、国内治理、医疗健康、国际事务、发展伙伴关系等。该智库主持开展了 13 个研究项目，如战略研究项目和政治经济学项目等。

（3）研究产品

观察家研究基金会 2000 年以来累计发布了 8 600 余篇报告文章，共设计推出了 13 种研究产品，包括 4 种研究报告类产品、1 种学术论文类产品、1 种期刊书籍类产品、3 种评论专栏类产品、1 种新闻媒体类产品、1 种音频视频类产品、2 种活动类产品。"GP-ORF 系列报告"是智库的评论专栏类产品，主要关注印度发生的主要辩论（这些辩论会影响全球治理和政策讨论的进程）。该产品的发布频率为每年 3~4 次。

434. 维韦卡南达国际基金会

维韦卡南达国际基金会（Vivekananda International Foundation，VIF），成立于 2009 年，由阿吉特·多瓦尔（Ajit Dova）创立，位于印度。维韦卡南达国际基金会是一个独立的无党派组织，其资金来源于基金会。维韦卡南达国际基金会致力于促进高质量研究，并成为对话和解决冲突的平台。该智库网址是：www.vifindia.org。

（1）历史沿革

该智库未披露相关信息。

（2）组织机构

维韦卡南达国际基金会的研究团队在阿万德·古塔（Arvind Gupta）的带领下，由 35 人组成。其研究内容覆盖了 8 个领域：邻里研究、国际关系/外交、技术与科学研究、经济研究、治理与政治研究、历史与文明研究、国家安全与战略研究、媒体研究。智库组建了 6 个研究中心，如国家安全和战略研究中心等。

（3）研究产品

维韦卡南达国际基金会自成立以来累计发布了 5 000 余篇报告文章，共设计推出了 21 种产品，包括 7 种研究报告类产品、2 种学术论文类产品、5 种期刊书籍类产品、1 种音频视频类产品、2 种评论专栏类产品、1 种新闻媒体类产品、3 种活动类产品。

（四）巴基斯坦智库

435. 应用经济研究中心

应用经济研究中心（Applied Economics Research Centre，AERC）由埃桑·拉希德（Ehsan Rashid）教授于 1973 年在卡拉奇大学建立，位于巴基斯坦。AERC 是一个大学附属研究机构，其资金来源于企业机构。应用经济研究中心致力于为学者和公共机构提供跨学科和应用经济学的研究支持，以进行研究、服务和教育活动。该智库网址是：www.aerc.edu.pk。

（1）历史沿革

埃桑·拉希德教授是一位杰出的经济学家，他于 1973 年奠定了巴基斯坦应用经济研究中心的基础，并于同年被任命为该中心的第一任主任。AERC 是巴基斯坦领先的高等教育和研究机构。该中心的主要职能是进行政策研究和学术研究，为客户提供合同研究、研究生教学，并向政府提供咨询服务。多年来，卡拉奇大学应用经济研究中心的规模快速扩大，被巴基斯坦高等教育委员会授予"应用经济学国家能力研究所"称号。

（2）组织机构

卡拉奇大学应用经济研究中心的研究团队在凯瑟琳·卡什莫尔（Catherine Cashmore）的领导下，由 40 余位研究人员组成。其研究内容覆盖了 8 个领域：公共财政、宏观经济学、人力资源开发、贸易方式、城市、农业、贫困和两性、教育。

（3）研究产品

应用经济研究中心自成立以来累计发布了 200 余篇报告文章，共设计推出了 5 种研究产品，包括 2 种研究报告类产品、1 种期刊书籍类产品、1 种新闻媒体类产品、1 种活动类产品。其中，《巴基斯坦应用经济学杂志》是中心的期刊类产品，旨在为读者提供一个独特的平台，以便在复杂的经济学领域交换和共享信息。该杂志发表了关于微观和宏观经济学中应用问题的原创文章，对经济系统进行了广泛的研究，是让学者和从业者了解新趋势和理论的宝贵学术资源。

436. 巴基斯坦经济和社会转型研究中心

巴基斯坦经济和社会转型研究中心（Center for Research on Economic and Social Transformation，CREST）于 2009 年成立，位于巴基斯坦。CREST 是一个以政策研究为导向的独立机构，其资金来源于政府。巴基斯坦经济和社会转型研究中心致力于开展研究并扩大知识范围，以促进为巴基斯坦的社会经济发展制定明智的政策。该智库网址是：crestpak.wordpress.com。

（1）历史沿革

巴基斯坦经济和社会转型研究中心于 2009 年 3 月 14 日成立，由一群年轻又充满热情的经济学家和社会科学专家组成，他们热衷于进行高质量的研究，并就与巴基斯坦和南亚地区社会经济发展相关的重要问题进行深入的辩论，有效地促进巴基斯坦社会、经济、政治等的转型。

（2）组织机构

巴基斯坦经济和社会转型研究中心的研究团队在撒迪亚·马利克（Sadia Malik）的领导下，由

13 位研究人员组成。其研究内容覆盖了 10 个领域：宏观经济增长与政策、不平等、通过健康和教育促进人类发展和能力、贫困及其各种表现形式、冲突与人类安全的政治经济学、通过技术和职业教育与培训进行技能开发、监测和评估社会经济项目、家庭调查、管理、机构能力评估。该智库共主持开展了 3 个研究项目，如前金融危机背景下的南亚的增长、就业和贫困的研究项目等。

（3）研究产品

巴基斯坦经济和社会转型研究中心自成立以来累计发布了 100 余篇报告文章，共设计推出了 5 种研究产品，包括 2 种研究报告类产品、1 种学术论文类产品、1 种评论专栏类产品、1 种新闻媒体类产品。其中，"研究报告"主要是关于巴基斯坦经济和社会转型研究中心在各个领域的最新研究成果，旨在拓宽巴基斯坦社会科学研究的概念和知识前沿。

437. 区域研究所

区域研究所（Institute of Regional Studies，IRS）于 1982 年在巴基斯坦成立。区域研究所是一个独立的非营利组织，其资金来源于政府。区域研究所致力于对南亚的外交和国家事务进行重点研究。该智库网址是：www.irs.org.pk。

（1）历史沿革

自 1982 年作为独立智库成立以来，区域研究所的口号是"了解你的邻居"。它为该地区的政治、经济和社会事件提供了高质量的深入研究和批判性分析。为了应对现代挑战，区域研究所采取了积极、包容和渐进的方法。在关注该地区面临的微观和宏观挑战的同时，区域研究所将扩大其研究范围，包括种族、教育、人口、网络安全和气候变化。重点是使区域研究所出版物更具影响力，促进学者研究计划并启动非常驻学者计划，并加强研究所与国内外的交流。

（2）组织机构

区域研究所的研究团队在纳迪姆·里亚兹（Nadeem Riyaz）领导下，由 10 位研究人员组成。其研究内容主要是对南亚外交和国家事务进行重点研究，包括地缘战略、国防、经济、文化、卫生、教育、环境、科学、技术和社会问题。此外，区域研究所还在中国、西亚和中亚等地区开展工作。

（3）研究产品

区域研究所自成立以来累计发布了近 100 篇报告文章，共设计推出了 9 种研究产品，包括 4 种研究报告类产品、2 种期刊书籍类产品、1 种博客类产品、1 种活动类产品、1 种新闻媒体类产品。《区域研究》是区域研究所的季刊，涉及的范围很广，包括外交和内政、经济和工业、科学技术、社会文化方面以及与安全有关的问题

438. 伊斯兰堡战略研究所

伊斯兰堡战略研究所（Institute of Strategic Studies Islamabad）成立于 1973 年，总部设在巴基斯坦。伊斯兰堡战略研究所是一个非营利性的独立机构，其资金来源于政府，即巴基斯坦外交部。伊斯兰堡战略研究所致力于通过对影响巴基斯坦和平、安全与发展的全球和区域问题进行咨情研究、客观分析和对话，提供高质量的政策意见。该智库网址是：www.issi.org.pk。

（1）历史沿革

该智库未披露相关信息。

（2）组织机构

伊斯兰堡战略研究所的研究团队在巴基斯坦前外交官员哈立德·马哈茂德（Khalid Mahmood）带领下，由 20 余位研究人员组成。其研究内容覆盖了 12 个领域，例如：日本和亚太地区、阿富汗和中亚、战略与安全、巴基斯坦的外交政策、核问题、恐怖主义与武装、经济和社会问题等。该智库共设立了 5 个研究中心，如中巴学习中心以及军备控制和裁军中心等。

（3）研究产品

伊斯兰堡战略研究所自成立以来累计发布了 5 470 余篇报告文章，共设计推出了 12 种研究产品，包括 3 种研究报告类产品、1 种学术论文类产品、2 种期刊书籍类产品、1 种博客类产品、1 种新闻媒体类产品、4 种活动类产品。《战略研究》是该智库推出的学术季刊，提供了对影响国际和平与安全的区域和全球及战略问题的客观分析。

439. 伊斯兰堡政策研究所

伊斯兰堡政策研究所（Islamabad Policy Research Institute，IPRI）成立于 1999 年，总部设在巴基斯坦。伊斯兰堡政策研究所是一个独立的非营利性、无党派组织，其资金来源于政府。伊斯兰堡政策研究所致力于通过研究与分析为决策者提供政策依据。该智库网址是：www.ipripak.org。

（1）历史沿革

伊斯兰堡政策研究所隶属于巴基斯坦政府国家安全司。智库成员穆易德·约瑟夫博士是巴基斯坦总理的国家安全顾问，曾担任巴基斯坦总理国家安全司和战略政策规划助理。IPRI 的出版物以其客观性和政策相关性而闻名，以权威期刊、书籍、专著和政策简报的形式提供当前、最新和高质量的研究。IPRI 最近对其研究团队进行了重新定位，目标是确保其研究领域与政府和政策界密切相关的政策问题保持一致。

（2）组织机构

伊斯兰堡政策研究所的研究团队在前外交部部长伊纳穆尔·哈克（Inamul Haque）的领导下，由 30 余位研究人员组成。研究所通过关于国家安全各个方面的研究和对话，为政策制定提供信息并推动变革。

（3）研究产品

伊斯兰堡政策研究所自成立以来累计发布了 2 000 余篇报告文章，共设计推出了 12 种研究产品，包括 3 种研究报告类产品、2 种期刊书籍类产品、2 种评论专栏类产品、1 种新闻媒体类产品、1 种数据类产品、2 种音频视频类产品、1 种活动类产品。《IPRI 预测和分析》是智库的研究报告类产品，主要是关于国家安全问题的短篇分析报告。

440. 巴基斯坦发展经济学研究所

巴基斯坦发展经济学研究所（Pakistan Institute of Development Economics，PIDE）成立于 1957 年，由巴基斯坦政府在巴基斯坦卡拉奇创建。巴基斯坦发展经济学研究所是一个教学性质的研究机构，其资金来源于政府和基金会。巴基斯坦发展经济学研究所致力于在过去 60 年中所取得的优势的基础上建立一个世界级的研究和教学机构。该智库网址是：www.pide.org.pk。

（1）历史沿革

巴基斯坦发展经济学研究所致力于促进经济学的理论和实证研究，特别是与巴基斯坦有关的经济问题。除了为经济决策打下坚实的学术基础外，其研究也为外界了解巴基斯坦经济研究的性质和发展方向提供了一个"窗口"。在过去的 60 多年中，巴基斯坦发展经济研究所的研究赢得了国际声誉和认可，顾问委员会由诺贝尔奖得主罗伯特·A. 蒙代尔（Robert A. Mundell）等世界知名经济学家组成。成立之初，研究所的著名经济学家古斯塔夫·拉尼斯（Gustav Ranis）、沃特·蒂姆斯（Wouter Tims）、阿尼苏尔·拉赫曼（Anisur Rahman）为巴基斯坦经济的早期规划做出了重大贡献。

（2）组织机构

巴基斯坦发展经济学研究所的研究团队在纳迪姆·乌尔·哈克（Nadeem ul Haque）的领导下，由 49 位研究人员组成。其研究内容覆盖了 25 个领域，如：财政政策、调整和增长、金融市场、银行业、企业增长、人力资源管理、农业、城市、贸易、人口等。该智库共设立了 5 个研究部门，如环境经济学和气候变化中心等。

（3）研究产品

巴基斯坦发展经济学研究所自成立以来累计发布了 1 500 余篇报告文章，共设计推出了 22 种研究产品，包括 8 种研究报告类产品、3 种学术论文类产品、4 种期刊书籍类产品、2 种评论专栏类产品、3 种新闻媒体类产品、1 种数据类产品、1 种活动类产品。其中，《巴基斯坦发展评论》是巴基斯坦发展经济学研究所自 1961 年以来定期出版的国际权威期刊。该期刊刊载内容侧重于经济学和相关社会科学，特别强调巴基斯坦的社会经济问题。该杂志每年出版 3 次。

441. 巴基斯坦国际事务研究所

巴基斯坦国际事务研究所（Pakistan Institute of International Affairs，PIIA）成立于 1947 年，总部设在巴基斯坦。巴基斯坦国际事务研究所是一个非官方、无党派的非营利组织，其资金来源于企业机构和个人。巴基斯坦国际事务研究所致力于增进对全球和区域政治以及各国外交政策中问题的理解。该智库网址是：www.piia.org.pk。

（1）历史沿革

巴基斯坦国际事务研究所是巴基斯坦历史最悠久的智库，起源于 19 世纪和 20 世纪人类对和平的关注，其前身印度国际事务研究所于 1936 年在德里成立，之后成员投票决定在分治前夕将其迁至巴基斯坦。1947 年 8 月，时任该研究所秘书的夸瓦·萨瓦尔·哈桑（Khwaja Sarwar Hasan）将研究所图书馆和所有动产转移到卡拉奇。1948 年 3 月 26 日巴基斯坦利亚卡特·阿里·汗总理正式为该研究所揭幕，该研究所后根据 1960 年《社团注册法》注册成为独立机构。

（2）组织机构

巴基斯坦国际事务研究所的研究团队在益玛哈桑的领导下，由 11 位研究人员组成。该智库研究领域涉及国际政治、经济和法理学等。

（3）研究产品

巴基斯坦国际事务研究所自成立以来累计发布了 900 余篇报告文章等，共设计推出了 6 种研究产品，包括 3 种期刊书籍类产品、2 种博客类产品、1 种活动类产品。其中，巴基斯坦国际事务研究所的期刊《巴基斯坦地平线》创刊于 1948 年，是巴基斯坦历史最悠久的学术期刊，以论文和评论的形式邀请专家对国际关系、经济学和法学发表意见，以提供有关国家和国际问题的经过充分研究的公正数据，更好地理解与在安全的环境中保持可持续和平有关的问题。

442. 市场经济政策研究所

市场经济政策研究所（Policy Research Institute of Market Economy），成立于 2013 年，由经济学家阿里·萨尔曼（Ali Salman）创立，位于巴基斯坦。市场经济政策研究所是一个非营利组织，其资金来源于个人。市场经济政策研究所致力于根据自由理想、有限政府、自由市场和发展原则，增进对公共政策的理解。该智库网址是 www.primeinstitute.org。

（1）历史沿革

该智库未披露相关信息。

（2）组织机构

市场经济政策研究所的研究团队在曼祖尔·艾哈迈德（Manzoor Ahmad）的领导下，由 16 位研究人员组成。其研究内容覆盖了 4 个领域：税收、贸易方式、规章制度、公共债务。

（3）研究产品

市场经济政策研究所自成立以来累计发布了 730 余篇报告文章，共设计推出了 10 种研究产品，包括 6 种研究报告类产品、1 种学术论文类产品、1 种博客类产品、1 种音频视频类产品、1 种评论专栏类产品。其中，《巴基斯坦繁荣报告》主要刊载市场经济政策研究所在市场经济和公共政策等领域最深入、最新的研究成果。

443. 社会政策与发展中心

社会政策与发展中心（Social Policy and Development Centre），成立于 1995 年，在加拿大国际开发署的协助下创立，总部设在巴基斯坦。社会政策与发展中心是一个独立、无党派的非营利组织，其资金来源于政府、基金会和企业机构。社会政策与发展中心致力于为国家经济和社会发展政策做出贡献，以使它们更加公平合理、更有利于穷人。该智库网址是：www.spdc.org.pk。

（1）历史沿革

多年来，社会政策与发展中心在将合理增长和社会发展问题纳入巴基斯坦决策议程方面做出了重大贡献。社会政策与发展中心出版了巴基斯坦社会发展专题年度报告，在贫困、不平等和有利于穷人的增长的各个方面开展了工作。它的研究主要集中在定义贫困线、贫困与不平等的各种动态、贫困趋势、地方以下一级的贫困、贫困与不平等的关系、社会发展与经济增长、社会安全网和区域不平等方面的定义性问题。这些发现有助于就有关贫困、不平等和有利于穷人的增长的问题展开咨情辩论，并有助于将这些问题列入国家政策议程。

（2）组织机构

社会政策与发展中心的研究团队在贾维德·贾巴尔（Javed Jabbar）的领导下，由 8 位研究人员组成。其研究内容覆盖了 4 个领域：宏观经济与公共财政、贫困、两性、治理。该智库共设立了 2 个研究项目，即巴基斯坦烟草税的宏观经济影响项目和反暴力极端主义互动对话等。

（3）研究产品

社会政策与发展中心自成立以来累计发布了 800 余篇报告文章，共设计推出了 10 种研究产品，包括 6 种研究报告类产品、1 种学术论文类产品、1 种期刊书籍类产品、2 种数据类产品。其中，《巴基斯坦社会发展专题》是一份领先的社会政策与发展事务期刊，提供对当代复杂社会问题的分析，并讨论其概念和历史基础，为重大学术辩论提供观点支撑。

444. 可持续发展政策研究所

可持续发展政策研究所（Sustainable Development Policy Institute，SDPI）是根据巴基斯坦国家保护战略的建议于1992年在巴基斯坦成立的。该智库是一个独立的非营利性组织，其资金来源于政府和企业机构。可持续发展政策研究所致力于为政策分析和制定提供专业知识。该智库网址是：www.sdpi.org。

（1）历史沿革

可持续发展政策研究所是根据巴基斯坦国家自然保护战略的建议（也称为《巴基斯坦21世纪议程》），于1992年8月成立的。可持续发展政策研究所将可持续发展定义为在几代人之间加强和平、社会正义和福祉。研究所提供的知识可以提高政府做出咨情决策和让民间社会参与处理公共利益问题的能力，既是可持续发展问题原始研究的创造者，也是有关个人和机构的信息资源。因此，可持续发展政策研究所的职能是双重的：一是通过研究、政策咨询和宣传发挥咨询作用；二是通过向其他个人和组织提供资源材料和培训发挥扶持作用。

（2）组织机构

可持续发展政策研究所的研究团队在阿比德·盖尤姆·苏莱里（Abid Qaiyum Suleri）的领导下，由68位研究人员组成，其研究内容覆盖了12个领域，例如：包容性经济增长、社会部门发展、政策与战略研究、可持续生计、信息与通信、能源、食品安全、环境、文化研究、监测与评估等。该智库共设立了5个研究中心（如中国研究中心）并开展362个研究项目（如巴基斯坦能源展望2035项目等）。

（3）研究产品

可持续发展政策研究所自成立以来累计发布了3 000余篇报告文章，共设计推出了14种研究产品，包括5种研究报告类产品、2种学术论文类产品、2种期刊书籍类产品、1种博客类产品、1种评论专栏类产品、1种新闻媒体类产品、2种活动类产品。其中，《可持续发展政策研究所杂志》创办于2017年，其主要研究内容包括从可持续发展到社会部门发展的各种主题，该杂志的出版频率约为每年1次。

（五）以色列智库

445. 国家安全研究所

国家安全研究所（Institute for National Security Studies，INSS），成立于1977年，由阿哈伦·亚里夫（Aharon Yariv）创立，位于以色列。国家安全研究所是一个独立的、非营利性无党派组织，其资金来源于基金会、企业机构和个人。国家安全研究所致力于探索以色列国家安全中最紧迫的问题，并通过创造性思维为国家安全政策制定做出贡献。该智库网址是：www.inss.org.il。

（1）历史沿革

作为对1973年赎罪日战争的回应，特拉维夫大学决定在1977年建立一个安全研究中心。2006年，该中心成为特拉维夫大学的外部机构，并成为国家安全研究所。凭借更大的财务和行政独立性，INSS搬到了新的办公场所，并开始迅速提升新的专业知名度。现有的研究项目得到扩展并启动了新的研究项目，包括中国、俄罗斯、海湾国家等。此外，INSS拓宽了对"国家安全"的理解，包括该领域的软性方面，例如社会弹性、法律、网络、能源等。

（2）组织机构

国家安全研究所的研究团队在曼努埃尔·特拉伊滕伯格（Manuel Trajtenberg）的领导下，由 90 余位研究人员组成。其研究内容覆盖了 8 个领域：经济与国家安全，恐怖主义与低强度冲突，能源、水和基础设施，军事与战略事务，先进技术与国家安全，网络安全，恐怖主义与低强度冲突，军事与战略事务。该智库共设立了 2 个研究中心——信息中心和应用谈判中心，开展了 11 个研究项目（如国家安全与舆论项目等）。

（3）研究产品

国家安全研究所自成立以来累计发布了 3 000 余篇报告文章等产品，共设计推出了 18 种研究产品，包括 7 种研究报告类产品、1 种学术论文类产品、5 种期刊书籍类产品、1 种新闻媒体类产品、3 种音频视频类产品、1 种活动类产品。"以色列战略调查"提供对当代复杂安全问题的分析，并讨论其概念和历史基础，为重大学术辩论提供观点支撑，从而推动国家安全研究领域的战略研究。

446. 耶路撒冷市场研究所

耶路撒冷市场研究所（Jerusalem Institute for Market Studies）由罗伯特·绍尔（Robert Sauer）和科林·帕伦蒂（Corinne Parenti）共同创立于 2003 年，位于以色列。耶路撒冷市场研究所是一个非营利性、独立的自由主义经济政策组织，其资金来源于基金会、企业机构和个人。耶路撒冷市场研究所致力于通过经济自由和个人自由促进以色列的社会进步。该智库网址是：www. jims - israel. org。

（1）历史沿革

该智库未披露相关信息。

（2）组织机构

耶路撒冷市场研究所的研究团队在科林·帕伦蒂的领导下，由 16 位研究人员组成。其研究内容覆盖了 9 个领域，分别是：个人自由、自由贸易和竞争、税、经济自由、劳动力市场、学校改革、福利和贫困、管制与政府干预、公众意见调查。

（3）研究产品

耶路撒冷市场研究所自成立以来累计发布了 200 余篇报告文章，共设计推出了 4 种研究产品，包括 1 种期刊书籍类产品、1 种研究报告类产品、1 种音频视频类产品、1 种博客类产品。

447. 耶路撒冷政策研究所

耶路撒冷政策研究所（Jerusalem Institute for Policy Research，JIPR）由泰迪·科勒克（Teddy Kollek）于 1978 年在以色列耶路撒冷创立。耶路撒冷政策研究所是一个非营利性独立组织，其资金来源于政府、基金会和企业机构。耶路撒冷政策研究所致力于影响政策设计、决策进程、规划进程和战略。该智库网址为：en. jerusaleminstitute. org. il。

（1）历史沿革

20 世纪 70 年代末，时任耶路撒冷市长泰迪·科勒克提出了建立研究机构的想法，他认为耶路撒冷需要一个专业的学术研究机构，对这座城市的建制提出批评、提出想法和解决方案，并建立一个有关这座城市的知识数据库。希伯来大学和耶路撒冷基金会的负责人迎接挑战，并于 1978 年成立了"耶路撒冷以色列研究所"。在深入讨论耶路撒冷在和平进程中的地位之后，耶路撒冷政策研究所重点转向"冲突管理中心"框架。在没有达成协议的情况下，在耶路撒冷复杂现实中处理"以巴冲突"的问题。2016年，"耶路撒冷以色列研究所"更名为"耶路撒冷政策研究所"。目前，该研究所正在各个领域开展数十个项目。

（2）组织机构

耶路撒冷政策研究所的研究团队在里尔·希拉特（Lior Schillat）的领导下，由40余位研究人员组成。研究的重点是冲突原因、各方利益和目标、低强度冲突的独特性质、和平进程失败的障碍和原因以及审查可使冲突管理向冲突解决过渡更容易的替代办法等。智库研究覆盖了3个领域：促进城市化和可持续性、经济与创新、社会与人口。该智库设立了21个研究项目，如耶路撒冷的共享空间项目等。

（3）研究产品

耶路撒冷政策研究所自成立以来累计发布了500余篇报告文章等，共设计推出了7种研究产品，包括3种研究报告类产品、1种活动类产品、1种博客类产品、1种新闻媒体类产品、1种书籍期刊类产品。《耶路撒冷统计年鉴》以图表、地图和其他统计数字的形式，在广泛和不同领域提供了该市的最新统计情况，并指出了耶路撒冷正在发生的变化趋势。

448. 莫里斯·福克经济研究所

莫里斯·福克经济研究所（Maurice Falk Institute for Economic Research）由耶路撒冷希伯来大学创建于1964年，总部位于以色列耶路撒冷。莫里斯·福克经济研究所是大学附属机构，智库资金来源于基金会。莫里斯·福克经济研究所致力于经济研究，特别是围绕以色列经济展开研究。该智库网址是：en.falk.huji.ac.il。

（1）历史沿革

莫里斯·福克经济研究所成立于1964年1月，是以色列福克经济研究项目的继承者。该研究所发表有关以色列经济的科学文章，并组织有关该主题的会议。

（2）组织机构

莫里斯·福克经济研究所的研究团队在罗尼特的领导下，由20位研究人员组成，共设立1个研究中心——本·波拉斯基金会。本-波拉斯基金会的活动主要涉及教育、劳动力参与和福利制度、卫生、移民、政治经济等领域。

（3）研究产品

莫里斯·福克经济研究所自成立以来累计发布了800余篇报告文章，共设计推出了7种研究产品，包括3种研究报告类产品、2种活动类产品、2种学术论文类产品。其中，调查报告主要刊载莫里斯·福克经济研究所在各个领域最深入、最新的研究成果。

449. 范里尔耶路撒冷研究所

范里尔耶路撒冷研究所（Van Leer Jerusalem Institute，VLJI）由荷兰的范里尔（Van Leer）家族于1959年成立，总部设在以色列。范里尔耶路撒冷研究所是一个独立组织，其资金来源于基金会和个人。范里尔耶路撒冷研究所致力于促进人文科学和社会科学领域的创新性跨学科研究，以及开发新的方式来解决全球关注的问题。该智库网址是：www.vanleer.org.il/en。

（1）历史沿革

该智库未披露相关信息。

（2）组织机构

范里尔耶路撒冷研究所的研究团队在赛伊拉维的领导下，由 16 位研究人员组成。其研究内容覆盖了 6 个领域，分别是：科学、技术与文明，全球化与主权，以色列，共同生活的挑战，女权主义与两性，神圣、宗教和世俗化。该智库开展了 47 个研究项目，如后世俗化和全球化的圣地项目和科学与创造力项目等。

（3）研究产品

范里尔耶路撒冷研究所自成立以来累计发布了 300 余篇报告文章等，共设计推出了 4 种研究产品，包括 1 种研究报告类产品、2 种期刊书籍类产品、1 种活动类产品。研究所主要出版两种跨学科学术期刊，即《理论和批判》和《黎凡特人研究》，两种期刊均为半年刊。

（六）土耳其智库

450. 经济与对外政策研究中心

经济与对外政策研究中心（Centre for Economics and Foreign Policy Studies，EDAM）成立于 2007 年，位于土耳其伊斯坦布尔。该智库是一个独立机构，其资金来源于企业机构。经济与对外政策研究中心致力于通过开展对影响土耳其在新兴全球秩序中地位的政策的研究，为土耳其内部和外部的政策制定做出贡献。该智库网址是：edam.org.tr。

（1）历史沿革

该智库未披露相关信息。

（2）组织机构

经济与对外政策研究中心的研究团队在思南·乌尔根（Sinan Ülgen）领导下，由 10 位研究人员组成。其研究内容覆盖了 6 个领域，分别是：经济与全球化、外交政策与安全、能源与气候变化政策、网络政策、军备控制与不扩散、土耳其与欧盟关系。该智库共设立了 3 个研究项目，如经济与能源项目等。

（3）研究产品

经济与对外政策研究中心 2007 年以来累计发表了 330 余篇报告文章，共设计推出了 4 种研究产品，包括 2 种研究报告类产品、1 种博客类产品、1 种活动类产品。其中，"政策简报"主要刊载经济与对外政策研究中心在各个领域最深入、最新的政策研究成果。

451. 土耳其经济政策研究基金会

土耳其经济政策研究基金会（Economic Policy Research Foundation of Turkey，土耳其语是：Türkiye Ekonomi Politikaları Araştırma Vakfı，TEPAV）于 2004 年在土耳其成立。该智库是一个独立组织，其资金来源于政府。土耳其经济政策研究基金会致力于进行基于数据的政策分析，并为政策制定做出贡献。该智库网址是：www.tepav.org.tr。

（1）历史沿革

土耳其经济政策研究基金会始终追求最高的道德和学术标准，提供有力的、数据驱动的分析。

基金会在土耳其的 63 个省和世界 60 个国家开展了项目，保持广泛而深入的伙伴关系。由于 2012 年的宪法平台项目，土耳其经济政策研究基金会被英国《旁观者》杂志举办的 2014 年智库奥斯卡评选为欧洲三大最佳智库之一。

（2）组织机构

土耳其经济政策研究基金会的研究团队在凯瑟琳·卡什莫尔（Catherine Cashmore）的领导下，由 52 位研究人员组成。其研究内容覆盖了 11 个领域，例如：美国研究、财政监督、宪法学、零售信心指数、法律研究等。该智库共设立了 9 个研究中心（如多边贸易研究中心等），开展了 189 个研究项目（如宏观经济研究项目等）。

（3）研究产品

土耳其经济政策研究基金会自成立以来累计发布了 1 200 余篇报告文章等，共设计推出了 6 种研究产品，包括 2 种研究报告类产品、1 种期刊书籍类产品、1 种博客类产品、1 种新闻媒体类产品、1 种音频视频类产品。土耳其经济政策研究基金会与国际政策和领导研究所共同推出了"土耳其政策简报系列"，对土耳其国内和国际事务进行分析报道。

452. 全球政治趋势中心

全球政治趋势中心（Global Political Trends Center，GPoT Center）成立于 2009 年，由伊斯坦布尔文化大学创立，位于土耳其。全球政治趋势中心是一个无党派的非营利组织，其资金来源于基金会和企业机构。全球政治趋势中心的成立旨在通过对话寻求国际和国内问题的和解和非暴力解决方案，该智库致力于通过组织多轨道外交会议、进行创新和独立研究、鼓励媒体就影响土耳其和世界的关键问题进行咨情辩论，为稳定、民主化与和平做出贡献。该智库网址是：www.gpotcenter.org。

（1）历史沿革

该智库未披露相关信息。

（2）组织机构

全球政治趋势中心的研究团队在门苏尔·阿肯（Mensur Akgün）的领导下由 4 人组成。该智库开展了 47 个研究项目，如联合国全球趋势项目、欧洲和土耳其的移民网络项目等。

（3）研究产品

全球政治趋势中心自成立以来累计发布了 650 余篇报告文章等，共设计推出了 11 种研究产品，包括 3 种研究报告类产品、3 种学术论文类产品、2 种评论专栏类产品、1 种期刊书籍类产品、1 种新闻媒体类产品、1 种活动类产品。其中，"工作论文"是全球政治趋势中心研究当前区域和国际政治趋势的系列论文，包括全球专家对国际关系中广泛问题的深入分析。

453. 伊斯坦布尔政策中心

伊斯坦布尔政策中心（Istanbul Policy Center，IPC）成立于 2001 年，由萨班哲大学（Sabanci University）创立，位于土耳其。伊斯坦布尔政策中心是大学附属研究机构，其资金来源于基金会和企业机构。伊斯坦布尔政策中心致力于专门研究从民主化到气候变化、从跨大西洋关系到解决冲突和调解等的社会和政治问题。该智库网址是：ipc.sabanciuniv.edu。

（1）历史沿革

伊斯坦布尔政策中心于 2001 年 11 月在萨班奇大学成立，旨在对土耳其的公共政策进行应用研究。2001 年至 2010 年间，IPC 在教育改革、善政、冲突解决、土耳其-欧盟关系和全球化领域开展了各种项目。除了这些领域，"土耳其-美国关系"的研究也是这一时期 IPC 的主要研究项目之一。此外，教育改革倡议是这些年来提高 IPC 知名度的最重要项目之一。2011 年，IPC 建立了与德国墨卡托基金会的合作，这是土耳其研究机构与德国基金会之间达成的最全面的合作伙伴关系之一。2012 年，伊斯坦布尔政策中心-萨班哲大学-墨卡托基金会成立。从那时起，该中心一直在欧盟、德国与土耳其关系和气候变化领域开展研究活动。2018 年 5 月 9 日，舒拉能源转型中心正式启动，为土耳其能源转型辩论贡献力量。

（2）组织机构

伊斯坦布尔政策中心的研究团队在富特·基曼（Fuat Keyman）的领导下，由 120 余位研究人员组成。其研究内容覆盖了 6 个领域，分别是：科学、技术与文明，全球化与主权，中东的以色列，共同生活的挑战，女权主义与两性，神圣、宗教和世俗化。该智库主持开展了 47 个研究项目，如后世俗化和全球化的世界中的圣地项目、科学与创造力项目等。

（3）研究产品

伊斯坦布尔政策中心自成立以来累计发布了 760 余篇报告文章，共设计推出了 11 种研究产品，包括 4 种研究报告类产品、4 种活动类产品、1 种新闻媒体类产品、2 种音频视频类产品。其中，"分析报告"主要发表伊斯坦布尔政策中心在各个领域的最新研究成果，提出重要观点，对面临的问题进行分析并给出政策建议。

454. 土耳其经济和社会研究基金会

土耳其经济和社会研究基金会（Turkish Economic and Social Studies Foundation）成立于 1994 年，位于土耳其。土耳其经济和社会研究基金会是一个独立的智库，其资金来源于企业机构。土耳其经济和社会研究基金会致力于就有待解决的社会和政治问题提出政策建议，并致力于推进民主化、提高公众对善政原则的认识、制定消除社会不平等的包容性政策以及支持可持续发展。该智库网址是：www.tesev.org.tr。

（1）历史沿革

1961 年，内贾特·F. 埃扎克博士（Nejat F. Eczacıbaşı）领导成立了经济和社会研究会议委员会。从 1994 年成立到 2004 年，土耳其经济和社会研究基金会编写了关于贫困、经济和部门政策的重要报告。2004 年初，基金会将其研究领域分为三个方面：民主化、善政和透明度、外交政策。自 2012 年以来，土耳其经济和社会研究基金会屡次被评为最佳智库以及区域内最具公共政策影响力的智库。

（2）组织机构

土耳其经济和社会研究基金会的研究团队在厄兹格·阿克塔斯·马兹曼（Ozge Aktas Mazman）的领导下，由 15 位研究人员组成。其研究内容覆盖了 7 个领域，分别是：城市治理和可持续发展、数字政策工具、赋予民间社会权力、透明度和问责制、两性平等、儿童政策、移民政策。

（3）研究产品

土耳其经济和社会研究基金会自成立以来累计发布了 260 余篇报告文章等，共设计推出了 8 种研究产品，包括 3 种研究报告类产品、1 种音频视频类产品、1 种学术论文类产品、3 种活动类产品。其中，研究报告主要是关于土耳其经济和社会研究基金会在各个领域最深入、最新的研究成果，旨在为土耳其政府和社会科学研究机构提供可持续解决方案。

（七） 新加坡智库

455. 亚洲竞争力研究所

亚洲竞争力研究所（Asia Competitiveness Institute，ACI）成立于2006年8月，由新加坡国立大学李光耀公共政策学院创立，位于新加坡。亚洲竞争力研究所是一个大学附属机构，其资金来源于政府和企业机构。亚洲竞争力研究所致力于培育知识领袖和建立合作网络，以了解和发展亚洲地区的竞争力。该智库网址是：lkyspp.nus.edu.sg/aci。

（1）历史沿革

亚洲竞争力研究所最初由新加坡前任外交部部长乔治·杨先生出资赞助成立，其研究填补了亚洲国家和其他国家经济体相对优势和劣势的知识空白，为地方和国家政府制定和改进其竞争力政策奠定了基础，并为寻求进入这些市场的企业提供了指导。除了亚洲竞争力研究所竞争力研究的政策影响外，该研究所还为亚洲国家和地方政府以及国际组织（包括世界银行和欧洲央行）提供咨询。

（2）组织机构

亚洲竞争力研究所的研究团队在保罗·张（Paul Cheung）的领导下，由30位研究人员组成。其研究内容覆盖了8个领域：了解亚洲其他国家经济，分析企业层面的竞争力，在全球范围内确定新加坡的公共政策和长期增长战略，经济发展和竞争力，社会政策，政策研究、公共管理和治理，亚洲的竞争力，新冠疫情。

（3）研究产品

亚洲竞争力研究所自成立以来累计发布了700余篇报告文章，共发布了11种研究产品，包括1种研究报告类产品、2种期刊书籍类产品、2种活动类产品、2种学术论文类产品、2种新闻媒体类产品、1种博客类产品、1种评论专栏类产品。其中，"ACI观点"在2020年9月推出，是一个分享亚洲竞争力研究所正在进行的关键研究成果、特色项目和公共政策讨论的平台。

456. 亚洲与全球化中心

亚洲与全球化中心（Centre on Asia and Globalization）成立于2006年，由新加坡国立大学李光耀公共政策学院创立，位于新加坡，是一个大学附属研究机构，其资金来源于政府和企业机构。亚洲与全球化中心与世界各地的杰出机构合作，提供有关全球化对亚洲的影响以及亚洲在治理一体化世界中作用的政策相关知识，致力于对亚太及其他地区的发展进行深入的学术研究。该智库网址是：lkyspp.nus.edu.sg/cag。

（1）历史沿革

该智库未披露相关信息。

（2）组织机构

亚洲与全球化中心的研究团队目前在丹尼·奎（Danny Quah）的领导下，由15位研究人员组成。其研究内容覆盖2个领域：国际关系与全球治理以及公共管理与治理。亚洲与全球化中心共开展了16个研究项目，如国际体系中的亚洲项目、促进俄罗斯远东和西伯利亚开发的国际合作项目等。

（3）研究产品

亚洲与全球化中心自成立以来累计发布了 600 余篇报告文章，共设计推出了 11 种研究产品，包括 4 种研究报告类产品、1 种学术论文类产品、3 种期刊书籍类产品、3 种评论专栏类产品。其中，亚洲与全球化中心的期刊文章为学术界、决策者和公众提供高质量的研究和对区域和全球重要问题的客观分析，主要刊载智库专家在各个领域最深入、最新的研究成果。

457. 东亚研究所

东亚研究所（East Asian Institute，EAI）由新加坡国立大学于 1997 年 4 月在新加坡创立。东亚研究所是一个大学附属机构，其资金来源于企业机构。东亚研究所致力于促进东亚地区的学术和政策研究，特别是对当代中国的政治、经济和社会发展的研究，以及对中国与包括日本、韩国和东盟在内的整个地区和世界的经济关系的研究。东亚研究所的长远目标是发展成为本地区最重要的东亚发展研究机构。该研究所最初的重点是研究当代中国，但随着其资源的积累，该研究所已将其研究工作扩展到日本和韩国。该智库网址是：research.nus.edu.sg/eai。

（1）历史沿革

东亚研究所成立于 1997 年 4 月，是新加坡国立大学章程下的一个自主研究机构。它的前身是"东亚政治经济研究所"（Institute of East Asian Political Economy），该研究所最初由吴敬瑞（Goh Keng Swee）博士于 1983 年为研究儒家思想而建立。为促进学术交流，并使研究成果能惠及更广大市民，东亚研究所定期举办研讨会并发表研究论文。东亚研究所还参与新加坡政府各部和法定委员会的联合研究项目，促进与该区域类似机构的合作，并组织有关东亚问题的区域和国际会议和讲习班。

（2）组织机构

东亚研究所的研究团队在张国鹏（Teh Kok Peng）的领导下由 20 余位研究人员组成。其研究内容覆盖了 1 个领域——中国研究。该智库设立了 4 个研究部门，如政治讨论小组等。

（3）研究产品

东亚研究所自成立以来累计发布了 2 000 余篇报告文章，共设计推出了 10 种研究产品，包括 2 种研究报告类产品、2 种学术论文类产品、3 种期刊书籍类产品、2 种活动类产品、1 种评论专栏类产品。《东亚政策》是由新加坡国立大学东亚研究所出版的国际性期刊，关注和评估最近东亚地区的政治、经济、社会、法律、文化和外交政策趋势。该期刊所刊载的文章对企业界、学术界和决策者具有重要意义。

458. 政策研究所

政策研究所（Institute of Policy Studies，IPS）于 1988 年由吴作栋（Goh Chok Tong）建立，位于新加坡。政策研究所是一个无党派的大学附属组织，其资金来源于基金会、企业机构和个人。政策研究所致力于研究和提出新加坡的公共政策理念。该智库网址是 www.lkyspp.nus.edu.sg/ips。

（1）历史沿革

1988 年，新加坡第二任总理吴作栋作为创始赞助人创建了政策研究所。作为政府之外的智库，政策研究所一方面评估、审视政府政策的价值，另一方面也为深入讨论新加坡的未来提供交流平台。2008 年，IPS 以自主研究中心的身份并入新加坡国立大学李光耀公共政策学院。目前，IPS 继续分析公共政策，在思想领袖之间架起桥梁，并将其研究结果传达给广大受众。该研究所研究各个领域的关键国家利益问题，并通过公众认知调查研究新加坡人的态度和愿望。它在分析中采用多学科方法，并在战略审议和研究中着眼长远。

（2）组织机构

政策研究所的研究团队在詹达斯·德凡（Jandas Devan）的领导下，由86位研究人员组成。该智库设立了1个中心，即社会实验室，并开展了120余个在研和已完成的研究项目，如社会包容政策网络项目等。

（3）研究产品

政策研究所自成立以来累计发布了5 000余篇报告文章，共设计推出了11种研究产品，包括4种研究报告类产品、1种评论专栏类产品、2种期刊书籍类产品、2种新闻媒体类产品、2种活动类产品。为纪念新加坡独立50周年，政策研究所和海峡时报出版社于2015年联合推出了《新加坡纪事》期刊系列，旨在记录并提供有关新加坡历史成因的信息。《新加坡纪事》期刊涵盖了从基础到实践的广泛主题，包括宪法、大选、房屋、交通、人口统计学、公积金、体育和食品等。

459. 尤索夫·伊沙克研究所

尤索夫·伊沙克研究所（Yusof Ishak Institute，曾用名是 Institute of Southeast Asian Studies，ISEAS）成立于1968年，由新加坡议会创立，位于新加坡。尤索夫·伊沙克研究所是一个公共和自治机构，其资金来源于企业机构和个人。尤索夫·伊沙克研究所致力于成为一个领先的研究中心，研究东南亚的社会政治、安全和经济趋势和发展，以及更广泛的地缘战略和经济环境，以促进学术界的研究和辩论，提高公众对该地区的认识，为该区域面临的各种问题寻求可行的解决办法，培养一个对该区域感兴趣的学者群体，并就稳定与安全、经济发展以及政治、社会和文化变革等多方面问题进行研究。该智库网址是：www.iseas.edu.sg。

（1）历史沿革

"东南亚研究所"是根据新加坡1968年议会法案成立的自治组织，于2015年8月更名为"尤索夫·伊沙克研究所"。尤索夫·伊沙克是新加坡建国后第一位总统。

（2）组织机构

尤索夫·伊沙克研究所的研究团队在崔成国（Choi Shing Kwok）的领导下，由103位研究人员组成。该智库设立3个研究中心：东盟研究中心、新加坡亚太经合组织研究中心和淡马锡历史研究中心。智库开展了7个研究项目，如区域经济研究项目等。

（3）研究产品

尤索夫·伊沙克研究所2015年以来累计发布了5 000余篇报告文章，共设计推出23种研究产品，包括5种研究报告类产品、2种学术论文类产品、8种期刊书籍类产品、2种评论专栏类产品、2种音频视频类产品、4种活动类产品。《东南亚经济期刊》是智库同行评议的多学科期刊，主要关注东南亚的经济问题。该杂志一年出版3期。

460. 拉贾拉特南国际问题研究院

拉贾拉特南国际问题研究院（S. Rajaratnam School of International Studies）由南洋理工大学于2007年在新加坡建立。拉贾拉特南国际问题研究院是一个大学附属研究机构，其资金来源于基金会、企业机构和个人。拉贾拉特南国际问题研究院致力于在国家安全、军事技术和国际关系等领域进行研究，并提供本科生教育和研究生教育。该智库网址是：www.rsis.edu.sg。

（1）历史沿革

1996 年 7 月 30 日，由时任副总理兼国防部长的美国总统托尼·谭（Tony Tan）建立的"国防与战略研究所"是"拉贾拉特南国际问题研究院"的前身。2007 年，"拉贾拉特南国际问题研究院"并入新加坡南洋理工大学，成为一所自主研究生院。

（2）组织机构

拉贾拉特南国际问题研究院的研究团队在托尼·谭的领导下，由 200 余位研究人员组成。其研究内容覆盖了 11 个领域，分别是：国际政治经济学、国际政治和安全、国家和地区研究、冲突和稳定、区域主义和多边主义、新加坡和国土安全、能源安全、区域主义和多边主义、网络安全、生物安全和核安全、海上安全。该智库设立了 5 个研究中心（如多边主义研究中心等），开展了 3 个研究项目（如国家安全研究计划等）。

（3）研究产品

拉贾拉特南国际问题研究院自成立以来累计发布了 9 000 余篇报告文章，共设计推出 16 种研究产品，包括 7 种研究报告类产品、1 种学术论文类产品、1 种期刊书籍类产品、1 种评论专栏类产品、3 种新闻媒体类产品、1 种音频视频类产品、2 种活动类产品。其中，《政策报告》主要发表拉贾拉特南国际问题研究院在国家安全、军事技术和国际关系等领域的最新研究成果，提供对当代复杂的安全问题的分析，并给出政策建议。

461. 新加坡国际事务研究所

新加坡国际事务研究所（Singapore Institute of International Affairs，SIIA）成立于 1961 年，由新加坡著名的思想领袖和学者创立，位于新加坡。新加坡国际事务研究所是一个非营利的独立组织，其资金来源于基金会、企业机构和个人。新加坡国际事务研究所致力于通过政策分析促进公共部门决策者、私营部门决策者和专家之间的深入对话并弥合差距，以形成公共与社会政策。该智库网址是：www.siiaonline.org。

（1）历史沿革

新加坡国际事务研究所成立于 1961 年，由一群志同道合、对国际事务感兴趣的朋友创立。新加坡驻外大使高汤米（Tommy Koh）教授是创始成员之一。作为研究所的名誉秘书，他与皇家国际事务研究所通信，寻求他们的指导和建议。设立该研究所的目的是促使公务员了解该地区的政治趋势和发展情况以及政府的政治议程。

1965 年新加坡成为主权国家时，以西哈努克亲王为首的柬埔寨王国是最早承认新加坡独立的国家之一。几个月后，柬埔寨政府邀请新加坡政府派出友好代表团访问柬埔寨。由于新成立的外交部的地位尚需巩固，新加坡政府求助于新加坡国际事务研究所这样一个代表组织。自那时以来，研究所一直通过研究和对话，建立起与各国之间密切的伙伴关系，促进该地区的稳定和增长。

（2）组织机构

新加坡国际事务研究所的研究团队在西蒙·戴（Simon Tay）的领导下，由 40 余位研究人员组成。其研究内容覆盖了 8 个领域，分别是："一带一路"、电子商务、绿色金融、可持续基础设施、全球公民、棕榈油、雾霾问题、新冠疫情。该智库共开展了 3 个研究项目，如东盟与亚洲项目等。

（3）研究产品

新加坡国际事务研究所 2013 年以来累计发布了 900 余篇报告文章，共设计推出 9 种研究产品，包括 2 种研究报告类产品、3 种新闻媒体类产品、3 种活动类产品、1 种评论专栏类产品。"新加坡可持续世界资源对话"聚集了决策者、行业代表、非政府组织代表、学者和媒体成员，讨论了在亚洲资源领域追求可持续和公平增长的最新机遇和挑战。自 2014 年首次对话以来，该对话已成为关键的多方利益相关者平台，以最佳实践、新承诺和值得注意的跨部门合作为特色。

（八）其他亚洲智库

462. 经济和社会发展中心

经济和社会发展中心（Center for Economic and Social Development，CESD）成立于 2005 年，由武加·贝拉莫夫（Vugar Bayramov）博士创立，位于阿塞拜疆。经济和社会发展中心是一个独立组织，其资金来源于基金会和企业机构。经济和社会发展中心致力于促进对社会经济问题的研究和分析，以便对公共政策决策过程产生积极影响。该智库网址是：www.cesd.az。

（1）历史沿革

该智库未披露相关信息。

（2）组织机构

经济和社会发展中心的研究团队由创始人武加·贝拉莫夫带领 11 位研究人员组成。该智库组建了 9 个研究中心，比如宏观经济政策和国家预算研究小组、两性发展小组等。该智库开展了 34 个研究项目，比如阿塞拜疆反腐败活动发展指标、阿塞拜疆保险制度和政策评估报告、公共财政监测项目等。

（3）研究产品

经济和社会发展中心自成立以来共发布了 300 余篇报告文章，共设计推出了 5 种研究产品，包括 2 种研究报告类产品、2 种新闻媒体类产品、1 种活动类产品。

463. 格鲁吉亚战略与国际研究基金会

格鲁吉亚战略与国际研究基金会（Georgian Foundation for Strategic and International Studies，GFSIS），成立于 1998 年，由特姆里·雅各巴什维利（Temuri Yakobashvili）创立，位于格鲁吉亚第比利斯。格鲁吉亚战略与国际研究基金会是一个非营利性的独立组织，其资金来源于政府、基金会和企业机构。格鲁吉亚战略与国际研究基金会致力于通过研究和分析，培训决策者和政策分析人员以及就格鲁吉亚和高加索地区在 21 世纪面临的国内和国际战略问题开展公共教育，帮助改善格鲁吉亚的公共政策决策。该智库网址是：www.gfsis.org。

（1）历史沿革

该智库未披露相关信息。

（2）组织机构

格鲁吉亚战略与国际研究基金会的研究团队由主席埃卡·梅特雷维利（Eka Metreveli）带领 23 位研究人员组成。该智库组建了 1 个研究部门（即监测俄罗斯），开展了 14 个研究项目（如格鲁吉亚的媒体和暴力极端主义等）。

（3）研究产品

格鲁吉亚战略与国际研究基金会自成立以来共发布了 2 000 余篇报告文章，共设计推出了 14 种研究产品，包括 4 种研究报告类产品、1 种学术论文类产品、1 种期刊书籍类产品、1 种博客类产品、2 种评论专栏类产品、1 种新闻媒体类产品、1 种音频视频类产品、3 种活动类产品。

464. 世界经济与政治研究所

世界经济与政治研究所（Institute of World Economics and Politics，IWEP）成立于 2003 年，由努尔苏丹·纳扎尔巴耶夫基金会（Nursultan Nazarbayev Foundation）创立，位于哈萨克斯坦。世界经济与政治研究所是独立研究机构，其资金来源于基金会。世界经济与政治研究所致力于对世界经济、国际关系和安全问题进行科学研究，并研究哈萨克斯坦共和国第一任总统的活动以及他对建立和加强哈萨克斯坦使之成为一个独立国家、发展国际合作和促进和平与稳定的贡献。该智库网址是：iwep.kz/#/。

（1）历史沿革

该智库未披露相关信息。

（2）组织机构

世界经济与政治研究所在以下主要领域进行研究：当今时代的全球挑战及其对哈萨克斯坦的影响，世界经济和社会政治进程，国际、地区和国家安全问题研究，哈萨克斯坦的政治、社会经济和文化进程研究，哈萨克斯坦第一任总统的政治思想和意识形态的研究与分析。

（3）研究产品

世界经济与政治研究所 2018 年以来共发布了 650 余篇报告文章，共设计推出了 4 种研究产品，包括 1 种期刊书籍类产品、1 种活动类产品、2 种新闻媒体类产品。

465. 哈萨克斯坦战略研究所

哈萨克斯坦战略研究所（Kazakhstan Institute for Strategic Studies，KazISS）成立于 1993 年，由哈萨克斯坦政府创立，位于哈萨克斯坦。哈萨克斯坦战略研究所是一个独立组织，其资金来源于政府。哈萨克斯坦战略研究所致力于就哈萨克斯坦的外交和国内政策议题、社会和经济发展进行战略研究，并为国家领导层提供观点和建议。该智库网址是：kisi.kz。

（1）历史沿革

1992 年 1 月成立的基梅普大学"战略研究中心"是"哈萨克斯坦战略研究所"的前身。1993 年 6 月哈萨克斯坦总统决定将"战略研究中心"转为独立的研究所，并赋予它一个特殊的地位。在哈萨克斯坦共和国总统的领导下，"哈萨克斯坦战略研究所"成为该国领先的分析中心。

（2）组织机构

哈萨克斯坦战略研究所的研究团队在现任所长沙金诺娃·扎里马·科切诺夫纳（Shaukenova Zarema Kaukenovna）的带领下，由 20 余名研究人员和研究专家组成。该智库成立以来共有 5 个研究主题，分别是：现代哈萨克斯坦的社会政治进程、外交政策和国际关系的战略、现代哈萨克斯坦及世界的社会经济进程、社会学研究、信息分析和社论出版活动。

（3）研究产品

哈萨克斯坦战略研究所自成立以来共发布了 3 240 余篇报告文章，共设计推出了 8 种研究产品，包括2种研究报告类产品、3种期刊书籍类产品、1种数据类产品、1种新闻媒体类产品、1种活动类产品。《中亚事务》是该智库的英文季刊，专注于中亚国家的国际和地区安全、内部政治和经济问题。

466. 拉克什曼·卡迪尔加马尔国际关系与战略研究所

拉克什曼·卡迪尔加马尔国际关系与战略研究所（Lakshman Kadirgamar Institute of International Relations and Strategic Studies，LKI）成立于1977年，由斯里兰卡政府创立，位于斯里兰卡。LKI是一家法定的独立机构，其资金来源于政府、基金会、企业机构和个人。拉克什曼·卡迪尔加马尔国际关系与战略研究所致力于对斯里兰卡的国际关系和战略利益进行独立研究，并提供能促进正义、和平、繁荣与可持续性的想法和建议。该智库网址是：www.lki.lk。

（1）历史沿革

拉克什曼·卡迪尔加马尔国际关系与战略研究所是为纪念曾三次担任斯里兰卡外交部部长的拉克什曼·卡迪尔加马尔而命名的。研究所致力于实现已故部长积极追求的一个目标，即满足国家对智库的需要。该研究所还反映了拉克什曼·卡迪尔加马尔部长对斯里兰卡的愿景，促进了该国在外交政策研究和相关领域的知识积累。

（2）组织机构

拉克什曼·卡迪尔加马尔国际关系与战略研究所的研究团队在执行主任萨维特里·帕纳博克（Savitri Panabokke）带领下由14位学者、专家组成。其研究内容覆盖了11个领域，例如：全球经济、国际事务、区域主义、国防与安全等。该智库开展了2个研究项目，即全球治理项目和全球经济项目。

（3）研究产品

拉克什曼·卡迪尔加马尔国际关系与战略研究所自成立以来共发布了900余篇报告文章，共设计推出了14种研究产品，包括1种学术论文类产品、2种研究报告类产品、2种期刊书籍类产品、2种评论专栏类产品、7种活动类产品。

467. 斯里兰卡政策研究所

斯里兰卡政策研究所（Institute of Policy Studies of Sri Lanka，IPS）成立于1990年，是根据议会法案在斯里兰卡成立的。斯里兰卡政策研究所是一个自治的、独立的经济组织，资金来源于政府和企业机构。斯里兰卡政策研究所致力于进行高质量、独立的、与政策相关的研究，为决策提供有力依据，并改善所有斯里兰卡人的生活。该智库网址是：www.ips.lk。

（1）历史沿革

斯里兰卡政策研究所是20世纪80年代中期政府构想的一个自治机构，它是根据1988年12月的议会法案设立的，1990年4月通过宪报公告正式成为一个法律实体。IPS成立之初，通过荷兰王国政府和斯里兰卡政府之间的一个合作项目得到资金支持，分四个阶段开展业务，使研究所的收入和资源基础逐步多样化。在此期间，IPS成功地建立了自己的捐赠基金，并在2006年6月第四阶段业务正式结束后开始向完全财政独立过渡。

（2）组织机构

斯里兰卡政策研究所的研究团队由执行主任杜什尼·韦拉孔女士（Dushni Weerakoon）带领19名研究人员组成，其研究内容覆盖了6个领域，分别是：宏观、贸易与竞争力，迁移与城市化，卫生、教育和劳工，农业和农业综合企业发展，贫困与社会福利，环境、自然资源与气候变化。

（3）研究产品

斯里兰卡政策研究所自成立以来共发布了 3 150 余篇报告文章，共设计推出了 6 种研究产品，包括 1 种研究报告类产品、1 种评论专栏类产品、3 种期刊书籍类产品、1 种活动类产品。

468. 贫困分析中心

贫困分析中心（Centre for Poverty Analysis，CEPA）成立于 2001 年，由 9 位致力于贫困问题研究的斯里兰卡专业人员创立，位于斯里兰卡。贫困分析中心是一个独立的组织，其资金来源于基金会、企业机构和个人。贫困分析中心致力于成为一个领导机构，提供对贫困的独立分析，以期制定影响斯里兰卡和该地区贫困人口生计的政策。该智库网址是：www.cepa.lk。

（1）历史沿革

贫困分析中心于 2001 年 4 月 24 日根据斯里兰卡 1982 年第 17 号公司法注册为担保有限公司，并于 2008 年 7 月 28 日根据 2007 年第 7 号公司法重新注册。

（2）组织机构

贫困分析中心的研究团队在董事会主席马杜马·班达拉教授（Madduma Bandara）的带领下，由 42 位研究及工作人员组成。该智库的研究内容覆盖了 6 个领域，分别是：基本服务与社会保障、生计与就业、社会凝聚力与和解、可持续发展、移民与发展、劳动力迁移。该智库开展了 8 个研究项目，比如"气候和环境是斯里兰卡冲突的驱动因素"、开放数据研究计划、加强研究数据的管理和共享等。

（3）研究产品

贫困分析中心自成立以来共发布了 700 余篇报告文章，共设计推出了 16 种研究产品，包括 4 种研究报告类产品、1 种学术论文类产品、2 种期刊书籍类产品、1 种博客类产品、1 种评论专栏类产品、2 种新闻媒体类产品、1 种音频视频类产品、1 种数据类产品、3 种活动类产品。

469. 战略与国际问题研究所

战略与国际问题研究所（Institute of Strategic and International Studies，ISIS）成立于 1983 年，总部设在马来西亚。战略与国际问题研究所是一个独立的非营利性组织，其资金来源于政府、基金会和企业机构。战略与国际问题研究所致力于积极参与第二轨道外交，并促进国家和国际层面的观点和意见交流。该智库网址是：www.isis.org.my。

（1）历史沿革

战略与国际问题研究所成立于 1983 年 4 月 8 日，是亚太安全合作理事会的创始成员，同时也是该理事会的秘书处。作为马来西亚首届一指的智库，ISIS 一直站在马来西亚历史上一些最重要的建国举措的最前沿。它是 2020 年远景构想的贡献者，也是知识经济总体规划倡议的顾问。

（2）组织机构

战略与国际问题研究所的研究团队在首席执行官赫里萨尔·哈兹里的带领下，由 21 名研究人员组成。其研究内容覆盖了 4 个领域，分别是：外交政策与安全研究、经济贸易与区域一体化、社会政策与民族融合、技术创新以及环境可持续性。该智库组建了 1 个研究中心，即东盟战略与国际研究所。

（3）研究产品

战略与国际问题研究所自成立以来共发布了 3 440 余篇报告文章，共设计推出了 11 种研究产品，包括 3 种研究报告类产品、1 种学术论文类产品、1 种期刊书籍类产品、1 种评论专栏类产品、1 种音频视频类产品、2 种数据类产品、2 种活动类产品。

470. 孟加拉国发展研究所

孟加拉国发展研究所（Bangladesh Institute of Development Studies，BIDS）由政府于 1957 年创立，总部设在孟加拉国。孟加拉国发展研究所是一个独立的多学科组织，其资金来源于政府、基金会和企业机构。孟加拉国发展研究所致力于通过开展可靠的研究，促进政策对话、进行政策宣传以及建立联盟以促进明智的政策制定。该智库网址是：www.bids.org.bd。

（1）历史沿革

孟加拉国发展研究所最初起源于巴基斯坦，名为"巴基斯坦发展经济研究所"，成立于 1957 年 6 月。1971 年 1 月该研究所迁往达卡。1971 年，孟加拉国独立后，该研究所被称为"孟加拉国发展经济研究所"。后来在 1974 年颁发议会宪章后，该研究所更名为"孟加拉国发展研究所"。

（2）组织机构

孟加拉国发展研究所的研究团队在所长比纳亚克森博士的带领下，由 40 余名研究人员组成。智库的研究重点是：宏观经济、教育、农业、科学技术、能源环境、社会发展、卫生健康。该智库组建了 5 个研究部门，如农业和农村发展司、一般经济司等。智库主持开展了 40 个研究项目，如孟加拉国灾难性医疗支出及其决定因素、新冠疫情对孟加拉国造成的经济负担等。

（3）研究产品

孟加拉国发展研究所自成立以来共发布了 1 620 余篇报告文章，共设计推出了 16 种研究产品，包括 9 种研究报告类产品、4 种期刊书籍类产品、2 种新闻媒体类产品、1 种活动类产品。《孟加拉国发展研究》是该研究所的季刊，出版研究所研究人员以及国内外学者的研究文章、笔记和书评。

471. 政策对话中心

政策对话中心（Center for Policy Dialogue，CPD）成立于 1993 年，位于孟加拉国。政策对话中心是一个非营利组织，其资金来源于政府。政策对话中心致力于通过开展研究和分析、组织对话和出版研究产品，扩大其活动范围并支持相关利益相关方的能力建设，为参与性决策做出贡献。该智库网址是：cpd.org.bd。

（1）历史沿革

政策对话中心寻求成为深入研究和对话的领导机构，以促进孟加拉国的包容性决策的设计与实施，并加强区域和全球经济一体化。经过近 30 年的发展，该中心已将自身定位为国际知名智库，通过战略伙伴关系解决区域和全球决策问题，同时满足国家的政策需求。

（2）组织机构

政策对话中心的研究团队在执行董事达哈顿博士的带领下，由 26 名研究人员组成。其研究内容聚焦于 8 个领域，分别是：宏观经济绩效分析、资源动员与财政政策、包容性增长和劳工问题、贸易区域合作和全球一体化、投资促进基础设施和企业发展、农业气候变化与环境、两性人类发展与社会保护、可持续发展目标和治理。该智库开展了 57 个研究项目，比如孟加拉国发展的独立评论项目等。

（3）研究产品

政策对话中心自 1999 年以来共发布了 1 780 余篇报告文章，共设计推出了 12 种研究产品，包括 4 种研究报告类产品、3 种期刊书籍类产品、1 种评论专栏类产品、3 种活动类产品、1 种博客类产品。

472. 雅典耀经济研究与发展中心

雅典耀经济研究与发展中心（Ateneo Center for Economic Research and Development，ACERD）成立于 1989 年，由马尼拉雅典耀大学经济学系的经济学和经济政策研究部门创立，位于菲律宾。ACERD 是大学的附属机构，其资金来源于企业机构。雅典耀经济研究与发展中心致力于指导和管理经济学系的研究活动，这些活动的重点是应用经济学和公共政策，旨在加强教学并促进菲律宾的政策辩论和制定。该智库网址为：www.ateneo.edu/ls/soss/economics/acerd。

（1）历史沿革

该智库未披露相关信息。

（2）组织机构

雅典耀经济研究与发展中心的研究团队在中心主任阿尔文·昂格博士的带领下，由 52 位学者及研究人员组成。该智库组建了 1 个研究中心，即雅典耀宏观经济研究部门。

（3）研究产品

雅典耀经济研究与发展中心自成立以来共发布了 2 580 余篇报告文章，共设计推出了 8 种研究产品，包括 1 种研究报告类产品、1 种学术论文类产品、1 种期刊书籍类产品、2 种评论专栏类产品、1 种新闻媒体类产品、2 种活动类产品。

473. 战略与国际研究中心

战略与国际研究中心（Centre for Strategic and International Studies，CSIS）成立于 1971 年，由印度尼西亚的一群学者创立，位于印度尼西亚。战略与国际研究中心是一个独立的非营利组织，其资金来源于政府、基金会、企业机构和个人。战略与国际研究中心致力于通过面向政策的研究、对话和公开辩论，为改善政策制定做出贡献。该智库网址是：www.csis.or.id。

（1）历史沿革

战略与国际研究中心起源于 20 世纪 60 年代由两组印度尼西亚学者独立进行的讨论和活动，这两组学者包括一些在国外留学的印度尼西亚研究生和印度尼西亚国内的活动人士。面对当时印度尼西亚国内动乱，他们都认为印度尼西亚对于国内战略和国际研究没有给予足够的重视。在印度尼西亚政府官员的支持下，战略与国际研究中心于 1971 年成立。战略与国际研究中心除了主要研究国内的经济和政治外，也逐渐转向更加国际化的方面。与日本、美国、印度、法国、俄罗斯、韩国、新西兰和澳大利亚等国家举行了双边会议。

（2）组织机构

战略与国际研究中心的研究团队在执行董事飞利浦 J. 佛蒙特（Philips J. Vermonte）的带领下，由 22 位研究人员组成。其研究内容覆盖了 23 个领域，例如：比较政治、新冠肺炎、数字政策、数据科学、国防与安全研究、经济学、选举政治、环境科学、政府研究、印度尼西亚网络法律等。该智库组建了 4 个研究部门（如灾害管理研究部、国际关系部等），开展了 2 个研究项目，即"印度尼西亚的互动应用程序：对社会的价值和有利于监管的重要性"、探索数字化在印度尼西亚东部实现包容性社会经济发展的潜力。

（3）研究产品

战略与国际研究中心自成立以来共发布了 10 000 余篇报告文章，共设计推出了 11 种研究产品，包括 4 种研究报告类产品、1 种博客类产品、2 种评论专栏类产品、1 种新闻媒体类产品、1 种音频视频类产品、2 种活动类产品。

474. 东盟和东亚经济研究所

东盟和东亚经济研究所（Economic Research Institute for ASEAN and East Asia，ERIA）成立于 2006 年，由翁景勇（Ong Keng Yong）先生和来自 16 个东亚峰会国家的其他专家创立，位于印度尼西亚。东盟和东亚经济研究所是一个独立的组织，其资金来源于政府、基金会和企业机构。东盟和东亚经济研究所致力于进行研究和政策分析，以促进东盟经济共同体的建设，并支持更广泛的区域共同体建设。该智库网址是：www.eria.org。

（1）历史沿革

2006 年 8 月 23 日，在吉隆坡举行的东盟经济部长与日本经济产业省第 13 次磋商中，首次出现了"东盟和东亚经济研究所"的名称。在 2007 年 1 月 15 日于菲律宾宿雾举行的第二届东亚峰会上，日本首相安倍晋三正式提出建立 ERIA 的建议。东亚首脑会议的所有领导人在 2007 年 11 月 21 日于新加坡举行的第三届东亚首脑会议上商定正式建立 ERIA。

（2）组织机构

东盟和东亚经济研究所的研究团队在首席经济学家木村福成的带领下，由 40 位研究人员组成。其研究内容覆盖了 29 个领域，例如：农业发展、东盟、竞争力、新冠肺炎、灾难、能源等。该智库开展了 5 个研究项目，比如亚洲老龄化等。

（3）研究产品

东盟和东亚经济研究所自成立以来共发布了 4 570 余篇报告文章，共设计推出了 15 种研究产品，包括 4 种研究报告类产品、1 种学术论文类产品、2 种期刊书籍类产品、1 种评论专栏类产品、3 种新闻媒体类产品、1 种音频视频类产品、2 种数据类产品、1 种活动类产品。

第四节　大洋洲财经智库

（一）澳大利亚智库

475. 澳大利亚国际事务研究所

澳大利亚国际事务研究所（Australian Institute of International Affairs，AIIA）由澳大利亚政府于 1924 年在澳大利亚创立，是一个非营利性独立组织，其资金来源于政府、基金会、企业机构和个人。澳大利亚国际事务研究所致力于帮助澳大利亚人更多地了解、理解和参与国际事务。该智库网址是：www.internationalaffairs.org.au。

（1）历史沿革

澳大利亚国际关系研究所成立于 1924 年，是英国皇家国际事务研究所的州分支机构。1933 年，该研究所独立为"澳大利亚国际事务研究所"，是澳大利亚历史最悠久的政治与国际关系私人研究机构。观其历史，AIIA 一直通过其出版物参与国际关系的关键辩论。澳大利亚国际事务协会目前出版《澳大利亚国际事务杂志》，这是澳大利亚在该领域首屈一指的学术期刊。AIIA 的会员基础广泛，既有杰出的外交政策实践者和学者，也有对这一领域感兴趣的公众。AIIA 是唯一一个在澳大利亚每个州和地区都设有分支机构的研究所。该智库与澳大利亚政府部门密切合作，特别是与澳大利亚外交和贸易部合作。

（2）组织机构

澳大利亚国际事务研究所的研究团队在艾伦·盖尔的领导下，由 100 余位研究人员组成。智库开展了 2 个项目，分别是世界之窗项目和实习项目。

（3）研究产品

澳大利亚国际事务研究所自成立以来累计发布了 5 000 余篇报告文章等，共设计推出了 13 种研究产品，包括 1 种研究报告类产品、1 种学术论文类产品、5 种期刊书籍类产品、1 种新闻媒体类产品、3 种评论专栏类产品、1 种音频视频类产品以及澳大利亚展望系列。其中，《澳大利亚国际事务杂志》是在国际关系和外交政策领域的领先学术期刊。它由格里菲斯大学政府与国际关系学院治理与公共政策中心教授萨拉·戴维斯（Sara Davies）博士和伊恩·霍尔（Ian Hall）教授担任编辑，发表关于国际政治、社会、经济和法律问题的学术研究报告，报告发行频率约为每年 5 次。

476. 独立研究中心

独立研究中心（Center for Independent Studies，CIS）成立于 1976 年，由格雷格·林赛（Greg Lindsay）创立，位于悉尼。该智库是一个独立的组织，其资金来源于公司机构和个人。独立研究中心致力于促进自由选择和个人自由、捍卫文化自由和开放的思想交流。该智库网址为：www.cis.org.au。

（1）历史沿革

独立研究中心成立于 1976 年，创始人格雷格·林赛是一名对古典自由主义思想感兴趣的年轻教师。自 1976 年以来，独立研究中心在改变澳大利亚社会舆论氛围方面发挥了重要作用——不仅在为经济问题提供市场解决方案方面，还在促进建立一个自由开放的社会的原则和体制方面也发挥着重要作用。

（2）组织机构

独立研究中心的研究团队在汤姆·斯威策（Tom Switzer）领导下，由 33 位全职和兼职研究人员组成。其研究内容覆盖了 10 个领域：经济政策、文化、繁荣和公民社会、教育、外交政策、政府治理与政策、自由思想、健康、社会政策、土著事务。智库成立以来共开展了 2 个研究项目：马克斯·哈特威尔学者项目和自由与社会会议。

（3）研究产品

独立研究中心 2014 年以来累计发布了 6 000 余篇报告文章、评论报道等，共设计推出了 17 种研究产品，包括 3 种期刊书籍类产品、6 种评论专栏类产品、3 种活动类产品、2 种音频视频类产品、2 种学术论文类产品、1 种新闻媒体类产品。其中，独立研究中心编制了一套名为《政策文件》

的系列出版物。为了更及时地处理政策问题，涵盖教育、福利、健康和老龄化、税收和经济增长等主要研究内容，该产品的发布频率约为每年 4 次。

477. 格拉顿研究所

格拉顿研究所（Grattan Institute）由约翰·戴利（John Daley）于 2008 年在澳大利亚创立。格拉顿研究所是一个无党派的独立组织，其资金来源于基金会、企业机构和个人。格拉顿研究所致力于通过私人论坛和公共活动，在关键决策者和广大社区的参与下，促进有关澳大利亚关键问题的知情公众辩论。该智库网址是：www.grattan.edu.au。

（1）历史沿革

该智库未披露相关信息。

（2）组织机构

格拉顿研究所的研究团队在约翰·戴利领导下，由 26 位研究人员组成。其研究内容覆盖了 10 个领域：预算政策、经济增长、家庭财务、健康、高等教育、机构改革、交通与城市、能源、学校教育、澳大利亚观点。

（3）研究产品

格拉顿研究所自成立以来累计发布了 3 000 余篇报告文章，共设计推出了 8 种研究产品，包括 2 种研究报告类产品、1 种博客类产品、1 种评论专栏类产品、2 种新闻媒体类产品、1 种音频视频类产品、1 种活动类产品。格拉顿研究所的研究报告主要发表格拉顿研究所在各个领域最深入、最新的研究成果，发布频率为每月 1~3 次。

478. 公共事务研究所

公共事务研究所（Institute of Public Affairs，IPA），成立于 1943 年，由 G. J. 科尔斯、基思·默多克爵士和沃尔特·马西·格林爵士共同创立，位于在澳大利亚。公共事务研究所是一个非营利性的独立组织，其资金来源于基金会、企业机构和个人。公共事务研究所致力于巩固经济和政治自由基础。该智库网址是：www.ipa.org.au。

（1）历史沿革

公共事务研究所成立近 80 年来一直是在澳大利亚争取自由的最积极倡议者，旨在为自由市场政策和思想提供坚实的哲学基础。成立早期，公共事务研究所出版的《近期行动计划》，有力地阐明了政府在应对通货膨胀所采取的政策对澳大利亚人民生活水平存在的危害。公共事务研究所还是澳大利亚主要劳资关系改革和私有化的最早倡导者之一。在 2012 年和 2013 年，公共事务研究所领导了澳大利亚争取言论自由的斗争。

（2）组织机构

公共事务研究所的研究团队在约翰·罗斯卡姆（John Roskam）的领导下，由 47 位研究人员组成。其研究内容覆盖了 19 个领域，例如：宪法与法律、气候变化、能源与资源、外交与贸易、政府服务、环境与农业、规划与住房等。该智库共设立了 6 个研究项目，如合法权益项目等。

（3）研究产品

公共事务研究所自成立以来累计发布了 3 700 余篇报告文章，共设计推出了 14 种研究产品，包括 3 种研究报告类产品、3 种期刊书籍类产品、1 种学术论文类产品、3 种评论专栏类产品、1 种新闻媒体类产品、2 种音频视频类产品、1 种活动类产品。其中，公共事务研究所于 1947 年首次出版的《公共事务研究所评论》（*IPA Review*）是澳大利亚运营时间最长的政策类季刊，其内容涉及政治和公共事务。2008 年，《公共事务研究所评论》被阿特拉斯经济研究基金会评为世界最佳自由市场杂志，并授予安东尼·费希尔爵士国际纪念奖。

479. 洛伊研究所

洛伊研究所（Lowy Institute），成立于 2003 年，由弗兰克·洛伊（Frank Lowy）爵士创立，位于澳大利亚。洛伊研究所是一个非营利、无党派的国际政策组织，其资金来源于政府、基金会、企业机构和个人。洛伊研究所致力于深化澳大利亚的国际政策辩论，使澳大利亚在国际舞台上具有更大的发言权。该智库网址是：www.lowyinstitute.org。

（1）历史沿革

洛伊研究所成立以来接待了来自世界各地的杰出演讲者，演讲内容涉及外交政策、国防、政治、援助与发展、新闻、体育、科学和艺术。洛伊研究所同时也是澳大利亚外交政策和国家安全辩论的中心，自 2003 年研究所成立以来，每一位澳大利亚首相和外交部部长都曾在洛伊研究所发表讲话。

（2）组织机构

洛伊研究所的研究团队在迈克尔·富里洛夫（Michael Fullilove）领导下，由 43 位研究人员组成。其研究内容覆盖了 12 个领域，例如：援助与发展、国防与安全、全球经济、太平洋岛屿、亚洲、中东、美洲、外交。该智库共设立了 15 个研究项目，如国际经济计划项目等。

（3）研究产品

洛伊研究所自成立以来累计发布了 15 000 余篇报告文章，共设计推出了 14 种研究产品，包括 6 种研究报告类产品、1 种期刊书籍类产品、2 种学术论文类产品、1 种博客类产品、2 种评论专栏类产品、2 种活动类产品。洛伊研究所的数字期刊《翻译》是外交政策智库第一份线上期刊。该期刊每天发布有关国际事件的评论和分析，旨在宣传和深化有关国际政策的辩论。

480. 人均水平智库

人均水平智库（Per Capita），成立于 2007 年，由威尔·马歇尔（Will Marshall）和帕特里克·戴蒙德（Patrick Diamond）共同创立，位于澳大利亚。人均水平智库是一个独立的组织，其资金来源于基金会、企业机构和个人。人均水平智库致力于在公平、共同繁荣以及社会正义的基础上为澳大利亚树立新的愿景。该智库网址是：www.percapita.org.au。

（1）历史沿革

该智库未披露相关信息。

（2）组织机构

人均水平智库的研究团队在艾玛·道森（Emma Dawson）领导下，由 17 位研究人员组成。其研究内容覆盖了 6 个领域：经济进步主义、老龄化、社会创新、教育、两性、工作与工人。该智库共设立了 1 个中心（即积极应对老龄化应用政策中心），并开展了 3 个研究项目（如新兴老龄化项目等）。

（3）研究产品

人均水平智库 2012 年以来累计发布了 660 余篇报告文章，共设计推出了 5 种研究产品，包括

2 种研究报告类产品、1 种博客类产品、2 种新闻媒体类产品。其中，"人均水平智库的分析及观点"是该智库的研究报告，主要以消除澳大利亚的不平等现象为宗旨，提出重要观点，对面临的问题进行分析并给出政策建议。

481. 繁荣澳大利亚

繁荣澳大利亚（Prosper Australia）成立于 1910 年，位于澳大利亚。繁荣澳大利亚是一个独立的组织，其资金来源于基金会和个人。繁荣澳大利亚致力于与政策制定者、政治家和公众讨论澳大利亚未来所需的税收情况。该智库网址是：www.prosper.org.au。

（1）历史沿革

1890 年，由进步人士组成的"繁荣澳大利亚"作为倡导税制改革的组织成立，得到了社会各界的广泛支持。在该组织的有力呼吁下，1910 年澳大利亚政府引入了联邦土地税制度，将税收从劳动力转向了土地。1920 年，该组织为澳大利亚维多利亚州争取到较此前更公平的地方政府土地价值评级，并促成了直到 20 世纪 70 年代都很成功的租赁法案的出台。

（2）组织机构

繁荣澳大利亚的研究团队由 6 位研究人员组成。该智库共开展了 6 个研究项目，如维多利亚州地方政府评级项目等。

（3）研究产品

繁荣澳大利亚 2005 年以来累计发布了 1 500 余篇报告文章，共设计推出了 8 种研究产品，包括 3 种研究报告类产品、2 种期刊书籍类产品、1 种博客类产品、1 种音频视频类产品、1 种新闻媒体类产品。其中，《进步》是繁荣澳大利亚期刊类产品。该杂志于 1904 年 5 月首次出版，该产品的发布频率是每季度 1 次。

482. 澳大利亚研究所

澳大利亚研究所（The Australia Institute）成立于 1994 年，由克莱夫·汉密尔顿（Clive Hamilton）创立，位于澳大利亚。澳大利亚研究所是一个无党派的独立组织，其资金来源于基金会、企业机构和个人。澳大利亚研究所致力于开展研究以推动公众辩论并确保使澳大利亚变得更好。该智库网址是：www.tai.org.au。

（1）历史沿革

该智库未披露相关信息。

（2）组织机构

澳大利亚研究所的研究团队在约翰·麦金农（John McKinnon）博士领导下，由 32 位研究人员组成。其研究内容覆盖了 9 个领域，分别是：经济、能源、公平、环境、银行业、社会、林业、矿业、政府与问责制。该智库共设立了 4 个研究中心并开展了 11 个研究项目，如国家气候灾难基金项目等。

（3）研究产品

澳大利亚研究所自成立以来累计发表了 4 000 余篇报告文章，共发布了 11 种研究产品，包括 3 种研究报告类产品、1 种期刊书籍类产品、1 种活动类产品、2 种评论专栏类产品、1 种新闻媒体类产品、2 种音频视频类产品、1 种数据类产品。其中，《国家能源排放审计期刊》每季度出版一次，主要对澳大利亚研究所提供能源政策指导、开展研究以推动公众辩论并确保使澳大利亚变得更好的能源排放政策成果得到有效应用。

483. 美国研究中心

美国研究中心（United States Studies Centre），成立于2006年，由美国澳大利亚协会和悉尼大学共同创立，位于澳大利亚。美国研究中心是一个非营利组织，其资金来源于政府、基金会、企业机构和个人。美国研究中心致力于对美国的外交政策、经济、政治和文化进行严格的分析。该智库网址是：www.ussc.edu.au。

（1）历史沿革

2006年，澳大利亚总理约翰·霍华德宣布拨款2 500万美元在澳大利亚一所主要大学建立美国研究中心。随后悉尼大学被选为研究中心成立方，由美国澳大利亚协会管理捐赠基金，该中心于2007年建成，并于2008年招收了第一批学生。自成立以来，美国研究中心一直是澳大利亚和亚太地区深入了解美国的领导者，鼓励公众辩论，接待了大量澳大利亚和国际政要，包括美国总统乔·拜登、前国务卿希拉里·克林顿、外交政策分析师安妮·玛丽·史劳特，澳大利亚前总理鲍勃·霍克、保罗·基廷和约翰·霍华德以及前澳大利亚外交大臣朱莉·毕晓普等在内的领导人均在该中心发表过讲话。

（2）组织机构

美国研究中心的研究团队在西蒙·杰克曼（Simon Jackman）的领导下，由33位研究人员组成。该智库共设立了7个研究项目，如外交政策和国防项目等。

（3）研究产品

美国研究中心自成立以来累计发布了5 000余篇报告文章，共设计推出了14种研究产品，包括5种研究报告类产品、1种学术论文类产品、1种期刊书籍类产品、2种评论专栏类产品、2种新闻媒体类产品、1种音频视频类产品、1种数据类产品、1种活动类产品。其中，美国研究中心的研究报告主要发表美国研究中心在各个领域最新的研究成果，提出重要观点和独立分析。

（二）新西兰智库

484. 马克西姆研究所

马克西姆研究所（Maxim Institute）成立于1994年，位于新西兰奥克兰。马克西姆研究所是一个独立的智库，其资金来源于基金会、企业机构和个人。马克西姆研究所致力于通过自由、正义和同情来促进新西兰每个人的尊严。该智库网址是：www.maxim.org.nz。

（1）历史沿革

马克西姆研究所是由新西兰奥克兰大学校长约翰·格雷汉姆爵士创建的。

（2）组织机构

马克西姆研究所的研究团队在蒂姆·威尔逊（Tim Wilson）的领导下，由4位研究人员组成。其研究内容覆盖了5个领域，分别是：经济学、贫困、社会、教育、法律与政府。

（3）研究产品

马克西姆研究所自成立以来累计发表了300余篇报告文章，共设计推出了6种研究产品，包括

1 种学术论文类产品、1 种期刊书籍类产品、1 种博客类产品、1 种新闻媒体类产品、1 种音频视频类产品、1 种活动类产品。《火石和钢》是研究所的期刊书籍类产品，是一本年度出版物，旨在实现其名称的隐喻——希望激发思想和创造力。马克西姆研究所每年都围绕一个中心主题策划各种各样的活动，希望为读者提供一个机会，让他们深入思考。

485. 战略研究中心

战略研究中心（Centre for Strategic Studies），成立于 1993 年，位于新西兰。战略研究中心是一个大学附属研究机构。战略研究中心致力于促进有关新西兰安全利益以及区域和全球安全挑战的公开讨论。该智库网址是：www.wgtn.ac.nz/strategic-studies。

（1）历史沿革

战略研究中心成立于 1993 年，隶属于新西兰惠林顿维多利亚大学，是新西兰历史最悠久的战略、外交政策、安全问题研究、教学和研究中心。战略研究中心工作人员制作世界一流的出版物，并努力为更广泛的新西兰安全政策界的辩论和思考做出贡献。

（2）组织机构

战略研究中心的研究团队在戴维·卡皮（David Capie）的领导下，由 19 位研究人员组成。战略研究中心的研究人员从事各种主题的研究，包括亚太地区的战略变革、新西兰的外交和国防政策、太平洋地区的安全问题、大国竞争的原因、威慑和胁迫、非传统的安全挑战及其影响国际安全方面的新兴技术。

（3）研究产品

战略研究中心 2013 年以来累计发表了 170 余篇报告文章，共设计推出了 9 种研究产品，包括 1 种研究报告类产品、2 种期刊书籍类产品、1 种学术论文类产品、1 种评论专栏类产品、1 种新闻媒体类产品、3 种活动类产品。"讨论论文系列"为从事与新西兰安全和亚太地区直接相关的问题研究的学者和专家提供了一个论坛，旨在为研究直接关系到新西兰安全和亚太地区问题的学者和专家提供一个论坛，力求促进有关新西兰安全利益以及区域和全球安全挑战的咨情公开讨论，以便及时表达同行的意见。

486. 治理与政策研究所

治理与政策研究所（Institute of Governance and Policy Studies）成立于 1983 年，由惠灵顿维多利亚大学创立，位于新西兰。治理与政策研究所是一所大学附属机构，其资金来源于政府、基金会和企业机构。治理与政策研究所致力于提供独立、高质量和高影响力的研究成果，为决策过程提供信息，并影响许多重要领域的政策制定和实施。该智库网址是：www.wgtn.ac.nz/igps。

（1）历史沿革

"政策研究所"（Institute of Policy Studies）成立于 1983 年，发起理念是在大学、政治团体、公共部门、民间社会和企业之间建立一座桥梁。2005 年，"政策研究所"并入惠灵顿维多利亚大学新成立的政府学院。2012 年，研究所在伽马基金会的巨额资本捐赠下被重组为"治理与政策研究所"。与"政策研究所"相比，"治理与政策研究所"具有更广泛的定位，既关注治理，也关注公共政策。

（2）组织机构

治理与政策研究所的研究团队在西蒙·查普尔（Simon Chapple）的领导下，由 27 位研究人员组成。研究所确保公共政策的所有领域都为公共利益服务的必要性，其研究内容覆盖了 4 个领域：具体政策问题、政府安排、决策措施、宪法问题和公共管理。

（3）研究产品

治理与政策研究所 2012 年以来累计发布了 200 余篇报告文章，共设计推出了 6 种研究产品，包括 1 种研究报告类产品、1 种学术论文类产品、2 种活动类产品、1 种新闻媒体类产品、1 种期刊书籍类产品。《政策季刊》是治理与政策研究所的季刊类产品，由政府政策学会和政府学院联合出版。

487. 新西兰倡议

新西兰倡议（New Zealand Initiative）成立于 2012 年，由新西兰商业圆桌会议和新西兰研究所合并而成，位于新西兰。新西兰倡议是一个独立、无党派的组织，其资金来源于企业机构和个人。新西兰倡议致力于创建一个竞争、开放和充满活力的经济，以及一个自由、繁荣、公平和富有凝聚力的社会。该智库网址是：nzinitiative.org.nz。

（1）历史沿革

新西兰倡议组织的前身是"商业圆桌会议"。罗杰·克尔（Roger Kerr）于 1986 年成立的惠灵顿商业圆桌会议是 20 世纪八九十年代新西兰自由经济改革的主要支持者之一。为此，商业圆桌会议制作了各种出版物，并开展了其他活动，这些活动为公众辩论打下了基础并对其产生了影响。"新西兰研究所"于 2004 年在奥克兰成立。像商业圆桌会议一样新西兰研究所是一个商业会员组织。尽管它的政治倾向更为中心化，但它本质上还是一个智库，一些商务圆桌会议成员向新西兰研究所提供了支持。2012 年，两个组织合并为"新西兰倡议"组织。

（2）组织机构

新西兰倡议组织的研究团队在罗杰·帕特里奇（Roger Partridge）的领导下，由 14 位研究人员组成。其研究内容覆盖了 7 个领域：经济政策、政府与政治、教育、环境、国际事务、社会政策、住房与地方政府。

（3）研究产品

新西兰倡议组织自成立以来累计发表了 3 400 余篇报告文章。共设计推出了 8 种研究产品，包括 2 种研究报告类产品、1 种评论专栏类产品、2 种新闻媒体类产品、1 种音频视频类产品、2 种活动类产品。

488. 新西兰国际事务研究所

新西兰国际事务研究所（New Zealand Institute of International Affairs，NZIIA）由沃尔特·纳什（Walter Nash）于 1934 年在新西兰创立。新西兰国际事务研究所是一个独立的非政府组织，其资金来源于企业机构和个人。新西兰国际事务研究所致力于鼓励人们了解全球事务对新西兰政治和经济福祉的重要性。该智库网址是：www.nziia.org.nz。

（1）历史沿革

新西兰国际事务研究所在 1934 年惠灵顿的一次会议上由新西兰前总理沃尔特·纳什提议成立，并由新西兰财政部前部长道尼·斯图尔特担任研究所所长。20 世纪 60 年代，新西兰参与越南战争激发了公众对于国际事务的兴趣，也为新西兰国际事务研究所带来了新的机遇，得到了来自美国福特基金会的资金支持，与维多利亚大学合作并在校内设立了首个国家办公室。新西兰国际事务研究

所目前在奥克兰、怀卡托、霍克湾、帕默斯顿北部、惠灵顿、怀拉帕、纳尔逊和克赖斯特彻奇设有
8 个分支机构。

（2）组织机构

新西兰国际事务研究所的研究团队在阿南德·萨蒂亚南德（Rt Hon Sir Anand Satyanand）的领
导下，由 20 余位研究人员组成。智库的研究重点是外交与国际政治、国际安全和国际关系、国家
治理等领域。

（3）研究产品

新西兰国际事务研究所自成立以来累计发表了 100 余篇报告文章，共设计推出了 4 种研究产
品，包括 1 种研究报告类产品、2 种期刊书籍类产品、1 种活动类产品。其中，《新西兰国际评论》
自 1976 年创刊以来，已成为新西兰同类期刊的主要国际期刊，主要刊登新西兰国际事务研究所各
个领域的研究成果。

第五节　南美洲财经智库及非洲财经智库

（一）南美洲财经智库

489. 阿根廷国际关系委员会

阿根廷国际关系委员会（Argentine Council for International Relations，西班牙语是：Consejo Ar-
gentino para las Relaciones Internacionales，CARI）由卡洛斯·曼努埃尔·穆尼兹（Carlos Manuel
Muñiz）和一批杰出的国际事务专业人士于 1978 年在阿根廷成立。阿根廷国际关系委员会是一个非
营利、无党派的组织，其资金来源于基金会、企业机构和个人。阿根廷国际关系委员会致力于通过
更紧密的联系和更多的互惠知识来巩固和平和促进人民的发展。该智库网址是：www.cari.org.ar.

（1）历史沿革

阿根廷国际关系委员会的创始人卡洛斯·曼努埃尔·穆尼兹博士曾任阿根廷外交部长兼驻玻利
维亚、巴西、美国和联合国大使，他提出了召集外交政策专家的想法，以期建立一个智库和一个关
于阿根廷参与国际事务的全国对话论坛。阿根廷国际关系委员会自成立以来组织了大约 1 200 次讲
座、300 次研讨会、2 200 次与国际研究各个领域的本地和外国专家的会议，包括出版书籍、演讲和
发布工作文件。今天，阿根廷国际关系委员会由来自阿根廷和世界其他国家的 1 000 多名成员组成。

（2）组织机构

阿根廷国际关系委员会的研究团队在卡洛斯·曼努埃尔·穆尼兹的领导下，由 16 位研究人员
组成。其研究内容覆盖了 9 个领域：经济、科学技术、能源与环境、全球和区域治理、国防安全、
阿根廷外交政策、社会文化、新冠疫情、民主与人权。该智库共设立 28 个研究中心（如发展合作
工作组），并开展 1 个研究项目（即义工计划）。

（3）研究产品

阿根廷国际关系委员会自成立以来累计发表了 4 000 余篇报告文章，共设计推出了 19 种研究产
品，包括 12 种研究报告类产品、2 种期刊书籍类产品、1 种新闻媒体类产品、1 种音频视频类产品、
3 种活动类产品。

490. 拉丁美洲经济研究基金会

拉丁美洲经济研究基金会（Fundación de Investigaciones Económicas Latinoamericanas，FIEL）成立于1964年，由布宜诺斯艾利斯证券交易所、阿根廷商会、阿根廷农村社会和阿根廷工业联盟创立，位于阿根廷。拉丁美洲经济研究基金会是一个独立、非营利机构，其资金来源于基金会、企业机构和个人。拉丁美洲经济研究基金会致力于经济研究。该智库网址是：www.fiel.org。

（1）历史沿革

该智库未披露相关信息。

（2）组织机构

拉丁美洲经济研究基金会的研究团队在西蒙·戴（Simon Tay）的领导下，由40余位研究人员组成。其研究内容覆盖了12个主题，例如能源经济、环境经济学、货币政策、银行和保险的研究等。该智库共开展3个研究项目，如东盟与亚洲项目等。

（3）研究产品

拉丁美洲经济研究基金会2005年以来累计发布了1 500余篇报告文章，共设计推出了12种研究产品，包括2种研究报告类产品、2种学术论文类产品、2种期刊书籍类产品、1种新闻媒体类产品、2种音频视频类产品、2种数据类产品、1种活动类产品。"DATAFIEL"是FIEL自20世纪80年代初以来一直在开发的统计数据库，由3 000多个经济系列数据组成，涵盖国内和国际经济活动的不同部门。DATAFIEL拥有与国民账户、对外部门和国际收支、货币、金融和股票市场统计、价格和汇率、公共部门、劳动力市场和人口以及农业、采矿业、制造业、建筑业和服务业相应的数据。

491. 哥伦比亚智库高等教育与发展基金会

哥伦比亚智库高等教育与发展基金会（Fedesarrollo），成立于1970年，由罗德里戈·博特罗（Rodrigo Botero）创立，位于哥伦比亚。哥伦比亚智库高等教育与发展基金会智库是一个独立的非营利性组织，其资金来源于政府、基金会、企业机构和个人。哥伦比亚智库高等教育与发展基金会致力于在市场经济模式下促进哥伦比亚的经济和社会发展，国家有效参与提供公共产品、民主环境和有效的社会政策，以实现包容和公平的社会。该智库网址是：www.fedesarrollo.org.co。

（1）历史沿革

该智库未披露相关信息。

（2）组织机构

哥伦比亚智库高等教育与发展基金会的研究团队在达芙妮·阿尔瓦雷斯的带领下，由40位研究人员组成。其研究内容覆盖了14个领域，例如：金融与银行业、基础设施、机构与司法、宏观经济学、环境等。

（3）研究产品

哥伦比亚智库高等教育与发展基金会自成立以来共发布了11 400余篇报告文章，共设计推出了23种研究产品，包括8种研究报告类产品、4种学术论文类产品、1种期刊书籍类产品、1种博客类产品、3种评论专栏类产品、1种新闻媒体类产品、1种音频视频类产品、4种活动类产品。《经济趋势》创建于2002年，是智库参与经济问题公开讨论的月刊，该刊物还包含了最新的信心指数和主要经济指标。

492. 金砖国家政策中心

金砖国家政策中心（BRICS Policy Center）成立于2010年，由里约热内卢天主教大学国际关系研究所创立，位于巴西里约热内卢。金砖国家政策中心是一个无党派非营利性的大学附属机构，其资金来源于政府和企业机构。金砖国家政策中心致力于通过提供有关国际体系内部变革及其对地方、国家和区域各级影响的关键知识，为推动基于权利的发展议程和促进全球发展中国家的平等做出贡献。该智库网址是：www.bricspolicycenter.org。

（1）历史沿革

该智库未披露相关信息。

（2）组织机构

金砖国家政策中心的研究团队在中心主任保罗·埃斯特维斯（Paulo Esteves）的带领下，由55位研究人员组成。该智库组建了2个中心，即中国小组和现代奴隶制研究中心。智库主持开展了12个研究项目，如金砖国家项目和金砖国家城市的权力项目等。

（3）研究产品

金砖国家政策中心自成立以来共发布了1 470余篇报告文章，共设计推出了10种研究产品，包括4种研究报告类产品、1种博客类产品、4种新闻媒体类产品、1种活动类产品。

493. 里奥·巴尔加斯基金会

里奥·巴尔加斯基金会（Fundacao Getulio Vargas，FGV）于1944年成立，由路易·西蒙斯·洛佩斯（Luiz Simões Lopes）创立，位于巴西。里奥·巴尔加斯基金会是一个无党派的独立组织，其资金来源于政府、基金会、企业机构和个人。里奥·巴尔加斯基金会致力于刺激巴西的社会经济发展。该智库网址是：portal.fgv.br。

（1）历史沿革

里奥·巴尔加斯基金会成立于1944年12月20日。其最初目标是培养在巴西公共和私人行政部门工作的合格人才。目前FGV已经发展成为世界十大智库之一。

（2）组织机构

里奥·巴尔加斯基金会的研究团队在主席卡洛斯·伊万·西蒙森·莱尔的带领下由200名研究人员组成。其研究内容覆盖了9个领域，分别是：行政、应用数学、经济学、国际关系、法律、社会科学、能源、法规、公共政策。该智库组建了11个研究中心，比如FGV社交、商业合作委员会（CCE）+FGV的世界经济中心等。成立至今，智库共主持开展了326个研究项目以及561个咨询项目。

（3）研究产品

里奥·巴尔加斯基金会自成立以来共发布了55 000余篇报告文章，共设计推出了48种研究产品，包括10种研究报告类产品、2种学术论文类产品、1种活动类产品、1种音频视频类产品、1种新闻媒体类产品、33种期刊书籍类产品。FGV各个研究分支机构累计出版期刊33种。

494. 应用经济研究所

应用经济研究所（Institute of Applied Economic Research，葡萄牙语是 Instituto de Pesquisa

Econômica Aplicada，IPEA）于 1964 年在巴西创立，是一个公共机构，其资金来源于政府。应用经济研究所致力于通过生产和传播知识以及在国家战略决策中提供咨询意见，加强对巴西发展至关重要的公共政策制定。该智库网址是：www.ipea.gov.br。

（1）历史沿革

该智库未披露相关信息。

（2）组织机构

应用经济研究所的研究团队由卡洛斯·冯·多林格带领 119 名研究人员组成。其研究内容覆盖了 7 个领域，分别是：机构和民主、国际、机构、宏观经济学、城市和环境、部门、社会。该智库设立了 9 个研究部门，如研究和经济关系及国际政策局、机构发展理事会等。

（3）研究产品

应用经济研究所自成立以来共发布了 5 000 余篇报告文章，共设计推出了 32 种研究产品，包括 23 种研究报告类产品、1 种学术论文类产品、1 种评论专栏类产品、3 种数据类产品、4 种期刊书籍类产品。

（二）非洲财经智库

495. 博茨瓦纳发展政策分析研究所

博茨瓦纳发展政策分析研究所（Botswana Institute for Development Policy Analysis，BIDPA）成立于 1995 年，由博茨瓦纳政府创立，位于非洲博茨瓦纳。博茨瓦纳发展政策分析研究所是一个独立的、非政府组织，其资金来源于政府。博茨瓦纳发展政策分析研究所致力于提供循证的社会经济政策咨询并成为非洲著名的政策研究机构。该智库网址是：www.bidpa.bw。

（1）历史沿革

该智库未披露相关信息。

（2）组织机构

博茨瓦纳发展政策分析研究所的研究团队在研究所的执行主任特博戈塞莱卡带领下，由 40 位研究人员组成。其研究内容覆盖了 5 个领域，分别是：宏观经济和发展，贸易、工业和私营部门发展，人类和社会发展，环境、农业和自然资源，治理和管理。该智库共主持开展了 18 个研究项目，如供应驱动研究、博茨瓦纳贸易和贫困计划等。

（3）研究产品

博茨瓦纳发展政策分析研究所 2015 年以来累计发布了 200 余篇报告文章，共设计推出了 11 种研究产品，包括 4 种研究报告类产品、2 种新闻媒体类产品、2 种书籍期刊类产品、1 种音频视频类产品、1 种活动类产品、1 种学术论文类产品。

496. 非洲经济研究联合会

非洲经济研究联合会（African Economic Research Consortium，AERC）成立于 1988 年，由一些非洲主义者和非洲学者创立，位于肯尼亚。非洲经济研究联合会是一个非营利组织，其资金来源于政府、基金会和企业机构。非洲经济研究联合会致力于加强地方行政能力，对撒哈拉以南非洲经济管理面临的问题进行独立、严格的调查。该智库网址是：www.aercafrica.org。

（1）历史沿革

非洲经济研究联合会的建立可以追溯到 20 世纪 80 年代后期，当时一些非洲主义者和学者开始认识到撒哈拉以南非洲地区的经济政策制定与经济研究之间脱节。他们的关心演变成一个成熟的想法，讨论了一种汇集其专门知识并将其用于发展撒哈拉以南非洲经济政策能力的工具，于是非洲经济研究联合会诞生。

（2）组织机构

非洲经济研究联合会的研究团队由执行董事恩古纳·恩东格带领 10 余名研究人员组成。该智库共有 5 个研究领域，分别是：能力建设、区域和全球联系、私营部门参与、外联和政策参与、利益相关方的可持续发展。智库开展了 12 个研究项目，比如 COVID-19 对非洲经济的影响、建立支持人力资本的政策研究机构等。

（3）研究产品

非洲经济研究联合会 2014 年以来共发布了 700 余篇报告文章，共设计推出了 6 种研究产品，包括 2 种研究报告类产品、2 种活动类产品、1 种新闻媒体类产品、1 种音频视频类产品。

497. 肯尼亚公共政策研究与分析研究所

肯尼亚公共政策研究与分析研究所（Kenya Institute for Public Policy Research and Analysis，KIPPRA）于 1997 年成立，位于肯尼亚。肯尼亚公共政策研究与分析研究所是一个独立的组织，其资金来源于政府。肯尼亚公共政策研究与分析研究所致力于通过进行客观的研究和分析为肯尼亚政府提供优质的公共政策建议，以促进实现国家发展目标。该智库网址是：kippra.or.ke。

（1）历史沿革

肯尼亚公共政策研究与分析研究所是一家公共机构，通过法律声明于 1997 年 5 月成立，并于 1999 年 6 月开始运营。2007 年 1 月，总统签署《KIPPRA 法案》使之成为法律，并于 2007 年 2 月 1 日生效。因此，该研究所是根据议会法案成立的一家国有性质机构。

（2）组织机构

肯尼亚公共政策研究与分析研究所的研究团队由执行主任罗丝·恩古吉（Rose Ngugi）博士带领研究人员组成。其研究重点是：宏观经济、社会发展、国家治理、金融、贸易等。该智库组建了 7 个研究部门（如治理部、宏观经济学部等），开展了 8 个研究项目（如青年专业人员计划、大学生辅导计划等）。

（3）研究产品

肯尼亚公共政策研究与分析研究所自成立以来共发布了 600 余篇报告文章，共设计推出了 8 种研究产品，包括 5 种报告类产品、1 种新闻媒体类产品、2 种活动类产品。

498. 发展与企业中心

发展与企业中心（Center for Development and Enterprise，CDE）成立于 1995 年，由劳里·迪佩纳尔（Laurie Dippenaar）和米切尔·勒鲁克斯（Michiel le Roux）共同创立，位于南非。发展与企业中心是一个独立的组织，其资金来源于基金会、企业机构和个人。发展与企业中心致力于关注关键的国家发展问题及其与包容性经济增长和民主巩固的关系。该智库网址是：www.cde.org.za。

（1）历史沿革

该智库未披露相关信息。

（2）组织机构

发展与企业中心的研究团队由安·伯恩斯坦（Ann Bernstein）带领 20 名研究人员组成。该智库设立了 10 个研究领域，分别是：增长与工作、企业的作用、青年失业、教育和技能、城市、土地改革、移民、发展中国家的民主问题、其他国家优先事项、新冠肺炎。

（3）研究产品

发展与企业中心自成立以来共发布了 650 余篇报告文章，共设计推出了 8 种研究产品，包括 2 种研究报告类产品、1 种评论专栏类产品、2 种新闻媒体类产品、2 种活动类产品、1 种音频视频类产品。

499. 自由市场基金会

自由市场基金会（Free Market Foundation，FMF）成立于 1975 年，位于南非布莱恩斯顿。自由市场基金会是一个独立的组织，其资金来源于企业机构和个人。自由市场基金会致力于促进社会开放，法治、个人自由以及经济和新闻自由，并将其作为其在古典自由主义原则基础上倡导人权和民主的基本组成部分。该智库网址是：www.freemarketfoundation.com。

（1）历史沿革

自由市场基金会的成立是为了对抗当时政府对经济不断增加的干预。保护主义、高通胀、价格控制、官僚主义和种族歧视都在 20 世纪 70 年代升级。1977 年，当 FMF 得到主要机构的支持后，它成为一个全国性研究机构。各大公司的代表在基金会的重组中发挥了积极作用，并开始参与其事务。

（2）组织机构

自由市场基金会的研究团队由首席执行官列昂·卢（Leon Louw）带领 10 名研究人员组成。该智库设立了 13 个研究领域，分别是：竞争政策、消费者权益、经济自由、能源、金融、金融业、卫生保健、劳动、劳动法挑战、土地改革、新闻法治/法律、小企业、转型。

（3）研究产品

自由市场基金会自成立以来共发布了 15 120 余篇报告文章，共设计推出了 5 种研究产品，包括 3 种研究报告类产品、1 种评论专栏类产品、1 种音频视频类产品。

500. 埃及经济研究中心

埃及经济研究中心（Egyptian Center for Economic Studies，ECES）由艾哈迈德·奥扎尔普（Ahmed Ozalp）创立于 1992 年，位于埃及。埃及经济研究中心是一个独立的非营利组织，其资金来源于企业机构和个人。埃及经济研究中心致力于在经济效率和社会公正相结合的基础上，提出有助于埃及可持续发展的经济政策、体制和立法改革。该智库网址是：www.eces.org.eg。

（1）历史沿革

该智库未披露相关信息。

（2）组织机构

埃及经济研究中心的研究团队由总统经济发展委员会的主席阿贝拉·阿卜杜勒·拉蒂夫（Abella Abdul Latif）博士带领 29 位研究人员组成。

（3）研究产品

埃及经济研究中心自成立以来共发布了 1 860 余篇报告文章，共设计推出了 20 种研究产品，包括 8 种研究报告类产品、1 种学术论文类产品、2 种期刊书籍类产品、2 种评论专栏类产品、1 种数据类产品、6 种活动类产品。

参考文献

A Brief History of RAND [EB/OL]. [2022-02-23]. https://www.rand.org/about/history.html.

ALBRIGHT R E, 2002. What can past technology forecasts tell us about the future? [J]. Technological forecasting and social change, 69 (5): 443-464.

ARTHUR H, 1922. Small loan legislation progress and improvement [M]. New York: Russell Sage Foundation Division of Remedial Foundation.

BRAN P, 1964. On distributed communications [R]. Los Angeles: RAND Corporation.

BRASS C T, 2006. Office of management and budget (OMB): a brief overview [R].

Brookings's role in the Marshall Plan [EB/OL]. [2022-02-23]. https://www.brookings.edu/blog/brookings-now/2016/08/24/brookings-role-marshall-plan/.

BRUCE G C, 2005. The passage of the uniform small loan law [J]. Journal of interdisciplinary history, 42 (3): 393-418.

Committee on theHistory of Japan's Trade and Industry Policy RIETI, 2020. Japan's industrial structure: forced to change (1973-1982) [M] //YANO M. Dynamics of Japan's trade and industrial policy in the post rapid growth era (1980-2000). Berlin: Springer.

Congressional Budget Office. History [EB/OL]. [2022-02-23]. https://www.cbo.gov/about/history.

CROW J, 2013. Practical experiences in reducing inflation-the case of Canada [R]. Boston: National Bureau of Economic Research.

DEWS F, 2006. Brookings's role in "the greatest reformation in governmental practices" - the 1921 budget reform [M]. Washington D.C.: The Brookings Institution.

EDWARDS C, 2017. Margaret Thatcher's privatization legacy [J]. Cato Journal, 37 (1): 89-99.

FORSBROOK B, 2017. How scenario became corporate strategies: alternative futures and uncertainty in strategic management [D]. Toronto: York University.

FREEDMAN C, 1991. The goal of price stability: the debate in Canada: panel discussion [J]. Journal of money, credit and banking, 23 (3): 613-618.

GAO past and present, 1921 through the 1990s [EB/OL]. [2022-02-23]. https://www.gao.gov/pdfs/about/GAO%20Past%20and%20Present,%201921%20through%20the%201990s.pdf.

GAO: working for good government since 1921 [EB/OL]. [2022-02-23]. https://www.gao.gov/pdfs/about/GAO%20Working%20for%20Good%20Government%20Since%201921.pdf.

GEORGE G, 1944. The future of small legislation [J]. The University of Chicago law review, 12 (1).

GITIS B, 2016. The 20th anniversary of welfare reform [R]. Washington D.C.: The American Action Forum.

GLENN J C, the Futures Group International, 2009. Scenarios [J]. Future research methodology-V2. 0.

History of the Marshall Plan [EB/OL]. [2022-02-23]. https://www.marshallfoundation.org/marshall/the-marshall-plan/history-marshall-plan/.

HUBACHEK F B, 1941. The development of regulatory small loan laws [J]. Duke University Library.

JOHNSTON W B, PACKER A E, 1987. Workforce 2000 [M]. Washington D.C.: Hudson Institute.

JOSEPH K, 1976. Monetarism is not enough [R]. London: Centre for Policy Studies.

KAHN H, Martel L, 1974. Corporate environment program research memorandum [M]. Washington D.C.: Hudson Institute.

KAHN H, WIENER A J, 1967. The year 2000, a framework for speculation on the next thirty-three years [M]. New York: Macmillan.

KNOCHE M, 2019. Ludwig Erhard and the ifo Institute: In the service of German reconstruction [J]. CESifo forum, 20 (2): 32-46.

LAIDLER D E W, ROBSON W B P, 1993. The great Canadian disinflation: the economics and politics of monetary policy in Canada, 1988-1993 [R]. Toronto: C. D. Howe Institute.

LAIDLER D, 2015. The interactive evolution of economic ideas and experience-the case of Canadian inflation targeting [D]. London, Ontario: University of Western Ontario.

LUTZ F A, 1949. The German currency reform and the revival of the German economy [J]. Economica (16): 122-142.

MAYER T, THUMANN G, 1990. Radical currency reform: Germany, 1948 [R]. Washington D.C.: International Monetary Fund.

MCCRACKEN M, 2000. Equalization: its contributions to Canada's economic and fiscal progress by Robin W. Boadway, Paul A. R. Hobson [J]. Canadian public policy/Analyse de politiques, 26 (1): 137-138.

MURRAY C, 1984. Losing ground: American social policy 1950-1980 [M]. New York: Basic Books.

MURRAY C, 1985. Have the poor been "losing ground"? [J]. Political science quarterly.

NAVARRIA G, 2016. How the Internet was born: from the ARPANET to the Internet [D]. Sydney: University of Sydney.

New Energy and Industrial Technology Development Organization. About NEDO [EB/OL]. [2022-02-23]. https://www.nedo.go.jp/english/introducing/introducing_index.html.

Office for National Statistics, 2019. Changes in the economy since the 1970s [R].

Paul Bran and the origins of the internet [EB/OL]. [2022-02-23]. https://www.rand.org/about/history/baran.html.

RAGAN C, 2011. The evolution ofCanadian monetary policy: successful ideas through natural selection [D]. Montreal: McGill University.

REPETTO R, AUSTIN D, 2000. Pureprofit: the financial implications of environmental performance [M].

Washington D.C.: The World Resources Institute.

REPETTO R, AUSTIN D, 2009. Comingclean: corporate disclosure of financially significant environmental risks [M]. Washington D.C.: The World Resources Institute.

RICHARDSON J, BURKE V, 2001. Short History of the 1996 Welfare Reform Law [R]. Congressional Research Service Reports.

RINGLAND G, YOUNG L, 2006. Scenarios in marketing: from vision to decision [M]. Hoboken: Wiley.

RITTERSHAUSEN J R B, 2007. The postwar West German economic transition: From ordoliberalism to Keynesianism [J]. IWP discussion paper (series).

Security Exchange Commission, 2013. Commission guidance regarding disclosure related to climate change [R].

SHERMAN A, 1981. Reports of study groups 1980–1981 [R]. London: Centre for Policy Studies.

SIKLOSA P L, NEUENKIRCH M, 2015. How monetary policy is made: two Canadian tales [J]. International Journal of Central Banking, 11 (1): 225–250.

The Brookings Institution, 1948. Report to the committee on foreign relations, united states senate on administration of united states aid for a European recovery program [R]. Washington, D.C.: United States Government Printing Office.

The Commission on Economy and Efficiency of the United States Government, 1912. The need for a national budget [R].

The mission and structure of the office of management and budget [EB/OL]. [2022-02-23]. https://obamawhitehouse.archives.gov/omb/organization_mission/.

The National Institute of Advanced Industrial Science and Technology. History [EB/OL]. [2022-02-23]. https://www.aist.go.jp/aist_e/about_aist/history/history.html.

The uniform small loan law [J]. Columbia law review, 1923, 23 (5): 484–487.

WALDROP M, 2008. DARPA and the internet revolution [R]. Austin: Defense Advanced Research Projects Agency.

WEAVER R K, 1989. The changing world of think tanks [M]. Washington D.C.: The Brookings Institution.

WelfareReform Working Group, 1993. Response to Charles Murray [R].

WILLOUGHBY W F, 1918. The problem of a national budget [M]. New York: D. Appleton & Company: 167.

YOSHIDA P G, 2018. Japan's energy conundrum [R]. Tokyo: Sasakawa Peace Foundation.

附录1 各国财经智库数量统计

大洲	序号	国家名称	智库数量/个	百分比/%
北美洲	1	美国	191	38.2
	2	加拿大	23	4.6
欧洲	3	英国	89	17.8
	4	德国	16	3.2
	5	法国	10	2
	6	俄罗斯	11	2.2
	7	比利时	10	2
	8	波兰	11	2.2
	9	意大利	6	1.2
	10	瑞典	2	0.4
	11	荷兰	3	0.6
	12	爱尔兰	2	0.4
	13	奥地利	1	0.2
	14	丹麦	3	0.6
	15	芬兰	2	0.4
	16	挪威	1	0.2
	17	瑞士	3	0.6
	18	塞尔维亚	1	0.2
	19	乌克兰	1	0.2
	20	西班牙	4	0.8
	21	希腊	2	0.4

表(续)

大洲	序号	国家名称	智库数量/个	百分比/%
亚洲	22	马来西亚	1	0.2
	23	日本	23	4.6
	24	印度	14	2.8
	25	巴基斯坦	10	2
	26	以色列	5	1
	27	土耳其	5	1
	28	新加坡	7	1.4
	29	阿塞拜疆	1	0.2
	30	菲律宾	1	0.2
	31	格鲁吉亚	1	0.2
	32	哈萨克斯坦	2	0.4
	33	韩国	5	1
	34	孟加拉国	2	0.4
	35	斯里兰卡	3	0.6
	36	印度尼西亚	2	0.4
大洋洲	37	新西兰	5	1
	38	澳大利亚	9	1.8
南美洲	39	阿根廷	2	0.4
	40	巴西	3	0.6
	41	哥伦比亚	1	0.2
非洲	42	埃及	1	0.2
	43	博茨瓦纳	1	0.2
	44	肯尼亚	2	0.4
	45	南非	2	0.4

附录 2 财经智库研究领域

	一级领域分类	二级领域分类
1	国家治理	全球政治；国内政治；政党；联邦制；政治哲学；选举；民主；基础设施建设
2	国际关系	移民；难民；全球性机构；外交；国际组织；全球化
3	国防安全	军事；反恐；毒品；违禁药品（阿片类药物）；核问题；洗钱；跨国犯罪
4	宏观经济	（1）宏观经济（增长、经济周期、失业、通货膨胀与货币政策）；（2）国际经济（汇率、关税税率等）；（3）发展经济（经济结构变化、贫困与经济增长）；（4）劳动经济（劳动力的工资、就业和收入模式、人力资本）；（5）福利经济；物价
5	财政税收	财政政策；预算
6	农业	—
7	建筑业与制造业	汽车制造
8	科学技术	网络；创新；宇宙空间
9	教育	K12教育；成人教育；培训
10	医疗卫生保健	生命科学
11	能源环保	气候变化；自然资源与环保
12	社会发展	社会保障（Social Security）；社会福利（Social Welfare）；社会问题（Social Issues）；儿童；老龄化；歧视；腐败；犯罪；不平等；贫困；酒精；住房和城市发展（Housing & Urban Development）；知识产权（Intellectual Property）；服务业；就业；劳资关系；交通运输；人权；体育
13	金融	个人金融；公司金融；公共财政；投资；银行；金融机构；保险；抵押和证券；财政和货币政策；商业（Business）；创业精神；消费者保护
14	贸易	国际贸易；国内贸易；税率
15	法律法规	监管
16	宗教与文化	—

附录 3　财经智库产品类型

	产品分类	产品细分
1	研究报告	Research Report；Policy Report；Policy Brief；Research Brief
2	学术论文	Working Paper；Papers
3	期刊书籍	Monthly Journal & Review
4	博客	Blog
5	评论专栏	Commentary；Op-Ed；Testimony；Interview；Speech
6	新闻媒体	Media；In the News
7	音频视频	Audio & Video；Podcast
8	数据	Data；Charts；Visual Data
9	活动	Event；Meetings；Forum

附录4 全球500家财经智库名录索引

序号	财经智库中文名称	财经智库英文名称	页码
1	阿克顿研究所	Acton Institute	56
2	非洲战略研究中心	Africa Center for Strategic Studies	56
3	阿勒格尼公共政策研究所	Allegheny Institute for Public Policy	57
4	美国企业公共政策研究所	American Enterprise Institute for Public Policy Research (AEI)	57
5	美国外交政策委员会	American Foreign Policy Council (AFPC)	58
6	美国经济研究所	American Institute for Economic Research (AIER)	58
7	大西洋理事会	Atlantic Council	59
8	阿特拉斯网络	Atlas Network	60
9	田纳西州灯塔中心	Beacon Center of Tennessee	60
10	灯塔山研究所	Beacon Hill Institute	61
11	贝尔弗科学与国际事务中心	Belfer Center for Science and International Affairs	61
12	伯克利国际经济圆桌会议	Berkeley Roundtable on the International Economy (BRIE)	62
13	两党政策中心	Bipartisan Policy Center	62
14	布鲁金斯学会	Brookings Institute	63
15	七叶树研究所	Buckeye Institute	64
16	喀斯喀特政策研究所	Cascade Policy Institute	64
17	加图研究所	Cato Institute	65
18	竞选财务研究所	Campaign Finance Institute	65
19	美国进步中心	Center for American Progress (CAP)	66
20	汽车研究中心	Center for Automotive Research (CAR)	66
21	数据创新中心	Center for Data Innovation	67
22	发展与战略中心	Center for Development and Strategy (CDS)	67
23	经济和政策研究中心	Center for Economic and Policy Research (CEPR)	68
24	欧洲政策分析中心	Center for European Policy Analysis (CEPA)	68
25	金融普惠中心	Center for Financial Inclusion (CFI)	68
26	全球发展中心	Center for Global Development (CGD)	69
27	国际发展中心	Center for International Development (CID)	70

序号	财经智库中文名称	财经智库英文名称	页码
28	国际私营企业中心	Center for International Private Enterprise	70
29	国际政策中心	Center for International Policy	71
30	国际贸易与安全中心	Center for International Trade and Security	71
31	公共诚信中心	Center for Public Integrity（CPI）	72
32	预算与优先政策中心	Center on Budget and Policy Priorities（CBPP）	72
33	战略与国际研究中心	Center for Strategic and International Studies（CSIS）	73
34	国家利益中心	Center for the National Interest（CFTNI）	73
35	魏登鲍姆经济、政府和公共政策中心	Weidenbaum Center on the Economy，Government，and Public Policy	74
36	城市未来中心	Center for an Urban Future	74
37	战略和预算评估中心	Center for Strategic and Budgetary Assessments（CSBA）	75
38	全球利益中心	Center on Global Interests（CGI）	75
39	芝加哥全球事务委员会	Chicago Council on Global Affairs	76
40	美国尽责联邦预算委员会	Committee for a Responsible Federal Budget（CRFB）	77
41	经济发展委员会	Committee for Economic Development（CED）	77
42	竞争性企业研究所	Competitive Enterprise Institute（CEI）	78
43	康科德联盟	The Concord Coalition	78
44	美国竞争力委员会	Council on Competitiveness	79
45	外交关系协会	Council on Foreign Relations（CFR）	79
46	国会研究处	Congressional Research Service（CRS）	80
47	耶鲁大学经济发展研究中心	Economic Growth Center，Yale University（EGC）	80
48	经济创新集团	Economic Innovation Group（EIG）	81
49	经济机会研究所	Economic Opportunity Institute（EOI）	81
50	经济政策研究所	Economic Policy Institute（EPI）	82
51	就业政策研究所	Employment Policies Institute	82
52	外交政策研究所	Foreign Policy Research Institute（FPRI）	83
53	经济教育基金会	Foundation for Economic Education（FEE）	83
54	全球金融诚信组织	Global Financial Integrity（GFI）	84
55	全球贸易分析项目	Global Trade Analysis Project（GTAP）	85
56	三十人小组	Group of Thirty（G30）	85
57	传统基金会	Heritage Foundation	86
58	胡佛研究所	Hoover Institution	86
59	罗素·赛奇基金会	Russell Sage Foundation	87
60	独立研究所（丹佛）	Independence Institute（II）	87
61	独立研究所（奥克兰）	Independence Institute（II）	88
62	印度、中国与美国研究所	India，China and America Institute（ICA）	88
63	新经济思想研究所	Institute for New Economic Thinking（INET）	89
64	政策研究所	Institute for Policy Studies（IPS）	89
65	税收与经济政策研究所	Institute on Taxation and Economic Policy	90

序号	财经智库中文名称	财经智库英文名称	页码
66	美洲对话组织	Inter-American Dialogue	90
67	J Street	J Street	91
68	贝克公共政策研究所	Baker Institute for Public Policy	91
69	詹姆斯麦迪逊研究所	James Madison Institute	92
70	住房研究联合中心	Joint Center for Housing Studies	93
71	政治和经济研究联合中心	Joint Center for Political and Economic Studies	93
72	堪萨斯政策研究所	Kansas Policy Institute（KPI）	94
73	利维经济研究所	Levy Economics Institute	94
74	列克星敦研究所	Lexington Institute	95
75	林肯土地政策研究所	Lincoln Institute of Land Policy	95
76	路德维希·冯·米塞斯研究所	Ludwig von Mises Institute	96
77	麦基诺公共政策中心	Mackinac Center for Public Policy	96
78	缅因州经济政策中心	Maine Center for Economic Policy（MECEP）	97
79	曼哈顿研究所	Manhattan Institute（MI）	97
80	麦凯恩国际领导力研究所	McCain Institute	98
81	麦肯锡全球研究院	McKinsey Global Institute（MGI）	98
82	莫卡特斯中心	Mercatus Center	99
83	移民政策研究所	Migration Policy Institute（MPI）	99
84	米尔肯研究所	Milken Institute	100
85	哈佛大学莫萨瓦尔-拉赫马尼商业和政府中心	Mossavar-Rahmani Center for Business and Government, Harvard University（M-RCBG）	100
86	美国国家亚洲研究局	National Bureau of Asian Research（NBR）	101
87	美国国家经济研究局	National Bureau of Economic Research（NBER）	102
88	国家公共政策研究中心	National Center for Public Policy Research（NCPPR）	102
89	国家政策研究所	National Policy Institute（NPI）	103
90	国家风险投资协会	National Venture Capital Association	103
91	自然资源治理研究所	Natural Resource Governance Institute（NRGI）	104
92	新美国基金会	New America Foundation	104
93	国家舆论研究中心	National Opinion Research Center（NORC）	105
94	东北-中西部研究所	Northeast-Midwest Institute（NEMWI）	105
95	俄克拉荷马州政策研究所	Oklahoma Policy Institute	106
96	公开市场研究所	Open Markets Institute	106
97	俄勒冈州公共政策中心	Oregon Center for Public Policy	107
98	太平洋国际政策委员会	Pacific Council on International Policy	107
99	太平洋论坛	Pacific Forum	108
100	太平洋研究所	Pacific Research Institute（PRI）	108
101	彼得森国际经济研究所	Peterson Institute for International Economics（PIIE）	109
102	皮尤研究中心	Pew Research Center	110
103	先锋研究所	Pioneer Institute	110

序号	财经智库中文名称	财经智库英文名称	页码
104	俄亥俄州政策事务研究所	Policy Matters Ohio	111
105	政治与经济研究委员会	Political and Economic Research Council（PERC）	111
106	波托马克政策研究所	Potomac Institute for Policy Studies	112
107	进步政策研究所	Progressive Policy Institute（PPI）	112
108	21世纪研究计划	Project for the Study of the 21st Century（PS21）	113
109	繁荣当下	Prosperity Now（Corporation for Enterprise Development，CFED）	113
110	加州公共政策研究所	Public Policy Institute of California（PPIC）	114
111	兰德公司	RAND Corporation	114
112	洛克菲勒政府研究所	Rockefeller Institute of Government	115
113	罗斯福研究所	Roosevelt Institute	116
114	七柱研究所	Seven Pillars Institute（SPI）	116
115	Show-Me研究所	Show-Me Institute	117
116	SRI国际	SRI International	117
117	税务基金会	Tax Foundation	118
118	泰勒斯研究所	Tellus Institute	118
119	得州公共政策基金会	Texas Public Policy Foundation（TPPF）	119
120	世纪基金会	The Century Foundation	119
121	世界大型企业联合会	The Conference Board	120
122	汉普顿研究所	The Hampton Institute	121
123	哈特兰研究所	The Heartland Institute	121
124	华盛顿近东政策研究所	The Washington Institute for Near East Policy（TWI）	122
125	中间路线研究所	Third Way	122
126	福特汉姆研究所	Thomas B. Fordham Institute	123
127	美国和平研究所	United States Institute of Peace	123
128	城市研究所	Urban Institute	124
129	新美国安全中心	Center for a New American Security	125
130	华盛顿公平增长中心	Washington Center for Equitable Growth	125
131	厄普约翰就业研究所	W.E. Upjohn Institute for Employment Research	126
132	威尔逊中心	Wilson Center	126
133	美国世界事务委员会	World Affairs Councils of America（WACA）	127
134	耶鲁大学全球化研究中心	Yale Center for the Study of Globalization（YCSG）	127
135	美国行动论坛	American Action Forum	128
136	美国当代德国研究所	American Institute for Contemporary German Studies	128
137	美国税收改革基金会	Americans for Tax Reform Foundation	129
138	亚利桑那州农村卫生中心	Arizona Center for Rural Health	129
139	阿肯色州经济发展研究所	Arkansas Economic Development Institute	130
140	阿斯彭研究所	Aspen Institute	130
141	伯格鲁恩研究所	Berggruen Institute	131

序号	财经智库中文名称	财经智库英文名称	页码
142	企业社会责任协会	Business for Social Responsibility（BSR）	131
143	卡内基国际和平基金会	Carnegie Endowment for International Peace	132
144	卡特中心	Carter Center	133
145	自由与繁荣中心	Center for Freedom and Prosperity	133
146	金融稳定中心	Center for Financial Stability（CFS）	134
147	政府研究中心	Center for Governmental Research	134
148	每个得克萨斯人	Every Texan（Center for Public Policy Priorities）	135
149	政治响应中心	Center for Responsive Politics	135
150	威斯康星战略中心	Center on Wisconsin Strategy	136
151	公民反对政府浪费	Citizens Against Government Waste（CAGW）	136
152	克莱蒙特研究所	The Claremont Institute	137
153	环境责任经济联盟	Coalition for Environmentally Responsible Economies（CERES）	137
154	基金会理事会	Council on Foundation	138
155	半球事务委员会	Council on Hemispheric Affairs（COHA）	139
156	美国生态研究所	Ecologic Institute US	139
157	埃德温·赖斯豪尔东亚研究中心	Edwin O. Reischauer Center for East Asian Studies	140
158	自由工厂基金会	Freedom Works Foundation	140
159	全球视野研究所	Global Vision Institute	141
160	绿色美国	Green America	141
161	哈金研究所	Harkin Institute	142
162	独立部门	Independent Sector	142
163	政策创新研究所	Institute for Policy Innovation	143
164	社会经济研究所	Institute of Social and Economic Research	143
165	跨信仰企业责任中心	Interfaith Center on Corporate Responsibility（ICCR）	144
166	正义工作	Jobs with Justice	144
167	马萨诸塞州新联邦研究所	Massachusetts Institute for a New Commonwealth（MassINC）	145
168	人力资源示范研究公司	Manpower Demonstration Research Corporation	145
169	山区国家法律基金会	Mountain States Legal Foundation	146
170	尼斯卡南中心	Niskanen Center	146
171	奥克兰研究所	The Oakland Institute	147
172	太平洋法律基金会	Pacific Legal Foundation	147
173	凤凰城高级法律与经济公共政策研究中心	Phoenix Center for Advanced Legal & Economic Public Policy Studies	148
174	理性基金会	Reason Foundation	148
175	区域研究所	Regional Research Institute	149
176	未来资源研究所	Resources for the Future（RFF）	149
177	权利与资源倡议	Rights and Resources Initiative（RRI）	150
178	RTI 国际	RTI International（Research Triangle Institute International）	150

序号	财经智库中文名称	财经智库英文名称	页码
179	肖伦斯坦媒体、政治与公共政策中心	Shorenstein Center on Media, Poltics, and Public Policy	151
180	旧金山湾区规划和城市研究协会	San Francisco Bay Area Planning and Urban Research Association (SPUR)	152
181	史汀森中心	Stimson Center	152
182	税收政策中心	Tax Policy Center (TPC)	153
183	常识纳税人	Taxpayers for Common Sense	153
184	陶氏数字新闻中心	Tow Center for Digital Journalism	154
185	政府档案交流中心	Transactional Records Access Clearinghouse (TRAC)	154
186	杜鲁门中心	Truman Center	155
187	美国公共利益研究组织教育基金	United States Public Interest Research Group Education Fund (PIRG)	155
188	哥伦比亚大学韦瑟黑德东亚研究所	Weatherhead East Asian Institute, Columbia University (WEAI)	156
189	劳·道格拉斯·怀尔德政府与公共事务学院	L. Douglas Wilder School of Government and Public Affairs	156
190	威廉姆斯研究所	Williams Institute	157
191	世界资源研究所	World Resources Institute	157
192	加拿大亚太基金会	Asia Pacific Foundation of Canada (APF Canada)	158
193	大西洋省经济委员会	Atlantic Provinces Economic Council	158
194	布罗德本特研究所	Broadbent Institute	159
195	贺维研究所	C. D. Howe Institute	159
196	五月树基金会	Maytree Foundation	160
197	加拿大 2020	Canada 2020	160
198	加拿大西部基金会	Canada West Foundation	161
199	加拿大政策选择中心	Canadian Centre for Policy Alternatives (CCPA)	161
200	加拿大全球事务研究所	Canadian Global Affairs Institute	162
201	加拿大国际理事会	Canadian International Council (CIC)	163
202	国际政策研究中心	Center for International Policy Studies	163
203	加拿大咨议局	Conference Board of Canada	164
204	生态财政委员会	Eco-Fiscal Commission	164
205	弗雷泽研究所	Fraser Institute	165
206	前沿公共政策中心	Frontier Centre for Public Policy (FCPP)	165
207	公共政策研究所	Institute for Research on Public Policy (IRPP)	166
208	国际可持续发展研究所	International Institute for Sustainable Development (IISD)	166
209	麦克唐纳-劳里埃研究所	Macdonald-Laurier Institute (MLI)	167
210	蒙特利尔经济研究所	Montreal Economic Institute (MEI)	167
211	莫瓦特中心	Mowat Center	168
212	彭比纳研究所	Pembina Institute	168
213	公共政策论坛	Public Policy Forum (PPF)	169

序号	财经智库中文名称	财经智库英文名称	页码
214	加拿大社会发展委员会	Canadian Council on Social Development（CCSD）	170
215	亚当·斯密研究所	Adam Smith Institute（ASI）	170
216	非洲研究所	Africa Research Institute（ARI）	171
217	弓箭集团	Bow Group	171
218	欧盟品牌	Brand EU	172
219	CANZUK 国际	CANZUK International	172
220	城市中心	Centre for Cities	173
221	学习与工作研究所	Learning and Work Institute	173
222	经济政策研究中心	Centre for Economic Policy Research（CEPR）	174
223	伦敦中心	Centre for London	175
224	地方经济策略中心	Centre for Local Economic Strategies（CLES）	175
225	政策研究中心	Centre for Policy Studies（CPS）	176
226	进步政策中心	Centre for Progressive Policy	176
227	战略研究与分析中心	Centre for Strategic Research and Analysis（CESRAN）	177
228	教育经济学中心	Centre for the Economics of Education（CEE）	178
229	查塔姆学会	Chatham House	178
230	发展倡议组织	Development Initiatives（DI）	179
231	经济学人智库	Economist Intelligence Unit（EIU）	180
232	外交政策中心	Foreign Policy Centre（FPC）	180
233	财政研究所	Institute for Fiscal Studies（IFS）	181
234	政府研究所	Institute for Government	181
235	战略对话研究所	Institute for Strategic Dialogue（ISD）	182
236	发展研究所	Institute of Development Studies（IDS）	182
237	经济事务研究所	Institute of Economic Affairs（IEA）	183
238	国际战略研究所	International Institute for Strategic Studies（IISS）	183
239	约瑟夫·朗特里基金会	Joseph Rowntree Foundation（JRF）	184
240	列格坦研究所	Legatum Institute	185
241	地方主义	Localis	185
242	LSE IDEAS	LSE IDEAS	185
243	国家经济社会研究所	National Institute of Economic and Social Research	186
244	独立投资管理倡议	Independent Investment Management Initiative（IIMI）	187
245	新经济学基金会	New Economics Foundation（NEF）	187
246	新政策研究所	New Policy Institute（NPI）	188
247	海外发展研究所	Overseas Development Institute（ODI）	188
248	极地研究与政策倡议组织	Polar Research and Policy Initiative（PRPI）	188
249	政策连接	Policy Connect	189
250	政策交流	Policy Exchange	189
251	政策研究所	Institute for Policy Studies（IPS）	190
252	理想国	Politeia	190

序号	财经智库中文名称	财经智库英文名称	页码
253	进步的英国	Progressive Britain	191
254	改革	Reform	191
255	科学政策研究组	Science Policy Research Unit（SPRU）	192
256	社会市场基金会	Social Market Foundation（SMF）	192
257	纳税人联盟	Tax Payers' Alliance（TPA）	193
258	跨境研究中心	Centre for Cross Border Studies（CCBS）	193
259	科布登中心	The Cobden Centre	194
260	英国联合国协会	United Nations Association – UK（UNA-UK）	194
261	Z/Yen	Z/Yen	195
262	亮蓝研究所	Bright Blue	196
263	英国外交政策小组	British Foreign Policy Group（BFPG）	196
264	布鲁日研究所	Bruges Group	196
265	剑桥环境能源与自然资源治理中心	Cambridge Centre for Environment, Energy and Natural Resource Governance（C-EENRG）	197
266	CDP 全球	CDP Global	198
267	气候变化经济与政策中心	Centre for Climate Change Economics and Policy（CCCEP）	198
268	企业家中心	Centre for Entrepreneurs	199
269	欧洲改革中心	Centre for European Reform	199
270	金融创新研究中心	Centre for the Study of Financial Innovation（CSFI）	200
271	公民社会研究所	Civitas	200
272	公共福利	Common Weal	200
273	科尔多瓦基金会	The Cordoba Foundation（TCF）	201
274	科沙姆研究所	Corsham Institute	201
275	E3G	E3G	202
276	经济研究理事会	Economic Research Council（ERC）	202
277	埃克莱西亚	Ekklesia	203
278	欧洲对外关系委员会	European Council on Foreign Relations（ECFR）	203
279	欧洲政策论坛	European Policy Forum	204
280	费边社	Fabian Society	204
281	金汞国际	Gold Mercury International	205
282	绿色联盟	Green Alliance	206
283	就业研究所	Institute for Employment Studies（IES）	206
284	威尔士事务研究所	Institute for Welsh Affairs（IWA）	207
285	代际基金会	Intergenerational Foundation（IF）	207
286	国际环境与发展研究所	International Institute for Environment and Development（IIED）	208
287	曼彻斯特创新研究院	Manchester Institute of Innovation Research（MIOIR）	209
288	金钱与心理健康	Money and Mental Health	209
289	世界共同信赖组织	One World Trust（OWT）	210
290	议会街	Parliament Street	210

序号	财经智库中文名称	财经智库英文名称	页码
291	改革苏格兰	Reform Scotland	211
292	决议基金会	Resolution Foundation	211
293	公共事务	Respublica	212
294	Ember 智库	Ember（Sandbag Climate Campaign）	212
295	苏格兰未来论坛	Scotland's Futures Forum	213
296	史密斯研究所	The Smith Institute	213
297	南方政策中心	Southern Policy Centre	214
298	气候组织	The Climate Group	214
299	西奥斯智库	Theos Think Tank	215
300	威尔士治理中心	Wales Governance Centre	215
301	威尔士社会经济研究与数据研究所	Wales Institute of Social and Economic Research and Data（WISERD）	215
302	威尔士国际事务中心	Welsh Centre for International Affairs（WCIA）	216
303	国际增长中心	International Growth Centre（IGC）	216
304	大西洋共同体	Atlantic Community	217
305	莱布尼兹欧洲经济研究中心	Leibniz Centre for European Economic Research（ZEW）	218
306	欧洲政策中心	Centre for European Policy（CEP）	218
307	全球合作研究中心	Centre for Global Cooperation Research	219
308	杜塞尔多夫竞争经济学研究所	Düesseldorf Institute for Competition Economics（DICE）	220
309	德国对外关系委员会	German Council on Foreign Relations（DGAP）	220
310	德国发展研究所	German Development Institute（DIE）	221
311	德国经济研究所	German Institute for Economic Research（DIW）	221
312	海因里希·伯尔基金会	Heinrich Böll Foundation	222
313	伊弗经济研究所	Ifo Institute	223
314	生态经济研究所	Institute for Ecological Economy Research（IÖW）	223
315	劳动经济学研究所	Institute of Labor Economics（IZA）	224
316	基尔世界经济研究所	Kiel Institute for the World Economy（IfW）	225
317	宏观经济政策研究所	Macroeconomic Policy Institute（IMK）	225
318	新责任基金会	Stiftung Neue Verantwortung（SNV）	226
319	瓦尔特·欧根研究所	Walter Eucken Institute	226
320	国际研究中心	Center for International Studies（CERI）	227
321	国际展望与信息中心	Centre d'Etudes Prospectives et d'Informations Internationales（CEPII）	228
322	战略研究基金会	Foundation for Strategic Research（FRS）	228
323	国际发展研究基金会	Foundation for Studies and Research on International Development（FERDI）	229
324	法国国际关系研究所	French Institute of International Relations（IFRI）	229
325	舒瓦瑟尔研究所	Institut Choiseul	230
326	蒙田研究所	Institut Montaigne	230
327	经济和财政问题研究所	Institute for Research in Economic and Fiscal Issues（IREF）	231

序号	财经智库中文名称	财经智库英文名称	页码
328	可持续发展与国际关系研究所	Institute for Sustainable Development and International Relations（IDDRI）	231
329	雅克·德洛尔研究所	Jacques Delors Institute	232
330	俄罗斯联邦政府分析中心	Analytical Center for the Government of the Russian Federation	232
331	财政政策中心	Center for Fiscal Policy（CFP）	233
332	战略研究中心	Center for Strategic Research（CSR）	233
333	盖达尔经济政策研究所	Gaidar Institute for Economic Policy（IEP）	234
334	城市经济学研究所	Institute for Urban Economics（IUE）	234
335	美国和加拿大研究所	Institute for US and Canadian Studies	235
336	俄罗斯科学院经济研究所	Institute of Economics，Russian Academy of Sciences（RAS）	235
337	莫斯科国立国际关系学院	Moscow State Institute of International Relations（MGIMO）	236
338	普里马科夫世界经济与国际关系研究所	Primakov Institute of World Economy and International Relations（IMEMO）	236
339	俄罗斯国际事务委员会	Russian International Affairs Council（RIAC）	237
340	瓦尔代讨论俱乐部	Valdai Discussion Club	237
341	布鲁盖尔研究所	Bruegel	238
342	欧洲政策研究中心	Centre for European Policy Studies（CEPS）	239
343	埃格蒙特皇家国际关系研究所	EGMONT – The Royal Institute for International Relations	239
344	埃格蒙特集团	Egmont Group	240
345	欧洲国际政治经济中心	European Centre for International Political Economy（ECIPE）	240
346	欧洲政策中心	European Policy Centre（EPC）	240
347	欧洲进步研究基金会	Foundation for European Progressive Studies（FEPS）	241
348	欧洲之友	Friends of Europe	241
349	路线研究所	Itinera Institute	242
350	里斯本经济竞争力和社会更新理事会	Lisbon Council for Economic Competitiveness and Social Renewal	242
351	经济分析中心	Center for Economic Analysis（CenEA）	243
352	社会经济研究中心	Center for Social and Economic Research（CASE）	243
353	波兰东方研究中心	Centre for Eastern Studies（OSW）	244
354	公民发展论坛基金会	Fundacja Forum Obywatelskiego Rozwoju（FOR）	244
355	波兰经济研究所	Polish Economic Institute	245
356	雅盖隆俱乐部分析中心	Jagiellonian Club's Centre of Analysis	245
357	科斯库兹科研究所	Kosciuszko Institute	246
358	波兰国际事务研究所	Polish Institute of International Affairs（PISM）	246
359	卡西米尔·普拉斯基基金会	Casimir Pulaski Foundation	247
360	欧洲智者研究所	WiseEuropa Institute	247
361	布鲁诺·莱昂尼学院	Bruno Leoni Institute	248
362	欧洲之家——安布罗塞蒂	European House – Ambrosetti	248
363	罗伯特·舒曼高级研究中心	Robert Schuman Center for Advanced Studies（RSC）	249
364	艾尼·恩里科·马泰基金会	Fondazione Eni Enrico Mattei（FEEM）	249

序号	财经智库中文名称	财经智库英文名称	页码
365	国际政治研究所	Institute for International Political Studies (ISPI)	250
366	国际事务研究所	International Affairs Institute (IAI)	250
367	国际经济研究所	Institute for International Economic Studies (IIES)	251
368	比率研究所	Ratio Institute	251
369	克林根达尔荷兰国际关系研究所	Clingendael, Netherlands Institute of International Relations	252
370	欧洲发展政策管理中心	European Centre for Development Policy Management (ECDPM)	252
371	荷兰经济政策分析局	Netherlands Bureau for Economic Policy Analysis (CPB)	253
372	经济与社会研究所	Economic and Social Research Institute (ESRI)	253
373	国际与欧洲事务研究所	Institute of International and European Affairs (IIEA)	254
374	政治研究中心	Centre for Political Studies (CEPOS)	254
375	丹麦国际问题研究所	Danish Institute for International Studies (DIIS)	255
376	哥本哈根未来研究所	Copenhagen Institute for Futures Studies (CIFS)	255
377	芬兰国际事务研究所	Finnish Institute of International Affairs (FIIA)	256
378	ETLA经济研究所	ETLA Economic Research (ETLA)	256
379	挪威经济学院	Norwegian School of Economics (NHH)	257
380	安全研究中心	Center for Security Studies (CSS)	257
381	瑞士大道	Avenir Suisse	258
382	FORAUS	FORAUS	258
383	经济研究所	Economics Institute	259
384	国家战略研究所	National Institute for Strategic Studies (NISS)	259
385	国际政策研究中心	International Center for Policy Studies (ICPS)	260
386	巴塞罗那国际事务中心	Barcelona Centre for International Affairs (CIDOB)	260
387	EuroMeSCo	EuroMeSCo	260
388	社会研究与分析基金会	Foundation for Social Studies and Analysis (FAES)	261
389	埃尔卡诺皇家研究所	Real Instituto Elcano	261
390	奥地利经济研究所	Austrian Institute of Economic Research (WIFO)	262
391	计划与经济研究中心	Centre of Planning and Economic Research (KEPE)	263
392	希腊欧洲和对外政策基金会	Hellenic Foundation for European and Foreign Policy (ELI-AMEP)	263
393	国立先进工业科学与技术研究所	National Institute of Advanced Industrial Science and Technology (AIST)	264
394	亚太倡议组织	Asia Pacific Initiative	264
395	亚洲开发银行研究所	Asian Development Bank Institute (ADBI)	265
396	佳能全球研究所	Canon Institute for Global Studies	265
397	大和研究所集团	Daiwa Institute of Research Group (DIR)	266
398	经济及社会研究所	Economic and Social Research Institute (ESRI)	267
399	东北亚经济研究所	Economic Research Institute for Northeast Asia (ERINA)	267
400	富士通研究所	Fujitsu Research Institute (FRI)	268
401	日立综合计划研究所	Hitachi Research Institute (HRI)	268

序号	财经智库中文名称	财经智库英文名称	页码
402	中曾根和平研究所	Nakasone Peace Institute（NPI）	269
403	国际社会经济研究所	Institute for International Socio-Economic Studies（IISE）	269
404	日本对外贸易组织发展经济研究所	Institute of Developing Economies, Japan External Trade Organization（IDE-JETRO）	270
405	日本能源经济研究所	Institute of Energy Economics, Japan（IEEJ）	271
406	日本经济研究中心	Japan Center for Economic Research（JCER）	271
407	日本国际事务研究所	Japan Institute of International Affairs（JIIA）	272
408	三菱 UFJ 研究咨询公司	Mitsubishi UFJ Research and Consulting	273
409	瑞穗研究与技术有限公司	Mizuho Research & Technologies Ltd	273
410	日本综合研究开发机构	National Institute for Research Advancement（NIRA）	274
411	日生基础研究所	NLI Research Institute	274
412	野村综合研究所	Nomura Research Institute（NRI）	275
413	经贸产业研究所	Research Institute of Economy, Trade and Industry（RIETI）	276
414	三井住友信托研究所	Sumitomo Mitsui Trust Research Institute（SMTRI）	276
415	联合国大学	United Nations University（UNU）	277
416	峨山政策研究所	Asan Institute for Policy Studies	278
417	韩国发展研究所	Korea Development Institute（KDI）	278
418	韩国经济研究所	Korea Economic Research Institute（KERI）	279
419	韩国产业经济与贸易研究所	Korea Institute for Industrial Economics and Trade（KIET）	279
420	韩国国际经济政策研究所	Korea Institute for International Economic Policy（KIEP）	280
421	发展中社会研究中心	Centre for the Study of Developing Societies（CSDS）	281
422	德里政策集团	Delhi Policy Group（DPG）	281
423	发展替代方案	Development Alternatives（DA）	282
424	民主改革基金会	Foundation for Democratic Reforms（FDR）	282
425	门户之家：印度全球关系理事会	Gateway House：Indian Council on Global Relations	283
426	印度国际经济关系研究理事会	India Council for Research on International Economic Relations（ICRIER）	283
427	印度世界事务理事会	Indian Council of World Affairs（ICWA）	284
428	英迪拉·甘地发展研究所	Indira Gandhi Institute of Development Research（IGIDR）	285
429	公共企业研究所	Institute for Public Enterprise（IPE）	285
430	经济增长研究所	Institute of Economic Growth（IEG）	286
431	综合研究和发展促进行动研究所	Integrated Research and Action for Development（IRADe）	286
432	国家应用经济研究理事会	National Council of Applied Economic Research（NCAER）	287
433	观察家研究基金会	Observer Research Foundation（ORF）	287
434	维韦卡南达国际基金会	Vivekananda International Foundation（VIF）	288
435	应用经济研究中心	Applied Economics Research Centre（AERC）	289
436	巴基斯坦经济和社会转型研究中心	Center for Research on Economic and Social Transformation（CREST）	289
437	区域研究所	Institute of Regional Studies（IRS）	290
438	伊斯兰堡战略研究所	Institute of Strategic Studies Islamabad	290

序号	财经智库中文名称	财经智库英文名称	页码
439	伊斯兰堡政策研究所	Islamabad Policy Research Institute（IPRI）	291
440	巴基斯坦发展经济学研究所	Pakistan Institute of Development Economics（PIDE）	291
441	巴基斯坦国际事务研究所	Pakistan Institute of International Affairs（PIIA）	292
442	市场经济政策研究所	Policy Research Institute of Market Economy	293
443	社会政策与发展中心	Social Policy and Development Centre	293
444	可持续发展政策研究所	Sustainable Development Policy Institute（SDPI）	294
445	国家安全研究所	Institute for National Security Studies（INSS）	294
446	耶路撒冷市场研究所	Jerusalem Institute for Market Studies	295
447	耶路撒冷政策研究所	Jerusalem Institute for Policy Research（JIPR）	295
448	莫里斯·福克经济研究所	Maurice Falk Institute for Economic Research	296
449	范里尔耶路撒冷研究所	Van Leer Jerusalem Institute（VLJI）	296
450	经济与对外政策研究中心	Center for Economics and Foreign Policy Studies（EDAM）	297
451	土耳其经济政策研究基金会	Economic Policy Research Foundation of Turkey	297
452	全球政治趋势中心	Global Political Trends Center（GPoT Center）	298
453	伊斯坦布尔政策中心	Istanbul Policy Center（IPC）	298
454	土耳其经济和社会研究基金会	Turkish Economic and Social Studies Foundation	299
455	亚洲竞争力研究所	Asia Competitiveness Institute（ACI）	300
456	亚洲与全球化中心	Centre on Asia and Globalization	300
457	东亚研究所	East Asian Institute（EAI）	301
458	政策研究所	Institute for Policy Studies（IPS）	301
459	尤索夫·伊沙克研究所	Yusof Ishak Institute（ISEAS）	302
460	拉贾拉特南国际研究学院	S. Rajaratnam School of International Studies	302
461	新加坡国际事务研究所	Singapore Institute of International Affairs（SIIA）	303
462	经济和社会发展中心	Center for Economic and Social Development（CESD）	304
463	格鲁吉亚战略与国际研究基金会	Georgian Foundation for Strategic and International Studies（GFSIS）	304
464	世界经济与政治研究所	Institute of World Economics and Politics（IWEP）	305
465	哈萨克斯坦战略研究所	Kazakhstan Institute for Strategic Studies（KazISS）	305
466	拉克什曼·卡迪尔加马尔国际关系与战略研究所	Lakshman Kadirgamar Institute of International Relations and Strategic Studies（LKI）	306
467	斯里兰卡政策研究所	Institute of Policy Studies of Sri Lanka（IPS）	306
468	贫困分析中心	Centre for Poverty Analysis（CEPA）	307
469	战略与国际问题研究所	Institute of Strategic and International Studies（ISIS）	307
470	孟加拉国发展研究所	Bangladesh Institute of Development Studies（BIDS）	308
471	政策对话中心	Center for Policy Dialogue（CPD）	308
472	雅典耀经济研究与发展中心	Ateneo Center for Economic Research and Development（ACERD）	309
473	战略与国际研究中心	Centre for Strategic and International Studies（CSIS）	309
474	东盟和东亚经济研究所	Economic Research Institute for ASEAN and East Asia（ERIA）	310
475	澳大利亚国际事务研究所	Australian Institute of International Affairs（AIIA）	310

序号	财经智库中文名称	财经智库英文名称	页码
476	独立研究中心	Center for Independent Studies（CIS）	311
477	格拉顿研究所	Grattan Institute	312
478	公共事务研究所	Institute of Public Affairs（IPA）	312
479	洛伊研究所	Lowy Institute	313
480	人均水平智库	Per Capita	313
481	繁荣澳大利亚	Prosper Australia	314
482	澳大利亚研究所	The Australia Institute	314
483	美国研究中心	United States Studies Centre	315
484	马克西姆研究所	Maxim Institute	315
485	战略研究中心	Centre for Strategic Studies	316
486	治理与政策研究所	Institute of Governance and Policy Studies	316
487	新西兰倡议	New Zealand Initiative	317
488	新西兰国际事务研究所	New Zealand Institute of International Affairs（NZIIA）	317
489	阿根廷国际关系委员会	Argentine Council for International Relations（CARI）	318
490	拉丁美洲经济研究基金会	Fundación de Investigaciones Económicas Latinoamericanas（FIEL）	319
491	哥伦比亚智库高等教育与发展基金会	Fedesarrollo	319
492	金砖国家政策中心	BRICS Policy Center	320
493	里奥·巴尔加斯基金会	Fundacao Getulio Vargas（FGV）	320
494	应用经济研究所	Institute of Applied Economic Research（IPEA）	320
495	博茨瓦纳发展政策分析研究所	Botswana Institute for Development Policy Analysis（BIDPA）	321
496	非洲经济研究联合会	African Economic Research Consortium（AERC）	321
497	肯尼亚公共政策研究与分析研究所	Kenya Institute for Public Policy Research and Analysis（KIPPRA）	322
498	发展与企业中心	Center for Development and Enterprise（CDE）	322
499	自由市场基金会	Free Market Foundation（FMF）	323
500	埃及经济研究中心	Egyptian Center for Economic Studies（ECES）	323